Übungsbuch Datenbanksysteme

von
Prof. Alfons Kemper, Ph.D.
Dr. Martin Wimmer

3., aktualisierte und erweiterte Auflage

Oldenbourg Verlag München

Alfons Kemper hat von 1977 bis 1980 an der Universität Dortmund Informatik studiert. Danach wechselte er an die University of Southern California, Los Angeles, wo er die Abschlüsse Master of Science (1981) und Ph. D. (1984) erlangte. Von 1984 bis 1991 war er als Hochschulassistent an der Universität Karlsruhe tätig, wo er sich 1991 mit einer Arbeit über objektorientierte Datenbanken habilitierte. Danach war er zwei Jahre lang Professor an der RWTH Aachen. 1993 wurde er auf einen Lehrstuhl für Informatik an der Universität Passau berufen. Seit Anfang 2003 leitet er den Lehrstuhl für Informatik mit dem Schwerpunkt Datenbanksysteme an der Technischen Universität München. Seine Forschungsarbeit beschäftigt sich mit der Realisierung und Optimierung von Datenbanksystemen. Schwerpunkte der Arbeit liegen in der Realisierung skalierbarer, verteilter Datenbanken, der Anfrageoptimierung und der verteilten Datenverarbeitung auf dem Internet. Er hat zahlreiche internationale Veröffentlichungen und (zusammen mit Prof. Dr. G. Moerkotte) ein weiteres englischsprachiges Lehrbuch über objektorientierte Datenbanken verfasst.

Martin Wimmer studierte von 1998 bis 2003 an der Universität Passau Informatik. Von 2003 bis 2004 arbeitete er als wissenschaftlicher Mitarbeiter am Lehrstuhl für Dialogorientierte Systeme der Universität Passau und von 2004 bis 2007 am Lehrstuhl für Datenbanksysteme der Technische Universität München. Seine Forschungsarbeit beschäftigte sich mit Autorisierungsmodellen für dienstbasierte Infrastrukturen. 2007 schloss er seine Promotion an der TU München ab. Im April 2007 wechselte er als Berater für IT-Sicherheit zur Siemens AG. Seit April 2009 ist er für die interne Revision der Siemens AG tätig.

Bibliografische Information der Deutschen Nationalbibliothek

Die Deutsche Nationalbibliothek verzeichnet diese Publikation in der Deutschen Nationalbibliografie; detaillierte bibliografische Daten sind im Internet über http://dnb.d-nb.de abrufbar.

© 2012 Oldenbourg Wissenschaftsverlag GmbH
Rosenheimer Straße 145, D-81671 München
Telefon: (089) 45051-0
www.oldenbourg-verlag.de

Lektorat: Kathrin Mönch
Herstellung: Constanze Müller
Einbandgestaltung: hauser lacour
Gesamtherstellung: Grafik & Druck GmbH, München

Dieses Papier ist alterungsbeständig nach DIN/ISO 9706.

ISBN   978-3-486-70823-3

Vorwort

Dieses Übungsbuch bietet umfangreiche Materialien, um die Inhalte des Lehrbuchs *Datenbanksysteme – Eine Einführung* zu vertiefen. Das Buch enthält Lösungsvorschläge und Lösungsskizzen für die Übungsaufgaben des Lehrbuchs, die von den Lesern selbständig weiter bearbeitet werden können. An vielen Stellen werden auch Hintergrundinformationen und vertiefende Darstellungen einzelner Themen des Lehrbuchs gegeben, um den Lesern einen alternativen Zugang zu besonders schweren Inhalten zu ermöglichen.

Für dieses Übungsbuch wurde auch eine Webseite erstellt:

`http://www-db.in.tum.de/DB-Uebungsbuch`

Über diese Seite sind u. a. folgende Materialien zugänglich:

- *Programmcode:* Code-Beispiele, die im Übungsbuch besprochen werden, sind über die Webseite als Quellcode verfügbar.

- *Folien:* Über die Webseite zugängliche Folien im Powerpoint und PDF-Format können als Zusammenfassung des Lehrbuchs zum Selbststudium benutzt werden.

- *Videos:* Die Webseite enthält zudem Videoaufzeichnungen von Vorlesungen, die an der Universität Passau bzw. an der TU München gehalten wurden. Diese Aufzeichnungen decken den Inhalt des Lehrbuchs (fast) vollständig ab.

Die dritte Auflage des Übungsbuchs knüpft an die achte Version des Lehrbuchs [Kemper und Eickler (2011)] an. Es schließt insbesondere Lösungen für Aufgaben, die in die achte Auflage des Lehrbuchs neu aufgenommen wurden, mit ein. Zusätzlich zu den im Lehrbuch aufgeführten „kleineren" Übungsaufgaben enthält das Übungsbuch einen Anhang, der ein durchgängiges Beispiel abhandelt: Anhand des anschaulichen Szenarios eines Informationssystems für eine Fußballweltmeisterschaft werden zentrale Konzepte relationaler und XML-basierter Datenbanksysteme behandelt. Der Anwendungsfall eignet sich somit hervorragend, um den Stoff des Lehrbuchs beispielnah durchzuspielen.

Wir sind sicher, dass dieses Übungsmaterial sehr sinnvoll für die *eigene* Erarbeitung des Datenbanksysteme-Stoffgebiets eingesetzt werden kann. Allerdings möchten wir auch betonen, dass man sich diesen Stoff letztendlich nur durch eigene Übung – sowohl praktisch als auch theoretisch – aneignen kann. Auch kann dieses Material den regelmäßigen Besuch einer Vorlesungen kaum ersetzen, sondern nur ergänzen. Deshalb sollte dieses Übungsbuch nicht als rein passive Lektüre aufgefasst werden. Vielmehr sollte man am besten die Übungsaufgaben zuerst eigenständig lösen und anschließend die eigene Arbeit mit den Vorschlägen in diesem Übungsbuch vergleichen.

Es gibt eine Analogie zwischen dem Aneignen von Wissen und dem Schwimmen: Man kann Schwimmern so oft zuschauen, wie man will, man lernt es letztendlich nur durch eigene Übung. Deshalb sollte man nicht gleich ins tiefe Wasser (Prüfung) springen, sondern erst im seichten Wasser (wöchentliche Übungsaufgaben) beginnen. Sonst ist die Gefahr des Ertrinkens (schlechte Note) zu groß.

Danksagung   Wir danken allen Kolleginnen und Kollegen für Ihre konstruktiven Anmerkungen und den vielen wissenschaftlichen Mitarbeiterinnen und Mitarbeitern, die über viele Jahre den Übungsbetrieb zu dieser Vorlesung durchgeführt haben. Viele Lösungsvorschläge basieren auf Skizzen, die für diese Übungen angefertigt wurden. Namentlich möchten wir insbesondere Dr. Reinhard Braumandl, Dr. Jens Claußen, Dr. André Eickler, Dr. Carsten Gerlhof, Dr. Daniel Gmach, Prof. Dr. Torsten Grust, Dr. Markus Keidl, Prof. Dr. Donald Kossmann, Dr. Natalija Krivokapic, Dr. Stefan Krompaß, Dr. Richard Kuntschke, Henrik Mühe, Dr. Klaus Peithner, Dr. Angelika Reiser, Dr. Jan Rittinger, Dr. Tobias Scholl, Dr. Andreas Scholz, Dr. Stefan Seltzsam, Dr. Bernhard Stegmaier, Dr. Michael Steinbrunn, Dr. Konrad Stocker, Dr. Jens Teubner, Dr. Christian Wiesner und Bernhard Zeller danken. Wir bedanken uns bei Frau Martina-Cezara Albutiu und Frau Andrea Wimmer, die uns wertvolle Korrekturhinweise gegeben haben. Weiterhin haben unsere Studierenden uns vieles gelehrt – insbesondere wenn wir in den Übungsstunden für einen Lösungsvorschlag Stirnrunzeln geerntet haben. Frau Mönch und Frau Roth vom Oldenbourg-Verlag danken wir für die gute Zusammenarbeit.

München, im November 2011   *Alfons Kemper*
                                                                 Martin Wimmer

Inhaltsverzeichnis

1. Einleitung und Übersicht

Redundante Datenhaltung zur Performancesteigerung

Kontrollierte redundante Datenhaltung kann aus Performancegesichtspunkten sinnvoll
sein. Als Beispiel betrachte man die Personenverwaltung einer Universität. So sind etwa
Verwaltungsangestellte, Professoren, wissenschaftliche Mitarbeiter und Studenten Ange-
hörige einer Universität, deren personenbezogene Daten in einem Datenbankverwaltungs-
system abgelegt werden. Anfragen, die an die Datenbasis gestellt werden, können sich auf
alle Personen beziehen (z.B. Einladung zu einer Fakultätsfeier), auf bestimmte Personengruppen (z.B. Erstellen der Lohnabrechnung für alle Angestellten) oder auch nur selektiv
auf Teilgruppen (z.B. Einladung zu einer Informationsveranstaltung für alle Studenten im
4. Semester). Die einzelnen Personengruppen sind aber unterschiedlich groß. So ist davon
auszugehen, dass es deutlich mehr Studenten als wissenschaftliche Mitarbeiter und mehr
wissenschaftliche Mitarbeiter als Professoren gibt. Häufig auftretende Anfragen, die sich
nur auf Professoren beziehen, sind dann ineffizient, wenn alle Personendaten zentral in
einer Relation abgespeichert sind. In diesem Fall wäre das Überprüfen aller Universitätsangehörigen und das Auswählen der Professoren notwendig.

Speichert man in einer Relation all die Informationen, die sich auf alle Personen beziehen
(Name, Anschrift, etc.), und in spezialisierten Relationen die Informationen für Studenten (Name, Anschrift, Semester, Studienrichtung), Professoren (Name, Anschrift, Rang,
Raum) usw., so können beide Anfragetypen effizient ausgewertet werden: Es ist dann
möglich, allgemeine Anfragen, die sich auf alle Universitätsangehörigen beziehen, wie
auch selektive Anfragen, die sich nur auf Personengruppen beziehen, getrennt zu behandeln. Die redundante Datenspeicherung, in diesem Fall also das doppelte Ablegen allge-
meiner personenbezogener Daten, wie Name und Anschrift, muss vom Datenbanksystem
kontrolliert werden. Um einen konsistenten, d.h. stimmigen Dateninhalt zu gewährleisten,
müssen Änderungen des Datenbestands (Einfügen, Löschen oder Modifikation einzelner
Datensätze) sowohl in den spezialisierten Datensätzen, wie auch in dem globalen Datensatz der Personendaten durchgeführt werden. Dieses Vorgehen wird auch als Generalisierung bezeichnet (vgl. Abschnitt 3.3.4 [Kemper und Eickler (2011)]).

Replizierte Datenhaltung für mobile Anwendungen

Replizierte Datenbanken spielen insbesondere auch bei mobilen Anwendungen eine wichtige Rolle. So werden Teile der globalen Datenbank auf den Laptops von Außendienstmit-
arbeitern repliziert und regelmäßig (z.B. abends nach den Kundengesprächen) synchronisiert.

Replizierte Datenhaltung bei verteilten Datenbanken

Redundante Datenhaltung ist mitunter auch bei verteilten Informationssystemen erforderlich. Für Anfragen, die von einem verteilten System verarbeitet werden, lässt sich eine
höhere Performance ggf. dadurch erreichen, dass häufig abgefragte Daten, die zudem relativ statisch sind, d.h. selten modifiziert werden, an den Knoten im Netzwerk repliziert
werden, an denen die Anfrageauswertung erfolgt. Das heißt, die Anfragebearbeitung erfolgt nahe bei den Daten und eine teure Übermittlung von Daten wird nach Möglichkeit
vermieden. Je nach Anwendungsfall muss dann natürlich die Konsistenz, d.h. die Gültigkeit oder auch die "Frische" der replizierten Daten durch das verteilte Datenbanksystem
überwacht werden. Siehe hierzu auch Abschnitt 16 [Kemper und Eickler (2011)].

Aufgabe 1.2

In einer Universität soll ein DBMS eingesetzt werden. Überlegen Sie sich, welche Daten
in einer Universität anfallen, welche Benutzergruppen es gibt und welche Anwendungsprogramme sinnvoll wären. Wie würde die notwendige Funktionalität ohne DBMS realisiert werden? Untersuchen Sie an konkreten Beispielen die in diesem Kapitel beschriebenen Probleme.

Datenhaltung

Im Rahmen einer Universitätsverwaltung müssen unter anderem folgende Daten abgelegt
und verwaltet werden:

- Daten über zentrale Verwaltungseinheiten, Fakultäten und Lehrstühle

- Gebäudedaten, z.B. Raumgröße und Zuordnung zu Lehreinrichtungen

- Informationen über Veranstaltungen (Vorlesungen, Praktika oder auch Gastvorträ-
  ge), wie Titel und Beschreibung der Veranstaltung, Ort, Uhrzeit und Dozent

- Teilnehmerliste für bestimmte Lehrveranstaltungen (etwa Praktika)

- Prüfungsdaten, die sich aus Prüfungstermin, Prüfer, Prüfling, Fach oder Fächerkom-
  bination und Prüfungsergebnis zusammensetzen

Benutzergruppen

Universitätsangehörige lassen sich unter anderem in folgende Benutzergruppen einteilen:

- Studenten

- Professoren

- Wissenschaftliche Mitarbeiter

- Verwaltungspersonal

Anwendungsprogramme

- Studentenverwaltung: Dies schließt unter anderem das Eintragen und die Pflege personenbezogener Daten mit ein. Spezielle Applikationen sind zudem für die Verwaltung von Prüfungsergebnissen (z.B. Erstellen von Zeugnissen) notwendig.

- Verwaltung der (Lehr-)Veranstaltungen. Dazu zählt die Zuteilung von Räumen und die Publikation von Lehrveranstaltungen.

- Personalverwaltung, etwa die Pflege der Personendaten, Abrechnung von Aufwendungen (z.B. Reisekosten) und Lohnabrechnung.

Verwaltung ohne Datenbanksystem

Ohne den Einsatz eines Datenbanksystems werden die entsprechenden Daten in getrennten Dokumenten in elektronischer oder auch schriftlicher Form verwaltet. Dies kann folgende Auswirkungen haben:

- Dauer bei Zugriff auf Daten: Die Selektion bestimmter Datensätze ist dann im Allgemeinen relativ ineffizient. Ohne weitere Optimierungsmaßnahmen bedeutet eine Suche in der Datenbasis das Überprüfen aller Datensätze. Sucht man beispielsweise die Studenten, die sich aktuell im 4. Semester befinden, so müssen dazu evtl. alle Studenten betrachtet und ihre Daten ausgewertet werden. Durch den Einsatz von Indexstrukturen unterstützen Datenbanken demgegenüber optimierte Zugriffsmethoden (vgl. Kapitel 7 [Kemper und Eickler (2011)]).

- Komplexität der Anwendungsentwicklung: Datenbanksysteme stellen die Grundfunktionalität für eine Reihe von Anwendungen bereit (z.B. Auslesen und Ändern des Datenbestands). Ohne DBMS kann es erforderlich sein, diese Funktionalität für die unterschiedlichen Applikationen eigens bereitzustellen.

- Wahrung der Datenkonsistenz: Ohne entsprechende Kontrollmechanismen kann es ggf. sehr aufwändig sein, sicherzustellen, dass Daten nicht mehrfach eingetragen werden, bzw. wenn Daten redundant verwaltet werden (vgl. Aufgabe 1.1 und Kapitel 5 [Kemper und Eickler (2011)]), dass alle Datensätze auf demselben Stand gehalten werden.

- Unterschiedliche Datenformate: Es besteht die Gefahr, dass die unterschiedlichen Informationseinheiten (etwa personenbezogene Daten von Professoren und Studenten) in unterschiedlichen Formaten abgelegt werden. Applikationen, die Zugriff auf beide Informationstypen benötigen, sind dann oft nur mit zusätzlichem Aufwand zu realisieren und aufwändig zu warten.

Aufgabe 1.3

Konzipieren Sie ein Wahlinformationssystem für Bundestagswahlen.

- Welche Daten müssen verwaltet werden? Beachten Sie den Datenschutz!

- Welche Probleme können auftreten, wenn man kein DBMS verwendet, um das Wahlinformationssystem zu realisieren? Gehen Sie dabei insbesondere auf Datenabhängigkeiten ein, die von Ihrem System überprüft werden müssen.

- Geben Sie einige Anfragen an, die typischerweise an ein derartiges Wahlinformationssystem gestellt werden.

Daten

Folgende Informationen sollten in einem Wahlinformationssystem verwaltet werden:

- Parteien, die zu einer Bundestagswahl antreten. Attribute einer Partei sind beispielsweise ihr Name und die Anzahl der eingeschriebenen Mitglieder.

- Direktkandidaten, die direkt in den Bundestag einziehen, wenn sie die Mehrheit der Erststimmen in ihrem Wahlkreis erhalten. Kandidaten treten in der Regel für eine bestimmte Partei an, können aber auch unabhängig, d.h. parteilos sein.

- Wahlkreise, Wahlbezirke und Wahllokale. Wahlkreise sind Bundesländern zugeordnet und in Wahlbezirke unterteilt. Die kleinste Einheit sind Wahllokale, die wiederum Wahlbezirken zugeordnet sind.

- Wahlergebnisse. Diese lassen sich in Erststimmenergebnisse und Zweitstimmenergebnisse unterteilen. Um das Wahlgeheimnis zu wahren, dürfen jedoch nicht die einzelnen Wahlscheine in der Datenbasis abgelegt werden. Stattdessen stellen Erst- und Zweitstimmenergebnisse die akkumulierten Ergebnisse für einen Wahlbezirk oder ein Wahllokal dar.

Abhängigkeiten (Integritätsbedingungen)

Daten, die in einem Wahlinformationssystem gehalten werden, müssen bestimmte Rahmenbedingungen einhalten, die auch als Integritätsbedingungen bezeichnet werden:

- Ein Wahlkreis ist einem Bundesland fest zugeordnet und kann nicht unabhängig davon existieren. Analoges gilt für Wahlbezirke in Bezug auf Wahlkreise und Wahllokale, die Wahlbezirken zugeordnet sind.

- Direktkandidaten, die nicht parteilos sind, müssen einer in der Datenbasis enthaltenen Partei angehören.

- Anfragen an das Informationssystem müssen das Wahlgeheimnis und den Datenschutz wahren.

  So werden die Stimmzettel der Wähler nicht einzeln in der Datenbank gespeichert, sondern stattdessen akkumulierte Resultate für Erst- und Zweitstimmen pro Wahlbezirk ermittelt. Zudem kann festgelegt werden, dass für einen Wahlbezirk nur dann Informationen abrufbar sind, wenn eine genügend große Datenbasis zugrunde liegt, also z.B. erst dann, wenn mindestens 1000 gültige Stimmabgaben vorliegen.

Neben der Überprüfung von Datenabhängigkeiten gewährleistet ein Datenbanksystem einen stabilen Betrieb, indem es

- Nebenläufigkeit unterstützt (d.h. die gleichzeitige Ausführung unabhängiger Anfragen zulässt);
- durch Backup/Recovery eine sichere Datenhaltung gewährleistet;
- die Festlegung einer anwendungsspezifischen Zugriffskontrolle zulässt (z.B. sollten Wählerdaten nicht für jeden einsehbar sein).

Anfragen

Typische Anfragen an ein Wahlinformationssystem sind beispielsweise:

- Wie viele Stimmen hat eine Partei deutschlandweit, in einem Bundesland, oder in einem Wahlbezirk erhalten?
- Welche Koalitionen sind möglich?
- Wer sind die Direktkandidaten, die in den Bundestag einziehen?
- Wie viele Überhangmandate hat eine Partei erreicht?
- Wie groß war die Wahlbeteiligung?

Das Wahlinformationssystem sollte diese Anfragen möglichst effizient auswerten und Informationen in entsprechender Detailtiefe bereitstellen können.

2. Datenbankentwurf

Aufgabe 2.1

Charakterisieren Sie die 1:1-, 1:N-, N:1- und N:M-Beziehungstypen mittels der (min, max)-Notation. Für eine abstrakte binäre Beziehung R zwischen den beiden Entitytypen E_1 und E_2 sollen jeweils die (min_1, max_1)- und (min_2, max_2)-Wertepaare angegeben werden, die sich aus den (gröberen) Funktionalitätsangaben herleiten lassen.

In folgender Abbildung sind (min, max)-Beziehungen und Funktionalitätsangaben (F_1 und F_2) schematisch dargestellt:

Die Zusammenhänge zwischen Funktionalitätsangaben und (min, max)-Notation sind in nachfolgender Tabelle dargestellt:

$F_1 : F_2$	(min_1, max_1)	(min_2, max_2)
$1 : 1$	$(0, 1)$	$(0, 1)$
$1 : N$	$(0, *)$	$(0, 1)$
$N : 1$	$(0, 1)$	$(0, *)$
$N : M$	$(0, *)$	$(0, *)$

Aufgabe 2.2

Zeigen Sie, dass die Ausdruckskraft der Funktionalitätsangaben und der (min, max)-Angaben bei n-stelligen Beziehungen mit $n > 2$ unvergleichbar ist: Finden Sie realistische Beispiele von Konsistenzbedingungen, die mit Funktionalitätsangaben, aber nicht mit (min, max)-Angaben ausdrückbar sind, und wiederum andere Konsistenzbedingungen, die mit der (min, max)-Angabe formulierbar sind aber nicht durch Funktionalitätseinschränkungen.

In Abbildung 2.1 ist die dreistellige Beziehung *betreuen* dargestellt. Durch die angegebenen Funktionalitäten werden folgende partielle Funktionen festgelegt:

$$betreuen : \text{Professoren} \times \text{Studenten} \ \rightarrow \ \text{Seminarthemen}$$
$$betreuen : \text{Seminarthemen} \times \text{Studenten} \ \rightarrow \ \text{Professoren}$$

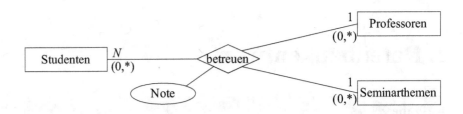

Abbildung 2.1: Betreuung von Seminarthemen

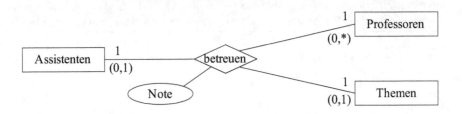

Abbildung 2.2: Betreuung von Promotionen

Damit werden folgende Konsistenzbedingungen gefordert:

- Studenten dürfen bei einem Professor nur **ein** Seminarthema bearbeiten.
- Studenten dürfen dasselbe Thema nur bei **einem** Professor bearbeiten.

Professoren können dasselbe Seminarthema allerdings an unterschiedliche Studenten vergeben (etwa in unterschiedlichen Jahrgängen). In der Relation *betreuen* kann derselbe Student / dieselbe Studentin in unterschiedlichen Tupeln auftreten. Dasselbe trifft auf *Professoren* und *Seminarthemen* zu. Dadurch ergibt sich, dass die Multiplizitäten in der (min, max)-Notation jeweils $(0,*)$ sein müssen. Damit können jedoch die geforderten Konsistenzbedingungen verletzt werden. Beispielsweise ist es dann sogar möglich, dass ein Student bei einem Professor zweimal dasselbe Thema bearbeitet.

In Abbildung 2.2 wird mittels der Relation *betreuen* die Betreuung von Promotionen modelliert. Ein Promotionsthema wird höchstens einmal vergeben. Assistenten können (in einem Fachgebiet) höchstens einmal promovieren, Professoren können aber mehrere Assistenten und unterschiedliche Themen betreuen. Damit ergeben sich die in der Abbildung angegebenen Multiplizitäten in (min, max)-Notation. Es gelten folgende partielle Funktionen:

$$
\begin{aligned}
\text{betreuen : Assistenten} &\rightarrow \text{Professoren} \\
\text{betreuen : Assistenten} &\rightarrow \text{Themen} \\
\text{betreuen : Themen} &\rightarrow \text{Assistenten} \\
\text{betreuen : Themen} &\rightarrow \text{Professoren}
\end{aligned}
$$

Verwendet man Funktionalitäten, um die Beziehung auszudrücken, so stellt *betreuen* eine

1 : 1 : 1-Beziehung dar. Ausgedrückt wird damit:

$$\text{betreuen} : \text{Assistenten} \times \text{Thema} \rightarrow \text{Professoren}$$
$$\text{betreuen} : \text{Assistenten} \times \text{Professoren} \rightarrow \text{Themen}$$
$$\text{betreuen} : \text{Themen} \times \text{Professoren} \rightarrow \text{Assistenten}$$

Diese partiellen Funktionen bilden also nicht die identischen Zusammenhänge ab, die durch die (min, max)-Notation modelliert werden.

Aufgabe 2.3

Beim konzeptuellen Entwurf hat man gewisse Freiheitsgrade hinsichtlich der Modellierung der realen Welt. Unter anderem hat man folgende Alternativen, die Sie an unserem Universitätsschema beispielhaft illustrieren sollten:

- Man kann ternäre Beziehungen in binäre Beziehungen transformieren.

  Betrachten Sie dazu die Beziehung *prüfen* und erläutern Sie die Vor- und Nachteile einer solchen Transformation.

- Man hat manchmal die Wahl, ein Konzept der realen Welt als Beziehung oder als Entitytyp zu modellieren. Erörtern Sie dies wiederum am Beispiel der Beziehung *prüfen* im Gegensatz zu einem eigenständigen Entitytyp *Prüfungen*.

- Ein Konzept der realen Welt kann manchmal als Entitytyp mit zugehörigem Beziehungstyp und manchmal als Attribut dargestellt werden. Ein Beispiel hierfür ist das Attribut *Raum* des Entitytyps *Professoren* in unserem Schema aus Abbildung 2.3. Diskutieren Sie die Alternativen.

Ziel dieser Aufgabe ist es, alternative Entwürfe zu erstellen und bezüglich ihrer Anwendbarkeit zu analysieren. Unter Anwendbarkeit ist unter anderem zu verstehen, ob in der neuen Modellierung dieselben Informationseinheiten wie in der ursprünglichen abgebildet werden können, ob Konsistenzbedingungen eingehalten werden und ob die reale Welt in der modellierten Miniwelt sinnvoll wiedergegeben ist.

Erste Teilaufgabe: Transformation der ternären Beziehung in binäre Beziehungen

Abbildung 2.4 zeigt einen Ansatz, die ternäre Beziehung *prüfen* durch binäre Relationen auszudrücken. Durch die ursprüngliche Modellierung (links in der Abbildung) wird folgende Konsistenzbedingung ausgedrückt:

$$\text{prüfen} : \text{Studenten} \times \text{Vorlesungen} \rightarrow \text{Professoren} \qquad (1)$$

Demgegenüber tritt bei der vorgeschlagenen Modellierung mittels binärer Relationen ein Semantikverlust auf. Durch die allgemeineren $N{:}M$-Beziehungen wird obige Konsistenzbedingung nicht mehr abgebildet. Somit ist das Modell der ternären Beziehung in diesem Fall ausdrucksstärker. Zwar lassen sich Prüfungsergebnisse in der alternativen Modellierung abbilden, allerdings geht Aussagekraft verloren. Abgebildet ist, dass Studenten über

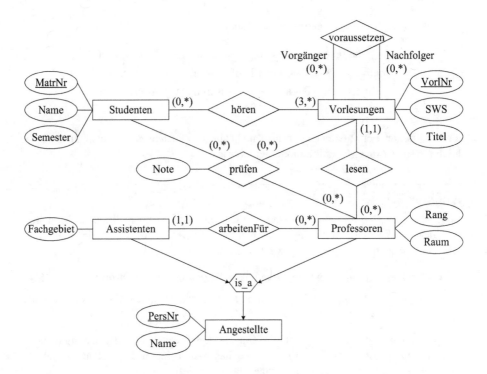

Abbildung 2.3: Das Beispielschema der Universität mit *(min,max)*-Angaben und einer Generalisierung

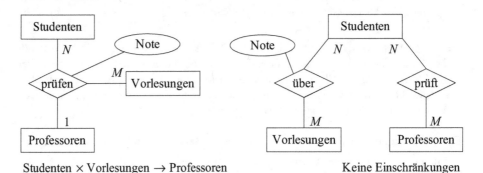

Abbildung 2.4: Auflösen der ternären Beziehung *prüfen* in binäre Beziehungen

den Stoff von Vorlesungen geprüft werden, sowie dass Studenten von Professoren geprüft werden. Der Zusammenhang, welche Professoren welche Studenten in welchen Vorlesungen prüfen, ist aber nicht mehr ohne weiteres gegeben. Indirekt lösen lässt sich dies durch die Aufnahme des zusätzlichen Attributs *Prüfungszeit* in die Relation *über* und auch in *prüft*. Da der zusätzlich aufgeführte Prüfungstermin eine Prüfung eindeutig festlegt, lässt

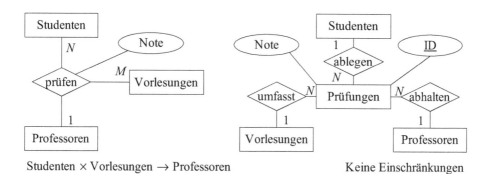

Studenten × Vorlesungen → Professoren   Keine Einschränkungen

Abbildung 2.5: Modellierung von Prüfungen als Entitytyp

sich die Information über eine Prüfung aus beiden Relationen erhalten. Allerdings muss für eine konsistente Extension sichergestellt werden, dass zu einem Eintrag in *über* auch ein passender Eintrag in *prüft* enthalten ist. Die gezeigte alternative Modellierung weist also klare Nachteile gegenüber der ursprünglichen ternären Beziehung auf.

Die alternative Modellierung einer ternären Beziehung durch mehrere binäre kann (abhängig von den zu modellierenden Anforderungen) im Allgemeinen folgende Nachteile aufweisen:

- Es tritt ein Semantikverlust auf.

- Es besteht die Möglichkeit, inkonsistente Datenbankzustände zu generieren. Gegebenenfalls ist eine Konsistenzüberprüfung der Datenbank erforderlich.

- Die reale Welt wird in der Miniwelt unzureichend wiedergegeben.

Zweite Teilaufgabe: Modellierung als Entitytyp anstelle einer Beziehung

Abbildung 2.5 zeigt eine alternative Modellierung der *prüfen*-Beziehung über einen Entitytyp *Prüfungen*. Auch in diesem Fall tritt erneut ein Semantikverlust auf. Es ist möglich, dass in der Modellierung mittels Entitytyp eine Prüfung existiert, zu der z.B. noch kein Prüfer feststeht, bzw. der Prüfer nicht mehr existiert. Möchte man dies in der Modellierung ausdrücken, müsste man zur (min, max)-Notation übergehen, mittels derer man fordern kann, dass eine Prüfung genau je einmal in den Relationen *ablegen*, *abhalten* und *umfasst* auftritt. Außerdem kann auch obige Konsistenzbedingung (1) nicht zugesichert werden. Zwar legt eine *Prüfungen*-Instanz über die angesprochenen Relationen den Studenten / die Studentin, die geprüfte Vorlesung und den / die prüfende(n) Professor(in) fest. Allerdings bestimmt die Kombination *Studenten × Vorlesungen* nun nicht mehr *Professoren*. Denn es ist durch den Entwurf nicht ausgeschlossen, dass es beispielsweise zwei unterschiedliche Prüfungen gibt, die der Student Fichte im Fach Ethik ablegt. Nur einmal lässt er sich bei Professor Sokrates und ein andermal bei Professorin Curie darüber prüfen. Andererseits lassen sich manche Aspekte der Modellierung mittels Entity genauer erfassen, als dies in der ursprünglichen Modellierung der Fall ist. So ist in obigem Beispiel etwa spezifiziert, dass pro Prüfung genau eine Vorlesung geprüft wird.

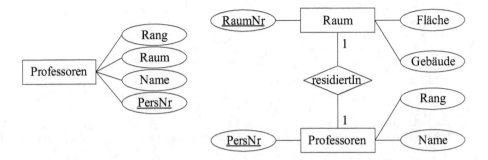

Abbildung 2.6: Zwei alternative Modellierungen um auszudrücken, dass Professoren ein Raum zugeordnet ist

Dritte Teilaufgabe: Alternative Modellierungen über Attribute oder Beziehungstypen

Abbildung 2.6 zeigt zwei Modellierungsansätze, die ausdrücken, dass jedem Professor ein Raum zugewiesen ist. Links die Darstellung mittels Attribut, rechts über die Beziehung *residiertIn*. Generell ist eine Modellierung über eine Beziehung mit einem eigenständigen Entity (*Raum*) dann angebracht, wenn entsprechend detaillierte Informationen zu einem Raum nötig sind. Dies kann z.B. dann der Fall sein, wenn die Anwendungssicht der Abteilung Gebäudetechnik in das Modell integriert werden muss. Möchte man die Raumdaten für jeden Professor abfragen, dann zieht diese Modellierung in der Regel eine weniger effiziente Anfrageauswertung nach sich.

Aufgabe 2.4

In Abbildung 2.7 ist die dreistellige Beziehung *bewerten* zwischen den Entitytypen *Dipl-Arbeiten*, *Professoren* in der Rolle als *Erstgutachter* und *Professoren* in der Rolle als *Zweitgutachter* grafisch dargestellt. Gemäß obiger Erläuterung kann man die Beziehung *bewerten* demnach als partielle Funktionen wie folgt auffassen:

$$\text{bewerten} : \text{DiplArbeiten} \times \text{Erstgutachter} \ \rightarrow \ \text{Zweitgutachter}$$
$$\text{bewerten} : \text{DiplArbeiten} \times \text{Zweitgutachter} \ \rightarrow \ \text{Erstgutachter}$$

Diskutieren Sie, ob man diese Beziehung auch durch (mehrere) zweistellige Beziehungen modellieren kann, ohne dass ein Semantikverlust auftritt.

Jede Diplomarbeit wird durch zwei Professoren bewertet. Die in der Aufgabenstellung angegebenen Konsistenzbedingungen sagen aus, dass der Titel der Diplomarbeit in Verbindung mit einem der Prüfer den zweiten Gutachter festlegt.

Diese dreistellige Beziehung soll nun mit Hilfe von (mehreren) zweistelligen Beziehungen modelliert werden. Dazu wird zusätzlich das Entity *GutachterTeam* neu eingeführt. Abbildung 2.8 zeigt eine mögliche Lösung, welche die Konsistenzbedingungen aufrecht erhält, d.h. für jede Diplomarbeit kann es ein Gutachterteam geben und falls es ein solches

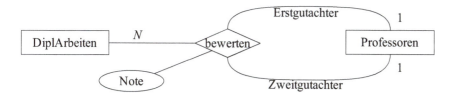

Abbildung 2.7: ER-Diagramm der dreistelligen Beziehung *bewerten*

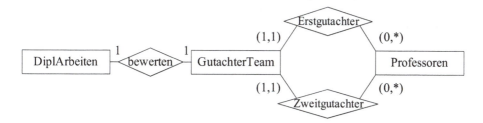

Abbildung 2.8: Darstellen der dreistelligen Beziehung *bewerten* durch eine zweistellige

Gutachterteam gibt, muss dieses sowohl in der Beziehung *Erstgutachter* als auch in der Beziehung *Zweitgutachter* vorkommen. Die letzte Bedingung muss mittels (min, max)-Notation ausgedrückt werden. Es ist also sichergestellt, dass es einen Erst- und einen Zweitgutachter gibt. Hierbei kann es sich auch um denselben Professor handeln, was aber die erste Modellierung nicht ausschließt (bzw. ausschließen kann).

Falls man anstelle der (min, max)-Notation Funktionalitäten verwendet, lässt sich zwar ausdrücken, dass es zu einer Diplomarbeit ein Gutachterteam geben kann, allerdings ist nicht sichergestellt, dass dieses Gutachterteam dann sowohl in der Beziehung *Erstgutachter* als auch in der Beziehung *Zweitgutachter* vorkommt. Die Einhaltung der Konsistenzbedingungen kann dann also nicht sichergestellt werden.

Aufgabe 2.5

Finden Sie eine dreistellige $1:1:1$-Beziehung aus dem Kontext einer Universitätsverwaltung. Es sollte eine dreistellige Beziehung sein, die nicht durch (mehrere) zweistellige Beziehungen dargestellt werden kann. Unter welchen Bedingungen ist dies der Fall?

Der linke Abschnitt aus Abbildung 2.9 zeigt das generelle Schema einer $1:1:1$-Beziehung. Eine derartige Beziehung modelliert folgende Konsistenzbedingungen:

$$E_1 \times E_2 \quad \rightarrow \quad E_3$$
$$E_1 \times E_3 \quad \rightarrow \quad E_2$$
$$E_2 \times E_3 \quad \rightarrow \quad E_1$$

Diese (partiellen) Funktionen dienen dazu, semantische Bedingungen der modellierten Miniwelt darzustellen.

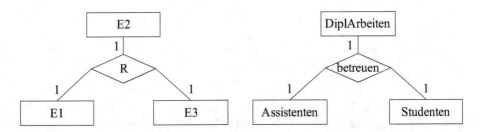

Abbildung 2.9: Generelles Schema einer dreistelligen 1:1:1-Beziehung (links) und Schema für die Betreuung von Diplomarbeiten (rechts)

Was bedeutet nun, dass bestimmte dreistellige Beziehungen nicht durch zweistellige dargestellt werden können?

Antwort: Die von der ternären Beziehung implizierten Funktionen werden durch das Modell mit binären Beziehungen nicht mehr erfüllt.

Wir betrachten nun im Speziellen die in Abbildung 2.9 rechts dargestellte ternäre Beziehung. Ausgehend von der allgemeinen Betrachtung ergeben sich damit folgende Implikationen:

$$\text{betreuen} : \text{Assistenten} \times \text{DiplArbeiten} \;\rightarrow\; \text{Studenten} \tag{1}$$

$$\text{betreuen} : \text{Assistenten} \times \text{Studenten} \;\rightarrow\; \text{DiplArbeiten} \tag{2}$$

$$\text{betreuen} : \text{DiplArbeiten} \times \text{Studenten} \;\rightarrow\; \text{Assistenten} \tag{3}$$

Möchte man die ternäre Beziehung durch binäre Beziehungen ausdrücken, so sieht dies im vorliegenden Fall wie folgt aus:

Mit Ausnahme der mit x gekennzeichneten Multiplizität sind die übrigen Funktionalitätsangaben fest, denn

- jede Diplomarbeit wird von maximal einem Assistenten betreut:

$$\text{betreuen} : \text{DiplArbeiten} \rightarrow \text{Assistenten} \tag{4}$$

- Assistenten können mehrere unterschiedliche Diplomarbeiten betreuen
- jede Diplomarbeit wird von maximal einem Studenten erstellt:

$$\text{schreiben} : \text{DiplArbeiten} \rightarrow \text{Studenten} \tag{5}$$

Für x sind folgende Fälle möglich:

1. Studenten schreiben höchstens eine Diplomarbeit, die sie bestehen müssen, um ihr Diplom zu erhalten, d.h. $x = 1$. Dann gilt

$$\text{Studenten} \to \text{DiplArbeiten} \qquad (6)$$

Zusammen mit Bedingung (4) ergibt sich damit (Transitivität)

$$\text{Studenten} \to \text{Assistenten} \qquad (7)$$

Insbesondere lassen sich damit folgende Bedingungen ableiten:

$$(4) \wedge (5) \quad \Rightarrow \quad \text{Assistenten} \times \text{DiplArbeiten} \to \text{Studenten}$$
$$(6) \wedge (7) \quad \Rightarrow \quad \text{Assistenten} \times \text{Studenten} \to \text{DiplArbeiten}$$
$$(4) \wedge (7) \quad \Rightarrow \quad \text{DiplArbeiten} \times \text{Studenten} \to \text{Assistenten}$$

Dies bedeutet insbesondere, dass in diesem Fall die ternäre Beziehung mittels zweier binärer Relationen modelliert werden kann.

2. Studenten haben mehrere Versuche, um eine Diplomarbeit zu bestehen. Dabei werden sie jedoch nicht von denselben Assistenten betreut, d.h. $x = N$.

   Hier lässt sich also keine zusätzliche partielle Funktion ableiten, die zur Herleitung der ursprünglichen Konsistenzbedingungen (1) bis (3) herangezogen werden kann. Im Speziellen ist

$$\text{Assistenten} \times \text{Studenten} \to \text{DiplArbeiten}$$

nicht mehr gegeben.

Aufgabe 2.6

Modellieren Sie ein Zugauskunftssystem, in dem die wichtigsten Züge (z.B. die Intercity- und Eurocity-Züge) repräsentiert werden. Aus dem System sollen die Start- und Zielbahnhöfe und die durch den Zug verbundenen Bahnhöfe einschließlich Ankunfts- und Abfahrtszeiten ersichtlich sein. Geben Sie die Funktionalitäten der Beziehungstypen an.

Eine mögliche Modellierung ist in Abbildung 2.10 dargestellt. Folgende Eigenschaften werden hier umgesetzt:

- Jeder Bahnhof liegt in einer Stadt. Eine Stadt kann aber wiederum mehrere Bahnhöfe haben.

- Jeder Zug hat einen ausgewiesenen Start- und Zielbahnhof, d.h. fährt auf einer festen Route.

- Auf dieser Route können mehrere Zwischenstationen auftreten, dies wird über die dreistellige Relation *verbindet* realisiert. Die Ankunfts- und Abfahrtszeiten stellen Attribute der Relation dar.

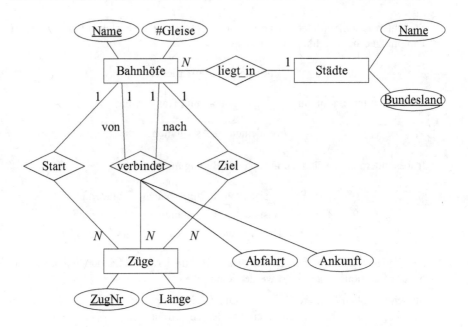

Abbildung 2.10: Modellierung eines Zugauskunftssystems

Wir wollen die Relation *verbindet* noch genauer betrachten, da sie uns auch in späteren Aufgaben noch beschäftigen wird (vgl. Aufgabe 3.4). Die Beziehung wurde so modelliert, dass die Multiplizität von *Von-* und *Nach*-Bahnhöfen jeweils 1 und die Funktionalität von *Züge* N ist. Die Rollen *von* und *nach* werden, wie wir später noch genauer zeigen, über *VonBahnhof* und *NachBahnhof* realisiert. Damit sind folgende Konsistenzbedingungen modelliert:

$$\text{Züge} \times \text{VonBahnhof} \quad \rightarrow \quad \text{NachBahnhof}$$
$$\text{Züge} \times \text{NachBahnhof} \quad \rightarrow \quad \text{VonBahnhof}$$

Jedem Zug wird eine eindeutige Identifikationsnummer zugeordnet, abhängig von der Verbindung. Beispielsweise gibt es einen ICE mit der Nummer 1518, der München und Kiel verbindet. Fährt dieser Zug die Strecke wieder zurück, erhält er eine andere Zugnummer zugewiesen. Einträge in die *verbindet*-Relation sehen z.B. wie folgt aus[1]:

---

[1]Auf eine vollständige Datumsangabe in den Spalten *Ankunft* und *Abfahrt* wurde zugunsten einer besseren Übersichtlichkeit verzichtet.

verbindet				
ZugNr	VonBahnhof	NachBahnhof	Abfahrt	Ankunft
ICE 1518	München Hbf	Augsburg Hbf	10:47	11:23
ICE 1518	Augsburg Hbf	Nürnberg Hbf	11:25	11:28
ICE 1518	Nürnberg Hbf	⋮	⋮	⋮
ICE 1518	Neumünster	Kiel Hbf	20:32	20:49
RE 11215	Bordesholm	Neumünster	10:32	10:41
RE 11215	⋮	⋮	⋮	⋮
RE 11215	⋮	Hamburg Hbf	11:34	11:37

Aufgabe 2.7

Erweitern Sie das in Aufgabe 2.6 erstellte Modell um die Personaleinsatzplanung. Insbesondere sollten Sie die Zugführer, deren Stellvertreter, die IC-Chefs, die Schaffner, die
Köche und die Kellner in Ihr Schema aufnehmen. Weiterhin muss man die Zusammen-
stellung der „Mannschaft" – IC/EC-Team genannt – für die einzelnen Züge vornehmen
können. Verwenden Sie bei der Modellierung das Abstraktionskonzept der Generalisierung bzw. Spezialisierung.

Eine mögliche Modellierung ist in Abbildung 2.11 dargestellt. Im ER-Diagramm sind
zwei Generalisierungshierarchien eingetragen:

- *Betreuer*, *IC-Chefs* und *Zugführer* sind dem allgemeineren Entity *Personal* zugeordnet. Dies ist z.B. deshalb sinnvoll, weil jeder Beschäftigte eine eindeutige Personalnummer und einen Namen, d.h. gleiche Attribute hat.

- Das Entity *Betreuer* ist selbst wiederum ein allgemeinerer Entitytyp für spezielle
  Berufsgruppen wie *Kellner*, *Köche* und *Schaffner*. Jeder dieser Subtypen kann spezielle, weitere Attributtypen haben, die eine Instanz des jeweiligen Typs genauer
  beschreiben. Diese zusätzlichen Attribute sind zur besseren Übersichtlichkeit in der
  Abbildung nicht dargestellt.

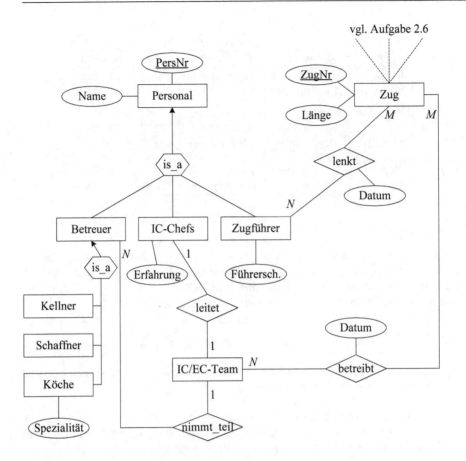

Abbildung 2.11: Modellierung der Personalplanung für Züge

Aufgabe 2.8

Modellieren Sie die Grundlagen eines Krankenhausverwaltungssystems. Insbesondere
sollten die Patienten, deren Stationen, deren Zimmer, die behandelnden Ärzte und die
betreuenden Pfleger modelliert werden. Verwenden Sie wiederum die Generalisierung
zur Strukturierung Ihrer Entitytypen.

Abbildung 2.12 zeigt eine mögliche Modellierung für ein Krankenhausverwaltungssys-
tem.

Kandidaten für Entitytypen

Aus der Aufgabenstellung lassen sich folgende Entitätstypen ableiten: Patienten, Stationen, Ärzte, Pflegepersonal und Zimmer.

Beziehungen und Konsistenzbedingungen

• Patienten sind stationär in Zimmern untergebracht.

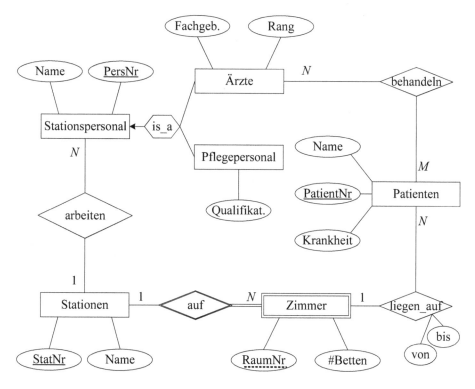

Abbildung 2.12: Modellierung einer Krankenhausverwaltung

- Zimmer sind Stationen zugeordnet und sind daher existenzabhängig zu modellieren.
- Einem Patienten sind behandelnde Ärzte zugeordnet.
- Ärzte und Pflegepersonal sind Stationen zugeordnet und sind von dem allgemeineren Typ *Stationspersonal* abgeleitet.
- Die Beziehung zwischen Pflegepersonal und Patienten besteht nur indirekt über die Station.

Aufgabe 2.9

In Abschnitt 2.8 [Kemper und Eickler (2011)] wurde hervorgehoben, dass die Beziehung zwischen einem schwachen Entitytyp und einem starken Entitytyp keine N:M-Beziehung sein kann. Erläutern Sie, warum das so ist. Denken Sie an die Existenzabhängigkeit und die Identifikation der schwachen Entities. Geben Sie einige Beispiele schwacher Entitytypen an und charakterisieren Sie die Beziehung zu den zugeordneten starken Entitytypen.

Wir wollen diese Fragestellung allgemein behandeln und alle möglichen Kombinationen von Funktionalitätsangaben x:y betrachten:

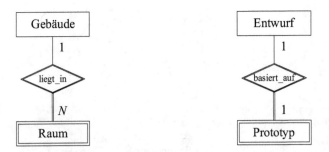

Abbildung 2.13: Beispiele existenzabhängiger Entitytypen

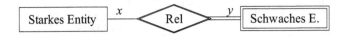

Für $x{:}y$ sind folgende Ausprägungen denkbar:

$N{:}M$ Bei allgemeinen $N{:}M$ Beziehungen können schwache Entities mit **mehreren** starken Entities in existenzabhängigen Beziehungen stehen. Aus Sicht eines schwachen Entities stellt sich damit aber die Frage, ob seine Existenz von einem bestimmten starken Entity oder einer bestimmten Teilmenge abhängt – und wenn ja, von welchem/welcher. Dies lässt sich durch die Notation nicht ausdrücken.

   Diese Funktionalitätsangaben können also nicht verwendet werden.

$N{:}1$ Zu einem schwachen Entity kann es Abhängigkeiten zu mehreren starken geben. Dies ist somit ein Sonderfall der vorhergehenden Betrachtung.

   Damit sind auch solche Funktionalitätsangaben zur Modellierung von schwachen Entities nicht möglich.

$1{:}N$ Jedem schwachen Entity ist ein starkes Entity zugeordnet, ein starkes Entity kann jedoch die Existenzvoraussetzung für mehrere schwache Entities sein. Beispielsweise kann ein Raum nicht existieren, wenn nicht das entsprechende Gebäude, das ihn beinhaltet, existiert (vgl. Abbildung 2.13 links).

$1{:}1$ Jedem schwachen Entity ist genau ein starkes zugeordnet. Jedem starken Entity ist maximal ein schwaches zugeordnet. Dies trifft zum Beispiel auf die Entwicklung von (einzigartigen) Prototypen zu, für die ein entsprechender Entwurf vorab vorhanden sein muss (vgl. Abbildung 2.13 rechts).

Aufgabe 2.10

Schwache Entitytypen kann man immer auch als „starke" (normale) Entitytypen modellieren. Was muss dabei beachtet werden? Erläutern Sie dies am Beispiel aus Abbildung 2.14.

Die Modellierung über „starke" und „schwache" Entitytypen dient dazu, Abhängigkeiten auszudrücken. Im Beispiel bedeutet dies, dass ein Raum nur dann existieren kann, wenn

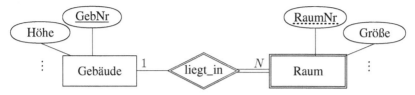

Abbildung 2.14: Ein existenzabhängiger (schwacher) Entitytyp

es auch ein Gebäude gibt, in dem der Raum liegt. Zudem wird aber auch festgelegt, dass es nicht mehr als ein Gebäude geben kann, dem der Raum zugeordnet ist. Es wird also eine *existentielle* Abhängigkeit zu *genau einem* anderen Entity ausgedrückt.

Bei Verwendung zweier „starker" Entitätstypen Raum und Gebäude lässt sich die Abhängigkeit eines Raums von genau einem Gebäude durch die (min, max)-Notation ausdrücken. Die Ausdrucksstärke von Funktionalitäten reicht hier nicht aus, da eine 1:N-Relation aussagt, dass ein Raum in keinem oder einem Gebäude liegt.

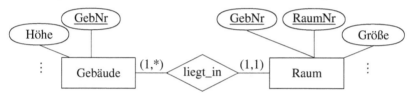

Im Vergleich zu dieser Modellierung bietet die Modellierung mittels starken und schwachen Entitytypen zusätzlich die Möglichkeit, die Existenzabhängigkeit besonders zu betonen. Bezogen auf das Beispiel bedeutet dies, dass es keinen Raum geben kann, wenn es nicht auch ein zugehöriges Gebäude gibt.

Aufgabe 2.11

Modellieren Sie ein Auto, wobei Sie besonders auf die Aggregation, d.h. die **part-of** Beziehungen eingehen. Welcher Zusammenhang besteht zwischen dem Konzept der schwachen Entities und einer Aggregationshierarchie?

Eine mögliche Modellierung eines Autos mit Hilfe der **part-of** Beziehungen zeigt Abbildung 2.15.

Zum Zusammenhang zwischen schwachen Entities und einer Aggregationshierarchie ist Folgendes zu sagen: Häufig, aber nicht zwangsläufig, ist ein schwacher Entitytyp per Aggregation an einen starken Entitytyp gekoppelt. Im Gegensatz zur Modellierung mittels schwacher Entities stellt eine Aggregation keine existenzabhängige Beziehung dar. Beispielsweise kann ein Motor auch ohne Auto, in das er eingebaut wird, existieren. Anders ist es bei Räumen. Ein Raum kann nur dann existieren, wenn es auch ein Gebäude gibt, das den Raum beinhaltet (vgl. auch Aufgabe 2.10).

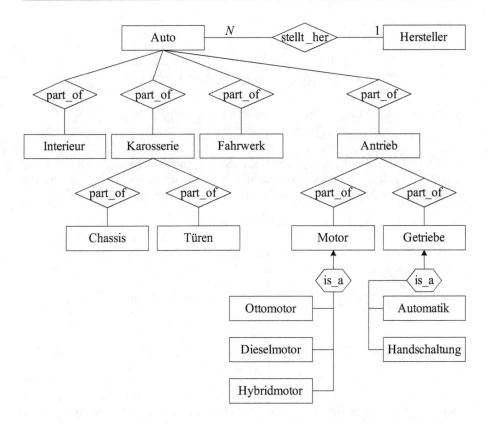

Abbildung 2.15: ER-Diagramm für ein Auto (zur besseren Übersichtlichkeit wurde auf Attributangaben verzichtet)

Aufgabe 2.12

Man beachte, dass sich die Multiplizitätsangaben in UML an die Funktionalitätsangaben des ER-Modells anlehnen, nicht an die (min, max)-Notation. Arbeiten Sie den Zusammenhang detailliert heraus, d.h. illustrieren Sie die UML-Multiplizitäten, die sich für 1:1, 1:N bzw. N:M-Beziehungen ergeben.

Anders als UML-Multiplizitätsangaben beziehen sich (min, max)-Angaben darauf, wie oft jedes Entity des Entitytyps „auf dieser Seite" der Relation an der Beziehung mindestens teilnehmen muss und höchstens teilnehmen darf. Betrachtet man die schematische Gegenüberstellung der (min, max)-Notation mit Funktionalitäten aus Aufgabe 2.1, so gibt (min_1, max_1) an, wie oft eine Instanz von E_1 in R mindestens und höchstens auftritt.

UML-Multiplizitätsangaben verhalten sich analog zu Funktionalitäten. So gibt F_1 in nachfolgender Abbildung an, mit wie vielen Instanzen von E_1 eine Instanz von E_2 eine Beziehung eingehen kann (vgl. auch Aufgabe 2.1).

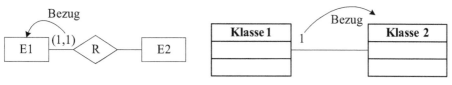

(*min, max*)-Notation im ER-Modell   Multiplizitätsangaben in UML

Abbildung 2.16: Gegenüberstellung der (*min, max*)-Notation und der Multiplizitätsangaben in UML

Abbildung 2.16 stellt den Unterschied zwischen der (*min, max*)-Notation bei Entitytypen und den Multiplizitätsangaben in UML schematisch dar. Es gilt:

UML
: Die Multiplizität einer Assoziation gibt für ein Objekt der gegenüberliegenden Klasse 2 an, mit wie vielen Objekten der Klasse 1 es assoziiert sein kann.

(*min, max*)
: (*min, max*) sagt aus, dass jedes Entity des Typs E_1 mindestens *min*-mal und höchstens *max*-mal in R vorkommt.

In der folgenden Tabelle sind Funktionalitätsangaben ihren entsprechenden Multiplizitätsangaben in UML gegenübergestellt:

Funktionalitätsangaben	UML-Multiplizitäten
$1 : 1$	0..1 0..1
$1 : N$	0..1 0..*
$N : M$	0..* 0..*

Abbildung 2.17 veranschaulicht dies anhand eines einfachen Beispiels. Modelliert sind die Beschäftigungsverhältnisse von Arbeitnehmern. Informell kann man Modellierung 2.17(a) interpretieren als „Jede Firma tritt kein mal oder beliebig oft in der Beziehung *arbeitet_bei* auf. Jede Person geht diese Beziehung höchstens einmal ein". Demgegenüber sind die Funktionalitätsangaben aus Abbildung 2.17(b) und UML-Multiplizitätsangaben aus Abbildung 2.17(c) zu lesen als: „Jede Firma beschäftigt beliebig viele Personen (N, bzw. 0..*). Jeder Arbeitnehmer ist bei keiner oder genau einer Firma angestellt (1 bzw. 0..1)".

 Literaturhinweis

Eine umfangreiche Beschreibung der Unified Modeling Language (UML) liefert zum Beispiel Oestereich (2006).

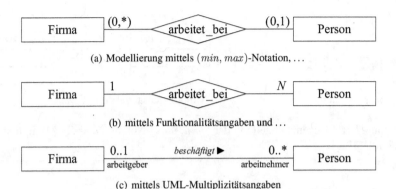

(a) Modellierung mittels (min, max)-Notation, …

(b) mittels Funktionalitätsangaben und …

(c) mittels UML-Multiplizitätsangaben

Abbildung 2.17: Beispiel einer ER-Relation bzw. einer entsprechenden Modellierung als UML-Assoziation

Aufgabe 2.13

Modellieren Sie das Verwaltungssystem für eine Leichtathletik-Weltmeisterschaft. Insbesondere sollen Sie Veranstaltungen, teilnehmende Sportler, Austragungsorte, verschiedene Arten von Helfern (Ordner, Schiedsrichter, …) und Ergebnisse in Ihrer Modellierung berücksichtigen. Geben Sie die Funktionalitäten der Beziehungstypen an.

Die in Abbildung 2.18 dargestellte ER-Modellierung sieht folgende Entitytypen vor:

- *Veranstaltungen* mit einer Veranstaltungs-ID (*VID*), einem Austragungszeitpunkt (*Termin*) und der jeweiligen *Disziplin*.

- *Athleten* bzw. Wettkampfteilnehmer. Ein Athlet wird durch eine Teilnehmernummer (*TeilnID*), einen *Name*n und die *Nation*, für die er oder sie antritt, beschrieben.

- *Austragungsorte*, die durch die *Stadt* und die genaue *Adresse* beschrieben sind.

- *Helfer*, wobei jedem Helfer/jeder Helferin eine eindeutige *HelferID* und ein *Name* zugeordnet sind.

  Mittels der **is-a** Beziehung wird eine Generalisierung ausgedrückt. Speziellere Subtypen von *Helfer* sind in der gezeigten Modellierung *Ordner* und *Schiedsrichter*. Alternativ könnte diese Funktion auch über ein zusätzliches Attribut *Funktion* des Entitytyps *Helfer* realisiert werden.

- *Ergebnisse*: Jeder Ergebnis-Instanz wird ein eindeutiger Identifikator (*Ergebnis-ID*), sowie das Wettkampfresultat in Form des erreichten Rangs (*Platz*) und des *Ergebniswert*s zugewiesen.

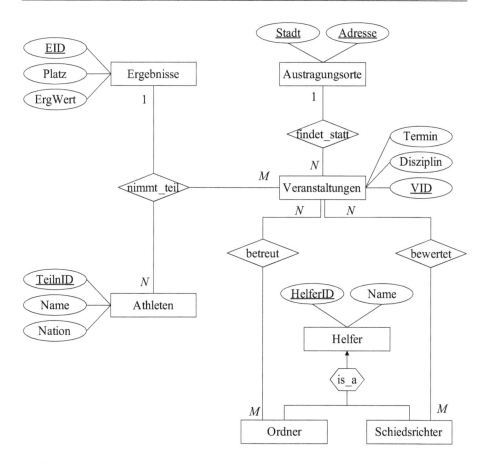

Abbildung 2.18: ER-Modellierung einer Leichtathletik-WM

Aufgabe 2.14

Erstellen Sie für das in Aufgabe 1.3 eingeführte Wahlinformationssystem eine ER-Modellierung.

Abbildung 2.19 zeigt eine mögliche Modellierung des Wahlinformationssystems. Wichtig ist, dass Wahlresultate bezüglich der Art der abgegebenen Stimmen, also Erst- und Zweitstimmen, unterschieden werden. In der Modellierung ist folgendes ausgedrückt:

- Wahlresultate beziehen sich jeweils auf *Wahlbezirke*. *Wahlergebnisse* sind deshalb als schwaches Entity modelliert.

- *Erststimmen* und *Zweitstimmen* sind als Unter-Entitytypen von *Wahlergebnisse* modelliert. In diesem Zusammenhang sind *Wahlergebnisse* als Stimmabgaben zu verstehen. Eine alternative Modellierung anstelle der Generalisierung ist, *Wahlergebnisse* als Aggregat (*part_of*-Bezichung) von Erst- und Zweitstimmen aufzufassen. Es sei dem Leser überlassen, die Modellierung dahingehend anzupassen.

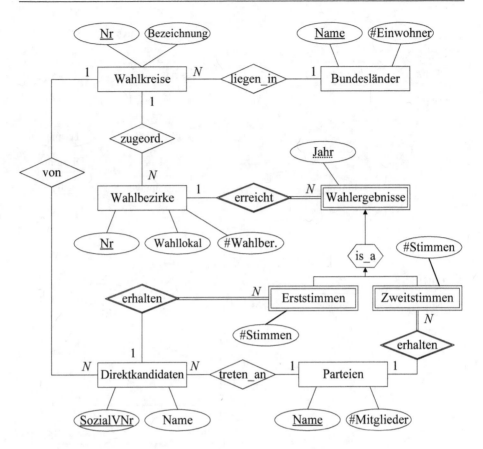

Abbildung 2.19: ER-Modellierung eines Wahlinformationssystems

- *Erststimmen*-Ergebnisse beziehen sich auf *Direktkandidaten*, die in ihren *Wahlkreisen* antreten.

- *Zweitstimmen*-Ergebnisse sind existenzabhängig von *Parteien* modelliert.

- Per Definition ist ein Wahlbezirk der Teil eines Wahlkreises, dessen Wähler ein und demselben Wahllokal zugeordnet sind. Deshalb sind Wahllokale nicht als eigenständiger Entitytyp, sondern als Attribut des Entities *Wahlbezirke* modelliert.

Detaillierte Informationen zum deutschen Wahlsystem und Ergebnisse von Wahlgängen finden Sie beispielsweise auf http://www.bundeswahlleiter.de/.

3. Das relationale Modell

Aufgabe 3.1

Gegeben sei die ER-Modellierung von Zugverbindungen in Abbildung 3.1.

a) Fügen Sie bei den Beziehungen Kardinalitäten in der (min, max)-Notation hinzu.

b) Übertragen Sie das ER-Modell in ein relationales Schema.

c) Verfeinern Sie das relationale Schema soweit möglich durch Eliminierung von Relationen.

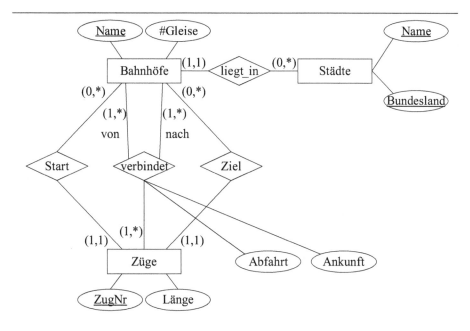

Abbildung 3.1: ER-Modellierung von Zugverbindungen

Eintragen der Multiplizitäten

Abbildung 3.2 zeigt das ER-Diagramm mit eingetragenen Multiplizitäten in (min, max)-Notation.

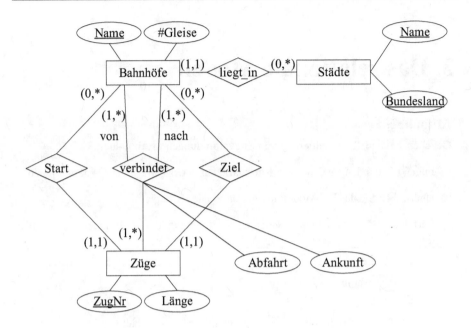

Abbildung 3.2: ER-Modellierung von Zugverbindungen mit Angabe der Kardinalitäten in (min, max)-Notation

Erstellen des relationalen Schemas

Die initiale Überführung ergibt folgende Relationen für die Entitytypen:

$$\text{Städte} \ : \ \{[\underline{\text{Name}} : \text{string}, \text{Bundesland} : \text{string}]\} \tag{1}$$

$$\text{Bahnhöfe} \ : \ \{[\underline{\text{Name}} : \text{string}, \text{\#Gleise} : \text{integer}]\} \tag{2}$$

$$\text{Züge} \ : \ \{[\underline{\text{ZugNr}} : \text{integer}, \text{Länge} : \text{integer}]\} \tag{3}$$

Für die Beziehungstypen werden folgende Relationen erstellt:

$$\text{liegt\_in} \ : \ \{[\underline{\text{BName}} : \text{string}, \text{SName} : \text{string}, \text{Bundesland} : \text{string}]\} \tag{4}$$

$$\text{Start} \ : \ \{[\underline{\text{ZugNr}} : \text{integer}, \text{BName} : \text{string}]\} \tag{5}$$

$$\text{Ziel} \ : \ \{[\underline{\text{ZugNr}} : \text{integer}, \text{BName} : \text{string}]\} \tag{6}$$

$$\text{verbindet} \ : \ \{[\underline{\text{VonBahnhof}} : \text{string}, \underline{\text{NachBahnhof}} : \text{string}, \tag{7}$$
$$\underline{\text{ZugNr}} : \text{integer}, \text{Abfahrt} : \text{date}, \text{Ankunft} : \text{date}]\}$$

Als Nächstes wird das relationale Schema verfeinert, indem Relationen zusammengefasst werden.

Dabei werden Relationen für binäre Beziehungstypen mit Relationen für Entitytypen zusammengefasst, falls diese gleiche Schlüssel besitzen und es sich dabei um 1:N, N:1 oder 1:1 Beziehungen handelt.

So kann Relation (4) in (2) aufgenommen werden. (5) wird mit (3) zusammengefasst. Auch die *Ziel*-Relation (6) wird mit der *Züge*-Relation (3) zusammengefasst, d.h.

$$(4) \mapsto (2), (5) \mapsto (3), (6) \mapsto (3)$$

Damit ergibt sich folgendes Schema:

$$\begin{aligned}
\text{Städte} \ &: \ \{[\underline{\text{Name} : \text{string}}, \text{Bundesland} : \text{string}]\} \\
\text{Bahnhöfe} \ &: \ \{[\underline{\text{Name} : \text{string}}, \#\text{Gleise} : \text{integer}, \\
&\qquad \text{SName} : \text{string}, \text{Bundesland} : \text{string}]\} \\
\text{Züge} \ &: \ \{[\underline{\text{ZugNr} : \text{integer}}, \text{Länge} : \text{integer}, \\
&\qquad \text{StartBahnhof} : \text{string}, \text{ZielBahnhof} : \text{string}]\} \\
\text{verbindet} \ &: \ \{[\underline{\text{VonBahnhof} : \text{string}}, \text{NachBahnhof} : \text{string}, \\
&\qquad \underline{\text{ZugNr} : \text{integer}}, \text{Abfahrt} : \text{date}, \text{Ankunft} : \text{date}]\}
\end{aligned}$$

Im vorliegenden Fall ist die Zugnummer eindeutig für eine Verbindung. Ein ICE, der die Städte München (*StartBahnhof*) und Berlin (*ZielBahnhof*) verbindet, hat somit eine eindeutige Zugnummer für diese Verbindung, die über mehrere Zwischenbahnhöfe erfolgen kann. Fährt der Zug zurück, erhält er eine andere Nummer zugewiesen. Dadurch sind die Kombinationen (*ZugNr*, *VonBahnhof*) und (*ZugNr*, *NachBahnhof*) zwei mögliche Schlüssel für die Relation *verbindet* (vgl. auch Aufgabe 2.6).

Aufgabe 3.2

Man überführe den konzeptuellen Entwurf der Beziehung *betreuen* zwischen *Professoren*, *Studenten* und *Seminarthemen* aus Abbildung 2.1 in ein relationales Schema. Zu diesem Zweck sei angenommen, dass der *Titel* ein Seminarthema eindeutig identifiziere. Diskutieren Sie, welche Schlüssel Ihre Relationen haben. Inwieweit werden die Konsistenzbedingungen, die durch die Funktionalitätsangaben spezifiziert wurden, durch das relationale Schema abgedeckt?

Zur Umsetzung ins relationale Modell muss ein Schlüssel für die Relation *betreuen* bestimmt werden. Hierzu betrachten wir die geltenden partiellen Funktionen:

$$\text{Studenten} \times \text{Seminarthemen} \ \rightarrow \ \text{Professoren} \qquad (1)$$
$$\text{Studenten} \times \text{Professoren} \ \rightarrow \ \text{Seminarthemen} \qquad (2)$$

- Die linken Seiten dieser Funktionen stellen potentielle Schlüssel dar.
- Diese sind minimal.

Erste Möglichkeit zur Überführung ins relationale Schema

$$\text{betreuen} \ : \ \{[\underline{\text{ProfPersNr} : \text{integer}, \text{MatrNr} : \text{integer}}, \text{Titel} : \text{string}, \text{Note} : \text{decimal}]\}$$

Die partielle Funktion (2) ist durch dieses relationale Schema sichergestellt, die Konsistenzbedingung (1) nicht. Eine gültige Ausprägung ist:

betreuen			
<u>ProfPersNr</u>	<u>MatrNr</u>	Titel	Note
2125	24002	Elenktik, die Kunst des Beweisens, Widerlegens	1,0
2126	24002	Elenktik, die Kunst des Beweisens, Widerlegens	2,0

Es wird nicht ausgeschlossen, dass ein Student dasselbe Thema bei unterschiedlichen Professoren bearbeitet, was jedoch ein Widerspruch zu Konsistenzbedingung (1) ist.

Zweite Möglichkeit zur Überführung ins relationale Schema

betreuen : {[ProfPersNr : integer, <u>MatrNr : integer, Titel : string</u>, Note : decimal]}

Die partielle Funktion (1) ist durch dieses relationale Schema sichergestellt, die partielle Funktion (2) allerdings nicht. Eine gültige Ausprägung für diesen Fall ist:

betreuen			
ProfPersNr	MatrNr	<u>Titel</u>	Note
2125	24002	Elenktik, die Kunst des Beweisens, Widerlegens	1,0
2125	24002	Mäeutik, die Kunst des Fragens	2,0

Im dargestellten Beispiel bearbeitet ein Student bei demselben Professor zwei unterschiedliche Themen. Dies ist ein Widerspruch zu Funktion (2).

 Hinweis

- Die Kombination der drei Attribute (*ProfPersNr*, *MatrNr* und *Titel*) als Schlüssel zu verwenden löst diese Problematik nicht. Im Gegenteil, denn dann sind keine der zwei vorgestellten Konsistenzbedingungen mehr erfüllt, wie man sich an entsprechenden Beispielausprägungen verdeutlichen kann.

- In SQL lässt sich diese Problematik auf folgende Weise lösen: Der Primärschlüssel der Relation *betreuen* wird beispielsweise als {*ProfPersNr*, *MatrNr*} festgelegt. Zusätzlich definiert man {*Titel*, *MatrNr*} als **unique**. Alternativ lassen sich natürlich die Rollen von *ProfPersNr* und *Titel* vertauschen.

Aufgabe 3.3

Übertragen Sie das in Aufgabe 2.14 entwickelte ER-Modell in das zugehörige relationale Schema und verfeinern Sie dieses.

Zuerst erstellen wir die Schemadefinition für die Entitytypen der Modellierung. Man beachte, dass die Generalisierung so umgesetzt wurde, dass der Obertyp *Wahlergebnisse* nicht extra realisiert wird. Stattdessen werden die Attribute von *Wahlergebnisse* in *Erststimmen* und *Zweitstimmen* übernommen. Dies hat den Vorteil, dass auf einen künstlichen

Schlüssel für *Wahlergebnisse* verzichtet werden kann. Zudem ermöglicht dies die effiziente[1] Auswertung von Anfragen, die sich typischerweise entweder auf *Erststimmen* oder *Zweitstimmen*, in der Regel aber nie auf *Wahlergebnisse* allgemein beziehen.

$$
\begin{aligned}
\text{Parteien} &: \{[\underline{\text{Name}:\text{string}}, \#\text{Mitglieder}:\text{integer}]\} & (1)\\
\text{Direktkandidaten} &: \{[\underline{\text{SozialVNr}:\text{string}}, \text{Name}:\text{string}]\} & (2)\\
\text{Erststimmen} &: \{[\underline{\text{Wahlbezirk}:\text{integer}, \text{Jahr}:\text{integer}, \text{Kandidat}:\text{string}}, & (3)\\
& \quad\ \#\text{Stimmen}:\text{integer}]\}\\
\text{Zweitstimmen} &: \{[\underline{\text{Wahlbezirk}:\text{integer}, \text{Jahr}:\text{integer}, \text{Partei}:\text{string}}, & (4)\\
& \quad\ \#\text{Stimmen}:\text{integer}]\}\\
\text{Wahlbezirke} &: \{[\underline{\text{Nr}:\text{integer}}, \#\text{Wahlberechtigte}:\text{integer}, \text{Wahllokal}:\text{string}]\} & (5)\\
\text{Wahlkreise} &: \{[\underline{\text{Nr}:\text{integer}}, \text{Bezeichnung}:\text{string}]\} & (6)\\
\text{Bundesländer} &: \{[\underline{\text{Name}:\text{string}}, \#\text{Einwohner}:\text{integer}]\} & (7)
\end{aligned}
$$

Für die Beziehungstypen werden folgende Relationen erstellt:

$$
\begin{aligned}
\text{treten\_an} &: \{[\underline{\text{KandidatSVNr}:\text{string}, \text{Partei}:\text{string}}]\} & (8)\\
\text{liegen\_in} &: \{[\underline{\text{Wahlkreis}:\text{integer}, \text{Bundesland}:\text{string}}]\} & (9)\\
\text{von} &: \{[\underline{\text{KandidatSVNr}:\text{string}}, \text{Wahlkreis}:\text{integer}]\} & (10)\\
\text{zugeordnet} &: \{[\underline{\text{Wahlbezirk}:\text{integer}}, \text{Wahlkreis}:\text{integer}]\} & (11)
\end{aligned}
$$

Das relationale Schema kann verfeinert werden, indem die $1:N$-Beziehungen *treten_an*, *liegen_in*, *von* und *zugeordnet* aufgelöst werden:

$$(8) \mapsto (2), (9) \mapsto (6), (10) \mapsto (2) \text{ und } (11) \mapsto (5)$$

$$
\begin{aligned}
\text{Parteien} &: \{[\underline{\text{Name}:\text{string}}, \#\text{Mitglieder}:\text{integer}]\}\\
\text{Direktkandidaten} &: \{[\underline{\text{SozialVNr}:\text{string}}, \text{Name}:\text{string}, \text{Partei}:\text{string},\\
& \quad\ \text{Wahlkreis}:\text{integer}]\}\\
\text{Erststimmen} &: \{[\underline{\text{Wahlbezirk}:\text{integer}, \text{Jahr}:\text{integer}, \text{Kandidat}:\text{string}},\\
& \quad\ \#\text{Stimmen}:\text{integer}]\}\\
\text{Zweitstimmen} &: \{[\underline{\text{Wahlbezirk}:\text{integer}, \text{Jahr}:\text{integer}, \text{Partei}:\text{string}},\\
& \quad\ \#\text{Stimmen}:\text{integer}]\}\\
\text{Wahlbezirke} &: \{[\underline{\text{Nr}:\text{integer}}, \#\text{Wahlberechtigte}:\text{integer}, \text{Wahllokal}:\text{string},\\
& \quad\ \text{Wahlkreis}:\text{integer}]\}\\
\text{Wahlkreise} &: \{[\underline{\text{Nr}:\text{integer}}, \text{Bezeichnung}:\text{string}, \text{Bundesland}:\text{string}]\}\\
\text{Bundesländer} &: \{[\underline{\text{Name}:\text{string}}, \#\text{Einwohner}:\text{integer}]\}
\end{aligned}
$$

---

[1] D.h. Verbundberechnungen werden eingespart (siehe auch Abschnitt 4.17 [Kemper und Eickler (2011)]).

Aufgabe 3.4

Formulieren Sie für das in Aufgabe 3.1 entwickelte relationale Schema folgende Anfragen:

- Finde die direkten Verbindungen von Passau nach Karlsruhe.

- Finde die Verbindungen mit genau einmaligem Umsteigen von Passau nach Aachen – der Umsteigebahnhof ist frei wählbar; aber der Anschlusszug sollte noch am selben Tag fahren.

- Gibt es eine Verbindung mit höchstens dreimaligem Umsteigen von Passau nach Westerland?

Formulieren Sie die Anfragen jeweils

- in der Relationenalgebra,

- im relationalen Tupelkalkül und

- im relationalen Domänenkalkül.

Vorüberlegungen

Für die Formulierung der Anfragen ist das Verständnis möglicher Ausprägungen von *verbindet* ausschlaggebend. Zur Erklärung des Problems wählen wir als Beispielzugroute die Verbindung

München Hbf $\rightarrow$ Augsburg Hbf $\rightarrow$ Nürnberg Hbf

Augsburg stellt in diesem Beispiel also einen Zwischenhalt dar (vgl. auch Betrachtungen von Aufgabe 2.6 auf Seite 15).

1. Fall: *verbindet* enthält die minimal nötige Datenmenge, also nur direkte Verbindungen ohne Zwischenstopps.

verbindet				
ZugNr	VonBahnhof	NachBahnhof	Abfahrt	Ankunft
ICE 1518	München Hbf	Augsburg Hbf	2005-12-25 9:45	2005-12-25 10:21
ICE 1518	Augsburg Hbf	Nürnberg Hbf	2005-12-25 10:24	2005-12-25 11:27

2. Fall: *verbindet* enthält die transitive Hülle der Verbindungen, d.h. alle Kombinationen von Start- und Zielbahnhöfen, die ein Zug (also z.B. der ICE 1518) direkt oder über Zwischenstopps anfährt.

verbindet				
ZugNr	VonBahnhof	NachBahnhof	Abfahrt	Ankunft
ICE 1518	München Hbf	Augsburg Hbf	2005-12-25 9:45	2005-12-25 10:21
ICE 1518	Augsburg Hbf	Nürnberg Hbf	2005-12-25 10:24	2005-12-25 11:27
ICE 1518	München Hbf	Nürnberg Hbf	2005-12-25 9:45	2005-12-25 11:27

Wir nehmen im Folgenden den ersten Fall an. Um die einzelnen Anfragen zu formulieren, bietet es sich allerdings an, die zweite Version, also die transitive Hülle der *verbindet*-Relation, zu erstellen. Auf dieser lassen sich die Anfragen dann einfacher und auch kürzer formulieren. Diese Hilfsrelation oder *Sicht* wird als *verbindetTrans* bezeichnet. Das Erstellen dieser Sicht ist mitunter nicht einfach, im Allgemeinen sogar unmöglich in der Relationenalgebra. Allerdings gibt es in SQL entsprechende Erweiterungen, um die transitive Hülle ohne Einschränkung der Anzahl der Verbindungsabschnitte eines Zuges auszudrücken (siehe Aufgabe 4.1).

Wir setzen in einem ersten Ansatz die transitive Hülle als gegeben voraus. Die interessierten Leser seien auf den Anhang zu dieser Aufgabe verwiesen, in dem gezeigt wird, wie die transitive Hülle im jeweiligen Formalismus erstellt werden kann.

Bevor wir die Lösungsvorschläge vorstellen, wollen wir die einzelnen Anfragen noch kurz analysieren:

Anfrage 1: *Finde die direkten Verbindungen von Passau nach Karlsruhe.*

- Direkte Verbindung bedeutet hier, dass man nicht umsteigen muss. Es können aber mehrere Zwischenbahnhöfe auf der Strecke liegen. Diese Anfrage kann mittels *verbindetTrans* vergleichsweise einfach formuliert werden.
- Da die Namen der Bahnhöfe in der Regel nicht den Städtenamen entsprechen, muss man zusätzlich einen Verbund mit der Relation *Städte* formulieren.

Anfrage 2: *Finde die Verbindungen mit genau einmaligem Umsteigen von Passau nach Aachen – der Umsteigebahnhof ist frei wählbar; aber der Anschlusszug sollte noch am selben Tag fahren.*

- Wiederum können auf der Strecke nach bzw. vor dem Umsteigebahnhof mehrere Zwischenbahnhöfe liegen. Es bietet sich also auch hier die Verwendung von *verbindetTrans* an.
- Der Anschlusszug sollte fahren, nachdem der Fahrgast an dem Umsteigebahnhof angekommen ist, aber noch am selben Tag.
- An- und Abfahrtszeiten sind vollständige Datums- / Zeitangaben, also z.B. „2005-12-25 10:47“.
  Wir setzen die Funktion **DAY()** als gegeben voraus, die aus einer Datums-/Zeitangabe den Tag extrahiert.

Anfrage 3: *Gibt es eine Verbindung mit höchstens dreimaligem Umsteigen von Passau nach Westerland?*

- Die Frage kann dann mit ja beantwortet werden, wenn mindestens eine direkte Verbindung oder eine mit ein-, zwei- oder dreimaligem Umsteigen existiert.

Formulierung in relationaler Algebra

Anfrage 1:

$$(\rho_{\text{VonName}\leftarrow\text{Name}}(\Pi_{\text{Name}}(\sigma_{\text{SName}=\text{'Passau'}}(\text{Bahnhöfe}))))$$
$$\bowtie_{\text{VonName}=\text{VonBahnhof}}$$
$$\text{verbindetTrans}$$
$$\bowtie_{\text{NachName}=\text{NachBahnhof}}$$
$$(\rho_{\text{NachName}\leftarrow\text{Name}}(\Pi_{\text{Name}}(\sigma_{\text{SName}=\text{'Karlsruhe'}}(\text{Bahnhöfe}))))$$

Anfrage 2:

$$\left(\rho_{\text{VonName}\leftarrow\text{Name}}\left(\Pi_{\text{Name}}\left(\sigma_{\text{SName}=\text{'Passau'}}\left(\text{Bahnhöfe}\right)\right)\right)\right)$$
$$\bowtie_{\text{VonName}=v1.\text{VonBahnhof}}$$
$$\rho_{v1}\left(\text{verbindetTrans}\right)$$
$$\bowtie_{v1.\text{NachBahnhof}=v2.\text{VonBahnhof} \,\wedge\, v1.\text{Ankunft}<v2.\text{Abfahrt} \,\wedge}$$
$$\text{DAY}(v1.\text{Ankunft})=\text{DAY}(v2.\text{Abfahrt}) \,\wedge\, v1.\text{ZugNr}\neq v2.\text{ZugNr}$$
$$\rho_{v2}\left(\text{verbindetTrans}\right)$$
$$\bowtie_{\text{NachName}=v2.\text{NachBahnhof}}$$
$$\left(\rho_{\text{NachName}\leftarrow\text{Name}}\left(\Pi_{\text{Name}}\left(\sigma_{\text{SName}=\text{'Aachen'}}\left(\text{Bahnhöfe}\right)\right)\right)\right)$$

Anfrage 3: Die relationale Algebra bietet keine Möglichkeit, Iteration oder Rekursion auszudrücken. In der Anfrage müssen damit die einzelnen Fälle explizit ausformuliert werden.

Verwendete Abkürzungen:

$$
\begin{aligned}
\text{SBahnhöfe} \;&:=\; \left(\rho_{\text{VonName}\leftarrow\text{Name}}\left(\Pi_{\text{Name}}\left(\sigma_{\text{SName}=\text{'Passau'}}\left(\text{Bahnhöfe}\right)\right)\right)\right) \\
\text{ZBahnhöfe} \;&:=\; \left(\rho_{\text{NachName}\leftarrow\text{Name}}\left(\Pi_{\text{Name}}\left(\sigma_{\text{SName}=\text{'Westerland'}}\left(\text{Bahnhöfe}\right)\right)\right)\right) \\
\text{Nullmal} \;&:=\; \rho_{v1}\left(\text{verbindetTrans}\right) \\
\text{Einmal} \;&:=\; \rho_{v1}\left(\text{verbindetTrans}\right) \bowtie_{P_1} \rho_{v2}\left(\text{verbindetTrans}\right) \\
\text{Zweimal} \;&:=\; \rho_{v1}\left(\text{verbindetTrans}\right) \bowtie_{P_1} \rho_{v2}\left(\text{verbindetTrans}\right) \bowtie_{P_2} \\
&\qquad \rho_{v3}\left(\text{verbindetTrans}\right) \\
\text{Dreimal} \;&:=\; \rho_{v1}\left(\text{verbindetTrans}\right) \bowtie_{P_1} \rho_{v2}\left(\text{verbindetTrans}\right) \bowtie_{P_2} \\
&\qquad \rho_{v3}\left(\text{verbindetTrans}\right) \bowtie_{P_3} \rho_{v4}\left(\text{verbindetTrans}\right) \\
P_i \;&:=\; vi.\text{NachBahnhof} = v(i+1).\text{VonBahnhof} \,\wedge \\
&\qquad vi.\text{Ankunft} < v(i+1).\text{Abfahrt} \,\wedge \\
&\qquad vi.\text{ZugNr} \neq v(i+1).\text{ZugNr}
\end{aligned}
$$

$$
\begin{aligned}
\text{Null} \;&:=\; \text{SBahnhöfe} \bowtie_{\text{VonName}=v1.\text{VonBahnhof}} \text{Nullmal} \\
&\qquad \bowtie_{\text{NachName}=v1.\text{NachBahnhof}} \text{ZBahnhöfe} \\
\text{Eins} \;&:=\; \text{SBahnhöfe} \bowtie_{\text{VonName}=v1.\text{VonBahnhof}} \text{Einmal} \\
&\qquad \bowtie_{\text{NachName}=v2.\text{NachBahnhof}} \text{ZBahnhöfe} \\
\text{Zwei} \;&:=\; \text{SBahnhöfe} \bowtie_{\text{VonName}=v1.\text{VonBahnhof}} \text{Zweimal} \\
&\qquad \bowtie_{\text{NachName}=v3.\text{NachBahnhof}} \text{ZBahnhöfe} \\
\text{Drei} \;&:=\; \text{SBahnhöfe} \bowtie_{\text{VonName}=v1.\text{VonBahnhof}} \text{Dreimal} \\
&\qquad \bowtie_{\text{NachName}=v4.\text{NachBahnhof}} \text{ZBahnhöfe}
\end{aligned}
$$

Als Anfrage ergibt sich damit:

$$
\begin{aligned}
& \left(\Pi_{v1.\text{ZugNr}}(\text{Null}) \times \{[-,-,-]\}\right) \\
\cup\;& \left(\Pi_{v1.\text{ZugNr},v2.\text{ZugNr}}(\text{Eins}) \times \{[-,-]\}\right) \\
\cup\;& \left(\Pi_{v1.\text{ZugNr},v2.\text{ZugNr},v3.\text{ZugNr}}(\text{Zwei}) \times \{[-]\}\right) \\
\cup\;& \left(\Pi_{v1.\text{ZugNr},v2.\text{ZugNr},v3.\text{ZugNr},v4.\text{ZugNr}}(\text{Drei})\right)
\end{aligned}
$$

Formulierung im Tupelkalkül

Anfrage 1:

$$\{v \mid v \in \text{verbindetTrans} \land \exists von \in \text{Bahnhöfe}(v.\text{VonBahnhof} = von.\text{Name} \land$$
$$von.\text{SName} = \text{'Passau'}) \land \exists nach \in \text{Bahnhöfe}($$
$$v.\text{NachBahnhof} = nach.\text{Name} \land nach.\text{SName} = \text{'Karlsruhe'})\}$$

Anfrage 2:

$$\{[v_1.\text{ZugNr}, v_2.\text{ZugNr}, v_1.\text{Abfahrt}, v_2.\text{Ankunft}] \mid v_1, v_2 \in \text{verbindetTrans}$$
$$\land v_1.\text{NachBahnhof} = v_2.\text{VonBahnhof} \land v1.\text{Ankunft} < v2.\text{Abfahrt}$$
$$\land v_1.\text{ZugNr} \neq v_2.\text{ZugNr} \land \text{DAY}(v1.\text{Ankunft}) = \text{DAY}(v2.\text{Abfahrt})$$
$$\land \exists von \in \text{Bahnhöfe}(v_1.\text{VonBahnhof} = von.\text{Name}$$
$$\land von.\text{SName} = \text{'Passau'})$$
$$\land \exists nach \in \text{Bahnhöfe} (v_2.\text{NachBahnhof} = nach.\text{Name}$$
$$\land nach.\text{SName} = \text{'Aachen'})\}$$

Anfrage 3:

$$\bigcup_{k=0}^{3} \{[v_0.\text{Abfahrt}, v_k.\text{Ankunft}] \mid v_0, v_k \in \text{verbindetTrans} \land$$
$$\exists v_1, \ldots, v_{k-1} \in \text{verbindetTrans} \land \exists von \in \text{Bahnhöfe}($$
$$v_0.\text{VonBahnhof} = von.\text{Name} \land von.\text{SName} = \text{'Passau'})$$
$$\land \exists nach \in \text{Bahnhöfe} (v_k.\text{NachBahnhof} = nach.\text{Name}$$
$$\land nach.\text{SName} = \text{'Westerland'}) \land$$
$$(v_0.\text{ZugNr} \neq v_1.\text{ZugNr} \land v_0.\text{Ankunft} < v_1.\text{Abfahrt}$$
$$\land v_0.\text{NachBahnhof} = v_1.\text{VonBahnhof} \land$$
$$\vdots \qquad \vdots$$
$$v_{k-1}.\text{ZugNr} \neq v_k.\text{ZugNr} \land v_{k-1}.\text{Ankunft} < v_k.\text{Abfahrt}$$
$$\land v_{k-1}.\text{NachBahnhof} = v_k.\text{VonBahnhof}))\}$$

Formulierung im Domänenkalkül

Anfrage 1:

$$\{[\text{znr}, \text{von}, \text{nach}, \text{ab}, \text{an}] \mid [\text{znr}, \text{von}, \text{nach}, \text{ab}, \text{an}] \in \text{verbindetTrans}$$
$$\land \exists g_1, sn_1, bl_1([\text{von}, g_1, sn_1, bl_1] \in \text{Bahnhöfe} \land sn_1 = \text{'Passau'})$$
$$\land \exists g_2, sn_2, bl_2([\text{nach}, g_2, sn_2, bl_2] \in \text{Bahnhöfe} \land sn_2 = \text{'Karlsruhe'})\}$$

Anfrage 2:

$$\{[znr_1, znr_2, \text{von}, \text{nach}, ab, an] \mid$$
$$\exists\, g_1, sn_1, bl_1([\text{von}, g_1, sn_1, bl_1] \in \text{Bahnhöfe} \land sn_1 = \text{'Passau'}) \land$$
$$\exists\, g_2, sn_2, bl_2([\text{nach}, g_2, sn_2, bl_2] \in \text{Bahnhöfe} \land sn_2 = \text{'Aachen'}) \land$$
$$znr_1 \neq znr_2 \land \exists\, \text{ueber}, an_1([znr_1, \text{von}, \text{ueber}, ab, an_1] \in \text{verbindetTrans}$$
$$\land\, \exists\, ab_2([znr_2, \text{ueber}, \text{nach}, ab_2, an] \in \text{verbindetTrans}$$
$$\land\, an_1 < ab_2 \land \text{DAY}(an_1) = \text{DAY}(ab_2)))\}$$

Anfrage 3:

$$\bigcup_{k=0}^{3} \{[ab, an] \mid$$
$$\exists\, znr_0, \text{von}_0, \text{nach}_0, ab_0, an_0([znr_0, \text{von}_0, \text{nach}_0, ab_0, an_0] \in \text{verbindetTrans} \land ($$
$$\exists\, znr_1, \text{nach}_1, ab_1, an_1([znr_1, \text{nach}_0, \text{nach}_1, ab_1, an_1] \in \text{verbindetTrans} \land$$
$$znr_0 \neq znr_1 \land an_0 < ab_1 \land ($$
$$\vdots \qquad\qquad \vdots$$
$$\exists\, znr_k, \text{nach}_k, ab_k([znr_k, \text{nach}_{k-1}, \text{nach}_k, ab_k, an] \in \text{verbindetTrans} \land$$
$$znr_{k-1} \neq znr_k \land an_{k-1} < ab_k$$
$$\land\, \exists\, g_1, sn_1, bl_1([\text{von}_0, g_1, sn_1, bl_1] \in \text{Bahnhöfe} \land sn_1 = \text{'Passau'})$$
$$\land\, \exists\, g_2, sn_2, bl_2([\text{nach}_k, g_2, sn_2, bl_2] \in \text{Bahnhöfe} \land sn_2 = \text{'Westerland'}))\dots)))))\}$$

Berechnung der transitiven Hülle *verbindetTrans*

Die Herausforderung bei der Berechnung der transitiven Hülle ergibt sich dadurch, dass in der relationalen Algebra, im Tupel-, wie auch im Domänenkalkül keine Rekursion ausgedrückt werden kann. Stattdessen muss man iterativ vorgehen:

- Suche die Verbindungen ohne Umsteigen und ohne Zwischenstopp;
- Suche die Verbindungen ohne Umsteigen mit einem Zwischenstopp;
- Suche die Verbindungen ohne Umsteigen mit zwei Zwischenstopps;
- ...
- Suche die Verbindungen ohne Umsteigen mit n Zwischenstopps;

Abbrechen kann man dann, wenn keine neuen Tupel mehr hinzukommen. Mit anderen Worten: Entspricht die Ergebnismenge für $n - 1$ Zwischenstopps der Ausprägung mit n Zwischenstopps, so gilt, dass es keine Verbindungen ohne Umsteigen mit noch mehr Zwischenstopps geben kann.

n sei also die maximale Anzahl der Bahnhöfe, die ein Zug auf seiner Strecke anfährt. Man beachte, dass sich im Allgemeinen die transitive Hülle einer beliebigen Relation nicht mit Hilfe der vorgestellten Formalismen angeben lässt, da wir nur bis zu einem fest vorgegebenen n iterieren.

...in relationaler Algebra:

$$
\begin{aligned}
\text{verbindetTrans} \;\; := \;\; & \text{verbindet} \\
\cup \;\; & \Pi_A(\rho_{U_2}(\rho_{v1}(\text{verbindet}) \bowtie_{P_1} \rho_{v2}(\text{verbindet}))) \\
\vdots \;\; & \ldots \\
\cup \;\; & \Pi_A(\rho_{U_n}(\rho_{v1}(\text{verbindet}) \bowtie_{P_1} \ldots \bowtie_{P_{n-1}} \rho_{vn}(\text{verbindet})))
\end{aligned}
$$

mit:

$$
\begin{aligned}
U_i \;\; := \;\; & \text{VonBahnhof} \leftarrow v1.\text{VonBahnhof}, \text{ZugNr} \leftarrow v1.\text{ZugNr}, \\
& \text{Abfahrt} \leftarrow v1.\text{Abfahrt}, \text{NachBahnhof} \leftarrow vi.\text{NachBahnhof}, \\
& \text{Ankunft} \leftarrow vi.\text{Ankunft} \\
A \;\; := \;\; & \text{VonBahnhof}, \text{NachBahnhof}, \text{ZugNr}, \text{Abfahrt}, \text{Ankunft} \\
P_i \;\; := \;\; & vi.\text{ZugNr} = v(i+1).\text{ZugNr} \wedge vi.\text{NachBahnhof} = v(i+1).\text{VonBahnhof} \\
& \wedge vi.\text{Ankunft} < v(i+1).\text{Abfahrt}
\end{aligned}
$$

...im Tupelkalkül:

$$
\text{verbindetTrans} = \{v \mid v \in \text{verbindet}\} \bigcup_{k=0}^{\infty} \{[v_S.\text{ZugNr}, v_S.\text{VonBahnhof},
$$

$$
v_Z.\text{NachBahnhof}, v_S.\text{Abfahrt}, v_Z.\text{Ankunft}] \mid v_S \in \text{verbindet} \wedge
$$

$$
v_Z \in \text{verbindet}(v_S.\text{ZugNr} = v_Z.\text{ZugNr} \wedge \exists v_0 \ldots v_k \in \text{verbindet}
$$

$$
(v_S.\text{NachBahnhof} = v_0.\text{VonBahnhof} \wedge v_S.\text{Ankunft} < v_0.\text{Abfahrt}
$$

$$
\wedge v_k.\text{NachBahnhof} = v_Z.\text{VonBahnhof} \wedge v_k.\text{Ankunft} < v_Z.\text{Abfahrt}
$$

$$
\wedge v_S.\text{ZugNr} = v_0.\text{ZugNr} \wedge v_k.\text{ZugNr} = v_Z.\text{ZugNr} \wedge
$$

$$
(v_0.\text{NachBahnhof} = v_1.\text{VonBahnhof} \wedge
$$

$$
v_0.\text{ZugNr} = v_1.\text{ZugNr} \wedge v_0.\text{Ankunft} < v_1.\text{Abfahrt} \wedge
$$

$$
\vdots \qquad\qquad \vdots
$$

$$
v_{k-1}.\text{NachBahnhof} = v_k.\text{VonBahnhof} \wedge
$$

$$
v_{k-1}.\text{ZugNr} = v_k.\text{ZugNr} \wedge v_{k-1}.\text{Ankunft} < v_k.\text{Abfahrt})))\}
$$

...im Domänenkalkül:

$$
\text{verbindetTrans} = \text{verbindet} \cup \bigcup_{k=1}^{\infty} \{[\text{znr}, \text{von}_0, \text{nach}_k, \text{ab}_0, \text{an}_k] \mid
$$

$$
\exists \; \text{nach}_0, \text{an}_0([\text{znr}, \text{von}_0, \text{nach}_0, \text{ab}_0, \text{an}_0] \in \text{verbindet} \wedge
$$

$$
\exists \; \text{nach}_1, \text{ab}_1, \text{an}_1([\text{znr}, \text{nach}_0, \text{nach}_1, \text{ab}_1, \text{an}_1] \in \text{verbindet} \wedge \text{an}_0 < \text{ab}_1 \wedge
$$

$$
\exists \; \text{nach}_2, \text{ab}_2, \text{an}_2([\text{znr}, \text{nach}_1, \text{nach}_2, \text{ab}_2, \text{an}_2] \in \text{verbindet} \wedge \text{an}_1 < \text{ab}_2 \wedge
$$

$$
\vdots \qquad\qquad \vdots
$$

$$
\exists \; \text{ab}_k([\text{znr}, \text{nach}_{k-1}, \text{nach}_k, \text{ab}_k, \text{an}_k] \in \text{verbindet} \wedge \text{an}_{k-1} < \text{ab}_k) \ldots)))\}
$$

Aufgabe 3.5

Eine 1:1-Beziehung der Art

kann man sowohl durch Übernahme des Primärschlüssels von E_2 (als Fremdschlüssel) in E_1 als auch umgekehrt modellieren. Wenn die Beziehung aber nur für wenige Elemente von E_1 definiert ist, enthält die Relation viele Tupel mit Null-Werten für diesen Fremdschlüssel.

Geben Sie Beispiele aus der realen Welt, wo dies der Fall ist und man die Beziehungen deshalb besser in E_2 repräsentiert.

Geben Sie Beispiele, wo es sowohl für E_1 als auch für E_2 viele Elemente gibt, die die Beziehung R nicht „eingehen". Diskutieren Sie für diesen Fall die Vor- und Nachteile einer separaten Repräsentation der Beziehung als eigenständige Relation.

Mögliche Umsetzungen ins relationale Modell:

- Übernahme des Schlüssels von E_2 als Fremdschlüssel in E_1:

$$E_1 \; : \; \{[\underline{\text{Primärschlüssel von } E_1 : D_1}, \ldots, \text{Fremdschlüssel von } E_2 : D_2]\}$$
$$E_2 \; : \; \{[\underline{\text{Primärschlüssel von } E_2 : D_2}, \ldots]\}$$

- Übernahme des Schlüssels von E_1 als Fremdschlüssel in E_2 (symmetrisch zur ersten Möglichkeit):

$$E_1 \; : \; \{[\underline{\text{Primärschlüssel von } E_1 : D_1}, \ldots]\}$$
$$E_2 \; : \; \{[\underline{\text{Primärschlüssel von } E_2 : D_2}, \ldots, \text{Fremdschlüssel von } E_1 : D_1]\}$$

- Modellierung der Beziehung als separate Relation:

$$E_1 \; : \; \{[\underline{\text{Primärschlüssel von } E_1 : D_1}, \ldots]\}$$
$$E_2 \; : \; \{[\underline{\text{Primärschlüssel von } E_2 : D_2}, \ldots]\}$$
$$R \; : \; \{[\underline{\text{Fremdschlüssel von } E_1 : D_1}, \text{Fremdschlüssel von } E_2 : D_2]\}$$

bzw.

$$R \; : \; \{[\text{Fremdschlüssel von } E_1 : D_1, \underline{\text{Fremdschlüssel von } E_2 : D_2}]\}$$

Erstes Beispiel

Modellierung der Ministerpräsidenten der Bundesländer:

Eine relativ schlechte Umsetzung ist:

Bundesland : {[Name : string, ...]}
Person : {[SozVersNr : string, Name : string, MinisterpräsidentVon : string, ...]}

Diese hat den Nachteil vieler Nullwerte für das Attribut *MinisterpräsidentVon*.

Eine bessere Umsetzung, bei der Nullwerte vermieden werden, ist:

Bundesland : {[Name : string, ..., Ministerpräsident : string]}
Person : {[SozVersNr : string, Name : string, ...]}

Zweites Beispiel

Modellierung von Eheschließungen:

Möglichkeiten, dies in das relationale Modell überzuführen, sind:

Männer : {[Name : string, ..., verheiratetMit : string]}
Frauen : {[Name : string, ...]}

oder

Männer : {[Name : string, ...]}
Frauen : {[Name : string, ..., verheiratetMit : string]}

Zudem kann der Beziehungstyp auch als eigene Relation im relationalen Modell realisiert werden:

Männer : {[Name : string, ...]}
Frauen : {[Name : string, ...]}
verheiratetMit : {[FName : string, MName : string]} oder

verheiratetMit : {[FName : string, MName : string]}

 Hinweis

Man muss für die Relation *verheiratetMit* tatsächlich beide Schlüsselkandidaten anwenden, um die 1:1-Beziehung auszudrücken. Wählt man z.B. nur *FName* als Schlüsselkandidat, so ist es möglich, dass ein Mann mit mehreren Frauen verheiratet ist. Die Konsistenzbedingung wäre damit verletzt.

Damit ist nicht gemeint, dass {*FName, MName*} den Schlüssel bildet – denn damit würde man eine allgemeine $N{:}M$-Beziehung modellieren. Vielmehr müssen beide Schlüsselinformationen in der Datenbank getrennt realisiert werden. Man wählt z.B. *FName* als *primary key* und setzt bzgl. *MName* das Constraint **unique** (siehe Kapitel 5 [Kemper und Eickler (2011)]). In der Schemadefinition sind **unique**-Attribute gestrichelt hervorgehoben.

Vergleicht man die dritte Realisierung mit den beiden vorangegangenen, so ergeben sich folgende Vorteile:

- keine Nullwerte bei Personen, die nicht verheiratet sind,
- schnelleres Durchsuchen der Beziehung (mit Indexunterstützung),
- die Suche nach Ehepartnern wird in beide Richtungen gleich gut unterstützt.

Abhängig von der tatsächlichen Ausprägung kann sowohl die eine, wie auch die andere Realisierung eine Speicherplatzersparnis bewirken, so dass dies weder als Vorteil noch als Nachteil gewertet wird.

Aufgabe 3.6

Es gelte $S \subseteq R$. Beweisen Sie die folgende Äquivalenz:

$$R \div S = \Pi_{(\mathcal{R}-\mathcal{S})}(R) - \Pi_{(\mathcal{R}-\mathcal{S})}((\Pi_{(\mathcal{R}-\mathcal{S})}(R) \times S) - R)$$

Es wird hierdurch also bewiesen, dass der Divisionsoperator die Ausdruckskraft der Relationenalgebra nicht erhöht, sondern nur zur Vereinfachung der Anfrageformulierung eingeführt wurde.

Behauptung

$$R \div S = \Pi_{(\mathcal{R}-\mathcal{S})}(R) - \Pi_{(\mathcal{R}-\mathcal{S})}((\Pi_{(\mathcal{R}-\mathcal{S})}(R) \times S) - R)$$

Beweis (wie in der Mengenlehre):

Terminologie: $\dot{S}$ bezeichne das Universum für das Schema S der Relation S. Mit anderen Worten, $\dot{S}$ ist die maximale Ausprägung, also das Kreuzprodukt der Domänen der in S spezifizierten Attribute.

„$\subseteq$": Sei $r \in R \div S \Rightarrow$

$$\forall s \in S : [rs] \in R \tag{1}$$
$$\text{mit } r \in \Pi_{(\mathcal{R}-\mathcal{S})}(R) \tag{2}$$

Wegen (2) genügt es zu zeigen:

$$r \notin \Pi_{(\mathcal{R}-\mathcal{S})}((\Pi_{(\mathcal{R}-\mathcal{S})}(R) \times S) - R)$$
$$\Leftrightarrow \forall x \in \dot{S} : [rx] \notin (\Pi_{(\mathcal{R}-\mathcal{S})}(R) \times S) - R$$
$$\Leftrightarrow \forall x \in \dot{S} : \underbrace{[rx] \notin \Pi_{(\mathcal{R}-\mathcal{S})}(R) \times S}_{\text{Bed. 1}} \vee \underbrace{[rx] \in R}_{\text{Bed. 2}}$$

Die erste Bedingung gilt für alle $x \in \dot{S} \setminus S$ und die zweite für alle $x \in S$, d.h. die Bedingung ist wahr.

„⊇“:

$$\text{Sei } r \in \Pi_{(\mathcal{R}-\mathcal{S})}(R) - \Pi_{(\mathcal{R}-\mathcal{S})}((\Pi_{(\mathcal{R}-\mathcal{S})}(R) \times S) - R)$$
$$\Rightarrow r \in \Pi_{(\mathcal{R}-\mathcal{S})}(R) \wedge \tag{3}$$
$$r \notin \Pi_{(\mathcal{R}-\mathcal{S})}((\Pi_{(\mathcal{R}-\mathcal{S})}(R) \times S) - R) \tag{4}$$

zu zeigen: $\forall s \in S : [rs] \in R$
aus (4) folgt:

$$\forall x \in \dot{S} : [rx] \notin \Pi_{(\mathcal{R}-\mathcal{S})}(R) \times S \vee [rx] \in R$$
$$\text{Def. Implikation} \Leftrightarrow \forall x \in \dot{S} : [rx] \in \Pi_{(\mathcal{R}-\mathcal{S})}(R) \times S \Rightarrow [rx] \in R$$
$$\text{Einschränkung auf } S \Rightarrow \forall x \in S : [rx] \in \Pi_{(\mathcal{R}-\mathcal{S})}(R) \times S \Rightarrow [rx] \in R$$
$$\text{wegen (4)} \Rightarrow \forall x \in S : [rx] \in R$$

$\square$

Aufgabe 3.7

In Abbildung 3.9 auf Seite 94 [Kemper und Eickler (2011)] sind die Join-Operatoren ⋈, ⋈ und ⋈ an abstrakten Beispielen eingeführt worden. Geben Sie andere Relationenalgebra-Ausdrücke (ohne Verwendung dieser drei Operatoren) an, die dieselbe Wirkung haben.
Hinweis: $\{[—,—,—]\}$ bezeichnet eine konstante Relation mit einem Tupel, das nur drei **null**-Attributwerte besitzt.

Alternative Darstellung des linken äußeren Joins:

$$L ⟕ R = L ⋈ R \cup ((L - (L ⋉ R)) \times \{\underbrace{[-, \ldots, -]}_{|\mathcal{R}-\mathcal{L}|\text{-mal}}\})$$

Alternative Darstellung des rechten äußeren Joins:

$$L ⟖ R = L ⋈ R \cup (\{\underbrace{[-, \ldots, -]}_{|\mathcal{L}-\mathcal{R}|\text{-mal}}\} \times (R - (L ⋊ R)))$$

Alternative Darstellung des äußeren Joins:

$$L ⟗ R = (L ⟕ R) \cup (L ⟖ R)$$

Aufgabe 3.8

Beweisen Sie, dass die folgenden drei Sprachen die gleiche Ausdruckskraft besitzen:

a) die relationale Algebra,

b) der relationale Tupelkalkül, eingeschränkt auf *sichere* Ausdrücke und

c) der relationale Domänenkalkül, eingeschränkt auf *sichere* Ausdrücke.

Um die Aussage zu beweisen, werden drei Inklusionsbeweise durchgeführt, die im Ring-schluss die Äquivalenz der drei Sprachklassen nachweisen:

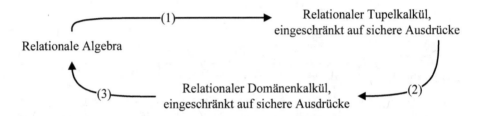

$\curvearrowright$ ist als „*lässt sich ausdrücken durch*" zu verstehen.

Relationale Algebra $\curvearrowright$ relationaler Tupelkalkül, eingeschränkt auf sichere Ausdrücke

Der Beweis gestaltet sich als Induktion über die Operatoren der relationalen Algebra. Für die jeweiligen Relationenalgebra-Ausdrücke E müssen entsprechende Formeln F ange-geben werden, die dieselbe Ausdruckskraft besitzen, d.h. dieselbe Ergebnismenge qua-lifizieren. Dabei können Annahmen über Variablennamen durch Umbenennungen erfüllt werden. Für ein Tupel a der Stelligkeit k bezeichne a_i das $i$te Attribut ($1 \leq i \leq n$).

<u>Atome (Basis):</u> Der Basisfall des Induktionsbeweises gestaltet sich wie folgt: Ein relatio-naler Algebraausdruck ist dann entweder eine einzelne Relation R oder eine konstante Relation.

a) Sei $E \equiv R$, mit R eine Relation. $E \curvearrowright F$ mit $F \equiv s \in R$

b) Sei $E \equiv \{a_1, \ldots, a_n\}$ mit a_i konstantes Tupel der Stelligkeit k ($1 \leq i \leq n$). Es gilt $E \curvearrowright F$ für F definiert als

$$F \equiv (a_1.1 = s_1.1) \wedge (a_1.2 = s_1.2) \qquad \wedge \quad \ldots \quad \wedge (a_1.k = s_1.k) \vee$$
$$\vdots \qquad\qquad\qquad \vdots \quad \vdots$$
$$(a_n.1 = s_n.1) \wedge (a_n.2 = s_n.2) \qquad \wedge \quad \ldots \quad \wedge (a_n.k = s_n.k)$$

<u>Formeln (Induktionsschritt):</u> Für die folgenden Betrachtungen seien E_1, E_2 relationale Algebraausdrücke und F_1 und F_2 Formeln, die E_1 bzw. E_2 entsprechen. Die Stelligkeit der Ausdrücke sei in allen Fällen k.

a) Sei $E \equiv E_1 \cup E_2$. Nach Induktionsvoraussetzung existieren F_1 und F_2 mit freier Variable $s = (s.1, \ldots, s.k)$ (ggf. nach Umbenennung), die sich auf die Komponenten der Tupel von E_1 bzw. E_2 beziehen. Dann gilt $E \curvearrowright F$ für $F \equiv F_1 \vee F_2$.

b) Sei $E \equiv E_1 - E_2$. Dann gilt $E \curvearrowright F$ für $F \equiv F_1 \wedge \neg F_2$ (mit F_1 und F_2 nach Umbenennung auf gleicher freier Variable s).

c) Sei $E \equiv \Pi_{i_1, \ldots, i_k}(E_1)$. Sei F Formel mit freier Variable t, definiert als

$$F \equiv \exists s \in F_1(t_1 = s.i_1 \wedge t_2 = s.i_2 \wedge \ldots \wedge t_k = s.i_k)$$

Dann gilt $E \curvearrowright F$.

d) Sei $E \equiv E_1 \times E_2$. Die Stelligkeit von E_1 sei m, die von E_2 sei n. F_1 sei Formel mit freier Variable s der Stelligkeit m, F_2 sei Formel mit freier Variable t der Stelligkeit n. Nach Induktionsvoraussetzung sei F Formel für E mit freier Variable u mit

$$F \equiv \exists s \in F_1(\exists t \in F_2(u.1 = s.1 \wedge \ldots \wedge u.m = s.m$$
$$\wedge\, u.(m+1) = t.1 \wedge \ldots \wedge u.(m+n) = t.n))$$

Dann gilt $E \curvearrowright F$.

e) Sei $E = \sigma_A(E_1)$ mit $A = s.i \,\Phi\, c$ oder $A = s.i \,\Phi\, t.j$, F_1 mit freier Variable s für E_1 (wobei Φ ein Vergleichsoperator ist). $E \curvearrowright F$ für $F \equiv F_1 \wedge s.i \,\Phi\, c$ oder $F \equiv F_1 \wedge s.i \,\Phi\, t.j$.

Relationaler Tupelkalkül, eingeschränkt auf sichere Ausdrücke $\curvearrowright$ relationaler Domänenkalkül, eingeschränkt auf sichere Ausdrücke

Dazu werden alle Tupelvariablen durch Domänenvariablen ersetzt. Eine k-stellige Tupelvariable s wird durch k Domänenvariablen $s_1, \ldots, s_k$ ersetzt. D.h. aus $s \in R$ wird $[s_1, \ldots, s_k] \in R$ und aus $\exists s \in R(P(s))$ wird $\exists s_1, \ldots, \exists s_k : [s_1, \ldots, s_k] \in R \wedge P(s_1, \ldots, s_k)$.

Relationaler Domänenkalkül, eingeschränkt auf sichere Ausdrücke $\curvearrowright$ relationale Algebra

Atome (Basis): Sei $F \equiv [s_1, \ldots, s_k] \in R$. Sei $E \equiv \rho_{s_1 \leftarrow 1}(\ldots (\rho_{s_k \leftarrow k}(R)) \ldots)$, dann gilt $F \curvearrowright E$.

Formeln (Induktionsschritt): Hier stellt sich das Problem, dass Variablenvergleiche $x \,\Phi\, y$ und Vergleiche von Variablen mit Konstanten $x \,\Phi\, c$ nicht getrennt betrachtet werden können. Betrachtet man z.B. den nicht sicheren Ausdruck $\neg(x = c_1)$ und den sicheren Ausdruck $(x = c_2)$, so ist die Konjunktion beider Terme $\neg(x = c_1) \wedge (x = c_2)$ sicher.

Ferner sind allgemeine Allquantoren in sicheren Ausdrücken verboten. Im Induktionsschritt werden daher *maximale* Konjunktionen, Existenzquantoren und Disjunktionen betrachtet (vgl. [Ullman (1989)]).

a) Sei $F \equiv F_1 \wedge \ldots \wedge F_n$ eine maximale Konjunktion mit $F_{i_1}, \ldots, F_{i_l}$ bereits übersetzt und $F_{j_1}, \ldots, F_{j_m}$ vom Typ $x \,\Phi\, y$ oder $x \,\Phi\, c$. $F \curvearrowright \sigma_{F_{j_1} \wedge \ldots \wedge F_{j_m}}(F_{i_1} \bowtie \ldots \bowtie F_{i_l})$.

b) $F \equiv \exists x(F_1)$ mit $y_1, \ldots, y_k$ freie Variablen in F_1 und E_1 Ausdruck für F_1. $F \curvearrowright \Pi_{y_1, \ldots, y_k}(E_1)$.

c) $F \equiv F_1 \vee F_2 \curvearrowright E \equiv E_1 \cup E_2$.

d) $F \equiv \neg F_1 \curvearrowright E \equiv \bar{E}_1$. Da ein entsprechender Ausdruck mit Projektionen und Negationen eher komplex ist, wird hier das Komplement verwendet, definiert als $\bar{E}_1 \equiv \underbrace{(\text{DOM} \times \ldots \times \text{DOM})}_{k-\text{mal}} - E_1$ für eine k-stellige Relation E_1.

Beispiel: Bestimme die Studenten, die eine Prüfung bei Curie abgelegt haben.

Im relationalen Domänenkalkül:

$$\{[m, n] \mid \exists\, s\, ([m, n, s] \in \text{Studenten} \wedge \exists\, v, p, nt\, ([m, v, p, nt] \in \text{prüfen} \wedge$$
$$\exists\, na, rg, rm\, ([p, na, rg, rm] \in \text{Professoren} \wedge na=\text{'Curie'})))\}$$

In relationaler Algebra:

$$\Pi_{\text{MatrNr, Name}}(\text{Studenten} \bowtie \Pi_{\text{MatrNr}}(\text{prüfen} \bowtie \Pi_{\text{PersNr}}(\sigma_{\text{Name='Curie'}}(\text{Professoren}))))$$

Aufgabe 3.9

Finden Sie die *Studenten*, die *Vorlesungen* hören (bzw. gehört haben), für die ihnen die direkten Voraussetzungen fehlen. Formulieren Sie die Anfrage

- in der Relationenalgebra,

- im relationalen Tupelkalkül und

- im relationalen Domänenkalkül.

Erweitern Sie die oben gefundene Menge von Studenten um diejenigen, denen für eine gehörte Vorlesung die indirekten Grundlagen 2. Stufe (also die Vorgänger der Vorgänger der Vorlesung) fehlen. Kommt da was anderes heraus?
Illustrieren Sie die Auswertung am Beispiel der Universitätsdatenbank (Abbildung 4.1). Für die Relationenalgebra sollten Sie die Anfrage auch als Operatorbaum aufzeichnen.

Formulierung in relationaler Algebra

1. Wir konstruieren eine hypothetische Ausprägung der Relation *hören*, die gelten müsste, wenn alle Studenten alle benötigten Vorgängervorlesungen hören.

2. Von dieser Menge ziehen wir die tatsächliche Ausprägung von hören ab, so dass diejenigen Einträge übrig bleiben, bei denen ein Student die Vorgängervorlesung nicht hört (bzw. gehört hat).

$$R := (\rho_{\text{VorlNr} \leftarrow \text{Vorgänger}}(\Pi_{\text{MatrNr, Vorgänger}}(\text{hören} \bowtie_{\text{VorlNr}=\text{Nachfolger}} \text{voraussetzen}))$$
$$-\text{hören}) \bowtie \text{Studenten}$$

Abbildung 3.3 zeigt den zugehörigen Operatorbaum

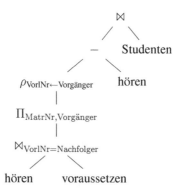

Abbildung 3.3: Operatorbaum zur Anfrage aus Aufgabe 3.9

Formulierung im Tupelkalkül

1. Wir selektieren die Studenten, die überhaupt eine Vorlesung hören (1. Existenzquantor).

2. Wir wählen davon die Studenten aus, die eine Vorlesung hören, die einen Vorgänger hat (2. Existenzquantor).

3. Wir fordern dann, dass die bisher ausgewählten Studenten diese Vorgängervorlesung nicht hören (negierter Existenzquantor).

$$\{s \mid s \in \text{Studenten} \land \exists\, h \in \text{hören}$$
$$(h.\text{MatrNr} = s.\text{MatrNr} \land \exists\, v \in \text{voraussetzen}$$
$$(h.\text{VorlNr} = v.\text{Nachfolger} \land \neg\exists\, h1 \in \text{hören}$$
$$(h1.\text{VorlNr} = v.\text{Vorgänger} \land h1.\text{MatrNr} = s.\text{MatrNr})))\}$$

Formulierung im Domänenkalkül

Das Vorgehen ist analog zu dem beim relationalen Tupelkalkül. Unterschiede sind:

1. Quantoren beziehen sich auf Domänenvariablen anstatt auf Tupelvariablen.

2. Joinbedingungen können über Wiederverwendung von Domänenvariablen in Tupelkonstruktoren ausgedrückt werden, um somit Gleichheit von Variablen auszudrücken.

3. Da über schon gebundene Domänenvariablen die *hören*-Tupel konstruiert werden können, die zu einem Ergebnis-Studenten nicht existieren dürfen, entfällt das $\neg\exists$ hier.

$$\{[m,n] \mid \exists\, s([m,n,s] \in \text{Studenten} \land \exists\, w([m,w] \in \text{hören} \land$$
$$\exists\, v([v,w] \in \text{voraussetzen} \land \neg([m,v] \in \text{hören}))))\}$$

Wenn die bisher bestimmten Anfrageergebnisse um die Studenten erweitert werden sollen, denen die indirekten Grundlagen 2. Stufe zu gehörten Vorlesungen fehlen, ergibt sich keine andere Menge.

Dazu betrachten wir eine Vorlesung v_0 mit der direkten Voraussetzung v_1 und der indirekten Voraussetzung v_2.

$$v_0 \rightarrow v_1 \rightarrow v_2$$

Nehmen wir an, dass ein Student / eine Studentin s v_0 hört, aber nicht v_2.

Die Behauptung ist nun, dass der Student / die Studentin s bereits eine direkte Voraussetzung nicht hört und deswegen schon in dem bisherigen Anfrageergebnis enthalten ist.

1. Fall Hört s v_1, so ist v_2 die direkte Voraussetzung zu v_1 und die Behauptung ist wahr.

2. Fall Hört s v_1 nicht, so fehlt ihm/ihr die direkte Voraussetzung zu v_0 und die Behauptung ist wahr.

Aufgabe 3.10

Finden Sie die *Professoren*, deren sämtliche *Vorlesungen* nur auf selbst gelesenen (direkten) Vorgängern aufbauen. Formulieren Sie die Anfrage

- in der Relationenalgebra,

- im relationalen Tupelkalkül und

- im relationalen Domänenkalkül.

Gesucht sind die Professoren, deren sämtliche Vorlesungen nur auf selbst gelesenen Vorgängern aufbauen. Damit sind im Ergebnis auch Professoren enthalten, die keine Vorlesungen oder nur Vorlesungen ohne direkte Vorgänger lesen.

Formulierung in relationaler Algebra

$$\text{Professoren} \quad - \quad (\Pi_{\text{sch(Professoren)}}(}$$
$$\text{Professoren} \bowtie_{\text{PersNr}=v1.\text{gelesenVon}} (\varrho_{v1}(\text{Vorlesungen}))$$
$$\bowtie_{v1.\text{VorlNr}=\text{Nachfolger} \wedge v1.\text{gelesenVon} \neq v2.\text{gelesenVon}} \text{voraussetzen}$$
$$\bowtie_{\text{Vorgänger}=v2.\text{VorlNr}} (\varrho_{v2}(\text{Vorlesungen}))))$$

Formulierung im Tupelkalkül

$$\{p \mid p \in \text{Professoren}$$
$$\wedge \neg \exists\, v_1 \in \text{Vorlesungen}(v_1.\text{gelesenVon}=p.\text{PersNr}$$
$$\wedge \exists\, o \in \text{voraussetzen}(v_1.\text{VorlNr}=o.\text{Nachfolger}$$
$$\wedge \exists\, v_2 \in \text{Vorlesungen}(o.\text{Vorgänger}=v_2.\text{VorlNr}$$
$$\wedge v_2.\text{gelesenVon} \neq p.\text{PersNr})))\}$$

Formulierung im Domänenkalkül

$$\{[p,n] \quad | \quad \exists\, rg,ra\ ([p,n,rg,ra] \in \text{Professoren} \land ($$
$$\forall\, na,t1,sws1\ ([na,t1,sws1,p] \in \text{Vorlesungen}\ \land ($$
$$\forall\, vo\ ([vo,na] \in \text{voraussetzen})\ \Rightarrow$$
$$\exists\, t2,sws2\ ([vo,t2,sws2,p] \in \text{Vorlesungen}))))))\}$$

Aufgabe 3.11

Der Allquantor ist durch den Existenzquantor ausdrückbar – und umgekehrt. Formulieren Sie die Anfrage (vgl. Abschnitt 3.5.2 [Kemper und Eickler (2011)])

$$\{s \mid s \in \text{Studenten} \land \forall\, v \in\ \text{Vorlesungen(v.SWS=4} \Rightarrow$$
$$\exists\, h \in \text{hören(h.VorlNr=v.VorlNr} \land \text{h.MatrNr=s.MatrNr))}\}$$

so um, dass nur Existenzquantoren in dem Anfrageprädikat vorkommen. Bei der Anfrage geht es darum, die Studenten zu finden, die *alle* vierstündigen Vorlesungen gehört haben. Begründen Sie die Äquivalenz der beiden alternativen Anfrageformulierungen.

In einem ersten Schritt wird die Implikation aufgelöst. Die Anfrage ist dann äquivalent zu:

$$\{s \mid s \in \text{Studenten} \land \forall\, v \in \text{Vorlesungen}(\neg(\text{v.SWS} = 4) \lor$$
$$\exists\, h \in \text{hören(h.VorlNr} = \text{v.VorlNr} \land \text{h.MatrNr} = \text{s.MatrNr}))\}$$

Mit $\forall x \in X(P(x)) \Leftrightarrow \neg\exists\, x \in X(\neg P(x))$ und dem Gesetz von de Morgan folgt:

$$\{s \mid s \in \text{Studenten} \land \neg\exists\, v \in \text{Vorlesungen(v.SWS} = 4\ \land$$
$$\neg\exists\, h \in \text{hören(h.VorlNr} = \text{v.VorlNr} \land \text{h.MatrNr} = \text{s.MatrNr}))\}$$

Aufgabe 3.12

Finden Sie die *Assistenten* von *Professoren*, die den Studenten Fichte unterrichtet haben – z.B. als potentielle Betreuer seiner Diplomarbeit.
Formulieren Sie die Anfrage in relationaler Algebra.

Folgende Abfrage bildet zuerst das Kreuzprodukt über alle beteiligten Relationen, d.h. *Studenten*, *Vorlesungen*, *Assistenten* und *hören*. Anschließend erfolgt eine umfangreiche Selektion, die die auf Fichte zugeschnittenen Tupel extrahiert.

$$\Pi_{a.\text{PersNr, a.Name}}\big(\sigma_{a.\text{Boss}=v.\text{gelesenVon}\ \land\ v.\text{VorlNr}=h.\text{VorlNr}\ \land\ h.\text{MatrNr}=s.\text{MatrNr}\ \land\ s.\text{Name}=\text{'Fichte'}}$$
$$(\rho_a(\text{Assistenten}) \times \rho_s(\text{Studenten}) \times \rho_v(\text{Vorlesungen}) \times \rho_h(\text{hören})))$$

Die Bildung des Kreuzprodukts gilt es nach Möglichkeit zu vermeiden, da dadurch mitunter sehr große Zwischenergebnisse entstehen. Dies kann zu spürbaren Leistungseinbußen während der Anfragebearbeitung führen (siehe auch Abschnitt 8 [Kemper und Eickler (2011)]). Folgende Anfrage berechnet dieselbe Ergebnismenge, setzt jedoch bereits Optimierungstechniken, wie frühe Selektion und den (natürlichen) Verbundoperator ein.

$$\Pi_{\text{PersNr, Name}}((\Pi_{\text{PersNr, Name, VorlNr}}(\text{Assistenten} \bowtie_{\text{Boss=gelesenVon}} \text{Vorlesungen}))$$
$$\bowtie (\Pi_{\text{VorlNr}}(\sigma_{\text{Name='Fichte'}}(\text{Studenten}) \bowtie \text{hören})))$$

Aufgabe 3.13

Beweisen Sie, dass der natürliche Verbundoperator $\bowtie$ assoziativ ist.
Gilt das auch für den linken (bzw. rechten) äußeren Join und die Semi-Joins?

Behauptung 1 $R \bowtie (S \bowtie T) = (R \bowtie S) \bowtie T$

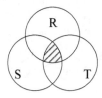

Beweis

$\quad$ Sei $\quad x \in R \bowtie (S \bowtie T)$

$\quad \Leftrightarrow \quad \exists r \in R, y \in S \bowtie T : \quad x.\mathcal{R} = r \wedge x.(\mathcal{S} \cup \mathcal{T}) = y \ (\text{d.h. } x = [ry])$

$\qquad\qquad\qquad\qquad\qquad\qquad \left. \begin{array}{l} r.(\mathcal{R} \cap \mathcal{S}) = y.(\mathcal{R} \cap \mathcal{S}) \\ r.(\mathcal{R} \cap \mathcal{T}) = y.(\mathcal{R} \cap \mathcal{T}) \end{array} \right\} \begin{array}{l} r.(\mathcal{R} \cap (\mathcal{S} \cup \mathcal{T})) = \\ y.(\mathcal{R} \cap (\mathcal{S} \cup \mathcal{T})) \end{array}$

$\quad \Leftrightarrow \quad \exists r \in R, s \in S, t \subset T : \quad r.(\mathcal{R} \cap \mathcal{S}) = [st].(\mathcal{R} \cap \mathcal{S}) \wedge$

$\qquad\qquad\qquad\qquad\qquad\qquad r.(\mathcal{R} \cap \mathcal{T}) = [st].(\mathcal{R} \cap \mathcal{T}) \wedge$

$\qquad\qquad\qquad\qquad\qquad\qquad s.(\mathcal{S} \cap \mathcal{T}) = t.(\mathcal{S} \cap \mathcal{T}) \wedge$

$\qquad\qquad\qquad\qquad\qquad\qquad x = [rst]$

$\quad \Leftrightarrow \quad \exists r \in R, s \in S, t \in T : \quad r.(\mathcal{R} \cap \mathcal{S}) = s.(\mathcal{R} \cap \mathcal{S}) \wedge$

$\qquad\qquad\qquad\qquad\qquad\qquad r.(\mathcal{R} \cap \mathcal{T}) = t.(\mathcal{R} \cap \mathcal{T}) \wedge$

$\qquad\qquad\qquad\qquad\qquad\qquad s.(\mathcal{S} \cap \mathcal{T}) = t.(\mathcal{S} \cap \mathcal{T}) \wedge$

$\qquad\qquad\qquad\qquad\qquad\qquad x = [rst]$

$\quad \Leftrightarrow \quad \exists z \in R \bowtie S, t \in T : \quad z.((\mathcal{R} \cup \mathcal{S}) \cap \mathcal{T}) = t.((\mathcal{R} \cup \mathcal{S}) \cap \mathcal{T}) \wedge$

$\qquad\qquad\qquad\qquad\qquad\qquad x = [zt]$

$\quad \Leftrightarrow \quad x \in (R \bowtie S) \bowtie T$

$\square$

Behauptung 2 Linker und rechter äußerer Join sind nicht assoziativ.

Beweis Beweis durch Gegenbeispiel:

R	
U	V
a	b

S	
U	W
c	d

T	
V	W
b	e

$$(R \bowtie S) \bowtie T = \{(a, b, -, e)\}$$
$$R \bowtie (S \bowtie T) = \{(a, b, -, -)\}$$

☐

Behauptung 3 Semi-Joins sind ebenfalls nicht assoziativ.

Beweis Beweis durch Gegenbeispiel:

R	
U	V
a	b

S	
V	W
b	c

T	
W	U
d	a

$$(R \ltimes S) \ltimes T = \{(a, b)\}$$
$$R \ltimes (S \ltimes T) = \emptyset$$

☐

Aufgabe 3.14

Weisen Sie nach, dass bei Einhaltung der in Abschnitt 3.5.7 [Kemper und Eickler (2011)] vorgestellten drei Bedingungen für sichere Domänenkalkül-Anfragen immer ein endliches Ergebnis spezifiziert wird.

Weisen Sie nach, dass dieses (endliche) Ergebnis durch Überprüfung endlich vieler Werte gewonnen werden kann.

Durch Formeln, die im relationalen Domänenkalkül formuliert sind, werden Variablen an Domänen, also Wertemengen von Attributen, gebunden. Die Domäne einer Formel setzt sich zusammen aus:

1. der Menge aller Konstanten, die in der Formel vorkommen (diese Menge ist endlich), und

2. den Attributwerten der Relationen, die in der Formel referenziert werden. Auch diese Menge ist endlich, da Relationen eine endliche Ausprägung haben.

Zu zeigen ist, dass durch Formeln des relationalen Domänenkalküls basierend auf endlichen Domänen endliche Ergebnismengen definiert werden.

Die erste der drei Bedingungen für sichere Ausdrücke besagt, dass für ein Tupel $[c_1, c_2, \ldots, c_n]$, das Teil des Ergebnisses ist, jede Konstante c_i ($1 \leq i \leq n$) in der Domäne der Formel enthalten sein muss. Da die Menge der Konstanten endlich ist, ist es somit nicht möglich, eine unendliche Ergebnismenge mittels Konstanten zu definieren.

Verbleiben also noch freie Variablen von Formeln. Damit befassen sich die beiden weiteren Bedingungen:

- Für jede existenz-quantifizierte Teilformel $\exists\, x(P_1(x))$ muss gelten, dass P_1 nur für Elemente aus der Domäne von P_1 erfüllbar sein kann – oder evtl. für gar keine. Mit anderen Worten, wenn für eine Konstante c das Prädikat $P_1(c)$ erfüllt ist, so muss c in der Domäne von P_1 enthalten sein.

- Für jede universal-quantifizierte Teilformel $\forall\, x(P_1(x))$ muss gelten, dass sie dann – und nur dann – erfüllt ist, wenn $P_1(x)$ für alle Werte der Domäne von P_1 erfüllt ist. Mit anderen Worten, $P_1(d)$ muss für alle d, die *nicht* in der Domäne von P_1 enthalten sind, auf jeden Fall erfüllt sein.

Diese beiden Forderungen sagen aus, dass es durch freie Variablen nicht möglich ist, Ergebnisse zu erzeugen, die sich auf Werte beziehen, die nicht in den Attributmengen der (Eingabe-)Relationen enthalten sind. Anders ausgedrückt, fasst man alle drei Bedingungen zusammen, können im Ergebnis nur Werte vorkommen, die in der Domäne der Formel enthalten sind. Da diese bekanntlich endlich ist, ist damit auch die Ergebnismenge endlich.

 Hinweis

Ein Beispiel für einen nicht sicheren Ausdruck ist

$$\{[p, n, r, o] \mid \neg([p, n, r, o] \in \text{Professoren})\}$$

Die Negation ist in den angegebenen Bedingungen nicht explizit aufgelistet, ergibt sich aber durch den Zusammenhang von Existenzquantor und Allquantor:

$$\exists\, x\, (P(x)) \Leftrightarrow \neg \forall\, x\, (\neg P(x))\,.$$

In einer sicheren Formel darf der Negationsoperator $\neg$ nur in Konjunktion mit anderen Termen auftreten, die dies wieder aufheben [Ullman (1989)], z.B. $\neg(x = c_1) \wedge (x = c_2)$, für die freie Variable x und die Konstanten c_1 und c_2.

Da die Domäne einer sicheren Formel endlich ist, ergibt sich dadurch implizit, dass auch nur endlich viele (Eingabe-)Werte überprüft werden müssen.

Aufgabe 3.15

Gegeben sei die ER-Modellierung eines Verwaltungssystems für eine Leichtathletik-Weltmeisterschaft in Abbildung 2.18.

1. Übertragen Sie das ER-Modell in ein relationales Schema. Sie können dabei auf die Berücksichtigung der Generalisierung verzichten, d.h. es reicht, wenn Sie nur das Entity *Helfer* übertragen und die Beziehungen entsprechend anpassen.

2. Verfeinern Sie das relationale Schema soweit möglich durch Eliminierung von Relationen.

Das ER-Modell aus Abbildung 2.18 kann folgendermaßen übertragen werden:

Übertragung in das relationale Schema

Die Generalisierung muss bei der Übertragung nicht berücksichtigt werden. Die Beziehungen *betreut* und *bewertet* verweisen deshalb auf die Relation *Helfer* anstatt sich auf die Entitytypen *Ordner* und *Schiedsrichter* zu beziehen.

$$
\begin{aligned}
\text{Ergebnisse} \ &: \ \{[\underline{\text{EID : integer}}, \text{Platz : integer}, \text{Ergebniswert : float}]\} \\
\text{Athleten} \ &: \ \{[\underline{\text{TeilnID : integer}}, \text{Name : string}, \text{Nation : string}]\} \\
\text{Helfer} \ &: \ \{[\underline{\text{HelferID : integer}}, \text{Name : string}]\} \\
\text{Austragungsorte} \ &: \ \{[\underline{\text{Adresse : string}}, \text{Stadt : string}]\} \\
\text{Veranstaltungen} \ &: \ \{[\underline{\text{VID : integer}}, \text{Termin : date}, \text{Disziplin : string}]\}
\end{aligned}
$$

Die Übertragung der Beziehungen ergibt:

$$
\begin{aligned}
\text{findet\_statt} \ &: \ \{[\underline{\text{VID : integer}}, \text{Adresse : string}, \text{Stadt : string}]\} \\
\text{nimmt\_teil} \ &: \ \{[\underline{\text{VID : integer}}, \underline{\text{TeilnID : integer}}, \underline{\text{EID : integer}}]\} \\
\text{bewertet} \ &: \ \{[\underline{\text{HelferID : integer}}, \underline{\text{VID : integer}}]\} \\
\text{betreut} \ &: \ \{[\underline{\text{HelferID : integer}}, \underline{\text{VID : integer}}]\}
\end{aligned}
$$

Verfeinertes relationales Schema

Da es sich bei *findet_statt* um eine 1:N Beziehung handelt, kann diese mit der Relation *Veranstaltungen* zusammengefasst werden:

$$
\begin{aligned}
\text{Veranstaltungen} \ : \ \{[&\underline{\text{VID : integer}}, \text{Termin : date}, \text{Disziplin : string}, \\
&\text{Adresse : string}, \text{Stadt : string}]\}
\end{aligned}
$$

Aufgabe 3.16

Abbildung 2.3 zeigt das bekannte Schema für ein Informationssystem einer Universitätsverwaltung. Modelliert ist unter anderem, dass Professoren Vorlesungen anbieten, die von Studenten gehört werden. Nicht berücksichtigt ist jedoch, dass dieselbe Vorlesung in unterschiedlichen Semestern von unterschiedlichen Dozenten gehalten werden kann.

Erweitern Sie den bestehenden Entwurf um diesen Sachverhalt. Ihr neuer Entwurf sollte redundante Datenspeicherung möglichst vermeiden. Überführen Sie anschließend Ihre Modellierung in das zugehörige relationale Schema. Gehen Sie dabei insbesondere auf Fremdschlüsselbeziehungen ein.

Abbildung 3.4 zeigt einen Ausschnitt des ursprünglichen ER-Diagramms. Dieses wurde um den Entitytyp *Veranstaltungen* erweitert. Die entsprechende Überführung in das relationale Schema sieht wie folgt aus:

$$\text{Studenten} : \{[\underline{\text{MatrNr}} : \text{integer}, \text{Name} : \text{string}, \text{Semester} : \text{integer}]\}$$

$$\text{Vorlesungen} : \{[\underline{\text{VorlNr}} : \text{integer}, \text{Titel} : \text{string}, \text{SWS} : \text{integer}]\}$$

$$\text{Professoren} : \{[\underline{\text{PersNr}} : \text{integer}, \text{Name} : \text{string}, \text{Rang} : \text{string},$$
$$\text{Raum} : \text{integer}]\}$$

$$\text{Veranstaltungen} : \{[\underline{\text{VeranstNr}} : \text{integer}, \text{Semester} : \text{string}, \text{über} : \text{integer},$$
$$\text{gehaltenVon} : \text{integer}]\}$$

$$\text{hören} : \{[\underline{\text{MatrNr}} : \text{integer}, \underline{\text{VeranstNr}} : \text{integer}]\}$$

Gezeigt ist bereits das verfeinerte Schema. Da die Funktionalität der beiden Relationen *hält* und *über* jeweils 1:N ist, können sie bei der Überführung in das relationale Schema eingespart werden. Die entsprechenden Referenzen auf *Vorlesungen* und *Professoren* werden durch Fremdschlüsselbeziehungen in *Veranstaltungen* ausgedrückt. Es sei nochmal darauf hingewiesen, dass 1:N-Beziehungen nur dann sinnvoll eingespart werden können, wenn sie „auf der N-Seite" realisiert werden, hier also *Veranstaltungen*. *gehaltenVon* ist ein Fremdschlüsselattribut, welches auf den Dozenten, d.h. den Professor, der die Veranstaltung hält, verweist. Das Fremdschlüsselattribut *über* referenziert die entsprechende Vorlesung. Für *Veranstaltungen* wurde ein künstliches Schlüsselattribut *VeranstNr* eingeführt. Da die Kombination *gehaltenVon*, *über*, *Semester* eine Veranstaltung eindeutig spezifiziert, hätte alternativ auch dieses Tripel als Schlüssel der Relation verwendet werden können.

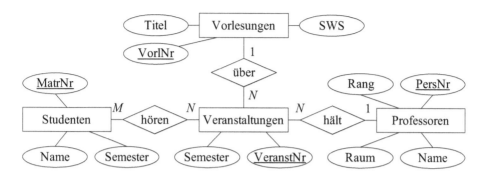

Abbildung 3.4: Erweiterung der Universitätsverwaltung um Veranstaltungen

Diskussion alternativer Modellierungen

Da Veranstaltungen auf Vorlesungen aufsetzen, kann man diese existentielle Abhängigkeit auch in das ER-Modell übernehmen. Nachfolgende Abbildung zeigt einen Ausschnitt aus dem angepassten ER-Entwurf. Schlüssel des schwachen Entities *Veranstaltungen* ist {*VorlNr, Semester*}:

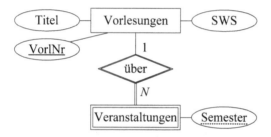

Alternativ hätte man *Veranstaltungen* nicht als Entity, sondern als eine Beziehung zwischen den Entities *Studenten*, *Professoren* und *Vorlesungen* realisieren können. Dieser Entwurf weist allerdings deutliche Redundanznachteile auf. Die Umsetzung in das relationale Schema würde wie folgt aussehen:

gehörteVeranstaltung : {[MatrNr : integer, VorlNr : integer, PersNr : integer,
Semester : string]}

Die Attribute *VorlNr*, *Semester* und *PersNr* beschreiben eine Veranstaltung. Für die Studenten, die dieselbe Veranstaltung besuchen, werden in *gehörteVeranstaltung* also jeweils identische Werte für diese Attribute abgespeichert. Insofern kann man also hier von Redundanz sprechen. In obiger Modellierung wird dies durch den künstlichen Schlüssel *VeranstNr* für *Veranstaltungen* umgangen. Zudem wird die alternative Modellierung vielen Anwendungsanforderungen nicht gerecht. Um beispielsweise das Vorlesungsverzeichnis für ein Semester zu erstellen, müssen unter Umständen mehr Daten verarbeitet werden als im Falle der zuerst angegebenen Modellierung.

Im ursprünglichen Entwurf der Universitätsverwaltung, in dem nur ausgedrückt wird, dass Professoren Vorlesungen halten, war die Beziehung *liest* auf der Seite von *Vorlesungen*

realisiert. Ein ungünstiger Entwurf wäre es jedoch, auf dem ursprünglichen Entwurf aufbauend, Vorlesungen als Veranstaltungen zu interpretieren und um das Attribut *Semester*
zu erweitern. In diesem Fall würde man die Information über eine Vorlesung (*Titel* und
SWS) redundant abspeichern, was zu den später behandelten Update-, Insert- und Delete-
Anomalien führt (Abschnitt 6.4 [Kemper und Eickler (2011)]).

4. Relationale Anfragesprachen

Aufgabe 4.1
Übersetzen Sie die Anfragen aus Aufgabe 3.4 in SQL.

Wir starten wie in Aufgabe 3.4 und ermitteln in einem ersten Schritt die transitive Hülle der *verbindet*-Relation. Im Allgemeinen kann die transitive Hülle einer Relation mittels Rekursion berechnet werden, wie sie in Abschnitt 4.14 [Kemper und Eickler (2011)] vorgestellt wurde. Als Grundlage für die Formulierung der folgenden Anfragen setzen wir das in Aufgabe 3.1 modellierte und später in Aufgabe 5.4 realisierte relationale Schema des Zugauskunftssystems voraus.

In IBM DB2 und Microsoft SQL Server kann die transitive Hülle der *verbindet*-Relation, *verbindetTrans*, wie folgt bestimmt werden:

```
create view verbindetTrans as
with verbindetRec(ZugNr, VonBahnhof, NachBahnhof,
     Abfahrt, Ankunft) as (
  select ZugNr, VonBahnhof, NachBahnhof, Abfahrt, Ankunft
  from verbindet
  union all
  select t.ZugNr, t.VonBahnhof, n.NachBahnhof,
         t.Abfahrt, n.Ankunft
  from   verbindetRec t, verbindet n
  where t.ZugNr = n.ZugNr
    and t.Ankunft < n.Abfahrt
    and t.NachBahnhof = n.VonBahnhof)
select *
from verbindetRec;
```

Darauf aufbauend können wir die drei Anfragen wie folgt formulieren:

Anfrage 1:
```
select v.ZugNr, v.Abfahrt, v.Ankunft
from verbindetTrans v, Bahnhöfe von, Bahnhöfe nach
where von.SName = 'Passau'
  and nach.SName = 'Karlsruhe'
  and v.VonBahnhof = von.Name
  and v.NachBahnhof = nach.Name;
```

Anfrage 2: [1]
```
select v1.ZugNr, v2.ZugNr, v1.Abfahrt, v2.Ankunft
from verbindetTrans v1, verbindetTrans v2,
     Bahnhöfe von, Bahnhöfe nach
where von.SName = 'Passau' and nach.SName = 'Aachen'
  and v1.VonBahnhof = von.Name
```

---
[1]Der vollständige Vergleich bezieht Monat und Jahr noch mit ein.

```
and   v2.NachBahnhof = nach.Name
and   v1.NachBahnhof = v2.VonBahnhof
and   v1.Ankunft < v2.Abfahrt
and   DAY(v1.Ankunft) = DAY(v2.Abfahrt)
and   v1.ZugNr <> v2.ZugNr;
```

Anfrage 3: Ähnlich wie in der Formulierung mittels relationaler Algebra setzen wir die
Anfrage aus den Teilergebnissen für direkte Verbindungen und Verbindungen mit
ein-, zwei- und dreimaligem Umsteigen zusammen:

```
select v1.Abfahrt, v1.Ankunft
from verbindetTrans v1, Bahnhöfe von, Bahnhöfe nach
where von.SName = 'Passau' and nach.SName = 'Westerland'
 and   v1.VonBahnhof = von.Name
 and   v1.NachBahnhof = nach.Name
union
select v1.Abfahrt, v2.Ankunft
from verbindetTrans v1, verbindetTrans v2,
     Bahnhöfe von, Bahnhöfe nach
where von.SName = 'Passau' and nach.SName = 'Westerland'
 and   v1.VonBahnhof = von.Name
 and   v2.NachBahnhof = nach.Name
 and   v1.NachBahnhof = v2.VonBahnhof
 and   v1.Ankunft < v2.Abfahrt
 and   v1.ZugNr <> v2.ZugNr
union
select v1.Abfahrt, v3.Ankunft
from verbindetTrans v1, verbindetTrans v2,
     verbindetTrans v3, Bahnhöfe von, Bahnhöfe nach
where von.SName = 'Passau' and nach.SName = 'Westerland'
 and   v1.VonBahnhof = von.Name
 and   v3.NachBahnhof = nach.Name
 and   v1.NachBahnhof = v2.VonBahnhof
 and   v1.Ankunft < v2.Abfahrt
 and   v1.ZugNr <> v2.ZugNr
 and   v2.NachBahnhof = v3.VonBahnhof
 and   v2.Ankunft < v3.Abfahrt
 and   v2.ZugNr <> v3.ZugNr
union
select v1.Abfahrt, v4.Ankunft
from verbindetTrans v1, verbindetTrans v2,
     verbindetTrans v3, verbindetTrans v4,
     Bahnhöfe von, Bahnhöfe nach
where von.SName = 'Passau' and nach.SName = 'Westerland'
 and   v1.VonBahnhof = von.Name
 and   v4.NachBahnhof = nach.Name
 and   v1.NachBahnhof = v2.VonBahnhof
 and   v1.Ankunft < v2.Abfahrt
 and   v1.ZugNr <> v2.ZugNr
 and   v2.NachBahnhof = v3.VonBahnhof
 and   v2.Ankunft < v3.Abfahrt
 and   v2.ZugNr <> v3.ZugNr
 and   v3.NachBahnhof = v4.VonBahnhof
 and   v3.Ankunft < v4.Abfahrt
 and   v3.ZugNr <> v4.ZugNr;
```

Hinweis

Da man auf der transitiven Hülle von *verbindet* operiert, könnte man in Versuchung geraten, nur den letzten **union**-Abschnitt der SQL-Anfrage zu verwenden und die Vergleiche der Zugnummern wegzulassen. Die Anfrage würde dann lauten:

```
select v1.Abfahrt, v4.Ankunft
from verbindetTrans v1, verbindetTrans v2,
     verbindetTrans v3, verbindetTrans v4,
     Bahnhöfe von, Bahnhöfe nach
where von.SName = 'Passau' and nach.SName = 'Westerland'
  and v1.VonBahnhof = von.Name
  and v4.NachBahnhof = nach.Name
  and v1.NachBahnhof = v2.VonBahnhof
  and v1.Ankunft < v2.Abfahrt
  and v2.NachBahnhof = v3.VonBahnhof
  and v2.Ankunft < v3.Abfahrt
  and v3.NachBahnhof = v4.VonBahnhof
  and v3.Ankunft < v4.Abfahrt;
```

Allerdings liefert dieser Ansatz im Allgemeinen nicht die korrekte Lösung. Besteht die Tabelle *verbindet* etwa nur aus folgendem Eintrag:

verbindet				
ZugNr	VonBahnhof	NachBahnhof	Abfahrt	Ankunft
IC 1234	Passau	Westerland	2005-12-25 14:00	2005-12-25 20:15

so ist *verbindetTrans* mit der Ausprägung von *verbindet* identisch. Durch obige Anfrage wird dann die einzige (direkte) Verbindung nicht gefunden.

Beispielausprägung unserer Universitäts-Datenbank

Die nachfolgenden Anfragen beziehen sich auf folgende Beispielausprägung:

Professoren			
PersNr	Name	Rang	Raum
2125	Sokrates	C4	226
2126	Russel	C4	232
2127	Kopernikus	C3	310
2133	Popper	C3	52
2134	Augustinus	C3	309
2136	Curie	C4	36
2137	Kant	C4	7

Studenten		
MatrNr	Name	Semester
24002	Xenokrates	18
25403	Jonas	12
26120	Fichte	10
26830	Aristoxenos	8
27550	Schopenhauer	6
28106	Carnap	3
29120	Theophrastos	2
29555	Feuerbach	2

Vorlesungen			
VorlNr	Titel	SWS	gelesenVon
5001	Grundzüge	4	2137
5041	Ethik	4	2125
5043	Erkenntnistheorie	3	2126
5049	Mäeutik	2	2125
4052	Logik	4	2125
5052	Wissenschaftstheorie	3	2126
5216	Bioethik	2	2126
5259	Der Wiener Kreis	2	2133
5022	Glaube und Wissen	2	2134
4630	Die 3 Kritiken	4	2137

voraussetzen	
Vorgänger	Nachfolger
5001	5041
5001	5043
5001	5049
5041	5216
5043	5052
5041	5052
5052	5259

hören	
MatrNr	VorlNr
26120	5001
27550	5001
27550	4052
28106	5041
28106	5052
28106	5216
28106	5259
29120	5001
29120	5041
29120	5049
29555	5022
25403	5022
29555	5001

Assistenten			
PersNr	Name	Fachgebiet	Boss
3002	Platon	Ideenlehre	2125
3003	Aristoteles	Syllogistik	2125
3004	Wittgenstein	Sprachtheorie	2126
3005	Rhetikus	Planetenbewegung	2127
3006	Newton	Keplersche Gesetze	2127
3007	Spinoza	Gott und Natur	2134

prüfen			
MatrNr	VorlNr	PersNr	Note
28106	5001	2126	1
25403	5041	2125	2
27550	4630	2137	2

Abbildung 4.1: Beispielausprägung unserer Universitäts-Datenbank

Aufgabe 4.2

Welche Bedingung muss gelten, damit eine geschachtelte Anfrage mit **in** in eine gleich-
wertige, nicht geschachtelte Anfrage umgewandelt werden kann? Geben Sie ein Beispiel
an, bei dem eine Übersetzung möglich ist, und eines, bei dem keine Übersetzung möglich ist.

 Literaturhinweis

Die Entschachtelung von geschachtelten SQL-Anfragen wurde systematisch von Ganski
und Wong (1987) und Kim (1982) untersucht. Wir werden hier einige Beispiele vorstellen.

Beispiel 1

Zunächst betrachten wir eine einfache geschachtelte Anfrage mit einem **in** Konstrukt.
Eigenschaften der Anfrage:

- keine Gruppierung in der inneren Anfrage;
- keine Korrelation mit der äußeren Anfrage

```
select *
from Vorlesungen
where SWS in (select v.SWS
              from Vorlesungen v, Professoren p
              where v.gelesenVon=p.PersNr
              and p.Name='Sokrates');
```

Die Anfrage bestimmt Vorlesungen, deren Umfang einer Vorlesung entspricht, die von
Sokrates gehalten wird. Ohne **in** zu verwenden, kann die Anfrage wie folgt gestellt werden:

```
select distinct v1.*
from Vorlesungen v1, Vorlesungen v2, Professoren p
where v1.SWS=v2.SWS and v2.gelesenVon=p.PersNr
 and p.Name='Sokrates';
```

Anmerkung: Ohne **distinct** werden Vorlesungen mehrfach aufgezählt, falls es mehrere
von Sokrates gehaltene Vorlesungen gibt, die die gleiche Anzahl an SWS haben.

Beispiel 2

Als Nächstes betrachten wir eine etwas kompliziertere Anfrage mit folgenden Eigenschaften:

- keine Gruppierung in der inneren Anfrage;
- Korrelation mit der äußeren Anfrage

```
select *
from Studenten s, hören h
where s.MatrNr=h.MatrNr and h.VorlNr in
    (select h1.VorlNr
     from Studenten s1, hören h1
     where s1.MatrNr=h1.MatrNr and s1.Semester=s.Semester
     and  s1.MatrNr <> s.MatrNr);
```

Die Anfrage bestimmt Studenten, die mit je mindestens einem Kommilitonen aus dem-selben Semester eine Vorlesung besuchen. Entsprechende Anfrage ohne **in**:

```
select distinct s.*
from Studenten s, hören h, Studenten s1, hören h1
where s.MatrNr=h.MatrNr and h.VorlNr=h1.VorlNr
  and s1.MatrNr=h1.MatrNr and s1.Semester=s.Semester
  and s1.MatrNr<>s.MatrNr;
```

Beispiel 3

Geschachtelte Anfrage mit **in** und folgenden Eigenschaften:

- Aggregation in der geschachtelten Anfrage;

- keine Korrelation mit der äußeren Anfrage

```
select Titel
from Vorlesungen
where SWS in (select avg(SWS)
              from Vorlesungen);
```

Bestimmt werden die Titel der Vorlesungen, deren Umfang der durchschnittlichen Vorle-sungsdauer entspricht. Diese Anfrage ohne **in** zu formulieren ist deutlich schwieriger. Die Korrelation kann durch „Mitschleppen" der Prädikate umgesetzt werden.

```
select v1.Titel
from Vorlesungen v1, Vorlesungen v2
group by v1.VorlNr,v1.Titel,v1.SWS,v1.gelesenVon
having v1.SWS = avg(v2.SWS);
```

Beispiel 4

Geschachtelte Anfrage mit **in**:

- Gruppierung in der äußeren Anfrage;

- keine Korrelation der Anfragen

```
select p.PersNr, avg(p.Note)
from prüfen p
group by p.PersNr
having avg(p.Note) in (select Note
                       from prüfen);
```

Die Anfrage bestimmt die Prüfer, die im Durchschnitt eine Prüfungsnote vergeben, die selbst auch schon mal als Einzelnote vergeben wurde. Entsprechende Anfrage ohne **in**:

```
select distinct p.PersNr, avg(p.Note)
from prüfen p, prüfen p1
group by p.PersNr, p1.Note
having avg(p.Note) = p1.Note;
```

Anmerkung: Korrelation kann wieder durch „Mitschleppen" der Prädikate umgesetzt wer-den.

Beispiel 5

Geschachtelte Anfrage mit **in**:

- Gruppierung in beiden Anfragen;

- keine Korrelation der Anfragen

```
select p.PersNr, avg(p.Note)
from prüfen p
group by p.PersNr
having avg(p.Note) in (select avg(p1.Note)
                       from prüfen p1
                       group by p1.MatrNr);
```

Bestimmt werden die Prüfer, deren durchschnittlich vergebene Prüfungsnote dem Durchschnitt der Prüfungsergebnisse eines Studenten entspricht. Diese Anfrage kann nicht in eine Anfrage ohne Schachtelung umformuliert werden.

Aufgabe 4.3

Bei numerischen Argumenten können Anfragen mit **all** in äquivalente Anfragen ohne die Verwendung von **all** umgeformt werden. Geben Sie zu den drei Vergleichsoperationen $>=$ **all**, $=$ **all** und $<=$ **all** je ein Beispiel und eine passende Umformulierung an.

Beispiel für $>=$**all**: Finde die Studenten mit den längsten Studienzeiten.

```
select Name
from Studenten
where Semester >= all(select Semester from Studenten);
```

Äquivalente Formulierung ohne **all**:

```
select Name
from Studenten
where Semester >= (select max(Semester) from Studenten);
```

Beispiel für $<=$**all**: Finde die Studenten mit den kürzesten Studienzeiten.

```
select Name
from Studenten
where Semester <= all(select Semester from Studenten);
```

Äquivalente Formulierung ohne **all**:

```
select Name
from Studenten
where Semester <= (select min(Semester) from Studenten);
```

Beispiel für $=$**all**: In der Datenbank der Personalabteilung eines Unternehmens haben wir u.a. folgende Tabellen:

- Lohnschema: {[Rang: string, Tarifgruppe: integer]}

- Angestellte: {[PersNr: integer, Name: string, Rang: string, Tarifgruppe: integer]}

Man möchte nun überprüfen, ob das Lohnschema für die Angestellten eingehalten wird. Die folgende Anfrage gibt die Lohnschemaeinträge zurück, die nicht eingehalten werden:

```
select *
from Lohnschema
except
select *
from Lohnschema l
where l.Tarifgruppe = all(select a.Tarifgruppe
                         from Angestellte a
                         where a.Rang = l.Rang);
```

Äquivalente Formulierung ohne **all**:

```
select *
from Lohnschema
except
select *
from Lohnschema l
where l.Tarifgruppe =(select max(a.Tarifgruppe)
                     from Angestellte a
                     where a.Rang = l.Rang)
  and l.Tarifgruppe =(select min(a.Tarifgruppe)
                     from Angestellte a
                     where a.Rang = l.Rang);
```

Aufgabe 4.4

Suchen Sie unter Verwendung von **any** die Professoren heraus, die Vorlesungen halten. Finden Sie mindestens zwei weitere alternative äquivalente Formulierungen dieser Anfrage.

Formulierung unter Verwendung von **any**:

```
select PersNr, Name
from   Professoren
where PersNr = any (select distinct gelesenVon
                    from Vorlesungen);
```

Zwei alternative Formulierungen:

```
-- unter Verwendung von exists
select PersNr, Name
from   Professoren
where exists (select *
              from   Vorlesungen
              where  gelesenVon = PersNr);

-- unter Verwendung von distinct
select distinct PersNr, Name
from   Professoren, Vorlesungen
where gelesenVon = PersNr;
```

Aufgabe 4.5

Finden Sie die Studenten, die *alle* Vorlesungen gehört haben.

Ihre Anfrage soll aber – anders als die in Abschnitt 4.10 [Kemper und Eickler (2011)] angegebene Formulierung – auch bei einer möglichen Verletzung der referentiellen Integrität das korrekte Ergebnis liefern. Was müssten Sie zusätzlich machen, wenn die Relation *hören* sogar Duplikate enthalten könnte?

Geben Sie zwei Formulierungen an: Einmal mit geschachtelten **not exists**-Unteranfragen und zum anderen unter Verwendung der Aggregatfunktion **count**.

Verlust der referentiellen Integrität bedeutet, dass in der Relation *hören* Tupel enthalten sein können, die sich auf Vorlesungen beziehen, die es nicht (mehr) gibt, d.h. die nicht (mehr) in der Relation *Vorlesungen* enthalten sind.

Anfrage mit **not exists**:

```
select s.MatrNr, s.Name
from   Studenten s
where not exists (select *
                  from Vorlesungen v
                  where not exists(select *
                                   from   hören h
                                   where h.VorlNr = v.VorlNr
                                   and h.MatrNr = s.MatrNr));
```

Anfrage mit **count**:

```
select s.MatrNr, s.Name
from   Studenten s, hören h, Vorlesungen v
where  s.MatrNr = h.MatrNr
  and  h.VorlNr = v.VorlNr
group by s.MatrNr, s.Name
having count(*) = (select count(*) from Vorlesungen);
```

Der Join mit *Vorlesungen* sorgt für die Berücksichtigung der referentiellen Integrität.

Falls die Tabelle *hören* Duplikate enthalten kann, so kann dies mittels nachfolgender, leicht angepasster Anfrage ausgeglichen werden.

```
select s.MatrNr, s.Name
from Studenten s, (select distinct MatrNr, VorlNr
                   from hören) h,
     Vorlesungen v
where s.MatrNr = h.MatrNr
  and   h.VorlNr = v.VorlNr
group by s.MatrNr, s.Name
having count(*) = (select count(*)
                   from Vorlesungen);
```

Aufgabe 4.6

Geben Sie eine zu der auf Seite 124 [Kemper und Eickler (2011)] angegebenen Anfrage alternative Formulierung zur Ermittlung der Studenten, die alle vierstündigen Vorlesungen gehört haben, an. Können Sie immer noch die Aggregatfunktion **count** verwenden, um dadurch auf den Existenzquantor **exists** ganz verzichten zu können? Die Antwort lautet ja; aber wie?

```
select hVier.MatrNr, hVier.Name
from (select s.MatrNr, s.Name, v.VorlNr
        from hören h, Vorlesungen v, Studenten s
        where h.MatrNr = s.MatrNr
        and h.VorlNr = v.VorlNr and v.SWS = 4) hVier
group by hVier.MatrNr, hVier.Name
having count(*) = (select count(*)
                    from Vorlesungen
                    where SWS=4);
```

 Hinweis

Anders als bei Aufgabe 4.5 gehen wir hier davon aus, dass die referentielle Integrität gewährleistet ist. Wie würde eine Anfrage aussehen, die berücksichtigt, das die Relation *hören* Duplikate enthalten könnte?

Aufgabe 4.7

Finden Sie die Studenten mit der größten Semesterzahl unter Verwendung von Aggregatfunktionen.

```
select *
from Studenten
where Semester = (select max(Semester) from Studenten);
```

Aufgabe 4.8

Berechnen Sie die Gesamtzahl der Semesterwochenstunden, die die einzelnen Professoren erbringen. Dabei sollen auch die Professoren berücksichtigt werden, die keine Vorlesungen halten.

Lösungsmöglichkeit in Oracle

Oracle bietet durch die **nvl**-Funktion eine Möglichkeit, diese Anfrage elegant zu lösen. Die Syntax der Funktion ist **nvl (*expression, replace_with*)**. *expression* ist ein Ausdruck, der ausgewertet und auf **null** überprüft wird. Falls die Auswertung **null** liefert, wird das Ergebnis durch *replace_with* substituiert. Die Anfrage lässt sich damit wie folgt formulieren:

```
select PersNr, Name, (select nvl(sum(SWS), 0)
                        from Vorlesungen
                        where gelesenVon = PersNr) as SWS
from Professoren;
```

Allgemeine Lösung

```
(select p.PersNr, p.Name, sum(v.SWS)
 from Professoren p, Vorlesungen v
 where p.PersNr = v.gelesenVon
 group by p.PersNr, p.Name)
union
(select p.PersNr, p.Name, 0
 from Professoren p
 where not exists (select *
                   from Vorlesungen
                   where gelesenVon = p.PersNr));
```

Aufgabe 4.9

Finden Sie die Namen der Studenten, die in keiner Prüfung eine bessere Note als 3.0 hatten.

Der Aufgabenstellung zufolge sind all die Studenten gesucht, die in **keiner** Prüfung eine bessere Note als 3.0 erzielten. Dies schließt damit auch die Studenten ein, die noch überhaupt keine Prüfung abgelegt haben.

```
select s.Name, s.MatrNr
from Studenten s
where not exists (select *
                  from prüfen p
                  where p.MatrNr = s.MatrNr
                  and p.Note < 3.0);
```

Aufgabe 4.10

Berechnen Sie mit Hilfe einer SQL-Anfrage den Umfang des Prüfungsstoffes jedes Studenten. Es sollen der Name des Studenten und die Summe der Semesterwochenstunden der Prüfungsvorlesungen ausgegeben werden.

```
select s.Name, sum(v.SWS)
from Studenten s, prüfen p, Vorlesungen v
where s.MatrNr = p.MatrNr
  and p.VorlNr = v.VorlNr
group by s.Name, s.MatrNr;
```

Gemäß der Aufgabenstellung sollen nur die Namen der Studenten ermittelt werden. Um dennoch zu verhindern, dass Studenten mit gleichen Namen jeweils nur als ein Student betrachtet werden, wurde in die **group by**-Klausel das Attribut *MatrNr* mit aufgenommen.

Aufgabe 4.11

Finden Sie Studenten, deren Namen den eines Professors enthalten. Hinweis: In SQL gibt es einen Operator „||", der zwei Zeichenketten aneinanderhängt.

Die folgende Lösung funktioniert mit Oracle:

```
select s.MatrNr, s.Name
from Studenten s, Professoren p
where LOWER(s.Name) like '%' || LOWER(p.Name) || '%';
```

Die Funktion *LOWER* dient dazu, Zeichenketten in Kleinschreibung zu konvertieren und ermöglicht somit den Vergleich von Zeichenketten, die in anderen enthalten sind. Verwendet man Microsoft SQL Server, so muss diese Anfrage leicht angepasst werden: Die String-Konkatenation erfolgt hier mittels „+" anstelle von „||".

Aufgabe 4.12

Alle Studenten müssen ab sofort alle Vorlesungen von Sokrates hören. Formulieren Sie einen SQL-Befehl, der diese Operation durchführt.

Für jeden Studenten müssen in die Relation *hören* Einträge für die Vorlesungen von Sokrates, die er oder sie noch nicht besucht, eingetragen werden. In SQL kann dies wie folgt formuliert werden:

```
insert into hören
(select s.MatrNr, v.VorlNr
 from Studenten s, Vorlesungen v, Professoren p
 where p.Name = 'Sokrates' and p.PersNr = v.gelesenVon
 and (s.MatrNr, v.VorlNr) not in (select * from hören));
```

Eine alternative Formulierung mit **not exists** ist:

```
insert into hören (MatrNr, VorlNr)
(select s.MatrNr, v.VorlNr
 from Studenten s, Vorlesungen v, Professoren p
 where p.Name = 'Sokrates' and p.PersNr = v.gelesenVon
   and not exists (select *
                   from hören h
                   where h.MatrNr = s.MatrNr
                     and h.VorlNr = v.VorlNr));
```

Als weitere Alternative kann man im geschachtelten **select**-Statement eine Mengendifferenz formulieren:

```
insert into hören (MatrNr, VorlNr)
((select s.MatrNr, v.VorlNr
  from Studenten s, Vorlesungen v, Professoren p
  where p.Name = 'Sokrates'
  and p.PersNr = v.gelesenVon)
 except
  (select *
  from hören));
```

Hinweis

Mengendifferenz wird in SQL durch **except** ausgedrückt (vgl. zum Beispiel [Melton und Simon (2002)]). Manche SQL-Dialekte weichen davon ab. So wird obige Anfrage in Oracle beispielsweise mittels **minus** formuliert.

Aufgabe 4.13

Ermitteln Sie den Bekanntheitsgrad der Professoren unter den Studenten, wobei wir annehmen, dass Studenten die Professoren nur durch Vorlesungen oder Prüfungen kennenlernen.

Eine mögliche Lösung der Aufgabe ist:

```
create view kenntprof as
 select h.MatrNr, v.gelesenVon as PersNr
 from hören h, Vorlesungen v
 where v.VorlNr = h.VorlNr
 union
 select p.MatrNr, p.PersNr
 from prüfen p;

select k.PersNr, p.Name,
  cast(count(*) as decimal) /
      cast(alle.AnzStud as decimal) as grad
 from kenntprof k, Professoren p,
    (select count(*) as AnzStud from Studenten) alle
 where k.PersNr = p.PersNr
 group by k.PersNr, p.Name, alle.AnzStud
 order by grad desc;
```

Zu beachten ist, dass Studenten einen Professor / eine Professorin nur einmal kennen können. Das heißt, auch wenn sie bei ihm / ihr eine Vorlesung hören und bei ihm / ihr geprüft wurden, kennen sie ihn / sie trotzdem nur einmal. Duplikate werden bei Verwendung von **union** (im Gegensatz zu **union all**) bereits eliminiert.

SQL bietet mit **distinct** oder auch **unique** weitere Möglichkeiten, gleiche Einträge zu verhindern. Angenommen, *kenntprof* wäre nicht duplikatfrei, könnte man die Anfrage wie folgt formulieren:

```
select k.PersNr, p.Name, count(unique MatrNr) as grad
 from kenntprof k, Professoren p
 where k.PersNr = p.PersNr
 group by k.PersNr, p.Name
 order by grad desc;
```

Aufgabe 4.14

Ermitteln Sie für die einzelnen Vorlesungen die Durchfallquote als die Anzahl der durch-
gefallenen Prüflinge relativ zur Anzahl der für diese Vorlesung angetretenen Prüflinge.
Als Variation der obigen Anfrage ermitteln Sie die Durchfallquote bei den einzelnen
Professoren.

Durchfallquote pro Vorlesung

Um diese Anfrage zu beantworten, erstellen wir zuerst zwei Views, *durchgefallene* und
alle. Mit der ersten Sicht ermitteln wir für jede Vorlesung die Anzahl der Studenten, die
eine Prüfung nicht bestanden haben. Der Sonderfall, dass kein Student in einer Prüfung
über die jeweilige Vorlesung durchgefallen ist, muss dabei auch berücksichtigt werden.
Mit der zweiten View fragen wir ab, wie viele Studenten eine Prüfung über jede Vorlesung
abgelegt haben. Der Sonderfall, dass kein Student sich über eine bestimmte Vorlesung hat
prüfen lassen, muss hier nicht berücksichtigt werden. Dies erfolgt in der anschließenden
Anfrage.

```
create view durchgefallene as
(select VorlNr, count(Note) as Anzahl
 from prüfen
 where Note > 4.0
 group by VorlNr)
union
(select VorlNr, 0 as Anzahl
 from  Vorlesungen
 where VorlNr not in (select VorlNr
                      from prüfen
                      where Note > 4.0));

create view alle as
 select VorlNr, count(*) as Anzahl
 from  prüfen
 group by VorlNr;
```

Basierend auf diesen Views lässt sich die Aufgabe damit wie folgt beantworten:

```
(select a.VorlNr, float(d.Anzahl)/float(a.Anzahl) as Grad
 from alle a, durchgefallene d
 where a.VorlNr = d.VorlNr)
union
(select VorlNr, 0 as Grad
 from Vorlesungen
 where VorlNr not in (select VorlNr
                      from prüfen));
```

Wie zuvor angeführt, wird der Sonderfall, dass keine Studenten eine bestimmte Vorlesung
prüfen ließen, durch die zweite Ergebnismenge behandelt.

Eine alternative, in gewisser Weise elegantere, da kürzere Formulierung sieht wie folgt
aus:

```
create view Vorl_AnzDurch_AnzAlle as
  select VorlNr, count(*) as AnzAlle,
      sum(case when Note > 4.0 then 1 else 0 end) as AnzDurch
```

```
from   prüfen
group by VorlNr;

(select VorlNr, float(AnzDurch)/float(AnzAlle) as Grad
 from Vorl_AnzDurch_AnzAlle)
union
(select VorlNr, 0 as Grad
 from Vorlesungen
 where VorlNr not in (select VorlNr from prüfen));
```

Durchfallquote je Professor

Auch für diese Anfrage erstellen wir uns zuerst zwei temporäre Views. *durchgefallene-ProProf* bestimmt je Professor die Anzahl der Studenten, die Prüfungen bei ihm/ihr nicht bestanden haben, wohingegen *alleProProf* für jeden Professor die Anzahl abgenommener Prüfungen zählt (erneut werden die Ereignisse mit leerem Ergebnis hier noch nicht betrachtet).

```
create view durchgefalleneProProf as
(select PersNr, count(Note) as Anzahl
  from   prüfen
  where Note > 4.0
  group by PersNr)
union
(select PersNr, 0 as Anzahl
  from   Professoren
  where PersNr not in
      (select PersNr from prüfen where Note > 4.0));

create view alleProProf as
 select PersNr, count(*) as Anzahl
 from   prüfen
 group by PersNr;
```

Analog sieht die Anfrage dann wie folgt aus:

```
(select a.PersNr, float(d.Anzahl)/float(a.Anzahl) as Grad
 from alleProProf a, durchgefalleneProProf d
 where a.PersNr = d.PersNr)
union
(select PersNr, 0 as Grad
 from Professoren
 where PersNr not in (select PersNr from prüfen));
```

Auch hier kann wieder eine entsprechend kürzere Lösung wie im vorhergehenden Fall erstellt werden.

Aufgabe 4.15

Ermitteln Sie den Median der Relation *prüfen*. (Die SQL-Formulierung dieser Anfrage ist nicht ganz einfach und wird in dem Buch von Celko (1995) diskutiert.)

Definition des Medians

Der Median ist eine Größe der Statistik und bezeichnet den *mittelsten Wert* einer Rangordnung. Der Median hat die Eigenschaft, dass die eine Hälfte der Folge kleiner oder gleich und die andere Hälfte größer oder gleich dem Medianwert ist. In unserem Universitäts-Beispiel wurden drei Prüfungen abgelegt und dabei die Noten 1, 2 und 2 erzielt. Bezogen auf die kleine Zahlenfolge ergibt sich damit ein Median von 2. Hat man eine gerade Anzahl von Werten, so ist der Median das arithmetische Mittel der beiden mittleren Werte. Als Beispiel betrachten wir die Prüfungsergebnisse $\{2, 4, 1, 3\}$. Der Median ergibt sich dann zu $(2 + 3)/2 = 2\frac{1}{2}$. Eine einfache Realisierung der Median-Berechnung ist demzufolge eine Sortierung der Zahlenfolge und die anschließende Bestimmung des mittleren Werts (ungerade Anzahl von Werten) bzw. der beiden mittleren Werte (gerade Anzahl von Werten).

Berechnung des Medians mittels einer *Stored Procedure*

Wir zeigen zuerst eine mögliche Realisierung der Median-Berechnung mittels einer *Stored Procedure*. Mit einer *Stored Procedure* lässt sich der zuvor beschriebene Ansatz – Sortierung der Zahlenfolge; Berechnung des mittelsten Werts – 1:1 umsetzen. Der folgende Lösungsvorschlag läuft unter IBM DB2:

```
CREATE PROCEDURE MEDIAN ( OUT medianNote DOUBLE)
DYNAMIC RESULT SETS 0
LANGUAGE SQL
MODIFIES SQL DATA
BEGIN
  DECLARE v_anzRecords INT DEFAULT 1;
  DECLARE v_zaehler     INT DEFAULT 0;
  DECLARE v_mod         INT DEFAULT 0;
  DECLARE v_note1    DOUBLE DEFAULT 0;
  DECLARE v_note2    DOUBLE DEFAULT 0;

  DECLARE crs CURSOR FOR
    SELECT Note FROM prüfen
    ORDER BY Note;

  SELECT COUNT(*) INTO v_anzRecords from prüfen;

  SET v_mod = MOD(v_anzRecords, 2 );
  OPEN crs;

  CASE v_mod
    WHEN 0  THEN
      WHILE v_zaehler < (v_anzRecords / 2 + 1 ) DO
        SET v_note1 = v_note2;
        FETCH crs INTO v_note2;
        SET v_zaehler = v_zaehler + 1;
```

```
      END WHILE;
      SET medianNote = (v_note1 + v_note2)/ 2;
    WHEN 1   THEN
      WHILE v_zaehler < (v_anzRecords / 2 + 1 ) DO
        FETCH crs INTO medianNote;
        SET v_zaehler = v_zaehler + 1;
      END WHILE;
  END CASE;

  CLOSE crs;
END
```

Wie oben beschrieben, erfolgt zuerst die Sortierung der Prüfungsergebnisse. Anschließend wird die mittlere Position bestimmt. Im **CASE**-Konstrukt wird unterschieden, ob man eine gerade oder ungerade Anzahl von Noten hat. Bei einer geraden Anzahl werden die beiden mittleren bestimmt (*v_note1* und *v_note2*) und das arithmetische Mittel davon errechnet. Andernfalls ist *medianNote* gleich dem Prüfungsergebnis mit mittlerer Position in der Zahlenfolge.

Aufgrund der Sortierung ist die algorithmische Komplexität in $O(N \log N)$, wenn N die Länge der Zahlenfolge, d.h. die Anzahl der Prüfungsergebnisse, ist. Es sei nur erwähnt, dass die Berechnung des Medians auch in $O(N)$ möglich ist. So kann ein linearer Algorithmus implementiert werden, der den Median einer Zahlenfolge mittels wiederholter Partitionierung ähnlich dem Partitionierungsschritt in *Quicksort* ermittelt – wobei natürlich keine vollständige Sortierung der Folge notwendig ist. Eine entsprechend optimierte Implementierung sei den Lesern überlassen.

Führt man die *Stored Procedure* aus (durch Aufruf von db2 call median(?), wobei ? als Platzhalter für einen Rückgabeparameter verwendet wird), so erhält man folgende Ausgabe:

```
Value of output parameters
--------------------------
Parameter Name  : MEDIANNOTE
Parameter Value : +2.00000000000000E+000

Return Status = 0
```

Return Status = 0 bedeutet, dass während der Ausführung kein Fehler auftrat. Wie eingangs diskutiert, ergibt sich für die Ausprägung des Universitäts-Verwaltungssystems ein Median von 2.

Die vorgestellte *Stored Procedure* ist unter

 www-db.in.tum.de/DB-Uebungsbuch/ueb/Kapitel4/Aufgabe15.shtml

verfügbar.

Berechnung des Medians mittels einer SQL-Anfrage

Allgemeine Lösung

Die Berechnung des Medians mittels einer SQL-Anfrage stellt insofern eine Herausforderung dar, als im reinen relationalen Modell das Konzept von (sortieren) Listen nicht gegeben ist. Das bedeutet, man kann nicht ohne Weiteres – wie im Beispiel der *Stored Procedure* – zuerst eine Sortierung der *prüfen*-Einträge erzwingen und dann iterativ den Median davon bestimmen.

Wenn wir uns nochmals die Definition des Medians in Erinnerung rufen, so besagt diese, dass der Median eine Zahlenfolge in zwei gleich große Hälften unterteilt. Bezogen auf den Median der Prüfungsergebnisse gilt, dass die eine Hälfte nur schlechtere (oder gleich gute) Noten und die andere Hälfte bessere (oder höchstens gleich gute) Noten aufweist. Bestimmt man also alle Prüfungsergebnisse mit besserer Note und solche mit schlechterer Note, so müssen beide Mengen gleich groß sein. In SQL können wir dies wie folgt formulieren, wobei sich p und p1 auf *prüfen*-Tupel beziehen (Wir zeigen den schrittweisen Aufbau der Anfrage. Das vollständige SQL-Statement wird anschließend gezeigt.)

```
sum(case when p1.Note < p.Note then 1
         when p1.Note > p.Note then -1
         else 0 end))
```

Haben wir nur eindeutige Notenergebnisse (d.h. wir betrachten eine Zahlfolge ohne Wiederholungen), ist bei einer ungeraden Anzahl von Noten die Note der Median, für den die Summe 0 ist. Bei einer geraden Anzahl ist der Median der Mittelwert der beiden Noten, für die obige Summe -1 oder 1 ergibt, d.h. der Absolutwert 1 ist.

Um den allgemeinen Fall zu behandeln, müssen wir Wiederholungen berücksichtigen und diese mit der zuvor vorgestellten Differenz vergleichen. Es qualifizieren sich die Noten, für die gilt:

```
sum (case when p1.Note = p.Note then 1 else 0 end)
>= abs(sum(case when p1.Note < p.Note then 1
                when p1.Note > p.Note then -1
                else 0 end))
```

Man kann sich dies leicht an einem einfachen Beispiel veranschaulichen. Sei beispielsweise folgende (etwas erweiterte) Ausprägung von *prüfen* gegeben:

prüfen			
MatrNr	VorlNr	PersNr	Note
28106	5001	2126	1.0
25403	5041	2125	2.0
27550	4630	2137	2.0
27550	5259	2136	2.3
28106	5216	2127	3.0
27550	5043	2125	3.3

Der Median der sechs Prüfungsergebnisse ist $(2,0+2,3)/2 = 2,15$. Für das Prüfungsergebnis 2,3 gilt, dass es drei bessere und zwei schlechtere Ergebnisse gibt, die Differenz der beiden Mengen absolut also 1 ist. Die zwei guten Prüfungsergebnisse (d.h. Note = 2,0) qualifizieren sich in obiger Anfrage, da die Anzahl gleicher Resultate = 2, besserer = 1 und schlechterer = 3 ist, so dass gilt $2 \geq |1 - 3|$.

Fasst man diese Vorüberlegungen zusammen, so kann die Berechnung des Medians in SQL beispielsweise wie folgt formuliert werden:

```
select avg(distinct x.Note)
from (select p.Note
      from prüfen p, prüfen p1
      group by p.MatrNr, p.VorlNr, p.PersNr, p.Note
      having sum (case when p1.Note = p.Note
                       then 1 else 0 end)
             >= abs(sum(case when p1.Note < p.Note then 1
                             when p1.Note > p.Note then -1
                             else 0 end))) x;
```

Wichtig ist, dass man die **distinct**-Klausel in der Anfrage nicht vergisst. Denn sonst gehen gleiche Prüfungsergebnisse unter Umständen mehrfach in die Median-Berechnung ein. In unserem Beispiel ergäbe sich dann ein (falscher!) Median von 2,1 anstelle von 2,15.

Sortierung mittels *ROW_NUMBER()*

Die SQL-Funktion *ROW_NUMBER()* weist jeder Zeile in einer Partition eine eindeutige Nummer zu. Die SQL-Syntax (vgl. [Melton (2003)]) der Funktion ist:

```
<row number function> ::= ROW_NUMBER() OVER
                          <window name or specification>
```

Damit lässt sich in SQL-Syntax eine Sortierung der *prüfen*-Relation erreichen:

```
select Note, ROW_NUMBER() OVER(order by Note asc) as pos
from prüfen;
```

Mittels *ROW_NUMBER()* lassen sich auch Partitionierungen erzielen. Beispielsweise kann man für jeden Studenten eine eigene Liste der Prüfungsergebnisse sortiert nach Noten erstellen:

```
select MatrNr, Note,
  ROW_NUMBER() OVER(partition by MatrNr
                    order by Note asc) as pos
from prüfen;
```

Folgende Tabelle zeigt die Auswertung der Anfrage auf die zuvor vorgestellte erweiterte Ausprägung von *prüfen*:

prüfen		
MatrNr	Note	pos
25403	2.0	1
27550	2.0	1
27550	2.3	2
27550	3.3	3
28106	1.0	1
28106	3.0	2

In Bezug auf die Berechnung des Medians erleichtert uns die SQL-Funktion *ROW_NUMBER()* das Formulieren der Anfrage. Es ist uns damit möglich, den iterativen Ansatz, wie er auch für die Implementierung der *Stored Procedure* verwendet wurde, zu übertragen. Dazu sortiert man in einem ersten Schritt die Prüfungsergebnisse aufsteigend.

Abhängig davon, ob die Relation eine ungerade oder gerade Anzahl von Einträgen hat, ermittelt man wiederum den mittleren Wert, bzw. den Durchschnitt der beiden mittleren Werte[2]:

```
select avg(Note)
from (select Note, ROW_NUMBER()
                  over(order by Note asc) as pos
        from prüfen)
where pos in
   (select ceil(count(*)/2.0)   from prüfen
   union
   select (case when mod(anz,2) = 0 then (anz/2)+1  end)
   from (select count(*) as anz from prüfen) );
```

 Hinweis

Manche Datenbanksysteme stellen auch direkt Funktionen zur Berechnung des Medians bereit. In Oracle kann der Median der Prüfungsergebnisse beispielsweise wie folgt ermittelt werden:

```
select median(Note) from prüfen;
```

Eine derart einfache Lösung ist natürlich nicht im Sinne der Aufgabenstellung ...

Aufgabe 4.16

Überlegen Sie sich einige Anfragen, bei denen die erweiterten Joinoperationen sinnvoll eingesetzt werden können.

Linker äußerer Join

Die folgende Anfrage bestimmt zu jedem Professor den geleisteten Lehrbeitrag als die Summe der Semesterwochenstunden der von ihm/ihr gehaltenen Vorlesungen (vgl. auch Aufgabe 4.8). Dabei sollen jedoch auch die Professoren ausgegeben werden, die gar keine Vorlesungen halten.

```
select PersNr, Name, sum(SWS)
from Professoren left outer join Vorlesungen
    on PersNr = gelesenVon
group by PersNr, Name;
```

Rechter äußerer Join

Mit dieser SQL-Anfrage soll die Prüfungshäufigkeit von Vorlesungen bestimmt werden. Da *Vorlesungen* hier der zweite Join-Partner ist und auch die Vorlesungen aufgelistet werden sollen, die bisher nicht geprüft wurden, wird dazu ein **right outer join** verwendet.

```
select count(*) as wieoft, v.VorlNr, v.Titel
from prüfen p right outer join Vorlesungen v
    on p.VorlNr = v.VorlNr
group by v.VorlNr, v.Titel;
```

---

[2]Die Funktionen *ceil* (Aufrunden) und *mod* (Modulo-Berechnung) müssen abhängig vom verwendeten Datenbanksystem ggf. angepasst werden. Die angegebene Anfrage ist z.B. unter Oracle ausführbar.

Äußerer Join

Folgende Anfrage listet die Kombinationen von Professoren und zugehörigen Assistenten
auf. In der Ausgabe sollen auch die Professoren enthalten sein, die keine Assistenten
haben, sowie die Assistenten, die gegenwärtig keinem Professor zugeordnet sind.

```
select p.PersNr, p.Name, a.PersNr, a.Name
from Professoren p full outer join Assistenten a
    on a.Boss = p.PersNr;
```

Aufgabe 4.17

Bestimmen Sie für alle Studenten eine gewichtete Durchschnittsnote ihrer Prüfungen.
Die Gewichtung der einzelnen Prüfungen erfolgt nach zwei Kriterien: Prüfungen zu langen Vorlesungen sollen eine größere Rolle spielen als Prüfungen zu kurzen Vorlesungen. Prüfer, die im Schnitt sehr gute Noten vergeben, führen zu einer Abwertung des
Prüfungsergebnisses, während Prüfer mit im Schnitt sehr schlechten Noten das Ergebnis aufwerten. Hinweis: Komplexere Anfragen lassen sich am besten durch Sichten in
einfachere Teilanfragen modularisieren.

Hier sollen die Noten der Studenten gewichtet werden, d.h. eine gute Note bei einem
Professor, der normalerweise immer gute Noten vergibt, soll abgewertet werden. Eine
schlechte Note bei einem Professor, der normalerweise schlechte Noten vergibt, soll demgegenüber aufgewertet werden. Analog soll gelten, dass Noten für Prüfungen über kurze
Vorlesungen (z.B. 2 SWS) abgewertet werden, da der Lernaufwand dafür geringer war als
für Prüfungen über lange Vorlesungen, die dadurch aufgewertet werden.

```
create view ProfGewicht as
    select p.PersNr, alle.durchschnitt / avg(p.Note) as gewicht
    from prüfen p,
        (select avg(Note) as durchschnitt
         from prüfen) alle
    group by p.PersNr, alle.durchschnitt;

create view VorlGewicht as
    select v.VorlNr, alle.durchschnitt /
                            cast(SWS as decimal) as gewicht
    from Vorlesungen v,
        (select avg(SWS) as durchschnitt
         from Vorlesungen) alle;

select p.MatrNr, avg(p.Note * pg.gewicht * vg.gewicht)
from prüfen p, ProfGewicht pg, VorlGewicht vg
where p.PersNr = pg.PersNr
 and p.VorlNr = vg.VorlNr
group by p.MatrNr;
```

Aufgabe 4.18

Nehmen wir an, dass in der Relation *Professoren* deren Geburtsdatum gespeichert ist. Der Rektor der Universität möchte nun von Ihnen eine Liste aller Professoren, die in den nächsten 45 Tagen Geburtstag haben. Informieren Sie sich, wie Sie eine entsprechende Anfrage in einer Ihnen zur Verfügung stehenden SQL-Schnittstelle realisieren könnten. Ist das mit Standard-Befehlen möglich? Funktioniert Ihre Anfrage auch, wenn ein Professor am 29. Februar eines Schaltjahres geboren wurde?

Erweiterung der *Professoren*-Relation

Das bisherige relationale Schema sieht nicht vor, dass zu Professoren die Geburtsdaten mit abgespeichert werden. Deshalb erweitern wir die *Professoren*-Relation zunächst um ein zusätzliches Attribut *GebDatum*:

```
create table Professoren
        (PersNr    integer not null primary key,
         Name      varchar(30) not null,
         Rang      char(2) check (Rang in ('C2', 'C3', 'C4')),
         Raum      integer not null unique,
         GebDatum  date);

insert into Professoren
  values (2126, 'Russel', 'C4', 232, '18-MAY-1872');

        ⋮                    ⋮                    ⋮

insert into Professoren
  values (2136, 'Curie', 'C4', 36, '07-NOV-1867');
insert into Professoren
  values (2137, 'Kant', 'C4', 7, '22-APR-1724');
```

Die Formulierung der Anfrage hängt mitunter vom verwendeten Datenbanksystem ab. Dies liegt im Speziellen an den bereitgestellten Operationen auf Datums-Datentypen (**date** oder **datetime**). Wir zeigen mögliche Lösungen für die Systeme Oracle, IBM DB2 und Microsoft SQL Server.

Lösung für Oracle

Die folgenden Sichten generieren alle nächsten Geburtstage der Professoren. Diese werden dann in der eigentlichen Anweisung weiter unten verwendet.

```
create view Birthday as
  select PersNr, Name, Rang, Raum, GebDatum,
         GebDatum -
         TRUNC(TO_DATE(GebDatum, 'DD-MON-YYYY'), 'YEAR') +
         TRUNC(TO_DATE(SYSDATE, 'DD-MON-YYYY'), 'YEAR')
         as Birthday
  from   Professoren;

create view NextBirthday as
  select PersNr, Name, Rang, Raum, GebDatum,
         Birthday as Geburtstag
```

```
from     Birthday
where    Birthday >= SYSDATE
union
select   PersNr, Name, Rang, Raum, GebDatum,
         ADD_MONTHS(Birthday, 12) as Geburtstag
from     Birthday
where    Birthday < SYSDATE;
```

```
select   PersNr, Name, Geburtstag, SYSDATE + 45
from     NextBirthday
where    TO_DATE(Geburtstag) <= TO_DATE(SYSDATE + 45);
```

Lösung für IBM DB2

Zuerst wird vollkommen analog zu oben die Tabelle *Professoren* erweitert. Allerdings muss das Datum bei den **insert**-Befehlen folgendermaßen übergeben werden:

```
insert into Professoren
    values (2126, 'Russel', 'C4', 232, date('05/18/1872'));
```

Die Anfrage lautet dann:

```
create view NextBirthday as
 select PersNr, Name, GebDatum,
   case
     when GebDatum + (YEAR(CURRENT DATE) - YEAR(GebDatum))
        YEARS
          >= CURRENT DATE
     then GebDatum + (YEAR(CURRENT DATE) - YEAR(GebDatum))
        YEARS
     else GebDatum +
          (YEAR(CURRENT DATE) - YEAR(GebDatum) + 1) YEARS
   end case
 from    Professoren;
```

```
select   PersNr, Name, GebDatum, p.case as NaechsterGeb,
         p.case - CURRENT DATE as Abstand
from     NextBirthday p where  p.case <= CURRENT DATE +45 DAYS;
```

Lösung für Microsoft SQL Server

Die Anfrage lautet:

```
select PersNr, Name, Geburtsdatum, NächsterGeburtstag,
    DATEDIFF(DAY, GETDATE(), NächsterGeburtstag) as Abstand
from
    (select PersNr, Name, Geburtsdatum,
     case
       when DATEADD(YEAR, YEAR(GETDATE()) - YEAR(Geburtsdatum),
                    YEAR) >= GETDATE()
       then DATEADD(YEAR, YEAR(GETDATE()) - YEAR(Geburtsdatum),
                    Geburtsdatum)
       else DATEADD(YEAR, YEAR(GETDATE()) - YEAR(Geburtsdatum)
                    + 1, Geburtsdatum)
     end as NächsterGeburtstag
    from Professoren) as p
where DATEDIFF(DAY, GETDATE(), NächsterGeburtstag) <= 45;
```

Aufgabe 4.19

Formulieren Sie, ausgehend von dem in Aufgabe 3.3 eingeführten relationalen Schema, folgende Anfragen in SQL:

a) Hat die CSU alle Direktmandate in Bayern im Jahr 2005 holen können?

b) Ermitteln Sie für das Jahr 2005 für jede Partei die Anzahl der „gewonnenen" Bundesländer, d.h. Bundesländer, in denen sie die Mehrzahl der (Zweit-)Stimmen erhalten hat.

a) Wir lösen die Fragestellung schrittweise. Zuerst erstellen wir die View *KandidatenstimmenBY*, die für jeden Wahlkreis in Bayern die Anzahl der Erststimmen ermittelt, die die einzelnen Parteien erreicht haben.

```
create view KandidatenstimmenBY as
  select wk.Nr as Wahlkreis, k.Partei,
      sum(e.Stimmen) as AnzahlESWK
  from Direktkandidaten k, Wahlbezirke wb, Wahlkreise wk,
      Erststimmen e
  where wk.Bundesland = 'Bayern' and wb.Wahlkreis = wk.Nr
    and e.Wahlbezirk = wb.Nr and e.Jahr = 2005
  group by wk.Nr, k.Partei;
```

Anschließend werden die Direktmandate ermittelt:

```
create view DirektmandateBY as
  select ks.Partei, ks.AnzahlESWK
  from KandidatenstimmenBY ks
  where not exists
    (select * from KandidatenstimmenBY
    where AnzahlESWK > ks.AnzahlESWK
    and Wahlkreis = ks.Wahlkreis);
```

Die Frage kann mit JA beantwortet werden, wenn folgende Abfrage ein leeres Ergebnis liefert:

```
select Partei from DirektmandateBY where Partei != 'CSU';
```

b) In einem ersten Schritt bestimmen wir für jede Partei die Anzahl der Stimmen, die sie in einem Bundesland erhalten hat:

```
create view StimmenProLand as
  select zs.Partei, sum(zs.Stimmen) as AnzStimmen,
      wk.Bundesland
  from Zweitstimmen zs, Wahlbezirke wb, Wahlkreise wk
  where zs.Wahlbezirk = wb.Nr and wb.Wahlkreis = wk.Nr
    and zw.Jahr = 2005
  group by zs.Partei, wk.Bundesland;
```

Basierend auf der View *StimmenProLand* lässt sich die Anzahl der Bundesländer, in denen eine Partei als jeweils beste abgeschnitten hat, wie folgt ermitteln:

```
select Partei, count(*) as gewonnen
from StimmenProLand spl1
where not exists( select *
                  from StimmenProLand spl2
```

```
                    where spl1.Partei != spl2.Partei
                      and spl1.AnzStimmen < spl2.AnzStimmen
                      and spl1.Bundesland = spl2.Bundesland)
group by Partei;
```

Alternativ kann man die **not exists**-Unteranfrage auch über ein **having ... max** ausdrücken:

```
select tmp.Partei, count(*) as gewonnen from
(select spl1.Partei, spl1.Bundesland, spl1.AnzStimmen
 from StimmenProLand spl1
 group by spl1.Partei, spl1.Bundesland, spl1.AnzStimmen
 having spl1.AnzStimmen =
        (select max(spl2.AnzStimmen)
         from StimmenProLand spl2
         where spl1.Bundesland = spl2.Bundesland)) tmp
group by tmp.Partei;
```

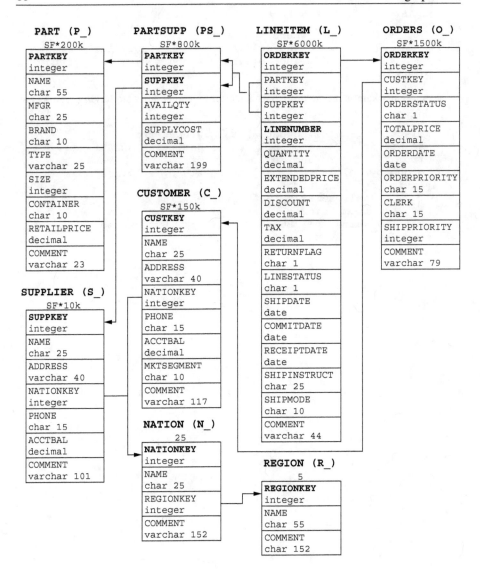

Abbildung 4.2: Schema und Fremdschlüsselbeziehungen der TPC-H/R-Relationen

Aufgabe 4.20

Projektarbeit: In Abschnitt 21.3 [Kemper und Eickler (2011)] ist der TPC-D-Benchmark beschrieben. Das Datenbankschema des Benchmarks modelliert ein (hypothetisches) Handelsunternehmen. Der Benchmark besteht im Wesentlichen aus 22 betriebswirtschaftlichen „Decision Support"-Anfragen, die dort verbal beschrieben sind. Formulieren Sie diese Anfragen in SQL.

Das relationale Schema der TPC-H/R-Datenbasis (früher TPC-D) ist in Abbildung 4.2 dargestellt. Die folgenden Lösungen sind an [TPC-D (1998)] und [TPC-H (2002)] angelehnt.

Q1 Man erstelle einen aufsummierten Preisbericht über alle Auftragspositionen, die spätestens 90 Tage vor dem 1. Dezember 1998 versandt wurden. Die Ausgabe soll nach *RETURNFLAG* und *LINESTATUS* gruppiert und in aufsteigender Reihenfolge nach diesen Attributen sortiert werden. Für jede Gruppe sollen die gesamte Menge, der Gesamtpreis, der ermäßigte Gesamtpreis, der ermäßigte Gesamtpreis inklusive Steuern, die durchschnittliche Anzahl, der durchschnittliche Gesamtpreis und der durchschnittliche Nachlass und die Anzahl der Auftragspositionen aufgelistet werden.

```
select l_returnflag, l_linestatus,
  sum(l_quantity) as sum_qty,
  sum(l_extendedprice) as sum_base_price,
  sum(l_extendedprice*(1-l_discount)) as sum_disc_price,
  sum(l_extendedprice*(1-l_discount)*(1+l_tax))
        as sum_charge,
  avg(l_quantity) as avg_qty,
  avg(l_extendedprice) as avg_price,
  avg(l_discount) as avg_disc,
  count(*) as count_order
from lineitem
where l_shipdate <= date('1998-12-01') - interval('90' day)
group by l_returnflag, l_linestatus
order by l_returnflag, l_linestatus;
```

Q2 Für jedes Teil aus Messing (engl. *brass*) mit Größe 15 soll festgestellt werden, welcher Zulieferer in Europa beim nächsten Auftrag ausgewählt werden sollte. Das Kriterium für die Wahl eines Lieferanten sind dabei minimale Lieferkosten. Die Anfrage soll für jeden qualifizierenden Lieferanten Kontostand, Namen, Land, Teilenummer, Hersteller des Teils, sowie Adresse und Telefonnummer des Lieferanten auflisten.

```
select s_acctbal, s_name, n_name, p_partkey, p_mfgr,
       s_address, s_phone, s_comment
from part, supplier, partsupp, nation, region
where p_partkey = ps_partkey
  and s_suppkey = ps_suppkey and p_size = 15
  and p_type like '%BRASS'
  and s_nationkey = n_nationkey and n_regionkey = r_regionkey
  and r_name = 'EUROPE'
  and ps_supplycost = (select min(ps_supplycost)
                from partsupp, supplier, nation, region
                where p_partkey = ps_partkey
                and s_suppkey = ps_suppkey
```

```
            and s_nationkey = n_nationkey
            and n_regionkey = r_regionkey
            and r_name = 'EUROPE' )
   order by s_acctbal desc, n_name, s_name, p_partkey;
```

Q3 Man berechne den möglichen Umsatz aus den Aufträgen aus dem Marktsegment
„Gebäude" (engl. *building*), die am 15. März 1995 noch nicht (vollständig) versandt waren. Die 10 Aufträge, die durch Auslieferung der ausstehenden Auftragspositionen den
höchsten Umsatz ergeben, und deren Lieferpriorität sollen ausgegeben werden.

```
select l_orderkey,
     sum(l_extendedprice*(1-l_discount)) as revenue,
     o_orderdate, o_shippriority
from customer, orders, lineitem
where c_mktsegment = 'BUILDING'
 and c_custkey = o_custkey
 and l_orderkey = o_orderkey
 and o_orderdate < date('1995-03-15')
 and l_shipdate > date('1995-03-15')
 group by l_orderkey, o_orderdate, o_shippriority
 order by revenue desc, o_orderdate;
```

Es handelt sich der Aufgabenstellung zufolge um eine *top-k* Anfrage, da nur die 10 um-
satzstärksten Aufträge ermittelt werden sollen, d.h. $k = 10$. Die Formulierung dafür hängt
vom verwendeten Datenbanksystem ab:

- In Oracle kann man zum einen Optimierungshinweise definieren, indem man in
  Kommentaren einen „**FIRST_ROWS**-Hint" einfügt, also

  ```
  select /*+FIRST_ROWS(10)*/ l_orderkey, ...
  ```

  Zum anderen stellt die Abfrage der Position eine weitere Möglichkeit dar. Das Schlüsselwort hierfür ist **rownum**. Im vorliegenden Beispiel also
                              ...**rownum** <= 10...

- In IBM DB2 erreicht man die Einschränkung auf die 10 ersten Resultate mittels
  fetch first 10 rows only, die man nach dem **order by** einfügt:

  ```
  ...
  order by revenue desc, o_orderdate
  fetch first 10 rows only;
  ```

- Microsoft SQL Server unterstützt *top-k* Anfragen mittels der **top**-Klausel. Die Einschränkung kann damit wie folgt formuliert werden:

  ```
  select top(10) l_orderkey,
       sum( ...
  ```

Q4 Mit Hilfe dieser Anfrage soll überprüft werden, wie gut das Auftragsprioritätensys-
tem funktioniert. Zusätzlich liefert sie eine Einschätzung über die Zufriedenstellung der
Kunden. Dazu zählt die Anfrage die Aufträge im dritten Quartal 1993, bei denen we-
nigstens eine Auftragsposition nach dem zugesagten Liefertermin zugestellt wurde. Die
Ausgabeliste soll die Anzahl dieser Aufträge nach Priorität sortiert in aufsteigender Reihenfolge enthalten.

```
select o_orderpriority, count(*) as order_count
from orders
where o_orderdate >= date('1993-07-01')
  and o_orderdate < date('1993-07-01') + interval( '3' month)
  and exists (select *
                from lineitem
                where l_orderkey = o_orderkey
                  and l_commitdate < l_receiptdate )
group by o_orderpriority
order by o_orderpriority;
```

Q5 Für jedes Land in Asien sollen die Einnahmen aufgelistet werden, die aus Auftrags-positionen resultieren, bei denen die Kunden und die dazugehörigen Lieferanten beide aus dem gleichen Land stammen. Anhand dieser Ergebnisse kann festgestellt werden, ob es sich lohnt, in einem bestimmten Gebiet lokale Verteilungszentren einzurichten. Dabei werden nur Aufträge aus dem Jahr 1994 berücksichtigt.

```
select n_name,
       sum(l_extendedprice * (1 - l_discount)) as revenue
from customer, orders, lineitem, supplier, nation, region
where c_custkey = o_custkey and o_orderkey = l_orderkey
  and l_suppkey = s_suppkey and c_nationkey = s_nationkey
  and s_nationkey = n_nationkey and n_regionkey = r_regionkey
  and r_name = 'ASIA' and o_orderdate >= date('1994-01-01')
  and o_orderdate < date('1994-01-01') + interval('1' year)
group by n_name
order by revenue desc;
```

Q6 Es soll berechnet werden, um wieviel sich die Einnahmen erhöht hätten, wenn ein gewährter Nachlass von 5 bis 7 % für Mengen von weniger als 24 Teilen für im Jahr 1994 verschickte Aufträge gestrichen worden wäre.

```
select sum(l_extendedprice*l_discount) as revenue
from lineitem
where l_shipdate >= date('1994-01-01')
  and l_shipdate < date('1994-01-01') + interval('1' year)
  and l_discount between 0.05 and 0.07
  and l_quantity < 24;
```

Q7 Zur Unterstützung bei der Verhandlung über neue Lieferverträge soll der Wert der zwischen Frankreich und Deutschland transportierten Güter festgestellt werden. Dazu werden *jeweils* die rabattierten Einnahmen in den Jahren 1995 und 1996 berechnet, die aus Auftragspositionen resultieren, bei denen der Lieferant aus dem einen, und der Kunde aus dem anderen Land stammt.

```
select supp_nation, cust_nation, l_year,
       sum(volume) as revenue
from (
  select n1.n_name as supp_nation,
         n2.n_name as cust_nation,
         extract(year from l_shipdate) as l_year,
         l_extendedprice * (1 - l_discount) as volume
  from supplier, lineitem, orders, customer,
       nation n1, nation n2
```

```
    where s_suppkey = l_suppkey
      and o_orderkey = l_orderkey
      and c_custkey = o_custkey
      and s_nationkey = n1.n_nationkey
      and c_nationkey = n2.n_nationkey
      and ( (n1.n_name = 'FRANCE' and n2.n_name = 'GERMANY')
        or (n1.n_name = 'GERMANY' and n2.n_name = 'FRANCE') )
      and l_shipdate between date('1995-01-01')
        and date('1996-12-31')) as shipping
  group by supp_nation, cust_nation, l_year
  order by supp_nation, cust_nation, l_year;
```

Q8 Es soll der Marktanteil Brasiliens innerhalb der Region Amerika für den Teiletyp „ECONOMY ANODIZED STEEL“ in den Jahren 1995 und 1996 (ausschlaggebend ist das Bestelldatum) berechnet werden. Der Marktanteil Brasiliens ist definiert als der Anteil am Gesamtumsatz, welcher durch Produkte dieses speziellen Typs, geliefert von einem brasilianischen Lieferanten, in Amerika erzielt wurde.

```
select o_year,
       sum(case
               when nation = 'BRAZIL' then volume
               else 0
           end) / sum(volume) as mkt_share
from (
   select extract(year from o_orderdate) as o_year,
          l_extendedprice * (1-l_discount) as volume,
          n2.n_name as nation
   from part, supplier, lineitem, orders, customer,
        nation n1, nation n2, region
   where p_partkey = l_partkey and s_suppkey = l_suppkey
   and l_orderkey = o_orderkey and o_custkey = c_custkey
   and c_nationkey = n1.n_nationkey
   and n1.n_regionkey = r_regionkey
   and r_name = 'AMERICA' and s_nationkey = n2.n_nationkey
   and o_orderdate between date('1995-01-01')
     and date('1996-12-31')
   and p_type = 'ECONOMY ANODIZED STEEL' ) as all_nations
group by o_year
order by o_year;
```

Q9 Man ermittle den durch eine bestimmte Produktlinie erzielten *Gewinn*, aufgeschlüsselt nach Zuliefererland und Jahr der Bestellung. Die zu untersuchende Produktlinie besteht aus allen Teilen, die den Teilstring „green“ in ihrem Namen enthalten.

```
select nation, o_year, sum(amount) as sum_profit
from (
   select n_name as nation,
          extract(year from o_orderdate) as o_year,
          l_extendedprice * (1 - l_discount)
          - ps_supplycost * l_quantity as amount
   from part, supplier, lineitem, partsupp, orders, nation
   where s_suppkey = l_suppkey and ps_suppkey = l_suppkey
     and ps_partkey = l_partkey and p_partkey = l_partkey
     and o_orderkey = l_orderkey and s_nationkey = n_nationkey
     and p_name like '%green%'
```

```
      ) as profit
  group by nation, o_year
  order by nation, o_year desc;
```

Q10 Es werden die 20 Kunden gesucht, die durch Rücksendungen (Reklamationen, *RE-TURNFLAG*='R') den größten Umsatzverlust im vierten Quartal 1993 verursacht haben. Es werden dabei nur Produkte berücksichtigt, die auch in diesem Quartal bestellt wurden. Man liste jeweils Nummer und Namen des Kunden, Umsatz durch diesen Kunden, Kontostand, Land, sowie Adresse und Telefonnummer des Kunden auf.

```
  select c_custkey, c_name,
       sum(l_extendedprice * (1 - l_discount)) as revenue,
       c_acctbal, n_name, c_address, c_phone, c_comment
  from customer, orders, lineitem, nation
  where c_custkey = o_custkey and l_orderkey = o_orderkey
   and o_orderdate >= date('1993-10-01')
   and o_orderdate < date('1993-10-01') + interval('3' month)
   and l_returnflag = 'R' and c_nationkey = n_nationkey
  group by c_custkey, c_name, c_acctbal, c_phone,
         n_name, c_address, c_comment
  order by revenue desc;
```

Zur Formulierung der *top*-20 Anfrage verweisen wir auf die Ausführungen zu Query Q3.

Q11 Man finde durch Überprüfung der Lagerbestände der Lieferanten in Deutschland diejenigen Teile heraus, die einen signifikanten Anteil (mindestens 0,01 %) am Gesamtwert aller verfügbaren Teile in Deutschland darstellen. Man liste Teilenummer und Wert des Lagerbestandes auf, sortiert nach absteigendem Wert.

```
  select ps_partkey, sum(ps_supplycost * ps_availqty) as
    ps_value
  from partsupp, supplier, nation
  where ps_suppkey = s_suppkey
   and s_nationkey = n_nationkey
   and n_name = 'GERMANY'
  group by ps_partkey
    having sum(ps_supplycost * ps_availqty) >
      ( select sum(ps_supplycost * ps_availqty) * 0.0001
      from partsupp, supplier, nation
      where ps_suppkey = s_suppkey
       and s_nationkey = n_nationkey
       and n_name = 'GERMANY' )
  order by ps_value desc;
```

Q12 Diese Anfrage soll feststellen, ob die Verwendung von billigeren Lieferarten kritische Aufträge negativ beeinflusst, und zwar in der Form, dass den Kunden mehrere Produkte erst nach dem zugesagten Datum zugeschickt werden. Zu diesem Zweck zählt die Anfrage für die beiden Lieferarten „MAIL" und „SHIP" und getrennt nach den Prioritätskategorien „hoch" (HIGH, URGENT) und „niedrig" (alle übrigen) all die Auftragspositionen, welche die Kunden im Laufe des Jahres 1994 tatsächlich erhielten, und die zu einem Auftrag gehören, bei dem das RECEIPTDATE das COMMITDATE überschreitet, obwohl die Auftragsposition spätestens einen Tag vor dem angesetzten Liefertermin losgeschickt wurde.

```
select l_shipmode,
    sum(case
            when o_orderpriority ='1-URGENT'
              or o_orderpriority ='2-HIGH'
            then 1
            else 0
    end) as high_line_count,
    sum(case
            when o_orderpriority <> '1-URGENT'
              and o_orderpriority <> '2-HIGH'
            then 1
            else 0
    end) as low_line_count
from orders, lineitem
where o_orderkey = l_orderkey
  and l_shipmode in ('MAIL', 'SHIP')
  and l_commitdate < l_receiptdate
  and l_shipdate < l_commitdate
  and l_receiptdate >= date('1994-01-01')
  and l_receiptdate < date('1994-01-01') + interval('1' year)
group by l_shipmode
order by l_shipmode;
```

Q13 Diese Anfrage ermittelt die Verteilung der Bestelleingänge, d.h. wie viele Kunden keine Bestellung aufgegeben haben, wie viele eine Bestellung usw. Dabei werden Sonderbestellungen nicht berücksichtigt. Sonderbestellungen sind durch die Schlüsselwörter „special" und „requests" in Kommentaren zu den jeweiligen Bestellvorgängen erkennbar.

```
select c_count, count(*) as custdist
from ( select c_custkey, count(o_orderkey)
        from customer left outer join orders
          on c_custkey = o_custkey
          and o_comment not like '%special%requests%'
        group by c_custkey
    ) as c_orders (c_custkey, c_count)
group by c_count
order by custdist desc, c_count desc;
```

Q14 Die Resonanz des Marktes auf eine Marketingaktion, wie z.B. Fernsehwerbung, soll für den September 1995 bestimmt werden. Dazu muss der Prozentsatz der durch beworbene Produkte (Typbezeichnungen starten mit „PROMO") erzielten Monatseinnahmen am Gesamtumsatz berechnet werden. Es werden nur tatsächlich verschickte Teile betrachtet.

```
select 100.00 *
    sum(case
            when p_type like 'PROMO%'
            then l_extendedprice*(1-l_discount)
            else 0
    end) / sum(l_extendedprice * (1 - l_discount))
    as promo_revenue
from lineitem, part
where l_partkey = p_partkey
  and l_shipdate >= date('1995-09-01')
  and l_shipdate < date('1995-09-01') + interval('1' month);
```

Q15 Der beste Lieferant im ersten Quartal 1996 soll ermittelt werden. Das ist der Lieferant, der in diesem Quartal den größten Anteil zum Gesamtumsatz beigetragen hat. Nummer, Name, Adresse, Telefonnummer des Lieferanten sowie der Umsatz durch diesen Lieferanten sollen ausgegeben werden.

```
create view revenue (supplier_no, total_revenue) as
select l_suppkey, sum(l_extendedprice * (1 - l_discount))
from lineitem
where l_shipdate >= date('1996-01-01')
  and l_shipdate < date('1996-01-01') + interval('3' month)
group by l_suppkey;

select s_suppkey, s_name, s_address, s_phone, total_revenue
from supplier, revenue
where s_suppkey = supplier_no
  and total_revenue = ( select max(total_revenue)
                        from
                        revenue )
order by s_suppkey;

drop view revenue;
```

Q16 Man finde heraus, wieviele Lieferanten Teile in den Größen 49, 14, 23, 45, 19, 3, 36 oder 9 liefern können, die *nicht* von der Sorte 45 und *nicht* vom Typ „MEDIUM POLISHED" sind. Außerdem dürfen für diese Lieferanten keine Beschwerden vermerkt sein, was durch einen Kommentar ausgedrückt wird, der die Teilstrings „Better Business Bureau" und „Complaints" enthält. Man zähle die Lieferanten je Größe, Sorte und Typ und sortiere die Ausgabe nach aufsteigender Sorte und absteigendem Zähler (**count**).

```
select p_brand, p_type, p_size,
       count(distinct ps_suppkey) as supplier_cnt
from partsupp, part
where p_partkey = ps_partkey and p_brand <> 'Brand#45'
  and p_type not like 'MEDIUM POLISHED%'
  and p_size in (49, 14, 23, 45, 19, 3, 36, 9)
  and ps_suppkey not in (select s_suppkey
                         from supplier
                         where s_comment
                               like '%Better Business Bureau%
                               Complaints%' )
group by p_brand, p_type, p_size
order by supplier_cnt desc, p_brand asc, p_type, p_size;
```

Q17 Ausgehend von einem siebenjährigen Datensatz berechne man den durchschnittlichen jährlichen Einnahmenverlust, der sich ergeben würde, falls Aufträge mit kleineren Mengen (unter 20 % der Durchschnittsmenge für dieses Teil) für die Sorte (brand) 23 im Container „MED BOX" nicht mehr angenommen würden.

```
select sum(l_extendedprice) / 7.0 as avg_yearly
from lineitem, part
where p_partkey = l_partkey and p_brand = 'Brand#23'
  and p_container = 'MED BOX'
  and l_quantity < ( select 0.2 * avg(l_quantity)
                     from lineitem
                     where l_partkey = p_partkey );
```

Q18 Man ermittle die Top 100-Kunden (gemäß dem Gesamtpreis (totalprice) ihrer Bestellungen), die eine Bestellung aufgegeben haben, die mindestens 312 Einheiten eines Produkts umfasst.

```
select c_name, c_custkey, o_orderkey, o_orderdate,
       o_totalprice, sum(l_quantity)
from customer, orders, lineitem
where o_orderkey in (select l_orderkey
                     from lineitem
                     group by l_orderkey
                     having sum(l_quantity) > 312 )
  and c_custkey = o_custkey
  and o_orderkey = l_orderkey
group by c_name, c_custkey, o_orderkey,
         o_orderdate, o_totalprice
order by o_totalprice desc, o_orderdate;
```

Q19 Es soll der Gesamtumsatz (unter Berücksichtigung von Rabatten) ermittelt werden, der für drei bestimmte Sorten (brand) von Produkten erzielt wurde. Weiterhin sollen nur die Bestellpositionen berücksichtigt werden, die per Luftfracht (shipmode) und persönlich (shipinstruct) ausgeliefert wurden und eine bestimmte Anzahl (quantity) des Produkts umfassten.

Bei dieser Anfrage handelt es sich um eine typische Anfrage, wie sie von Data Mining-Systemen generiert wird.

```
select sum(l_extendedprice * (1 - l_discount) ) as revenue
from lineitem, part
where
  ( p_partkey = l_partkey
    and p_brand = 'Brand#12'
    and p_container
        in ( 'SM CASE', 'SM BOX', 'SM PACK', 'SM PKG')
    and l_quantity >= 1 and l_quantity <= 1 + 10
    and p_size between 1 and 5
    and l_shipmode in ('AIR', 'AIR REG')
    and l_shipinstruct = 'DELIVER IN PERSON')
  or
  ( p_partkey = l_partkey
    and p_brand = 'Brand#23'
    and p_container
        in ('MED BAG', 'MED BOX', 'MED PKG', 'MED PACK')
    and l_quantity >= 10 and l_quantity <= 10 + 10
    and p_size between 1 and 10
    and l_shipmode in ('AIR', 'AIR REG')
    and l_shipinstruct = 'DELIVER IN PERSON')
  or
  ( p_partkey = l_partkey
    and p_brand = 'Brand#24'
    and p_container
        in ( 'LG CASE', 'LG BOX', 'LG PACK', 'LG PKG')
    and l_quantity >= 20 and l_quantity <= 20 + 10
    and p_size between 1 and 15
    and l_shipmode in ('AIR', 'AIR REG')
    and l_shipinstruct = 'DELIVER IN PERSON' );
```

Q20 In dieser Anfrage sollen Sonderangebots-Kandidaten ermittelt werden: Man finde
die Hersteller, die von bestimmten Teilen (gekennzeichnet durch die Farbe „forest", wobei
die Farbe in die Produktbezeichnung kodiert ist) mehr als die Hälfte des kanadischen
Jahresabsatzes (von 1994) auf Lager haben.

```
select s_name, s_address
from supplier, nation
where s_suppkey in
  ( select ps_suppkey
    from partsupp
    where ps_partkey in ( select p_partkey
                          from part
                          where p_name like 'forest%' )
      and ps_availqty > ( select 0.5 * sum(l_quantity)
                          from lineitem
                          where l_partkey = ps_partkey
                            and l_suppkey = ps_suppkey
                            and l_shipdate >= date('1994-01-01'
                                )
                            and l_shipdate < date('1994-01-01')
                              + interval('1' year)))
  and s_nationkey = n_nationkey
  and n_name = 'CANADA'
order by s_name;
```

Q21 In dieser Anfrage sollen säumige Lieferanten aus Saudi Arabien ermittelt werden.
Es sollen die Lieferanten dieses Landes ermittelt werden, die in einer mehrere Lieferanten
betreffenden, verspätet ausgelieferten Bestellung als einzige den Status (linestatus) 'F'
haben.

```
select s_name, count(*) as numwait
from supplier, lineitem l1, orders, nation
where s_suppkey = l1.l_suppkey
  and o_orderkey = l1.l_orderkey and o_orderstatus = 'F'
  and l1.l_receiptdate > l1.l_commitdate
  and exists ( select *
               from lineitem l2
               where l2.l_orderkey = l1.l_orderkey
                 and l2.l_suppkey <> l1.l_suppkey )
  and not exists ( select *
                   from lineitem l3
                   where l3.l_orderkey = l1.l_orderkey
                     and l3.l_suppkey <> l1.l_suppkey
                     and l3.l_receiptdate > l3.l_commitdate)
  and s_nationkey = n_nationkey
  and n_name = 'SAUDI ARABIA'
group by s_name
order by numwait desc, s_name;
```

Q22 Finde potentiell reaktivierbare Kunden. Für bestimmte Länderregionen (identifiziert durch die ersten beiden Ziffern der Kunden-Telefonnummer) finde die Anzahl der Kunden, die in den letzten 7 Jahren keine Bestellung mehr aufgegeben haben, aber dennoch ein überdurchschnittliches Bestellkonto (acctbal) aufweisen.

```
select cntrycode, count(*) as numcust,
      sum(c_acctbal) as totacctbal
from ( select substring(c_phone from 1 for 2) as cntrycode,
              c_acctbal
        from customer
        where substring(c_phone from 1 for 2) in
            ('13','31','23','29','30','18','17')
        and c_acctbal >
              ( select avg(c_acctbal)
                from customer
                where c_acctbal > 0.00
                and substring (c_phone from 1 for 2) in
                    ('13','31','23','29','30','18','17'))
        and not exists
              ( select *
                from orders
                where o_custkey = c_custkey )) as custsale
group by cntrycode
order by cntrycode;
```

RF1 Mit Hilfe dieser Updatefunktion werden neue Verkaufsinformationen in die Datenbank eingefügt. Dazu lädt sie zusätzliche Datensätze in die Tabellen *ORDER* und *LINEITEM*, welche zuvor mit dem Programm DBGEN erzeugt wurden. Insgesamt müssen $SF * 1500$ neue Tupel in die Relation *ORDER* und pro neuer Bestellung eine zufällig im Bereich 1 bis 7 gewählte Anzahl von zugeordneten *LINEITEM*-Tupeln eingefügt werden.

```
LOOP (SF * 1500) TIMES
  INSERT a new row into the ORDERS table
  LOOP RANDOM(1, 7) TIMES
    INSERT a new row into the LINEITEM table
  END LOOP
END LOOP
```

RF2 Diese Funktion entfernt überholte bzw. überflüssige Informationen aus der Datenbank, indem sie die entsprechenden Datensätze in den Tabellen *ORDERS* und *LINEITEM* löscht. Insgesamt werden $SF * 1500$ Tupel aus *ORDERS* gelöscht und alle zu diesen gelöschten Bestellungen gehörenden Einträge aus *LINEITEM*.

```
LOOP (SF * 1500) TIMES
  DELETE FROM ORDERS WHERE O_ORDERKEY = [value]
  DELETE FROM LINEITEM WHERE L_ORDERKEY = [value]
END LOOP
```

Aufgabe 4.21

Anfragen liefern beim Auftreten von Nullwerten oft unerwartete Ergebnisse. Folgende Anfragen sollen die Vorlesungen liefern, bei denen sich keiner der Sokrates-Assistenten auskennt:

select * from Vorlesungen
where Titel **not in**
  (**select** Fachgebiet **from** Assistenten
    where Boss = 2125)

select * from Vorlesungen
where not exists
  (**select** * **from** Assistenten
    where Boss = 2125 **and**
      Fachgebiet = Titel)

Wenn es nun lediglich einen Sokrates-Assistenten gibt und dieser sich noch nicht für ein Fachgebiet entschieden hat (dies also **null** ist), dann liefern die beiden Anfragen unterschiedliche Ergebnisse. Warum? Zeigen Sie was passiert.

Annahme: Sokrates (PersNr = 2125) hat nur einen Assistenten, dessen Fachgebiet noch nicht gesetzt ist, d.h. der Eintrag ist **null**.

1. Anfrage

Wir betrachten nun folgende Anfrage:

```
select * from Vorlesungen where Titel not in
   (select Fachgebiet from Assistenten where Boss = 2125);
```

Für jeden Titel t des äußeren **select**s führt das **not in** zu folgender Verknüpfung mit dem Ergebnis RI der geschachtelten Anfrage:

$$\text{Tupel mit Titel } t \text{ qualifiziert sich} \Leftrightarrow \forall r \in RI : (r \neq t)$$

Die geschachtelte Anfrage berechnet als Ergebnis RI die Menge $\{[\text{null}]\}$. Es ergibt sich somit:

$$\text{Tupel mit Titel } t \text{ qualifiziert sich} \Leftrightarrow (\text{null} \neq t)$$

Das Prädikat auf der rechten Seite wird aber zu **unknown** evaluiert.

Resultat: Somit qualifiziert sich kein Tupel aus Vorlesungen und die Ergebnismenge ist leer.

2. Anfrage

Wir betrachten nun die Anfrage:

```
select * from Vorlesungen where not exists
   (select * from Assistenten where Boss = 2125
                           and Fachgebiet = Titel);
```

Für jeden Titel t des äußeren **select**s wird die geschachtelte Anfrage ausgeführt und das letzte Prädikat im **where**-Teil der geschachtelten Anfrage wird zu:

$$\text{null} = t$$

Dies wird stets zu **unknown** evaluiert, womit der **where**-Teil lautet:

$$\text{Boss} = 2125 \wedge \textbf{unknown}$$

Dies bedeutet, der **where**-Teil wird stets entweder zu **unknown** oder zu **false** ausgewertet und das Ergebnis der inneren Anfrage ist stets leer.

Resultat: Die Anfrage liefert als Ergebnis alle Vorlesungen.

Aufgabe 4.22

Verwenden Sie das in SQL92 enthaltene **case**-Konstrukt, um folgende Anfrage möglichst kompakt zu formulieren: Ermitteln Sie für jeden Prüfer die Anzahl der Prüfungen, die gut (besser als 2.0), die Anzahl der Prüfungen, die mittelmäßig (zwischen 2.0 und 3.0), die Anzahl der Prüfungen, die knapp bestanden wurden, sowie die Anzahl der Prüfungen, die nicht bestanden wurden. Dazu kann man mehrere **case**-Konstrukte in der **select**-Klausel in Verbindung mit der **sum**-Aggregation verwenden.

Allgemeine Form des **case**-Konstrukts:

```
case
   when Bedingung1 then Skalar-Ausdruck
   when Bedingung2 then Skalar-Ausdruck
     ...
   else Skalar-Ausdruck
end;
```

Auswertung

1. Die Bedingungen der **when**-Klauseln werden in der Reihenfolge ihres Auftretens ausgewertet. Ist eine Bedingung wahr, so wird der entsprechende skalare Ausdruck als Wert des **case**-Konstrukts verwendet. Andernfalls wird der nächste **when**-Abschnitt verarbeitet.

2. Trifft keine Bedingung einer **when**-Klausel zu, so wird der Wert der (optionalen) **else**-Klausel zurückgegeben. Falls die **else**-Klausel nicht existiert, wird **null** zurückgegeben.

Ein **case**-Ausdruck liefert einen skalaren Wert und kann folglich auch in Aggregatfunktionen verwendet werden.

In der folgenden Anfrage wird für den Fall, dass die Note im jeweils angegebenen Bereich liegt, eine 1 zurückgegeben, andernfalls eine 0. Somit wird durch die **sum**-Aggregation die Anzahl der Treffer gezählt.

```
select p.PersNr, p.Name,
   sum(case when pr.Note < 2.0 then 1 else 0 end) as gut,
   sum(case when pr.Note >= 2.0 and
         pr.Note < 3.0 then 1 else 0 end) as  mittelmaessig,
   sum(case when pr.Note >= 3.0 and
         pr.Note <= 4.0 then 1 else 0 end) as geradeNoch,
   sum(case when pr.Note > 4.0 then 1 else 0 end)
         as nichtBestanden
from Professoren p, prüfen pr
where p.PersNr = pr.PersNr
group by p.PersNr, p.Name;
```

Anmerkung

Bei Verwendung eines Tests auf Gleichheit kann der **case**-Ausdruck auch in einer vereinfachten Form verwendet werden:

```
select MatrNr,
  (case  Note
     when 1.0 then 'sehr gut'
     when 2.0 then 'gut'
     when 3.0 then 'befriedigend'
  end)
from prüfen;
```

Äquivalent dazu ist:

```
select MatrNr,
  (case
     when Note = 1.0 then 'sehr gut'
     when Note = 2.0 then 'gut'
     when Note = 3.0 then 'befriedigend'
  end)
from prüfen;
```

Aufgabe 4.23

Diskutieren Sie die Vor- und Nachteile der beiden relationalen Modellierungsmöglichkeiten der Generalisierung wie sie in Abbildung 4.3 (a) und (b) demonstriert wurden. Arbeiten Sie dazu konkret die Beispielausprägung in Abbildung 4.1 für die beiden Alternativen um.

Untertypen als Sichten

Abbildung 4.4(a) zeigt die Ausprägung bei Modellierung der Untertypen als Sichten. Um die Sichten *Professoren* bzw. *Assistenten* zu erstellen, müssen die Joins über *Angestellte* und *ProfDaten* bzw. *Angestellte* und *AssiDaten* berechnet werden.

- Es ist also ein zusätzlicher Berechnungsschritt für die getrennte Auflistung von Professoren oder Assistenten notwendig.

- Die referentielle Integrität muss gewährleistet werden, d.h. zu jedem *ProfDaten*-Eintrag muss ein Eintrag in *Angestellte* existieren. Entsprechendes gilt für Einträge in *AssiDaten*. Dies könnte man mit **foreign key**-Constraints (vgl. Kapitel 5 [Kemper und Eickler (2011)]) erzwingen.

- Diese Modellierung bietet den effizienten Zugriff auf gemeinsame Information, d.h. auf alle Angestellten einer Universität.

Obertypen als Sichten

Abbildung 4.4(b) zeigt entsprechend eine Ausprägung für die zweite Modellierungsmöglichkeit. Hier existieren getrennte Tabellen für Assistenten und Professoren.

create table Angestellte
  (PersNr   **integer not null,**
    Name   **varchar**(30) **not null**);

create table ProfDaten
  (PersNr   **integer not null,**
    Rang   **character**(2),
    Raum   **integer**);

create table AssiDaten
  (PersNr   **integer not null,**
    Fachgebiet **varchar**(30),
    Boss   **integer**);

create view Professoren **as**
  select *
  from Angestellte a, ProfDaten d
  where a.PersNr = d.PersNr;

create view Assistenten **as**
  select *
  from Angestellte a, AssiDaten d
  where a.PersNr = d.PersNr;

create table Professoren
  (PersNr   **integer not null,**
    Name   **varchar**(30) **not null,**
    Rang   **character**(2),
    Raum   **integer**);

create table Assistenten
  (PersNr   **integer not null,**
    Name   **varchar**(30) **not null,**
    Fachgebiet **varchar**(30),
    Boss   **integer**);

create table AndereAngestellte
  (PersNr   **integer not null,**
    Name   **varchar**(30) **not null**);

create view Angestellte **as**
  (**select** PersNr, Name
    from Professoren)
  union
  (**select** PersNr, Name
    from Assistenten)
  union
  (**select** *
    from AndereAngestellte);

(a) Untertypen als Sicht   (b) Obertypen als Sicht

Abbildung 4.3: Modellierungsmöglichkeiten für Generalisierungen

- Daten von weiteren Angestellten, die nicht zu diesen Gruppen gehören, müssen jedoch in einer „Delta"-Tabelle (*AndereAngestellte*) abgelegt werden, bzw. es müssen entsprechend weitere Tabellen für die jeweiligen Untertypen erstellt werden.

- Der Zugriff auf die Information der einzelnen Gruppen – *Assistenten* und *Professoren* – ist effizient, d.h. ohne weitere Joins, möglich.

- Dafür ist ein erhöhter Aufwand für die Erstellung einer konsolidierten Sicht auf die Daten aller Angestellten nötig.

Angestellte	
PersNr	Name
2125	Sokrates
2126	Russel
2127	Kopernikus
2133	Popper
2134	Augustinus
2136	Curie
2137	Kant
3002	Platon
3003	Aristoteles
3004	Wittgenstein
3005	Rhetikus
3006	Newton
3007	Spinoza
4123	Hegel
⋮	⋮

View Professoren

ProfDaten		
PersNr	Rang	Raum
2125	C4	226
2126	C4	232
2127	C3	310
2133	C3	52
2134	C3	309
2136	C4	36
2137	C4	7

AssiDaten		
PersNr	Fachgebiet	Boss
3002	Ideenlehre	2125
3003	Syllogistik	2125
3004	Sprachtheorie	2126
3005	Planetenbewegung	2127
3006	Keplersche Gesetze	2127
3007	Gott und Natur	2134

View Assistenten

(a) Modellierung mit Untertypen als Sicht

AndereAngestellte	
PersNr	Name
4123	Hegel
⋮	⋮

Professoren			
PersNr	Name	Rang	Raum
2125	Sokrates	C4	226
2126	Russel	C4	232
2127	Kopernikus	C3	310
2133	Popper	C3	52
2134	Augustinus	C3	309
2136	Curie	C4	36
2137	Kant	C4	7

View Angestellte

Assistenten			
PersNr	Name	Fachgebiet	Boss
3002	Platon	Ideenlehre	2125
3003	Aristoteles	Syllogistik	2125
3004	Wittgenstein	Sprachtheorie	2126
3005	Rhetikus	Planetenbewegung	2127
3006	Newton	Keplersche Gesetze	2127
3007	Spinoza	Gott und Natur	2134

(b) Modellierung mit Obertypen als Sicht

Abbildung 4.4: Alternativen der relationalen Modellierung einer Generalisierung

Aufgabe 4.24

Trotz **connect by**-Befehl ist Oracle nicht Turing-vollständig. Geben Sie textuell eine Anfrage an, die sich nicht im SQL-Dialekt (ohne benutzerdefinierte Operationen bzw. *Stored Procedures*) von Oracle formulieren lässt. Geben Sie Gründe dafür an.

SQL92 ist zwar relational vollständig, nicht jedoch Turing-vollständig. Dies bedeutet, es gibt berechenbare Funktionen, die in SQL92 nicht formuliert werden können. Beispiele sind:

- Rekursion,
- Iteration,
- Tiefensuche,
- bedingte Sprünge.

Ein Beispiel, das die Einschränkungen von SQL aufzeigt, haben wir bei der Berechnung der transitiven Hülle von Relationen kennen gelernt: In Aufgabe 4.1 wurde die transitive Hülle der Relation *verbindet* rekursiv mittels SQL-Spracherweiterungen, die z.B. von DB2 unterstützt werden, berechnet. In Oracle lassen sich Rekursionen mittels **connect by**-Befehl realisieren.

Trotz dieser Erweiterung ist es unter anderem nicht möglich, Iterationen mit dynamischen Abbruchbedingungen zu formulieren. Ein Beispiel hierfür ist:

Ermitteln Sie

- alle Professoren mit einem Jahreseinkommen von 30.000 bis 40.000
- alle Professoren mit einem Jahreseinkommen von 40.001 bis 50.000
- ...

Jeder dieser Cluster soll dynamisch weiter unterteilt werden, etwa von 30.000 bis 31.000, von 31.001 bis 32.000, usw. Die stufenweise feinere Unterteilung soll abbrechen, wenn ein Cluster leer ist, d.h. kein Professor in die entsprechende Gehaltsklasse fällt. In einer proceduralen Programmiersprache lässt sich diese Berechnung iterativ oder auch rekursiv formulieren, nicht jedoch in SQL, wenn keine *Stored Procedures* verwendet werden sollen.

Aufgabe 4.25

Schreiben Sie ein Embedded-SQL Programm, das zu einer eingegebenen Vorlesung alle Vorgänger aus der Datenbank entfernt. Verwenden Sie dabei nicht den **connect by**-Befehl. Hinweis: Benutzen Sie eine temporäre Relation.

Die folgende Programmskizze ermittelt in einem ersten Schritt alle Vorgängervorlesungen und speichert diese in einer temporären Tabelle (*temp*). Anschließend werden alle Einträge in der Relation *Vorlesungen* gelöscht, zu denen ein entsprechender Eintrag in *temp* existiert.

Skizze

```c
#include <stdio.h>
/* Benötigte Variablen deklarieren */
exec sql begin declare section;
  char user_passwd[30];
  int delVVorlNr = 0;
  int newcount = 0;
exec sql end declare section;
exec sql include SQLCA;
main()
{
  int oldcount = 0;
  /* Benutzeridentifikation und Authentisierung */
  printf("Name/Password: ");
  scanf("%s", user_passwd.arr);
  user_passwd.len = strlen(user_passwd.arr);
  exec sql whenever sqlerror goto error;
  exec sql connect :user_passwd;
  printf("Entferne die Vorgaenger der Vorlesung (0 zum Beenden): ");
  /* Einlesen der VorlNr */
  scanf("%d", &delVVorlNr);
  /* Bei Eingabe von 0 Programm verlassen */
  if (delVVorlNr==0) exit(0);
  /* Zu loeschende Vorlnummern in temporaere Tabelle eintragen */
  exec sql create table temp(todel integer);
  exec sql insert into temp select Vorgaenger
    from voraussetzen
    where Nachfolger = :delVVorlNr;
  do {
    oldcount = newcount;
    exec sql insert into temp select v.Vorgaenger
      from temp t, voraussetzen v
      where t.Vorgaenger = v.Nachfolger
      and v.Vorgaenger not in (select * from temp);
    exec sql select count(*) into :newcount from temp;
  } while (oldcount < newcount);
  /* Eintraege loeschen */
  exec sql delete from Vorlesungen
    where VorlNr in (select * from temp);
  /* Temporaere Tabelle loeschen */
  exec sql drop table temp;
error:
  exec sql whenever sqlerror continue;
  exec sql rollback work release;
  printf("Fehler aufgetreten!\n");
  exit(-1);
}
```

Aufgabe 4.26

Implementieren Sie obiges Programm in JDBC und SQLJ.

Nachfolgend sind zwei Beispielimplementierungen gezeigt. Auf eine detaillierte und auch notwendige Fehlerbehandlung wurde zugunsten einer besseren Übersichtlichkeit verzichtet. Die hier vorgestellten Code-Auszüge sind auf folgender Webseite verfügbar:

 www-db.in.tum.de/DB-Uebungsbuch/ueb/Kapitel4/Aufgabe26.shtml

Beispiel für eine JDBC-basierte Implementierung

```
import java.sql.*
public class Predecessors {
  private static String driver   = "...";
  private static String conURL   = "...";
  private static String user     = "...";
  private static String pwd      = "...";

  /**
   * @param args
   * Die Vorlesungsnummern der Vorlesungen, deren Vorgängervorlesungen
   * gelöscht werden sollen
   */
  public static void main(String[] args) throws SQLException {
    if (args.length != 1) {
      System.out.println("Bitte geben Sie eine Vorlesungsnummer ein");
      System.exit(0);
    }
    Connection conn = null;
    Statement tmpStmt = null;
    PreparedStatement stmt = null;
    try {
      // Aufbau der Datenbankverbindung
      Class.forName(driver);
      conn = DriverManager.getConnection(conURL, user, pwd);

      tmpStmt = conn.createStatement();
      tmpStmt.execute("create table temp (todel integer)");
      stmt = conn.prepareStatement("insert into temp "
          + "(select Vorgänger from voraussetzen "
          + "where Nachfolger = ?)");

      int vorlNr = Integer.parseInt(args[0]);

      stmt.setInt(1, vorlNr);
      stmt.execute();
      int oldcount = 0;
      int newcount = 0;

      // Füllen der temporären Tabelle
      do {
        oldcount = newcount;
        tmpStmt.execute("insert into temp ( select v.Vorgänger "
            + "from temp t, voraussetzen v "
            + "where t.todel = v.Nachfolger "
            + " and v.Vorgänger not in(select * from temp))");
        ResultSet r = tmpStmt.executeQuery("select count(*) from temp "
            );
        r.next();
        newcount = r.getInt(1);
        r.close();
      } while (oldcount < newcount);

      // Löschen der Einträge und der temporären Tabelle
      tmpStmt.execute("delete from Vorlesungen "
          + "where VorlNr in (select * from temp)");
      tmpStmt.execute("drop table temp");

    } catch (Exception e) {
      e.printStackTrace();
    }
    // Verbindungsabbau
    if (tmpStmt != null)
      tmpStmt.close();
    if (stmt != null)
      stmt.close();
```

```
    if (conn != null)
      conn.close();
  }
}
```

Beispiel für eine SQLJ-basierte Implementierung

```
import java.sql.SQLException ;
import oracle.sqlj.runtime.Oracle;
// Iterator für die Select-Abfrage
#sql iterator MyIter (int cnt);

class PredecessorsSQLJ{
  public static void main (String args[]) {
    try {
      // Zugangsparameter stehen in connect.properties:
      // URL, user, and password
      Oracle.connect(PredecessorsSQLJ.class, "connect.properties");

      PredecessorsSQLJ pred = new PredecessorsSQLJ();
      int vorlNr = Integer.parseInt(args[0]);
      pred.loescheVorgaenger(vorlNr);
    }
    catch (SQLException e) {
      System.err.println("Error running the example: " + e);
    }
    finally {
      // Verbindungsabbau
      try { Oracle.close(); } catch (SQLException e) { }
    }
  }

  void loescheVorgaenger(int vorlNr) throws SQLException {
    #sql { create table temp (todel integer) };
    #sql { insert into temp
          (select Vorgänger from voraussetzen where Nachfolger = :
              vorlNr) };

    int oldcount = 0;
    int newcount = 0;

    MyIter iter;
    // Füllen der temporären Tabelle
    do {
      oldcount = newcount;
      #sql{ insert into temp ( select v.Vorgänger
          from temp t, voraussetzen v
          where t.todel = v.Nachfolger
          and v.Vorgänger not in(select * from temp)) };

      #sql iter = { select count(*) as cnt from temp };
      iter.next();
      newcount = iter.cnt();
    } while (oldcount < newcount);
    System.out.println("oldcount " + oldcount);

    // Löschen der Einträge und der temporären Tabelle
    #sql { delete from Vorlesungen
          where VorlNr in (select * from temp) };
    #sql { drop table temp };
  }
}
```

Aufgabe 4.27

Führen Sie für eine künstlich generierte Universitäts-Datenbank eine vergleichende Leistungsanalyse von SQLJ und JDBC durch. Bei welcher Art von Anwendung schneidet SQLJ besser ab?

Leistungsanalysen, die einen Vergleich von kommerzieller oder frei verfügbarer Software durchführen würden, werden in diesem Buch – insbesondere auch aus lizenzrechtlichen Gründen – nicht vorgestellt. Den Lesern sei die Durchführung dieser Übung deshalb selbst überlassen. Um eine fundierte Aussage zu ermöglichen, sollte auf folgende Punkte besonders geachtet werden:

- Es sollten äquivalente Implementierungen erstellt werden. Erfolgt beispielsweise in einem Programm eine zusätzliche (Sicherheits-)Überprüfung der Parameterwerte, so sollte diese auch in der Vergleichsimplementierung realisiert werden.

- Die Testläufe sollten auf einer entsprechend großen Datenbasis und auf derselben Hardware durchgeführt werden. Das heißt, die Datenbasis der Universitätsverwaltung sollte durch ein Testprogramm künstlich gefüllt werden.

Aufgabe 4.28

Falls Sie Zugriff auf zwei unterschiedliche Datenbanken haben, realisieren Sie ein JDBC-Beispielprogramm, das Informationen dieser beiden heterogenen Datenbanken verknüpft.

Für das folgende Beispiel betrachten wir den Fall, dass die Datenbasis für das Universitäts-Informationssystem auf zwei Datenbanksysteme aufgeteilt ist. In der ersten Datenbank werden nur die Personaldaten, also Informationen zu *Professoren*, *Assistenten* und *Studenten* gehalten. Die zweite Datenbank enthält studiumsrelevante Informationen, also *Vorlesungen* und die Relationen *voraussetzen*, *hören* und *prüfen*.

Möchte man nun die Vorlesungsübersicht für Professoren erstellen, so muss ein Verbund zwischen der *Professoren*-Relation und *Vorlesungen* erstellt werden. Das folgende Beispielprogramm zeigt, wie über zwei getrennte JDBC-Verbindungen zuerst die Personalnummer eines Professors / einer Professorin ermittelt wird, ehe anschließend die von ihm / ihr gehaltenen Vorlesungen abgefragt werden.

```
import java.sql.*;
public class CrossQuery {
  private static String driver1 = "...";
  private static String conURL1 = "...";
  private static String user1   = "...";
  private static String pwd1    = "...";
  // entsprechendes für driver2, conURL2, user2 und pwd2

  public int getPersNr(String profName) throws Exception {
    int persNr = -1;
    Connection conn = null;
    PreparedStatement stmt = null;

    Class.forName(driver1);
    conn = DriverManager.getConnection(conURL1, user1, pwd1);
```

```
    stmt = conn.prepareStatement("select PersNr from Professoren "
        + "where Name = ? ");
    stmt.setString(1, profName);
    ResultSet r = stmt.executeQuery();
    if (r.next())
      persNr = r.getInt(1);
    if(r != null)
      r.close();
    if (stmt != null)
      stmt.close();
    if (conn != null)
      conn.close();
    return persNr;
  }

  public void druckeVorlVerz(int persNr) throws Exception {
    Connection conn = null;
    PreparedStatement stmt = null;

    Class.forName(driver2);
    conn = DriverManager.getConnection(conURL2, user2, pwd2);

    stmt = conn.prepareStatement("select Titel, SWS from Vorlesungen "
        + "where gelesenVon = ? ");
    stmt.setInt(1, persNr);
    ResultSet r = stmt.executeQuery();
    while(r.next())
      System.out.println(r.getString(1) + "\t" + r.getString(2));
    // Verbindungsabbau
    if (stmt != null)
      stmt.close();
    if (conn != null)
      conn.close();
  }

  public static void main(String[] args) throws Exception {
    if (args.length != 1) {
      System.out.println("Bitte geben Sie einen Professorennamen ein");
      System.exit(0);
    }
    CrossQuery cq = new CrossQuery();

    int persNr = cq.getPersNr(args[0]);
    if( persNr != -1 ){
      System.out.println("Von Professor " + args[0] + " gelesene
          Vorlesungen");
      System.out.println("Titel, SWS");
      cq.druckeVorlVerz(persNr);
    }
  }
}
```

Aufgabe 4.29

Formulieren Sie die Anfrage aus Aufgabe 4.10 in QBE.

Zu jedem Studenten ist die Summe der Semesterwochenstunden der abgelegten Prüfungsfächer zu bestimmen.

prüfen	MatrNr	VorlNr	PersNr	Note
	_m	_v		

Vorlesungen	VorlNr	Titel	SWS	gelesenVon
	_v		**sum.all._s**	

Studenten	MatrNr	Name	Semester
	_m	_n	

Ausgabe	MatrNr	Name	SummeSWS
p.	_m	_n	_s

Aufgabe 4.30

Finden Sie die indirekten Vorgänger zweiter Stufe einer Vorlesung in QBE.

voraussetzen	Vorgänger	Nachfolger
	_v	_u
	_u	_w
	_w	_vv

Vorlesungen	VorlNr	Titel	SWS	gelesenVon
	_v	_vt		
	_vv	_vvt		

Ausgabe	Vorlesung	IndirNachfolger
p.	_vt	_vvt

Aufgabe 4.31

Bestimmen Sie alle Studenten, die zu jeder Vorlesung, die sie hören (gehört haben), bereits die Prüfung abgelegt haben. Erstellen Sie zwei alternative SQL-Anfragen, einmal
mit **not exists** und einmal mittels **count**. Liefern Ihre Anfragen identische Ergebnismengen, wenn Studenten sich beispielsweise über Vorlesungen prüfen lassen, die sie nicht
hören?

Formulierung mit not exists

Gesucht sind die Studenten, die sich in allen Vorlesungen, die sie hören, prüfen lassen.
Anders ausgedrückt bedeutet dies, dass sie keine Vorlesung hören dürfen (äußeres **not
exists**), für die nicht auch ein Eintrag in *prüfen* existiert (inneres **not exists**). Im Resultat
enthalten sind auch die Studenten, die keine Vorlesung hören und keine Prüfung ablegen.

```
select s.MatrNr, s.Name
from Studenten s
where not exists (select *
                  from hören h
                  where h.MatrNr = s.MatrNr
                  and not exists (select *
                                  from prüfen p
                                  where p.VorlNr = h.VorlNr
                                  and p.MatrNr = s.MatrNr));
```

Formulierung mit count

Folgender SQL-Ausdruck bildet die Vereinigung zweier Mengen. Die erste Menge bestimmt die Studenten, die sich in genau so vielen Vorlesungen prüfen lassen, wie sie hören. Dazu werden die temporären Relationen *gehört* und *geprüft* bestimmt, die auflisten, wie viele Vorlesungen ein Student hört, bzw. abgeprüft hat. Diese temporären Tabellen enthalten jedoch nur Einträge für Studenten, die mindestens eine Vorlesung hören oder über eine geprüft wurden. Um auch die Studenten zu bestimmen, die keine Vorlesung hören, wird die Vereinigung mit der zweiten Menge gebildet.

```
(select s.MatrNr, s.Name
 from Studenten s,
      (select MatrNr, count(*) as gh
       from hören group by MatrNr) gehört,
      (select MatrNr, count(*) as gp
       from prüfen group by MatrNr ) geprüft
 where geprüft.MatrNr = s.MatrNr
   and gehört.MatrNr = s.MatrNr
   and gehört.gh = geprüft.gp)
union
(select s2.MatrNr, s2.Name
 from Studenten s2
 where s2.MatrNr not in (select MatrNr
                         from hören));
```

Vergleich

Beide SQL-Anfragen liefern dann dieselbe Ergebnismenge, wenn sichergestellt ist, dass Studenten nur Prüfungen über die Vorlesungen hatten, die sie auch hören / gehört haben. Diese Beziehung wird hingegen im zweiten Statement nicht überprüft. Hier erfolgt stattdessen nur ein einfaches Zählen. Abgeprüfte Vorlesungen müssen so nicht mit besuchten Vorlesungen korreliert sein. Dies lässt sich aber durch eine leichte Modifikation der temporären Relation *geprüft* erreichen. Anstatt nur die Anzahl der geprüften Vorlesungen zu zählen, zählt man die Anzahl der gehörten und geprüften Vorlesungen, also

```
(select p.MatrNr, count(*) as gp
 from prüfen p, hören h
 where p.MatrNr = h.MatrNr
   and p.VorlNr = h.VorlNr
 group by p.MatrNr) geprüft;
```

Durch diese Änderung liefern beide Anfragen gleiche Ergebnismengen.

Es sei noch angemerkt, dass in der ersten Anfrage (mit **not exists**) nicht ausgeschlossen wird, dass Studenten in Vorlesungen, die sie nicht gehört haben, Prüfungen ablegen. Dies ist in der Aufgabenstellung auch nicht ausgeschlossen: Damit sich Studenten in der Anfrage qualifizieren, ist nur gefordert, dass, wenn sie eine Vorlesung hören, sie darüber auch eine Prüfung ablegen. Die umgekehrte Sicht – er / sie legt eine Prüfung ab, also muss er / sie die zugehörige Vorlesung auch belegen – wird nicht eingefordert.

Aufgabe 4.32

Finden Sie heraus, ob es für Prüfungen von Vorteil ist, die jeweiligen Vorlesungen auch gehört zu haben. Ermitteln Sie dazu die Durchschnittsnote der Prüfungen, zu denen die Studenten die Vorlesungen nicht gehört haben und die Durchschnittsnote der Prüfungen, zu denen sie die Vorlesungen gehört haben.

Diese Anfrage lässt sich auf zwei Arten beantworten. Zum einen kann ermittelt werden, wie das Verhältnis der Prüfungen für jede Vorlesung aussieht. Eine mögliche Formulierung hierfür ist folgende:

```
select ngehoert.VorlNr, ngehoert.ds, gehoert.ds
from (select p.VorlNr, avg(p.Note) as ds
        from prüfen p
        where not exists( select *
                            from hören h
                            where h.MatrNr = p.MatrNr
                            and h.VorlNr = p.VorlNr)
        group by p.VorlNr) ngehoert,
     (select p.VorlNr, avg(p.Note) as ds
        from prüfen p
        where p.VorlNr in (select h.VorlNr
                            from hören h
                            where h.MatrNr = p.MatrNr)
        group by p.VorlNr) gehoert
where ngehoert.VorlNr = gehoert.VorlNr;
```

Alternativ kann aber auch bestimmt werden, wie das Verhältnis der Prüfungsleistungen von gehörten zu nicht gehörten Vorlesungen sich insgesamt darstellt.

```
create view nichtgehoert as
  select avg(Note) as DnoteVLNichtGehoert
  from   prüfen p
  where not exists (select *
                    from hören h
                    where h.VorlNr = p.VorlNr
                      and h.MatrNr = p.MatrNr);

create view gehoert as
  select avg(Note) as DnoteVLGehoert
  from prüfen p
  where exists (select *
                from hören h
                where h.VorlNr = p.VorlNr
                  and h.MatrNr = p.MatrNr);
```

Da beide Views aus jeweils nur einem Wert bestehen, ergibt sich das Resultat der Anfrage als Kreuzprodukt:

```
select *
from nichtgehoert, gehoert;
```

Aufgabe 4.33

Gegeben sei ein erweitertes Universitätsschema mit der folgenden *StudentenGF*-Relation:

StudentenGF : {[MatrNr : integer, Name : varchar(20), Semester : integer,

Geschlecht : char, FakName : varchar(20)]}

Ermitteln Sie den Frauenanteil an den verschiedenen Fakultäten in SQL!
Geben Sie auch eine Lösung mit dem **case**-Konstrukt an.

Wir berechnen in zwei Unteranfragen die Anzahl der Studenten pro Fakultät (temporäre Tabelle *anz*) und die Anzahl der weiblichen Studenten pro Fakultät (temporäre Tabelle *anzw*). Durch den Join über den Namen der Fakultät erhalten wir die "zusammengehörigen" Anzahlen aller Studenten und der weiblichen Studenten für die jeweilige Fakultät.

```
select anz.FakName, anz.AnzStudenten, anzw.AnzWeiblich,
  cast (anzw.AnzWeiblich * 100.0 /
        anz.AnzStudenten as decimal(5,2))
  as ProzentWeiblich
from
(select s.FakName, count(*) as AnzStudenten
 from StudentenGF s
 group by s.FakName) as anz,
(select sw.FakName, count(*) as AnzWeiblich
 from StudentenGF sw
 where sw.Geschlecht = 'W'
 group by sw.FakName) as anzw
where anz.FakName = anzw.FakName;
```

Bitte beachten Sie, dass bei dieser Lösung diejenigen Fakultäten, die gar keine weiblichen Studenten haben, nicht ausgegeben werden. Durch ein **union** kann dies jedoch leicht erreicht werden.

Alternative Lösung mittels case

Wir verwenden das **case**-Konstrukt, um die Anzahl der Frauen an den jeweiligen Fakultäten zu ermitteln. Den Frauenanteil erhalten wir dann, indem wir die Anzahl der Frauen durch die Gesamtanzahl der Studenten an der Fakultät teilen.

```
select FakName,
       (sum(case when Geschlecht = 'W' then 1 else 0 end)) /
        cast (count(*) as float) * 100 as ProzentWeiblich
from StudentenGF
group by FakName;
```

Aufgabe 4.34

Gegeben sei ein erweitertes Universitätsschema mit der Relation *StudentenGF* aus Aufgabe 4.33 und der zusätzlichen *ProfessorenF*-Relationen, die wie folgt definiert ist:

$$\text{ProfessorenF} \quad : \quad \{[\text{PersNr} : \text{integer}, \text{Name} : \text{varchar}(20), \text{Rang} : \text{char}(2),$$
$$\text{Raum} : \text{int}, \text{FakName} : \text{varchar}(20)]\}$$

Ermitteln Sie in Relationenalgebra und SQL die Studenten, die alle Vorlesungen ihrer Fakultät hören.

Lösung in relationaler Algebra

Die Menge der Studenten, die alle Vorlesungen der Fakultät hören, an der sie eingeschrieben sind, lässt sich wie folgt bestimmen:

$$\text{StudentenGF} - \Pi_{\text{MatrNr, Name, Semester, Geschlecht, FakName}} \mathcal{R}$$

Dabei beschreibt $\mathcal{R}$ folgende Zwischenlösung:

$$\mathcal{R} = \overbrace{(\text{StudentenGF} \bowtie (\text{Vorlesungen} \bowtie_{\text{gelesenVon=PersNr}} \text{ProfessorenF}))}^{\mathcal{R}_1} - $$
$$\underbrace{(\text{StudentenGF} \bowtie (\Pi_{\text{MatrNr, VorlNr, Titel, SWS, gelesenVon}}(\text{hören} \bowtie \text{Vorlesungen})}_{\mathcal{R}_2}$$
$$\bowtie_{\text{gelesenVon=PersNr}} \text{ProfessorenF}))$$

Die erste Klammer (Teilergebnis $\mathcal{R}_1$) ergibt alle Vorlesungen, die man in seiner Fakultät hätte hören können. Davon zieht man die Vorlesungen ab, die man tatsächlich in seiner Fakultät gehört hat (Teilergebnis $\mathcal{R}_2$). Das Ergebnis ($\mathcal{R}$) zieht man von Studenten ab, um die übrig zu lassen, die tatsächlich alles in ihrer Fakultät gehört haben. $\mathcal{R}$ enthält keine Studenten, die nicht alle Vorlesungen ihrer Fakultät hören. Mit dem Divisionsoperator geht es nicht (so einfach), da dieser einen konstanten Divisor erwartet.

Lösung mittels SQL

In SQL lässt sich das Ergebnis ähnlich zur Anfrage aus Aufgabe 4.5 mittels **not exists** bestimmen:

```
select s.*
from   StudentenGF s
where not exists (select *
                   from Vorlesungen v, ProfessorenF p
                   where v.gelesenVon = p.PersNr
                   and p.FakName = s.FakName
                   and not exists(select *
                                   from hören h
                                   where h.VorlNr = v.VorlNr
                                   and h.MatrNr = s.MatrNr));
```

5. Datenintegrität

Die in Abbildung 2.3 angegebenen Schlüssel der Entitätstypen wurden in der Überführung ins relationale Schema (Abbildung 5.1) als Primärschlüssel realisiert. Dabei sind die Schlüssel der Relationen *hören*, *voraussetzen* und *prüfen* aufgrund der $N:M$-Multiplizitäten jeweils Tupel bestehend aus den Fremdschlüsseln beider Entitypen der binären Beziehungen. Für *hören* ist dies (*MatrNr, VorlNr*). Zusätzlich wurden folgende Constraints realisiert:

- Relation *Studenten*: mittels des **check**-Constraints wird festgelegt, dass die Semesteranzahl eines Studenten minimal 1 und maximal 13 ist.

- Relation *Professoren*:
  - Der Rang eines Professors ist entweder C2, C3 oder C4.
  - Jedem Professor ist ein eigenes Büro zugeordnet, was über das **unique** Schlüsselwort erreicht wird.

- Relation *Assistenten*: Hier wird keine zusätzliche Integritätsbedingung realisiert. Mittels der Definition

  foreign key (Boss) **references** Professoren **on delete set null**

  wird die $N:1$-Beziehung der ER-Modellierung realisiert: Assistenten haben höchstens einen betreuenden Professor, können aber auch selbständig arbeiten, d.h. keinem Professor zugeordnet sein.

- Relation *Vorlesungen*: Es werden keine zusätzlichen Integritätsbedingungen umgesetzt.

- Relation *hören*: Es werden keine zusätzlichen Integritätsbedingungen umgesetzt. Die **on delete cascade**-Bedingungen sind notwendig, da *MatrNr* und *VorlNr* den Primärschlüssel bilden und deshalb implizit als **not null** definiert sind. **null**-Belegungen sind aber auch aus Anwendungssicht nicht sinnvoll.

- Relation *voraussetzen*: Es werden keine zusätzlichen Integritätsbedingungen umgesetzt.

- Relation *prüfen*:
  - Der Schlüssel der Relation ist {*MatrNr, VorlNr*}. Aufgrund des Constraints **on delete set null** ist es möglich, dass, wird der prüfende Professor später aus der Datenbasis gelöscht, Prüfungen ohne Prüferinformation im System enthalten sind.

create table Studenten
 (MatrNr **integer primary key,**
 Name   **varchar**(30) **not null,**
 Semester **integer check** (Semester **between** 1 **and** 13));

create table Professoren
 (PersNr   **integer primary key,**
 Name   **varchar**(30) **not null,**
 Rang   **character**(2) **check** (Rang **in** ('C2', 'C3', 'C4')),
 Raum   **integer unique**);

create table Assistenten
 (PersNr   **integer primary key,**
 Name   **varchar**(30) **not null,**
 Fachgebiet **varchar**(30),
 Boss   **integer,**
 foreign key (Boss) **references** Professoren **on delete set null**);

create table Vorlesungen
 (VorlNr   **integer primary key,**
 Titel   **varchar**(30),
 SWS   **integer,**
 gelesenVon **integer references** Professoren **on delete set null**);

create table hören
 (MatrNr   **integer references** Studenten **on delete cascade,**
 VorlNr   **integer references** Vorlesungen **on delete cascade,**
 primary key (MatrNr, VorlNr));

create table voraussetzen
 (Vorgänger **integer references** Vorlesungen **on delete cascade,**
 Nachfolger **integer references** Vorlesungen **on delete cascade,**
 primary key (Vorgänger, Nachfolger));

create table prüfen
 (MatrNr   **integer references** Studenten **on delete cascade,**
 VorlNr   **integer references** Vorlesungen,
 PersNr   **integer references** Professoren **on delete set null,**
 Note   **numeric**(2,1) **check** (Note **between** 0.7 **and** 5.0),
 primary key (MatrNr, VorlNr));

Abbildung 5.1: Das vollständige Universitätsschema mit Integritätsbedingungen

---

- Es ist nicht möglich, Vorlesungen, die abgeprüft wurden, zu löschen. Dies verhindert der für *VorlNr* definierte Fremdschlüssel-Constraint.

- Aufgrund des **on delete cascade** Constraints können Studenten, die Prüfungen abgelegt haben, aus dem System entfernt werden. Die entsprechenden Prüfungsleistungen werden dann ebenfalls mit ausgetragen.

- Eine Note ist größer oder gleich 0,7 und kleiner oder gleich 5,0.

Aufgabe 5.2

Beschreiben Sie die Auswirkungen der folgenden Operationen wenn die Beispielausprägung aus Abbildung 4.1 mit dem Schema aus Abbildung 5.1 vorgegeben sind:

- **delete from** Vorlesungen **where** Titel = 'Ethik';

- **insert into** prüfen **values** (24002, 5001, 2138, 2.0);

- **insert into** prüfen **values** (28106, 5001, 2127, 4.3);

- **drop table** Studenten;

- Löschen der Vorlesung Ethik:
  - Auf diese Vorlesung (*VorlNr* 5041) existieren Referenzen in den Tabellen *hören*, *voraussetzen* und *prüfen*.
  - Referenzen in *hören* und *voraussetzen* sind als **on delete cascade** definiert, d.h., bei Löschen der Vorlesung werden die entsprechenden Tupel in diesen Relationen gelöscht.
  - In *prüfen* ist *VorlNr* ein Fremdschlüssel auf *Vorlesungen*. Es ist kein spezielles Verhalten definiert. Das Default-Verhalten der Datenbanksysteme verhindert jedoch das Entstehen ungültiger Referenzen (sog. *dangling references*) und blockiert die Löschoperation.
    Dieses Verhalten kann man mit dem Constraint **on delete no action** auch explizit erzwingen.

- Erstes Einfügen eines prüfen-Tupels:
  Das Einfügen scheitert, da es keinen Professor mit PersNr 2138 gibt, die Tabelle *prüfen* jedoch mit dem Constraint **references** Professoren **on delete ...** spezifiziert ist. Bei **insert**-Anweisungen wird also sichergestellt, dass der Eintrag existiert.

- Zweites Einfügen eines prüfen-Tupels:
  prüfen hat den Primärschlüssel (*MatrNr*, *VorlNr*). Da bereits ein Tupel mit (28106, 5001) als Primärschlüsselausprägung in *prüfen* existiert, scheitert auch diese **insert**-Anweisung.

- Löschen der Tabelle Studenten:
  Der **drop table**-Befehl scheitert, da in den Tabellendefinitionen von *prüfen* und *hören* **references**-Constraints definiert wurden, die ein Löschen verhindern. Dies ist auch dann der Fall, wenn die Constraints mit **on delete cascade** oder **on delete set null** definiert wurden – auch dann, wenn die Tabelle *Studenten* leer ist.
  Man könnte also alle Studenten in der Tabelle *Studenten* löschen; nicht jedoch die Tabelle selbst.

Aufgabe 5.3

Welches Modellierungskonzept würden Sie mit Hilfe von kaskadierendem Löschen realisieren?

Mittels kaskadierendem Löschen lässt sich das Konzept existenzabhängiger schwacher Entities umsetzen. Auch Aggregations- und Vererbungshierarchien lassen sich damit realisieren.

Aufgabe 5.4

Geben Sie die **create table**-Befehle inklusive Integritätsbedingungen an, um das in Aufgabe 3.1 gewonnene relationale Schema zu implementieren.

Möglichkeiten, Integritätsbedingungen in SQL zu formulieren

Dem SQL Standard nach bestehen unter anderem folgende Möglichkeiten, Integritätsbedingungen in einer Datenbank zu formulieren:

- *Constraints auf Wertebereiche* (domain constraints)

  Beispiel:

```
create domain cities char(15)
  default '???'
  check (value in ('Berlin', 'Hamburg', 'München', '???'));
```

  Eine **domain** kann anstelle eines „built-in" Datentyps in Tabellendefinitionen verwendet werden.

- *Allgemeine Constraints* (general constraints)

  Beispiel:

```
create assertion überlastet check
  (not exists (select p.PersNr
               from Professoren p, Vorlesungen v
               where p.PersNr = v.gelesenVon
               group by p.PersNr
               having sum(v.SWS) > 8 ));
```

  Eine Assertion ist ein „first-class" Element eines Datenbankschemas – wird aber in vielen Systemen noch nicht vollständig unterstützt.

- *Constraints auf Tabellen* (base table constraints)

  Diese Constraints sind weiter aufgeteilt in:

  - Schlüsseldefinitionen
  - Fremdschlüsseldefinitionen
  - **check constraint** Definitionen

  Alle diese Constraint Definitionen können, falls sie sich auf eine Spalte beziehen, in die Definition der Spalte aufgenommen werden.

- *Check Constraints*

  Laut SQL kann in einem check constraint eine beliebige Bedingung spezifiziert werden, die auch den Zugriff auf andere Tabellen beinhalten kann.

  Beispiel für ein check Constraint für eine Tabelle *p*:

  ```
  constraint ic35 check
    ( not exists (select * from sp
                  where sp.pno = p.pno
                  and (sp.qty * p.weight) > 2000 ));
  ```

- *References Constraints*

  Auch ohne **on update ...** und **on delete ...** ist eine **references** Bedingung sinnvoll:

  Es können nur Tupel eingefügt werden, deren Werte für die Fremdschlüssel ein Tupel in der „Ziel"- Tabelle referenzieren. Referenzierte Tupel können nicht gelöscht werden, so lange noch Referenzen darauf existieren.

- *Trigger*

  Komplexe Constraints lassen sich mit Hilfe von Triggern realisieren. Folgende Aktionen sind bei **on update/on delete** möglich:

  - **no action** ist die Defaulteinstellung
  - **cascade**
  - **set default**
  - **set null**

Relationales Modell des Zugauskunftssystems

$$
\begin{aligned}
\text{Städte} \ :\ & \{[\text{Name}:\text{string}, \text{Bundesland}:\text{string}]\} \\
\text{Bahnhöfe} \ :\ & \{[\text{Name}:\text{string}, \text{\#Gleise}:\text{integer}, \\
& \quad \text{SName}:\text{string}, \text{Bundesland}:\text{string}]\} \\
\text{Züge} \ :\ & \{[\text{ZugNr}:\text{integer}, \text{Länge}:\text{integer}, \\
& \quad \text{StartBahnhof}:\text{string}, \text{ZielBahnhof}:\text{string}]\} \\
\text{verbindet} \ :\ & \{[\text{VonBahnhof}:\text{string}, \text{NachBahnhof}:\text{string}, \\
& \quad \text{ZugNr}:\text{integer}, \text{Abfahrt}:\text{date}, \text{Ankunft}:\text{date}]\}
\end{aligned}
$$

Umsetzung in das zugehörige relationale Schema

```
create table Städte (
  Name          varchar(40) not null,
  Bundesland    varchar(40) not null,
  primary key  (Name, Bundesland));
```

Hinweis

Verwendet man IBM DB2, so muss bei Attributen, die Teil des Primärschlüssels sind, die
Integritätsbedingung **not null** explizit angegeben werden.

```
create table Bahnhöfe (
    Name            varchar(40) not null primary key,
    Gleise          integer check ( Gleise > 0),
    SName           varchar(40),
    SBundesland     varchar(40),
    foreign key     (SName,SBundesland) references Städte);

create table Züge (
    ZugNr           integer not null primary key,
    Länge           integer check (Länge > 0),
    StartBahnhof    varchar(40) references Bahnhöfe
                        on delete set null on update cascade,
    ZielBahnhof     varchar(40) references Bahnhöfe
                        on delete set null on update cascade);

create table verbindet (
    VonBahnhof      varchar(40) not null
                    references Bahnhöfe on delete cascade
                                        on update cascade,
    NachBahnhof     varchar(40) not null
                    references Bahnhöfe on delete cascade
                                        on update cascade,
    ZugNr           integer not null references Züge
                        on delete cascade,
    Ankunft         datetime,
    Abfahrt         datetime,
    primary key     (VonBahnhof, ZugNr),
    unique          (NachBahnhof, ZugNr) );
```

Bei der Formulierung von Integritätsbedingungen unterscheiden sich die in diesem Buch
hauptsächlich betrachteten Datenbanksysteme (Oracle Database, IBM DB2 und Microsoft SQL Server) in Spezialfällen. Der Leser sei hier auf die Dokumentationen der Datenbanksysteme verwiesen. Beispielsweise ist das vorgestellte relationale Schema in der
vorgestellten Form nicht unter Microsoft SQL Server realisierbar. Der Grund dafür ist,
dass mehrere kaskadierende Constraints auf die Relation *Bahnhöfe* definiert werden, die
als (ungerichtete) zyklische Abhängigkeiten erkannt und deshalb verhindert werden (siehe Microsoft SQL Server 2005 Hilfe → ON DELETE clauses → Multiple Cascading
Actions).

Andererseits kann in SQL Server ausgedrückt werden, dass Städte zwar nicht gelöscht
werden (d.h. vom Erdboden verschwinden) aber ggf. umbenannt werden. Dazu kann der
Fremdschlüssel in *Bahnhöfe* wie folgt formuliert werden:

```
... foreign key  (SName,SBundesland) references Städte
                                      on update cascade ...
```

Aufgabe 5.5

Geben Sie die **create table**-Befehle an, um das in Aufgabe 3.3 gewonnene relationale Schema für ein Wahlinformationssystem zu implementieren. Setzen Sie notwendige Integritätsbedingungen mit um.

Nachfolgend sind die DDL-Befehle zum Anlegen des relationalen Schemas angegeben. Abbildung 5.2 zeigt eine fiktive(!) Ausprägung der Wahlergebnisse für die Bundestagswahlen 2005.

```
create table Bundesländer(
   Name varchar(20) not null primary key,
   Einwohner integer check (Einwohner > 0));

create table Wahlkreise(
   Nr integer not null primary key,
   Bezeichnung varchar(20),
   Bundesland varchar(20) references Bundesländer);

create table Wahlbezirke(
   Nr integer not null primary key,
   Wahlberechtigte integer check (Wahlberechtigte > 0),
   Wahllokal varchar(20),
   Wahlkreis integer references Wahlkreise on delete cascade);

create table Parteien(
   Name varchar(10) not null primary key,
   Mitglieder integer check (Mitglieder > 0));

create table Direktkandidaten(
   SozialVNr varchar(20) not null primary key,
   Name varchar(20),
   -- Partei kann auch null sein (parteilose Kandidaten)
   Partei varchar(10) references Parteien on delete set null,
   Wahlkreis integer references Wahlkreise on delete cascade);

create table Erststimmen(
   Wahlbezirk integer not null
      references Wahlbezirke on delete cascade,
   Jahr integer not null,
   Kandidat varchar(20) not null
      references Direktkandidaten on delete cascade,
   Stimmen integer check (Stimmen >= 0),
   primary key (Wahlbezirk, Jahr, Kandidat));


create table Zweitstimmen(
   Wahlbezirk integer not null
      references Wahlbezirke on delete cascade,
   Jahr integer not null,
   Partei varchar(10) not null
      references Parteien on delete cascade,
   Stimmen integer check (Stimmen >= 0),
   primary key (Wahlbezirk, Jahr, Partei));
```

Wahlbezirke			
Nr	Wahlberechtigte	Wahllokal	Wahlkreis
21967	4500	Rathaus	26
21921	6700	Bürgerhaus	153
28424	3400	Gymnasium	213

Wahlkreise		
Nr	Bezeichnung	Bundesland
26	Neuholm	NRW
153	Oberbach	Bayern
213	Berch	Hessen

Direktkandidaten			
SozialVNr	Name	Partei	Wahlkreis
2005-DK01	Meier	SPD	26
2005-DK02	Müller	CDU	26
2005-DK03	Schmidt	FDP	26
2005-DK04	Huber	null	26

Erststimmen			
Wahlbezirk	Jahr	Kandidat	Stimmen
21967	2005	2005-DK01	450
21967	2005	2005-DK02	750
21967	2005	2005-DK03	600

Bundesländer	
Name	Einwohner
Bayern	12.000.000
NRW	18.000.000
Hessen	6.100.000

Zweitstimmen			
Wahlbezirk	Jahr	Partei	Stimmen
21967	2005	CDU	535
21967	2005	SPD	252
21967	2005	FDP	363
21967	2005	B'90/Grüne	377
21921	2005	CSU	439

Parteien	
Name	Mitglieder
CDU	580.000
CSU	170.000
SPD	600.000
FDP	67.000
B'90/Grüne	44.000

Abbildung 5.2: Fiktive Ausprägung der Bundestagswahlergebnisse 2005

 Hinweis

Obiges relationales Schema enthält einen (ungerichteten) Zyklus kaskadierender Constraint-Definitionen, der die Relationen *Erststimmen*, *Direktkandidaten*, *Wahlbezirke* und *Wahlkreise* einschließt:

Wie im Hinweis zu Aufgabe 5.4 angemerkt, muss dieser Zyklus – abhängig vom verwendeten DBMS – ggf. aufgelöst werden.

Aufgabe 5.6

Da die Generalisierung in den meisten relationalen Systemen nicht unterstützt wird, könnte man auf die Idee kommen, die Vererbungshierarchie von *Angestellte* zu *Professoren* und *Assistenten* durch Redundanz zu modellieren. Dieser Vorschlag geht auf Smith und Smith (1977) zurück. Wir hätten also drei Relationen folgender Form:

Angestellte			
PersNr	Name	Gehalt	Typ
2125	Sokrates	90000	Professoren
3002	Platon	50000	Assistenten
1001	Maier	130000	–
...	...	...	...

Professoren				
PersNr	Name	Gehalt	Rang	Raum
2125	Sokrates	90000	C4	226
...	...	...	...	...

Assistenten				
PersNr	Name	Gehalt	Fachgebiet	Boss
3002	Platon	50000	Ideenlehre	2125
...	...	...	...	...

Hierbei werden also beispielsweise Professoren sowohl in der Relation *Professoren* als auch in der Relation *Angestellte* eingetragen. Die Attribute der Relation *Angestellte* werden redundant auch in der Relation *Professoren* gespeichert.

Es gilt nun, diese Redundanz zu kontrollieren. Können Sie Trigger schreiben, die Updates entsprechend propagieren? Wenn also beispielsweise das Gehalt von Sokrates in der Relation *Professoren* geändert wird, soll diese Änderung automatisch (über einen Trigger) auf die Relation *Angestellte* propagiert werden. Analog muss aber eine Gehaltsänderung von Sokrates, die auf der Relation *Angestellte* durchgeführt wurde, auf die Relation *Professoren* propagiert werden.

Achten Sie darauf, dass Ihre Trigger terminieren!

Nach dem Kenntnisstand der Autoren ist es in Oracle – aufgrund einer Einschränkung der Triggerfunktionalität – nicht möglich, diese Trigger zu realisieren. Wenn Sie es doch schaffen, lassen Sie es uns bitte wissen. In DB2, beispielsweise, ist es möglich; aber wie?

Wir beschränken uns im Folgenden darauf, die Datenkonsistenz zwischen *Professoren* und *Angestellte* sicherzustellen. Die Überprüfung der Tupel in *Assistenten* erfolgt analog. Zu realisieren sind also zwei Trigger, hier *updtAngestellte* und *updtProfessoren* genannt. Der Trigger *updtAngestellte* wird ausgelöst, wenn ein Update auf *Angestellte* ausgeführt wird und sorgt dafür, dass entsprechende Änderungen auch auf der Untertyp-Relation *Professoren* durchgeführt werden. Der Trigger *updtProfessoren* regelt hingegen, dass Änderungen, die auf der Relation *Professoren* durchgeführt werden, auch auf *Angestellte* propagiert werden.

In der Aufgabenstellung ist hervorgehoben, dass gewährleistet werden soll, dass die Trigger terminieren. Dies ist hier zu beachten, da ein Update auf einer der Tabellen (z.B. auf *Angestellte*) durch die Ausführung des jeweiligen Triggers (*updtAngestellte*) zu einem Update auf der anderen Tabelle (*Professoren*) führt. Hier wird nun entsprechend ein Trigger ausgelöst (*updtProfessoren*) und das Ganze setzt sich dann ggf. unendlich oft fort. Diese Rekursion lässt sich aufbrechen, indem überprüft wird, ob sich ein Wert tatsächlich ändern würde (oder nur wieder der alte Wert gesetzt wird), ehe man ein Update durchführt. Folgender SQL-Befehl zeigt dies am Beispiel von *updtProfessoren*:

```
create trigger updtProfessoren
after update of Gehalt on Professoren
referencing new as newrow
for each row mode DB2SQL
  update Angestellte
  set Gehalt = newrow.Gehalt
  where PersNr = newrow.PersNr
  and Gehalt != newrow.Gehalt
```

Die Implementierung von *updtAngestellte* gestaltet sich analog.

 Hinweis

Oracle verbietet die Definition zyklischer Trigger bereits zur Compilezeit und verhindert damit die Definition potentiell rekursiver Trigger.

Aufgabe 5.7

Trigger werden oft eingesetzt, um replizierte Daten konsistent zu halten. Man denke etwa an ein Attribut *AnzahlHörer*, das der Relation *Vorlesungen* zugeordnet ist. Der Wert dieses Attributs könnte mittels eines Triggers auf der Relation *hören* aktuell gehalten werden. Realisieren Sie die notwendigen Trigger im Datenbanksystem „Ihrer Wahl".

Zuerst ist eine Anpassung des Uni-Schemas notwendig:

```
alter table Vorlesungen add AnzahlHörer integer;
```

```
update Vorlesungen
  set AnzahlHörer = (select count(*)
                     from hören h
                     where h.VorlNr = Vorlesungen.VorlNr);
```

Wir beschränken uns hier auf mögliche Implementierungen für Trigger, die nach Einfügeoperationen ausgelöst werden. Analog benötigt man aber auch Trigger, um nach Updates und Löschoperationen die Datenkonsistenz wieder herzustellen.

Die Implementierung des Triggers hängt teilweise vom verwendeten Datenbanksystem ab. Eine mögliche Realisierung eines **before insert**-Triggers sieht in Oracle beispielsweise wie folgt aus:

```
create trigger incAnzahlHörer
  before insert on hören for each row
begin
  update Vorlesungen
    set AnzahlHörer = AnzahlHörer + 1
    where VorlNr = :new.VorlNr
end;
```

Die folgende Lösung läuft unter Microsoft SQL Server. Man beachte, dass es sich hierbei um einen **after insert**-Trigger handelt: Da die Anzahl der Hörer für eine Vorlesung neu berechnet wird, müssen die neuen Tupel bereits in die Datenbank eingefügt worden sein.

```
create trigger incAnzahlHörer on hören after insert as
  update Vorlesungen
  set AnzahlHörer =(select count(*)
                    from hören h
                    where h.VorlNr = VorlNr)
  where VorlNr in (select VorlNr from inserted);
```

6. Relationale Entwurfstheorie

Aufgabe 6.1

Beweisen Sie die Korrektheit der Armstrong-Axiome.

Die Beweisführung erfolgt über die Definition funktionaler Abhängigkeiten (FDs). Eine funktionale Abhängigkeit $\alpha \to \beta$ für eine Relation R ist definiert als

$$\alpha \to \beta \Leftrightarrow \forall r, t \in R : r.\alpha = t.\alpha \Rightarrow r.\beta = t.\beta$$
$$\text{mit } r.\alpha = t.\alpha \Leftrightarrow \forall A \in \alpha : r.A = t.A$$

Beweis der Korrektheit der Armstrong-Axiome:

Behauptung 1 *Reflexivität:* $\beta \subseteq \alpha \Rightarrow \alpha \to \beta$, insbesondere $\alpha \to \alpha$

Beweis Sei $\beta \subseteq \alpha$ und $r, t \in R$ mit $r.\alpha = t.\alpha$. Dann gilt $\forall A \in \alpha : r.A = t.A$. Da aber $\beta \subseteq \alpha$, gilt $\forall B \in \beta : B \in \alpha$. Daraus folgt aber $\forall B \in \beta : r.B = t.B \Rightarrow r.\beta = t.\beta$. Und somit $\alpha \to \beta$ ($\alpha \to \alpha$ ist nur ein Spezialfall hiervon). □

Behauptung 2 *Verstärkung:* $\alpha \to \beta \Rightarrow \alpha\gamma \to \beta\gamma$

Beweis Es gelte $\alpha \to \beta$. Seien $r, t \in R$ mit $r.\alpha\gamma = t.\alpha\gamma$, d.h. $\forall A \in \alpha\gamma = \alpha \cup \gamma : r.A = t.A$. Zu zeigen ist: $r.\beta\gamma = t.\beta\gamma$, d.h. $\forall B \in \beta \cup \gamma : r.B = t.B$. Sei $B \in \beta\gamma$. Für den Fall, dass $B \in \gamma$, gilt $B \in \alpha\gamma \Rightarrow r.B = t.B$. Ansonsten gilt $B \in \beta$. Da aber $\alpha \to \beta$ und $\forall A \in \alpha : r.A = t.A \Rightarrow \forall B \in \beta : r.B = t.B$. Und somit $\alpha\gamma \to \beta\gamma$. □

Behauptung 3 *Transitivität:* $\alpha \to \beta \wedge \beta \to \gamma \Rightarrow \alpha \to \gamma$

Beweis Es gelte $\alpha \to \beta \wedge \beta \to \gamma$. Sei $r, t \in R : r.\alpha = t.\alpha$. Zu zeigen: $r.\gamma = t.\gamma$. Da $r.\alpha = t.\alpha$, gilt insbesondere auch $r.\beta = t.\beta$. Da $\beta \to \gamma$ gilt, folgt $r.\gamma = t.\gamma$. □

Aufgabe 6.2

Zeigen Sie, dass die Armstrong-Axiome minimal sind, d.h. es lässt sich keines der drei Axiome aus den zwei anderen herleiten.

Um die Minimalität nachzuweisen, genügt es, Fälle zu betrachten, in denen aus je nur zwei Armstrong-Axiomen nicht dieselben funktionalen Abhängigkeiten abgeleitet werden können, wie wenn alle drei Axiome gelten:

Behauptung 1 {Reflexivität, Verstärkung} $\not\mapsto$ Transitivität

Beweis Sei $F = \{A \to B, B \to C\}$ mit $A \cap B = \emptyset$ und $B \cap C = \emptyset$. Damit sind Reflexivität und Verstärkung nicht anwendbar, um $A \to C$ herzuleiten. □

Behauptung 2 {Verstärkung, Transitivität} $\not\vdash$ Reflexivität

Beweis Sei $\mathcal{R}$ eine Relation, in der nur triviale Abhängigkeiten gelten. Dann sind Verstärkung und Transitivität nicht anwendbar, um funktionale Abhängigkeiten der Art $A \to B$ mit $B \subseteq A$ herzuleiten. $\qquad\square$

Behauptung 3 {Reflexivität, Transitivität} $\not\vdash$ Verstärkung

Beweis Sei $\mathcal{R}$ eine Relation, die neben den trivialen funktionalen Abhängigkeiten nur noch $A \to B$ erfüllt. Reflexivität ist nicht geeignet, eine nicht-triviale FD herzuleiten. Da $\mathcal{R}$ nur $A \to B$ als nicht-triviale FD erfüllt, kann Transitivität nicht angewendet werden, um beispielsweise $AC \to BC$ herzuleiten. $\qquad\square$

Aufgabe 6.3

Zeigen Sie die Korrektheit der drei zusätzlich zu den Armstrong-Axiomen eingeführten Inferenzregeln (Vereinigungsregel, Dekompositionsregel und Pseudotransitivitätsregel) für funktionale Abhängigkeiten, indem Sie diese aus den – in Aufgabe 6.1 als korrekt bewiesenen – Armstrong-Axiomen herleiten.

Die Armstrong-Axiome sind wie folgt formuliert, wobei α, β, γ und δ Teilmengen der Attribute aus $\mathcal{R}$ bezeichnen:

Reflexivität: $\beta \subseteq \alpha \Rightarrow \alpha \to \beta$

Verstärkung: $\alpha \to \beta \Rightarrow \alpha\gamma \to \beta\gamma$

Transitivität: $\alpha \to \beta \wedge \beta \to \gamma \Rightarrow \alpha \to \gamma$

Für die Herleitung von Gesetzmäßigkeiten über funktionale Abhängigkeiten gibt es zwei Möglichkeiten:

- Herleitung mittels Anwendung von schon bewiesenen Regeln, insbesondere also den Armstrong-Axiomen.
- Herleitung über die Definition der funktionalen Abhängigkeiten:

$$\alpha \to \beta \Leftrightarrow \forall r, t \in R : r.\alpha = t.\alpha \Rightarrow r.\beta = t.\beta$$

Die Herleitung über bekannte Regeln ist meist einfacher.

Behauptung 1 *Vereinigungsregel:* $\alpha \to \beta \wedge \alpha \to \gamma \Rightarrow \alpha \to \beta\gamma$

Beweis Verstärkung von $\alpha \to \beta$ mit α:

$$\alpha\alpha \to \alpha\beta \Leftrightarrow \alpha \to \alpha\beta$$

Verstärkung von $\alpha \to \gamma$ mit β:

$$\alpha\beta \to \gamma\beta \Leftrightarrow \alpha\beta \to \beta\gamma$$

Die beiden funktionalen Abhängigkeiten $\alpha \rightarrow \alpha\beta$ und $\alpha\beta \rightarrow \beta\gamma$, die nun als gültig hergeleitet wurden, können über die Transitivität verknüpft werden:

$$\alpha \rightarrow \alpha\beta \wedge \alpha\beta \rightarrow \beta\gamma \Rightarrow \alpha \rightarrow \beta\gamma$$

Somit ist die Vereinigungsregel hergeleitet.   □

Behauptung 2 *Dekompositionsregel:* $\alpha \rightarrow \beta\gamma \Rightarrow \alpha \rightarrow \beta \wedge \alpha \rightarrow \gamma$

Beweis Wegen der Reflexivität gilt aufgrund von $\beta \subseteq \beta\gamma$:

$$\beta\gamma \rightarrow \beta$$

Wegen der Reflexivität gilt aufgrund von $\gamma \subseteq \beta\gamma$:

$$\beta\gamma \rightarrow \gamma$$

Mittels Transitivität folgt dann:

$$\alpha \rightarrow \beta\gamma \wedge \beta\gamma \rightarrow \beta \Rightarrow \alpha \rightarrow \beta$$

und:

$$\alpha \rightarrow \beta\gamma \wedge \beta\gamma \rightarrow \gamma \Rightarrow \alpha \rightarrow \gamma$$

Somit ist die Dekompositionsregel hergeleitet.   □

Behauptung 3 *Pseudotransitivitätsregel:* $\alpha \rightarrow \beta \wedge \gamma\beta \rightarrow \delta \Rightarrow \alpha\gamma \rightarrow \delta$

Beweis Verstärkung von $\alpha \rightarrow \beta$ mit γ:

$$\alpha\gamma \rightarrow \beta\gamma \Leftrightarrow \alpha\gamma \rightarrow \gamma\beta$$

Ausnutzen der Transitivität:

$$\alpha\gamma \rightarrow \gamma\beta \wedge \gamma\beta \rightarrow \delta \Rightarrow \alpha\gamma \rightarrow \delta$$

Somit ist die Pseudotransitivitätsregel hergeleitet.   □

Aufgabe 6.4

Sei F eine Menge von FDs über dem Relationenschema $\mathcal{R}$. Sei G die Menge aller möglichen FDs über $\mathcal{R}$. Dann ist F^- definiert als $G - F^+$ und wird im Englischen als *exterior* von F bezeichnet. F^- enthält also die FDs, die nicht aus F ableitbar sind.
Zeigen Sie, dass es – unter der Voraussetzung, dass die Domänen der Attribute aus $\mathcal{R}$ unendlich sind (z.B. *integer*) – für jedes $\mathcal{R}$ mit zugehöriger FD-Menge F eine Relationenausprägung R gibt, in der jede FD $f \in F$ erfüllt ist aber keine FD $f' \in F^-$ erfüllt ist. Eine derart konstruierte Relation nennt man nach deren „Erfinder" Armstrong-Relation [Armstrong (1974)].
Illustrieren Sie Ihr Vorgehen an einem (hinreichend großen) Beispiel.

F	: Menge von FDs
G	: Menge aller möglichen FDs über $\mathcal{R}$
$F^- = G - F^+$	: Exterior von F

Vorgehensweise

Gegeben: $\mathcal{R}, F$

Gesucht: R, Ausprägung von $\mathcal{R}$, die F erfüllt, aber nicht F^-

Schritt 1

Konstruiere zu jeder FD $\delta \in F^-$ eine Relation, die δ nicht erfüllt, sonst aber alle FDs.

Sei also $\delta = X \rightarrow Y \in F^-$.

Bilde die Relation $R_{X,Y}$ bestehend aus den zwei Tupeln t und t':

Seien a_i und b_i zwei unterschiedliche, bisher nicht verwendete Elemente aus der als unendlich vorausgesetzten Domäne A_i $(1 \leq i \leq n)$.

$$
\begin{aligned}
t &:= [a_1, \ldots, a_n] \\
t'(A_i) &:= \begin{cases} a_i &: \quad \text{wenn } A_i \in t.X \\ b_i &: \quad \text{sonst} \end{cases} \quad \text{für alle } 1 \leq i \leq n
\end{aligned}
$$

Damit gilt:

- $R_{X,Y}$ erfüllt *nicht* $X \rightarrow Y$:
  Es gilt: $t.X = t'.X$ nach Definition von t'. Angenommen, es gelte auch: $t.Y = t'.Y \Rightarrow t'.Y$ besteht aus a_i's und $Y \subseteq X^+$. Da aber $X \rightarrow X^+ \in F^+$ (nach Def. von X^+) gilt, wäre $X \rightarrow Y$ in F^+. *Widerspruch!*

- $R_{X,Y}$ erfüllt alle FDs in F^+:
  Betrachte FDs der Form $W \rightarrow Z$ mit $W \subseteq X^+$. Hätte die FD eine andere Form, dann wäre $t.W \neq t'.W$, da $W \not\subseteq X^+$. Wegen der Reflexivität gilt $X^+ \rightarrow W$. Mit $X \rightarrow X^+$ und $X^+ \rightarrow W$ und $W \rightarrow Z$ folgt: $X \rightarrow Z$. Daher ist $Z \subseteq X^+$ und $t.Z = t'.Z$. Damit erfüllt $R_{X,Y}$ die FD $W \rightarrow Z$.

Schritt 2

Vereinige alle so konstruierten Relationen

$$
R_{all} = \bigcup_{X \rightarrow Y \in F^-} R_{X,Y}
$$

Dann gilt, dass R_{all} keine FD aus F^- und alle FDs aus F^+ erfüllt.

Aufgabe 6.5

Zeigen Sie, dass FDs der Art

$$\alpha \to \beta$$

mit $\beta \subseteq \alpha$ trivial sind.
Zeigen Sie, dass nur FDs dieser Art trivial sind.

Eine funktionale Abhängigkeit ist trivial, falls sie für alle möglichen Ausprägungen des zugehörigen Relationenschemas gültig ist.

Sei nun $\beta \subseteq \alpha$ auf einem Relationenschema $\mathcal{R}$ gegeben. Wegen der Inklusionsbeziehung gilt für eine beliebige Ausprägung R von $\mathcal{R}$:

$$\forall s \in R : \Pi_\beta(s) = \Pi_\beta(\Pi_\alpha(s))$$

mit $s.\beta = \Pi_\beta(s)$ und $s.\alpha = \Pi_\alpha(s)$. Die Projektion Π ist eine Funktion, für die natürlich gilt, dass gleiche Argumente gleiche Funktionsergebnisse ergeben.

$$\Rightarrow \forall r, t \in R : r.\alpha = t.\alpha \Rightarrow r.\beta = t.\beta$$

Dies ist die Definition der funktionalen Abhängigkeit und somit gilt die funktionale Abhängigkeit für alle Ausprägungen des Schemas $\mathcal{R}$ und ist daher trivial.

Behauptung Funktionale Abhängigkeiten $\alpha \to \beta$ mit $\beta \subseteq \alpha$ sind die einzigen trivialen FDs.

Beweis Für alle FDs $\alpha \to \beta$ mit $\beta \not\subseteq \alpha$ gibt es eine Ausprägung R des zugehörigen Relationenschemas $\mathcal{R}$, für die die funktionale Abhängigkeit verletzt ist.

Sei $B \in \beta - \alpha$, wobei die zugehörige Domäne mindestens zwei unterschiedliche Werte enthalten soll (praktisch immer erfüllt). B existiert nach Voraussetzung, da $\beta \not\subseteq \alpha$ angenommen wurde.

Sei $r \in R$ mit R beliebige Ausprägung von $\mathcal{R}$. Wir generieren eine neue Ausprägung R' indem wir in R das Tupel r' einfügen mit $\forall A \in \mathcal{R} \setminus \{B\} : (r.A = r'.A) \wedge r.B \neq r'.B$

$$\Rightarrow r.\alpha = r'.\alpha \wedge r.\beta \neq r'.\beta$$

Damit gilt jedoch, dass für die Ausprägung R' die FD $\alpha \to \beta$ nicht erfüllt ist. $\square$

Aufgabe 6.6

Ist die kanonische Überdeckung F_c einer Menge F von funktionalen Abhängigkeiten eindeutig? Begründen Sie Ihre Antwort.

Die kanonische Überdeckung F_c zu einer Menge von funktionalen Abhängigkeiten F ist nicht eindeutig.

Begründung: Im Algorithmus zur Bestimmung der kanonischen Überdeckung ist nicht festgelegt, in welcher Reihenfolge die FDs bearbeitet werden, siehe auch Abschnitt 6.3.1 [Kemper und Eickler (2011)].

Als Beispiel seien folgende funktionale Abhängigkeiten gegeben:

1. $A \to BC$

2. $B \to AC$

Wird die erste FD in der Rechtsreduktion zuerst abgearbeitet, ergibt sich:

$$F_c = \{A \to B, B \to AC\}$$

Wird die zweite FD in der Rechtsreduktion zuerst abgearbeitet, erhält man hingegen:

$$F_c = \{A \to BC, B \to A\}$$

Aufgabe 6.7

Betrachten Sie ein abstraktes Relationenschema $\mathcal{R} = \{A, B, C, D, E, F\}$ mit den FDs

- $A \to BC$
- $C \to DA$
- $E \to ABC$
- $F \to CD$
- $CD \to BEF$

Bestimmen Sie hierzu die kanonische Überdeckung.
Berechnen Sie die Attributhülle von A.
Bestimmen Sie alle Kandidatenschlüssel.

Sei F die Menge der funktionalen Abhängigkeiten, also

$$F = \{A \to BC, C \to DA, E \to ABC, F \to CD, CD \to BEF\}$$

Kanonische Überdeckung

Gegeben ist die Ausgangsmenge F.

1. *Führe für jede FD $\alpha \to \beta \in F$ die Linksreduktion durch.*
   Einzige in Betracht kommende FD ist $CD \to BEF$.

   - Ist C überflüssig?
     AttrHülle$(F, D) = \{D\} \not\supseteq \{B, E, F\}$
   - Ist D überflüssig?
     AttrHülle$(F, C) = \{A, B, C, D, E, F\} \supseteq \{B, E, F\}$

   Damit kann $CD \to BEF$ zu $C \to BEF$ reduziert werden.

2. *Führe für jede (verbliebene) FD $\alpha \to \beta$ die Rechtsreduktion durch.*

Bisheriges Zwischenergebnis:

$$A \rightarrow BC \tag{1}$$
$$C \rightarrow DA \tag{2}$$
$$E \rightarrow ABC \tag{3}$$
$$F \rightarrow CD \tag{4}$$
$$C \rightarrow BEF \tag{5}$$

Betrachte FD (1):
- Ist B überflüssig?
  $B \in AttrHülle(F - \text{FD}(1) \cup (A \rightarrow C), A)$, da $A \rightarrow C \rightarrow BEF$.
- Ist C überflüssig?
  $C \notin AttrHülle(F - \text{FD}(1) \cup (A \rightarrow \emptyset), A)$.

Damit erhält man für FD (1): $A \rightarrow C$.

Betrachte FD (2):
- Ist D überflüssig?
  $D \in AttrHülle(F - \text{FD}(2) \cup (C \rightarrow A), C)$, da $C \rightarrow BEF, F \rightarrow CD$.
- Ist A überflüssig?
  $A \in AttrHülle(F - \text{FD}(2) \cup (C \rightarrow \emptyset), C)$, da $C \rightarrow BEF, E \rightarrow ABC$.

Damit erhält man für FD (2): $C \rightarrow \emptyset$.

Betrachte FD (3):
- Ist A überflüssig?
  $A \notin AttrHülle(F - \text{FD}(3) \cup (E \rightarrow BC), E)$.
- Ist B überflüssig?
  $B \in AttrHülle(F - \text{FD}(3) \cup (E \rightarrow AC), E)$, da $E \rightarrow AC, C \rightarrow BEF$.
- Ist C überflüssig?
  $C \in AttrHülle(F - \text{FD}(3) \cup (E \rightarrow A), E)$, da $E \rightarrow A, A \rightarrow C$.

Damit erhält man für FD (3): $E \rightarrow A$.

Betrachte FD (4):
- Ist C überflüssig?
  $C \notin AttrHülle(F - \text{FD}(4) \cup (F \rightarrow D), F)$.
- Ist D überflüssig?
  $D \notin AttrHülle(F - \text{FD}(4) \cup (F \rightarrow C), F)$.

Damit bleibt FD (4) unverändert.

Betrachte FD (5):
- Ist B überflüssig?
  $B \notin AttrHülle(F - \text{FD}(5) \cup (C \rightarrow EF), C)$.
- Ist E überflüssig?
  $E \notin AttrHülle(F - \text{FD}(5) \cup (C \rightarrow BF), C)$.
- Ist F überflüssig?
  $F \notin AttrHülle(F - \text{FD}(5) \cup (C \rightarrow BE), C)$.

Damit bleibt FD (5) unverändert.

3. *Entferne die FDs der Form* $\alpha \to \emptyset$.

Bisheriges Zwischenergebnis:

$$
\begin{array}{rcl}
A & \to & C \\
C & \to & \emptyset \qquad\qquad (6) \\
E & \to & A \\
F & \to & CD \\
C & \to & BEF
\end{array}
$$

FD (6) wird eliminiert.

4. *Fasse mittels der Vereinigungsregel FDs der Form* $\alpha \to \beta_1, \dots, \alpha \to \beta_n$ *zusammen.*

Bisheriges Zwischenergebnis:

$$
F_c = \begin{cases}
A \to C \\
E \to A \\
F \to CD \\
C \to BEF
\end{cases}
$$

Es werden keine FDs vereinigt, da es keine zwei FDs mit gleicher linker Seite gibt. F_c ist eine kanonische Überdeckung zur Ausgangsmenge F.

Attributhülle von A

Berechnung der Attributhülle von A mit Hilfe des bekannten *AttrHülle*-Algorithmus. Aufruf: *AttrHülle*(F, A).

Schritt	betrachtete FD	Ergebnis
init		$\{A\}$
1.	$A \to BC$	$\{A, B, C\}$
2.	$C \to DA$	$\{A, B, C, D\}$
3.	$CD \to BEF$	$\{A, B, C, D, E, F\}$

Damit enthält die Attributhülle von A alle Attribute.

Kandidatenschlüssel

$\{A\}$ ist nach der vorherigen Berechnung (Attributhülle von A) ein Superschlüssel. Da $\{A\}$ außerdem minimal ist, ist $\{A\}$ ein Kandidatenschlüssel. Da man aus $\{C\}$ und $\{E\}$ direkt A folgern kann, handelt es sich hier ebenfalls um Superschlüssel und da sie einelementig sind (also minimal sind) auch um Kandidatenschlüssel. Aus $\{F\}$ wiederum kann C und somit A gefolgert werden. Damit ist $\{F\}$ analog zu oben auch ein Kandidatenschlüssel.

$\{B\}$ und $\{D\}$ sind dagegen keine Kandidatenschlüssel. $\{B\}$ ist nicht einmal Superschlüssel. $\{CD\}$ wäre zwar ein Superschlüssel, allerdings kein Kandidatenschlüssel, da nicht minimal.

Kandidatenschlüssel sind: $\{A\}, \{C\}, \{E\}, \{F\}$.

Aufgabe 6.8

Bringen Sie folgendes Relationenschema

- AssisBossDiplomanden: {[PersNr, Name, Fachgebiet, BossPersNr, BossName, MatrNr, SName, Semester, SWohnOrt]}

mittels des Synthesealgorithmus in die dritte Normalform.
(MatrNr, SName, Semester, SWohnOrt sind die Daten der von den Assistenten betreuten Studenten; BossPersNr und BossName sind die Daten der Professoren, bei denen die Assistenten angestellt sind.)
Gehen Sie dabei schrittweise vor, d.h.:

1. Bestimmen Sie die geltenden FDs.

2. Bestimmen Sie die Kandidatenschlüssel.

3. Bestimmen Sie die kanonische Überdeckung der FDs.

4. Wenden Sie den Synthesealgorithmus an.

Dokumentieren Sie jeden Schritt Ihres Vorgehens, so dass man die Methodik erkennen kann.

Bestimmen der funktionalen Abhängigkeiten

$$\{PersNr\} \rightarrow \{Name, Fachgebiet, BossPersNr, BossName\} \tag{1}$$

$$\{BossPersNr\} \rightarrow \{BossName\} \tag{2}$$

$$\{MatrNr\} \rightarrow \{PersNr, Name, Fachgebiet, BossPersNr, BossName, \\ SName, Semester, SWohnOrt\} \tag{3}$$

Dabei gehen wir davon aus, dass Studenten nicht von mehreren Assistenten betreut werden.

Bestimmen der Kandidatenschlüssel

Als Schlüsselattribute kommen nur Attribute in Frage, die auf den linken Seiten der FDs auftauchen (da in diesem Beispiel auch alle Attribute des Schemas an einer FD teilnehmen), d.h. {PersNr, BossPersNr, MatrNr}.

Wegen FD (3) gilt {MatrNr} → {PersNr, BossPersNr}. Daraus folgt wiederum, dass {MatrNr} der einzige Schlüsselkandidat ist.

Bestimmen der kanonischen Überdeckung

1. *Führe für jede FD $\alpha \rightarrow \beta \in F$ die Linksreduktion durch.*
   Die Menge der funktionalen Abhängigkeiten ist bereits linksreduziert.

2. *Führe für jede (verbliebene) FD $\alpha \rightarrow \beta$ die Rechtsreduktion durch.*

   (a) $\{$PersNr$\} \rightarrow \{$Name, Fachgebiet, BossPersNr$\}$
      da *BossName* über die zweite FD erfasst wird.

   (b) $\{$BossPersNr$\} \rightarrow \{$BossName$\}$
      da schon rechtsreduziert.

   (c) $\{$MatrNr$\} \rightarrow \{$SName, Semester, SWohnOrt, PersNr$\}$
      da alle weiteren Attribute direkt oder aufgrund von Transitivität über FD (a)
      (reduzierte FD (1)) und FD (2) erfasst werden.

3. *Entferne die FDs der Form $\alpha \rightarrow \emptyset$.*

  Es gibt keine FD, die diese Bedingung erfüllt.

4. *Fasse mittels der Vereinigungsregel FDs der Form $\alpha \rightarrow \beta_1, \ldots, \alpha \rightarrow \beta_n$ zusammen.*

  Es können keine FDs vereinigt werden.

Damit ergibt sich folgende kanonische Überdeckung F_c:

$$\{\text{PersNr}\} \rightarrow \{\text{Name, Fachgebiet, BossPersNr}\} \tag{4}$$

$$\{\text{BossPersNr}\} \rightarrow \{\text{BossName}\} \tag{5}$$

$$\{\text{MatrNr}\} \rightarrow \{\text{SName, Semester, SWohnOrt, PersNr}\} \tag{6}$$

Bestimmen des relationalen Schemas

$$\text{aus (4)} \Rightarrow \text{Assistenten} : \{[\underline{\text{PersNr}}, \text{Name, Fachgebiet, BossPersNr}]\}$$
$$\text{aus (5)} \Rightarrow \text{Boss} : \{[\underline{\text{BossPersNr}}, \text{BossName}]\}$$
$$\text{aus (6)} \Rightarrow \text{Studenten} : \{[\underline{\text{MatrNr}}, \text{SName, Semester, SWohnOrt, PersNr}]\}$$

Schritt 3 und Schritt 4 des Synthesealgorithmus

- Der Kandidatenschlüssel ist im dritten Relationenschema enthalten. Es muss also kein zusätzliches Schema für einen Kandidatenschlüssel erstellt werden.

- Es treten keine Schemata auf, die in einem anderen Schema enthalten sind. Damit müssen auch keine Schemata (indem sie zusammengefasst werden) eliminiert werden.

Aufgabe 6.9

Betrachten Sie einen gerichteten Graphen $G = (V, E)$ mit Knotenmenge V und Kantenmenge E. Die Knotenmenge V sei in n Klassen $C_1, \ldots, C_n$ aufgeteilt, so dass gilt:

1. $V = C_1 \cup \cdots \cup C_n$

2. für alle $(1 \leq i \neq j \leq n)$ gilt: $(C_i \cap C_j) = \emptyset$
   D.h. die Klassen sind paarweise disjunkt.

Weiterhin seien nur Kanten der Art (v, v') mit $v \in C_i$ und $v' \in C_{i+1}$ für $(1 \leq i \leq n-1)$ erlaubt. Unter der Annahme, dass von jedem Knoten mindestens eine Kante ausgeht und jeder Knoten von mindestens einer Kante „getroffen" wird, lässt sich der Graph G als n-stellige Relation wie folgt darstellen:

G			
C_1	C_2	$\ldots$	C_n
$\vdots$	$\vdots$	$\vdots$	$\vdots$

In dieser Relation sind also alle möglichen Pfade, die in einem Knoten $v_1 \in C_1$ anfangen und in einem Knoten $v_n \in C_n$ enden, aufgeführt.

- In welcher Normalform ist die Relation?

- Welche MVDs sind in dieser Relation gegeben?

- Überführen Sie das Schema in die vierte Normalform.

Alle möglichen Pfade durch den Graphen von einem Knoten aus C_1 zu einem Knoten aus C_n werden als Tupel in der Relation abgelegt. Dieses Vorgehen ist an einem Beispiel in Abbildung 6.1 dargestellt. Links ist der Ausgangsgraph mit insgesamt drei Knotenklassen C_1, C_2 und C_3, rechts die Abbildung der Pfade ins relationale Schema dargestellt.

Eigenschaften des Graphen:

- Jeder Pfad in dem Graphen, der von einem Knoten aus C_1 zu einem Knoten aus C_n führt, besucht genau n Knoten.

- Der i-te Knoten eines Pfades stammt aus der Menge C_i.

Bestimmen der geltenden Normalform

Wenn wir annehmen, dass die Knoten eindeutig durchnummeriert sind und diese Nummern in der Relation benutzt werden, ist die erste Normalform natürlich erfüllt.

Die Wahl der Kanten ist nicht weiter als oben angegeben eingeschränkt.

$\Rightarrow$ Es gelten nur triviale funktionale Abhängigkeiten.

$\Rightarrow$ Die Boyce-Codd Normalform ist erfüllt und somit auch die 2. und 3. Normalform.

Darstellung als Graph: Darstellung als Relation:

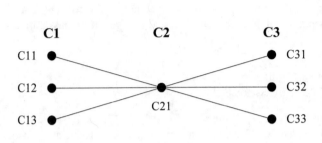

Pfade		
C1	**C2**	**C3**
C11	C21	C31
C12	C21	C31
C13	C21	C31
C11	C21	C32
C12	C21	C32
C13	C21	C32
C11	C21	C33
C12	C21	C33
C13	C21	C33

Abbildung 6.1: Abbildung von Pfaden in einem Graphen in ein relationales Modell

Welche MVDs gelten in dem gegebenen Schema?

Behauptung

$$\forall i, j \in \{1, \ldots, n\} : i \leq j \Rightarrow$$
$$\{C_i, \ldots, C_j\} \twoheadrightarrow \{C_1, \ldots, C_{i-1}\} \text{ und } \{C_i, \ldots, C_j\} \twoheadrightarrow \{C_{j+1}, \ldots, C_n\}$$

Beweis Sei $\alpha = \{C_i, \ldots, C_j\}$ mit i, j so wie oben angegeben, $\beta = \{C_1, \ldots, C_{i-1}\}$ und $\gamma = \{C_{j+1}, \ldots, C_n\}$.

Seien r, t zwei Tupel aus der Ausprägung der gegebenen Relation mit $r.\alpha = t.\alpha$. Wir betrachten nun die Tupel

$$x = [r.\beta, r.\alpha, t.\gamma] \text{ und } y = [t.\beta, r.\alpha, r.\gamma]$$

Um die Zugehörigkeit dieser Tupel zur Ausprägung R festzustellen, muss man überprüfen, ob die Kanten, die durch die neuen Tupel an den „Bruchstücken" des Schemas eingefügt werden, auch vorher schon bestanden haben.

Es gilt nun, dass die Kante $[C_{i-1}, C_i]$ in x schon in r gegeben war und die Kante $[C_j, C_{j+1}]$ schon in t. Die Kante $[C_{i-1}, C_i]$ in y war schon in t gegeben und die Kante $[C_j, C_{j+1}]$ schon in r.

Folglich stellen x und y gültige Pfade in dem Graphen dar und gehören auch zur Ausprägung der Relation R.

Analog lässt sich die andere MVD zeigen. Diese gilt insbesondere auch wegen der Komplementregel.

Beispiel:

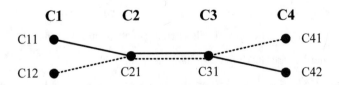

Wir betrachten nun $\{C_2, C_3\} \twoheadrightarrow \{C_1\}$.

Das Tupel des durchgezogenen Pfades: $[C11, C21, C31, C42]$

Das Tupel des punktierten Pfades: $[C12, C21, C31, C41]$

Gültige Pfade sind aber auch $[C11, C21, C31, C41]$ und $[C12, C21, C31, C42]$. $\qquad\square$

Überführen in die vierte Normalform

Es gilt, wie oben gezeigt, folgende MVD:

$$\{C_2\} \twoheadrightarrow \{C_1\}$$

Daher werden nach dem Dekompositionsalgorithmus die beiden Relationen

$$\{[C_1, C_2]\} \text{ und } \{[C_2, \dots, C_n]\}$$

generiert. Für die Relation $\{[C_2, \dots, C_n]\}$ müssen nach der Aufteilung die geltenden MVDs neu ermittelt werden. Da die Relation einen Subgraphen des gegebenen Graphen beschreibt, gelten analoge Bedingungen wie für die ursprüngliche Relation. Insbesondere gilt die MVD:

$$\{C_3\} \twoheadrightarrow \{C_2\}$$

Die erneute Anwendung des Dekompositionsalgorithmus ergibt folglich:

$$\{[C_1, C_2]\}, \{[C_2, C_3]\} \text{ und } \{[C_3, \dots, C_n]\}$$

Die Iteration dieses Vorgangs liefert also letztendlich folgendes relationale Schema:

$$\{[C_1, C_2]\}, \{[C_2, C_3]\}, \dots, \{[C_{n-1}, C_n]\}$$

Aufgabe 6.10

Eine Zerlegung eines Relationenschemas $\mathcal{R}$ in zwei Teil-Schemata $\mathcal{R}_1$ und $\mathcal{R}_2$ ist verlustlos, wenn

- $\mathcal{R}_1 \cap \mathcal{R}_2 \rightarrow \mathcal{R}_1$ oder

- $\mathcal{R}_1 \cap \mathcal{R}_2 \rightarrow \mathcal{R}_2$

gilt. Beweisen Sie dies.

Sei $\mathcal{R} = (\alpha, \beta, \gamma)$. O.B.d.A. gelte $\alpha \rightarrow \beta$.

Zerlegung in $\mathcal{R}_1 = (\alpha, \beta)$ und $\mathcal{R}_2 = (\alpha, \gamma)$.

Behauptung $R = R_1 \bowtie R_2$ für eine Ausprägung R und entsprechende Teilrelationen $R_1 = \Pi_{\mathcal{R}_1}(R)$ und $R_2 = \Pi_{\mathcal{R}_2}(R)$.

Beweis

"$\subseteq$" Es sei $(a, b, c) \in R$, dann ist $(a, b) \in \Pi_{\alpha,\beta}R = R_1$ und $(a, c) \in \Pi_{\alpha,\gamma}R = R_2$. Damit gilt, dass $(a, b, c) \in R_1 \bowtie R_2$.

"$\supseteq$" Es sei $(a, b, c) \in R_1 \bowtie R_2$. Dann gibt es $(a, b) \in R_1$ und $(a, c) \in R_2$. Somit muss es $(a, b, c') \in R$ und $(a, b', c) \in R$ geben.

Da $\alpha \rightarrow \beta$ gilt, folgt damit insbesondere, dass $b = b'$ und damit, dass $(a, b, c) \in R$.

$\square$

Aufgabe 6.11

Eine MVD $\alpha \twoheadrightarrow \beta$ bezogen auf $\mathcal{R} \supseteq \alpha \cup \beta$ heißt trivial, wenn *jede* mögliche Ausprägung R von $\mathcal{R}$ diese MVD erfüllt. Beweisen Sie, dass $\alpha \twoheadrightarrow \beta$ trivial ist, genau dann wenn

1. $\beta \subseteq \alpha$ oder

2. $\alpha \cup \beta = \mathcal{R}$

gilt. Beachten Sie, dass funktionale Abhängigkeiten nur unter der ersten Bedingung trivial sind.

Wie in Abschnitt 6.10 [Kemper und Eickler (2011)] beschrieben, ist $\alpha \twoheadrightarrow \beta$ eine mehrwertige Abhängigkeit (MVD), wenn in jeder gültigen Ausprägung von $\mathcal{R}$ gilt: Für jedes Paar von Tupeln t_1 und t_2 mit $t_1.\alpha = t_2.\alpha$ existieren zwei weitere Tupel t_3 und t_4 mit folgenden Eigenschaften:

	R		
	α	β	γ
t_1	□	◇	△
t_2	□	◆	▲
t_3	□	◇	▲
t_4	□	◆	△

$$
\begin{aligned}
t_1.\alpha &= t_2.\alpha = t_3.\alpha = t_4.\alpha \\
t_3.\beta &= t_1.\beta \\
t_3.\gamma &= t_2.\gamma \\
t_4.\beta &= t_2.\beta \\
t_4.\gamma &= t_1.\gamma
\end{aligned}
\tag{1}
$$

Beweis

„$\Leftarrow$" 1. Fall: $\beta \subseteq \alpha$

Sei also eine beliebige gültige Ausprägung R von $\mathcal{R}$ gegeben. Seien t_1, t_2 zwei Tupel in R mit $t_1.\alpha = t_2.\alpha$. Wegen $\beta \subseteq \alpha$ gilt:

$$t_1.\beta = \Pi_\beta(t_1.\alpha) = \Pi_\beta(t_2.\alpha) = t_2.\beta$$

Setze $t_3 = t_2$ und $t_4 = t_1$, dann ist obige Definition (1) erfüllt.

2. Fall: $\alpha \cup \beta = \mathcal{R}$

Sei R eine gültige Ausprägung von $\mathcal{R} = \{\alpha, \beta, \gamma\}$ und $t_1, t_2 \in R$ mit $t_1.\alpha = t_2.\alpha$. Setze wieder $t_3 = t_2$ und $t_4 = t_1$. Da $\gamma = \emptyset$ ist, sind damit die Bedingungen von Definition (1) erfüllt.

„$\Rightarrow$" Sei $\alpha \longrightarrow\!\!\!\!\rightarrow \beta$ eine mehrwertige Abhängigkeit, wobei $\beta \not\subseteq \alpha$ und $\mathcal{R} \neq \alpha \cup \beta$. Dann kann eine gültige Ausprägung von $\mathcal{R}$ erstellt werden, die $\alpha \longrightarrow\!\!\!\!\rightarrow \beta$ verletzt. Sei $\beta' = \beta - \alpha$ und a eine Ausprägung von α. Seien ferner b_1, b_2 zwei Ausprägungen von β' und c_1, c_2 gültige Ausprägungen von $\gamma = \mathcal{R} - (\alpha \cup \beta) \neq \emptyset$ mit $b_1 \neq b_2$ und $c_1 \neq c_2$, was praktisch immer erfüllbar ist. Dann verletzt folgende gültige Ausprägung R $\alpha \longrightarrow\!\!\!\!\rightarrow \beta$:

R		
α	β'	γ
a	b_1	c_1
a	b_2	c_2

$\square$

Aufgabe 6.12

Eine Zerlegung eines Relationenschemas $\mathcal{R}$ in zwei Teil-Schemata $\mathcal{R}_1$ und $\mathcal{R}_2$ ist genau dann verlustlos, wenn

- $\mathcal{R}_1 \cap \mathcal{R}_2 \longrightarrow\!\!\!\!\rightarrow \mathcal{R}_1$ oder

- $\mathcal{R}_1 \cap \mathcal{R}_2 \longrightarrow\!\!\!\!\rightarrow \mathcal{R}_2$

gilt. Beweisen Sie dies.

Gegeben sei eine Zerlegung des Relationenschemas $\mathcal{R}$ in $\mathcal{R}_1$ und $\mathcal{R}_2$ mit $\mathcal{R}_1 \cap \mathcal{R}_2 \neq \emptyset$. Sei R eine beliebige gültige Ausprägung von $\mathcal{R}$. R wird in R_1 und R_2 zerlegt mit $R_1 = \Pi_{\mathcal{R}_1}(R)$ und $R_2 = \Pi_{\mathcal{R}_2}(R)$.

Die Bedingung für eine verlustlose Zerlegung lautet: $R = R_1 \bowtie R_2$.

Behauptung 1 (Zwischenbehauptung) $\mathcal{R}_1 \cap \mathcal{R}_2 \longrightarrow\!\!\!\!\rightarrow \mathcal{R}_1 \Rightarrow \mathcal{R}_1 \cap \mathcal{R}_2 \longrightarrow\!\!\!\!\rightarrow \mathcal{R}_2$

Beweis

$$\mathcal{R}_1 \cap \mathcal{R}_2 \longrightarrow\!\!\!\!\rightarrow \mathcal{R}_1$$

$$\text{Komplementregel} \Rightarrow \mathcal{R}_1 \cap \mathcal{R}_2 \longrightarrow\!\!\!\!\rightarrow \mathcal{R} - \mathcal{R}_1$$

$$\Rightarrow \mathcal{R}_1 \cap \mathcal{R}_2 \longrightarrow\!\!\!\!\rightarrow \underbrace{\mathcal{R}}_{\mathcal{R}_1 \cup \mathcal{R}_2} - ((\mathcal{R}_1 \cap \mathcal{R}_2) \cup \mathcal{R}_1)$$

$$\Rightarrow \mathcal{R}_1 \cap \mathcal{R}_2 \longrightarrow\!\!\!\!\rightarrow \mathcal{R}_2 - (\mathcal{R}_1 \cap \mathcal{R}_2)$$

$$\text{mehrwertige Verstärkung mit } \mathcal{R}_1 \cap \mathcal{R}_2 \Rightarrow \mathcal{R}_1 \cap \mathcal{R}_2 \longrightarrow\!\!\!\!\rightarrow \mathcal{R}_2$$

$\square$

Behauptung 2 Die Behauptung ist nun:

$$\text{Die Zerlegung ist verlustlos} \Leftrightarrow \mathcal{R}_1 \cap \mathcal{R}_2 \longrightarrow\!\!\!\!\rightarrow \mathcal{R}_1 \vee \mathcal{R}_1 \cap \mathcal{R}_2 \longrightarrow\!\!\!\!\rightarrow \mathcal{R}_2$$

Beweis Abkürzungen:
$$\alpha = \mathcal{R}_1 \setminus (\mathcal{R}_1 \cap \mathcal{R}_2)$$
$$\beta = \mathcal{R}_1 \cap \mathcal{R}_2$$
$$\gamma = \mathcal{R}_2 \setminus (\mathcal{R}_1 \cap \mathcal{R}_2)$$

„$\Leftarrow$" Aufgrund von Behauptung 1 gelten beide MVDs. Zu zeigen ist: $R = R_1 \bowtie R_2$

Offensichtlich gilt: $R \subseteq R_1 \bowtie R_2$

Es bleibt zu zeigen: $R \supseteq R_1 \bowtie R_2$

Sei $r \in R_1 \bowtie R_2$.

$\Rightarrow \exists r_1 \in R_1, r_2 \in R_2 : r.(\alpha \cup \beta) = r_1 \wedge r.(\beta \cup \gamma) = r_2$

$\Rightarrow \exists s_1, s_2 \in R : s_1.(\alpha \cup \beta) = r_1 \wedge s_2.(\beta \cup \gamma) = r_2 \wedge s_1.\beta = s_2.\beta$

Wegen $\mathcal{R}_1 \cap \mathcal{R}_2 \twoheadrightarrow \mathcal{R}_1$ bzw. $\beta \twoheadrightarrow \alpha\beta$ gilt:

$$r = [s_1.\alpha, s_1.\beta, s_2.\gamma] \in R$$

„$\Rightarrow$" Es gilt $R = R_1 \bowtie R_2$. Zu zeigen: $\mathcal{R}_1 \cap \mathcal{R}_2 \twoheadrightarrow \mathcal{R}_1$

Seien $r_1, r_2 \in R$ mit $r_1.\beta = r_2.\beta$.

$\Rightarrow r_1.(\alpha \cup \beta), r_2.(\alpha \cup \beta) \in R_1 \wedge r_1.(\beta \cup \gamma), r_2.(\beta \cup \gamma) \in R_2$

$\Rightarrow \exists r_3, r_4 \in R_1 \bowtie R_2 :$

$$r_1.\beta = r_2.\beta = r_3.\beta = r_4.\beta \wedge$$
$$r_3.\alpha = r_1.\alpha \wedge r_3.\gamma = r_2.\gamma \wedge$$
$$r_4.\alpha = r_2.\alpha \wedge r_4.\gamma = r_1.\gamma$$

Wegen der Verlustlosigkeit gilt: $r_3, r_4 \in R$.

Es gilt daher in R: $\beta \twoheadrightarrow \alpha$.

Mittels mehrwertiger Verstärkung mit β ergibt sich dann, dass in R gilt:

$$\beta \twoheadrightarrow \alpha\beta \qquad \text{oder anders ausgedrückt:} \qquad \mathcal{R}_1 \cap \mathcal{R}_2 \twoheadrightarrow \mathcal{R}_1$$

$\square$

Aufgabe 6.13

Beweisen Sie, dass die Zerlegung eines Relationenschemas $\mathcal{R}$ in n Teilschemata $\mathcal{R}_1, \ldots, \mathcal{R}_n$ verlustlos ist, wenn $\mathcal{R}$ verlustlos in die zwei Teil-Schemata $\mathcal{R}_1$ und $\mathcal{R}_2'$, $\mathcal{R}_2'$ verlustlos in die zwei Teilschemata $\mathcal{R}_2$ und $\mathcal{R}_3'$ usw. zerlegt wurde.

Behauptung Sei $\mathcal{R}_1, \ldots, \mathcal{R}_n$ eine Zerlegung des Relationenschemas $\mathcal{R}$, die iterativ, wie in der Aufgabenstellung beschrieben, gewonnen wurde. Dann gilt für eine gültige Ausprägung R von $\mathcal{R}$, dass $R = R_1 \bowtie \ldots \bowtie R_n$, wobei für alle i mit $1 \leq i \leq n$: $R_i = \Pi_{\mathcal{R}_i}(R)$.

Beweis Durch Induktion über n.

$n = 2$:

Für $n = 2$ ist die Behauptung offensichtlich richtig, da $\mathcal{R}$ gemäß der Aufgabenstellung verlustlos in $\mathcal{R}_1$ und $\mathcal{R}_2$ zerlegt wird.

$n - 1 \to n$:

$\mathcal{R}$ wird nach Induktionsvoraussetzung verlustlos in $\mathcal{R}_1, \ldots, \mathcal{R}'_{n-1}$ zerlegt. Anschließend wird $\mathcal{R}'_{n-1}$ verlustlos in $\mathcal{R}_{n-1}$ und $\mathcal{R}_n$ zerlegt. Sei R eine beliebige gültige Ausprägung von $\mathcal{R}$, die gemäß der Zerlegung aufgeteilt wird in $R_1, R_2, \ldots, R_{n-1}, R_n$. Dann gilt

$$((\ldots(R_1 \bowtie R_2) \bowtie \ldots \bowtie R_{n-1}) \bowtie R_n)$$

$$\text{Assoziativität } \bowtie \; = R_1 \bowtie (R_2 \bowtie (\ldots \bowtie (\underbrace{R_{n-1} \bowtie R_n}_{\text{verlustlose Zerlegung von } R'_{n-1}}) \ldots))$$

$$= R_1 \bowtie (R_2 \bowtie (\ldots \bowtie R'_{n-1}) \ldots)$$

$$\text{Induktionsvoraussetzung } = R$$

$\square$

Aufgabe 6.14

Zeigen Sie die Korrektheit der drei zusätzlichen Ableitungsregeln für MVDs:

- *Mehrwertige Vereinigung*: Sei $\alpha \twoheadrightarrow \beta$ und $\alpha \twoheadrightarrow \gamma$. Dann gilt $\alpha \twoheadrightarrow \gamma\beta$.

- *Schnittmenge*: Sei $\alpha \twoheadrightarrow \beta$ und $\alpha \twoheadrightarrow \gamma$. Dann gilt $\alpha \twoheadrightarrow \beta \cap \gamma$.

- *Differenz*: Sei $\alpha \twoheadrightarrow \beta$ und $\alpha \twoheadrightarrow \gamma$. Dann gilt $\alpha \twoheadrightarrow \beta - \gamma$ und $\alpha \twoheadrightarrow \gamma - \beta$.

Diese drei Regeln lassen sich aus den anderen Regeln ableiten. Sie sind also für die Vollständigkeit nicht notwendig.

Gegeben sei das relationale Schema $\mathcal{R}$ mit α, β und $\gamma \subseteq \mathcal{R}$. Die verbleibende Attributmenge sei δ, d.h. $\delta = \mathcal{R} - (\alpha \cup \beta \cup \gamma)$.

Behauptung 1 Mehrwertige Vereinigung

Sei $\alpha \twoheadrightarrow \beta$ und $\alpha \twoheadrightarrow \gamma$. Dann gilt $\alpha \twoheadrightarrow \gamma\beta$.

Beweis Es sei R eine gültige Ausprägung von $\mathcal{R}$, in der $\alpha \twoheadrightarrow \beta$ und $\alpha \twoheadrightarrow \gamma$ gelten. Seien r, s beliebige Tupel aus R, für die gilt: $r.\alpha = s.\alpha$. Wir nehmen an, $\alpha \twoheadrightarrow \gamma\beta$ gilt nicht, im Speziellen also, dass es ein Tupel u gibt

$$u.\alpha = r.\alpha = s.\alpha \tag{1}$$

$$u.\gamma\beta = r.\gamma\beta \tag{2}$$

$$u.\delta = s.\delta \tag{3}$$

das nicht in R enthalten ist. Wir werden zeigen, dass dies im Widerspruch zu $\alpha \twoheadrightarrow \beta$ und $\alpha \twoheadrightarrow \gamma$ steht. Wegen dieser beiden MVDs gibt es ein $w \in R$, für das gilt:

$$w.\alpha = r.\alpha = s.\alpha \tag{4}$$

$$w.\beta = r.\beta \tag{5}$$

$$w.\gamma\delta = s.\gamma\delta \tag{6}$$

Weiterhin gibt es ein $q \in R$ mit:

$$q.\alpha = r.\alpha = s.\alpha \tag{7}$$
$$q.\gamma = r.\gamma \tag{8}$$
$$q.\beta\delta = s.\beta\delta \tag{9}$$

Da $w.\alpha = q.\alpha$ und $\alpha \longrightarrow\!\!\!\!\rightarrow \beta$ gilt, muss es ein $z \in R$ geben mit

$$z.\alpha = w.\alpha = q.\alpha \tag{10}$$
$$z.\beta = w.\beta \tag{11}$$
$$z.\gamma\delta = q.\gamma\delta \tag{12}$$

Dieses z ist aber identisch mit u, denn

$$z.\alpha = w.\alpha = r.\alpha = u.\alpha \qquad \text{wegen (10) und (4)}$$
$$z.\beta = w.\beta = r.\beta = u.\beta \qquad \text{wegen (11) und (5)}$$
$$z.\gamma = q.\gamma = r.\gamma = u.\gamma \qquad \text{wegen (12) und (8)}$$
$$z.\delta = q.\delta = s.\delta = u.\delta \qquad \text{wegen (12) und (9)}$$

Also muss $u \in R$ sein. Abbildung 6.2(a) veranschaulicht diese Überlegungen, d.h. die Art und Weise, wie die Tupel w, q und u bzw. z konstruiert werden.   □

Behauptung 2 Schnittmenge

Sei $\alpha \longrightarrow\!\!\!\!\rightarrow \beta$ und $\alpha \longrightarrow\!\!\!\!\rightarrow \gamma$. Dann gilt $\alpha \longrightarrow\!\!\!\!\rightarrow \beta \cap \gamma$.

Beweis Sei R eine gültige Ausprägung von $\mathcal{R}$, in der $\alpha \longrightarrow\!\!\!\!\rightarrow \beta$ und $\alpha \longrightarrow\!\!\!\!\rightarrow \gamma$ gelten, nicht aber $\alpha \longrightarrow\!\!\!\!\rightarrow \beta \cap \gamma$. Seien r und s Tupel aus R mit $r.\alpha = s.\alpha$.

Angenommen, es gibt ein Tupel u mit

$$u.\alpha = r.\alpha = s.\alpha \tag{13}$$
$$u.\beta \cap \gamma = r.\beta \cap \gamma \tag{14}$$
$$u.\mathcal{R} - \alpha - (\beta \cap \gamma) = s.\mathcal{R} - \alpha - (\beta \cap \gamma) \tag{15}$$

das nicht in R ist. Da $\alpha \longrightarrow\!\!\!\!\rightarrow \beta$ gilt, muss das Tupel w mit

$$w.\alpha = r.\alpha = s.\alpha \tag{16}$$
$$w.\beta = r.\beta \tag{17}$$
$$w.\mathcal{R} - \alpha\beta = s.\mathcal{R} - \alpha\beta \tag{18}$$

in R enthalten sein. Da $\alpha \longrightarrow\!\!\!\!\rightarrow \gamma$ gilt, muss auch das Tupel q mit

$$q.\alpha = r.\alpha = s.\alpha \tag{19}$$
$$q.\gamma = r.\gamma \tag{20}$$
$$q.\mathcal{R} - \alpha\gamma = s.\mathcal{R} - \alpha\gamma \tag{21}$$

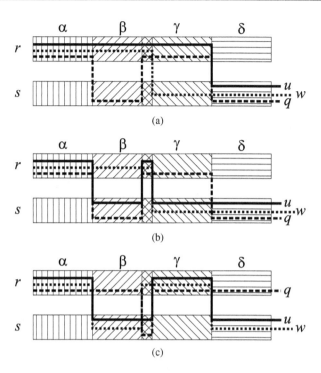

Abbildung 6.2: Veranschaulichung der Beweisführung für den Korrektheitsnachweis zusätzlicher Ableitungsregeln für MVDs

in R enthalten sein. Da $w.\alpha = q.\alpha$ und $\alpha \longrightarrow\!\!\!\rightarrow \beta$ gilt, muss es ein $z \in R$ geben mit

$$z.\alpha = w.\alpha = q.\alpha \tag{22}$$
$$z.\beta = q.\beta \tag{23}$$
$$z.\mathcal{R} - \alpha\beta = w.\mathcal{R} - \alpha\beta \tag{24}$$

Dieses z ist aber identisch mit u, wie man auch aus Abbildung 6.2(b) ableiten kann, denn:

- $z.\alpha = r.\alpha = u.\alpha$, wegen (22) und (16)
- $z.\beta \cap \gamma = r.\beta \cap \gamma = u.\beta \cap \gamma$ wegen (23) und (20)
- $z.\mathcal{R} - \alpha - (\beta \cap \gamma) = u.\mathcal{R} - \alpha - (\beta \cap \gamma)$, denn:
  - $z.\delta = s.\delta$, wegen (24) und (18)
  - $z.\beta - \gamma = s.\beta - \gamma$, wegen (23) und (21)
  - $z.\gamma - \beta = s.\gamma - \beta$, wegen (24) und (18)

Also muss $u \in R$ sein.   □

Behauptung 3 Differenz

Sei $\alpha \longrightarrow\!\!\!\!\!\rightarrow \beta$ und $\alpha \longrightarrow\!\!\!\!\!\rightarrow \gamma$. Dann gilt $\alpha \longrightarrow\!\!\!\!\!\rightarrow \beta - \gamma$ und $\alpha \longrightarrow\!\!\!\!\!\rightarrow \gamma - \beta$.

Beweis Sei wiederum R eine gültige Ausprägung von $\mathcal{R}$, für die $\alpha \longrightarrow\!\!\!\!\!\rightarrow \beta$ und $\alpha \longrightarrow\!\!\!\!\!\rightarrow \gamma$, nicht jedoch $\alpha \longrightarrow\!\!\!\!\!\rightarrow \gamma - \beta$ gilt ($\alpha \longrightarrow\!\!\!\!\!\rightarrow \beta - \gamma$ kann analog analysiert werden – es genügt einen Fall zu betrachten). Dann gibt es Tupel r und s mit $r.\alpha = s.\alpha$. Angenommen, es gibt ein Tupel u mit

$$u.\alpha = r.\alpha = s.\alpha \tag{25}$$

$$u.\gamma - \beta = r.\gamma - \beta \tag{26}$$

$$u.\mathcal{R} - \alpha - (\gamma - \beta) = s.\mathcal{R} - \alpha - (\gamma - \beta) \tag{27}$$

das nicht in R ist. Da $\alpha \longrightarrow\!\!\!\!\!\rightarrow \gamma$ gilt, muss das Tupel w mit

$$w.\alpha = r.\alpha = s.\alpha \tag{28}$$

$$w.\gamma = r.\gamma \tag{29}$$

$$w.\mathcal{R} - \alpha\gamma = s.\mathcal{R} - \alpha\gamma \tag{30}$$

in R enthalten sein. Da die MVDs $\alpha \longrightarrow\!\!\!\!\!\rightarrow \beta$ und $\alpha \longrightarrow\!\!\!\!\!\rightarrow \gamma$ gelten, folgt nach Behauptung 2, dass auch $\alpha \longrightarrow\!\!\!\!\!\rightarrow \beta \cap \gamma$ gilt. Damit muss das Tupel q mit

$$q.\alpha = r.\alpha = s.\alpha \tag{31}$$

$$q.\beta \cap \gamma = s.\beta \cap \gamma \tag{32}$$

$$q.\mathcal{R} - \alpha - (\beta \cap \gamma) = r.\mathcal{R} - \alpha - (\beta \cap \gamma) \tag{33}$$

in R enthalten sein. Wegen $w.\alpha = q.\alpha$ und $\alpha \longrightarrow\!\!\!\!\!\rightarrow \gamma$, gibt es ein $z \in R$, für das gilt:

$$z.\alpha = w.\alpha = q.\alpha \tag{34}$$

$$z.\gamma = q.\gamma \tag{35}$$

$$z.\mathcal{R} - \alpha\gamma = w.\mathcal{R} - \alpha\gamma \tag{36}$$

Damit gilt aber, dass z identisch mit u ist, denn:

- $z.\alpha = r.\alpha = u.\alpha$, wegen (34) und (28)
- $z.\gamma - \beta = q.\gamma - \beta = r.\gamma - \beta = u.\gamma - \beta$, wegen (35) und (33)
- $z.\mathcal{R} - \alpha - (\gamma - \beta) = s.\mathcal{R} - \alpha - (\gamma - \beta) = u.\mathcal{R} - \alpha - (\gamma - \beta)$; dies folgt aus:
  - $z.\mathcal{R} - \alpha\gamma = w.\mathcal{R} - \alpha\gamma = s.\mathcal{R} - \alpha\gamma$, siehe (36) und (30)
  - $z.\beta \cap \gamma = q.\beta \cap \gamma = s.\beta \cap \gamma$ nach (35) und (32).

Damit ist $u \in R$. Man kann sich die Beweisführung mit Hilfe von Abbildung 6.2(c) veranschaulichen. $\qquad\qquad\square$

Aufgabe 6.15

Es gibt verlustlose Zerlegungen einer nicht-leeren Relation R in R_1, R_2, R_3, ohne dass überhaupt irgendwelche nicht-trivialen MVDs in der Relationenausprägung erfüllt sind. Begründen Sie, warum dies keinen Widerspruch zu dem in Übungsaufgabe 6.12 bewiesenen Satz darstellt.

Geben Sie ein Beispiel für eine derartige Relation und deren Zerlegung in drei Teilrelationen an.

Wir betrachten als Beispiel die Relation *Biertrinker*, die auch schon in Abschnitt 6.5.1 [Kemper und Eickler (2011)] eingeführt worden ist. Eine (leicht variierte) Ausprägung dieser Relation ist:

Biertrinker		
Kneipe	Gast	Bier
Kowalski	Kemper	Pils
Kowalski	Eickler	Hefeweizen
Innsteg	Kemper	Hefeweizen
Kowalski	Kemper	Hefeweizen

Wir nehmen hier jedoch an, dass kein Zusammenhang zwischen {*Kneipe, Gast*} und *Bier* besteht. Dies bedeutet, dass Kemper in der Kneipe Kowalski auch mal ein Hefeweizen trinken kann.

Für die Relation *Biertrinker* gelten keine nicht-trivialen MVDs (siehe auch Aufgabe 6.11). Es gibt damit auch insbesondere keine FDs, die von dieser Ausprägung erfüllt werden.

Wir zerlegen diese Ausprägung in drei Teilrelationen: *Besucht* $= \Pi_{Kneipe, Gast}(Biertrinker)$, *BietetAn* $= \Pi_{Kneipe, Bier}(Biertrinker)$ und *Trinkt* $= \Pi_{Gast, Bier}(Biertrinker)$:

Besucht			BietetAn			Trinkt	
Kneipe	Gast		Kneipe	Bier		Gast	Bier
Kowalski	Kemper		Kowalski	Pils		Kemper	Pils
Kowalski	Eickler		Kowalski	Hefeweizen		Eickler	Hefeweizen
Innsteg	Kemper		Innsteg	Hefeweizen		Kemper	Hefeweizen

Dann ergibt sich für *Besucht* $\bowtie$ *BietetAn*

Besucht$\bowtie$BietetAn		
Kneipe	Gast	Bier
Kowalski	Kemper	Pils
Kowalski	Eickler	Pils
Kowalski	Kemper	Hefeweizen
Kowalski	Eickler	Hefeweizen
Innsteg	Kemper	Hefeweizen

Die Zerlegung der Relation *Biertrinker* in die zwei Teil-Schemata *Besucht* und *BietetAn* ist somit nicht verlustlos. Es gilt (vgl. Aufgabe 6.12):

$$\mathbf{sch}(Besucht) \cap \mathbf{sch}(Trinkt) \twoheadrightarrow\!\!\!\!/\,\, \mathbf{sch}(Besucht)$$
$$\mathbf{sch}(Besucht) \cap \mathbf{sch}(Trinkt) \twoheadrightarrow\!\!\!\!/\,\, \mathbf{sch}(Trinkt)$$

Ähnlich verhält es sich, wenn man *Biertrinker* in nur *Besucht* und *Trinkt* oder alternativ in nur *BietetAn* und *Trinkt* zerlegt.

Bei der Zerlegung in die vorgestellten drei Teilschemata rekonstruiert man die ursprüngliche Relation *Biertrinker* durch:

$$(\text{Besucht} \bowtie \text{BietetAn}) \bowtie \text{Trinkt} = \text{Biertrinker}$$

Diese Verlustlosigkeit ist kein Widerspruch zu dem in Aufgabe 6.12 bewiesenen Theorem, da sich das Theorem auf die Zerlegung einer Relation in nur zwei Teilschemata bezog.

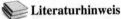 **Literaturhinweis**

In der Literatur wird dies allgemein als *Join-Abhängigkeit* (engl. *Join Dependency*) bezeichnet. Eine Join-Abhängigkeit besagt, dass eine Relation, nachdem sie in mehrere Teil-Schemata zerlegt wurde, wieder durch natürliche Verbundoperationen über die Teilrelationen zurückgewonnen werden kann. Das Konzept der Join-Abhängigkeit bildet auch die Grundlage für die Definition einer fünften Normalform (5NF), wie sie von Fagin (1977) und Fagin (1979) vorgestellt wurde.

Aufgabe 6.16

Betrachten Sie folgendes Schema:

ProfessorenAllerlei : {[PersNr, Name, Rang, Raum, VorlNr, VorlTag, Hörsaal
AssiPersNr, AssiName, DiplomandenMatrNr]}

Dieses Schema erfüllt sicherlich nicht unsere Qualitätsanforderungen.
In welcher Normalform ist das Schema?

- Bestimmen Sie die FDs.

- Bestimmen Sie den/die Kandidatenschlüssel.

- Bestimmen Sie die MVDs.

- Bringen Sie diese Relation in die dritte Normalform.

- Erfüllt das gerade erhaltene 3NF-Schema schon die „schärfere" BCNF?
  Wenn nein, überführen Sie das 3NF-Schema in ein BCNF-Schema.

- Überführen Sie das ursprüngliche Schema in die 4NF.

- Bringen Sie das vorher hergeleitete BCNF-Schema in die vierte Normalform und vergleichen Sie das Ergebnis mit dem 4NF-Schema, das aus dem ursprünglichen Schema generiert wurde.

Bestimmen der FDs und möglichen Kandidatenschlüssel:

In unserem Universitätsbeispiel wollen wir folgende Konsistenzbedingungen realisiert haben:

- Professoren und Assistenten sind eindeutig über ihre Personalnummer identifiziert (FD 1 und 5).

- Professoren haben ein fest zugeordnetes Büro (FD 1) und müssen sich dieses auch nicht mit anderen teilen (FD 2).

- Vorlesungen werden immer von demselben Dozenten / derselben Dozentin gehalten (FD 3).

- Zu einer Vorlesung kann es nicht mehrere Termine am selben Tag geben (FD 4).

- Jeder Diplomand wird von einem Assistenten betreut (FD 6).

Die entsprechenden funktionalen Abhängigkeiten sehen wie folgt aus:

$$\{\text{PersNr}\} \rightarrow \{\text{Name, Rang, Raum}\} \tag{1}$$
$$\{\text{Raum}\} \rightarrow \{\text{PersNr}\} \tag{2}$$
$$\{\text{VorlNr}\} \rightarrow \{\text{PersNr}\} \tag{3}$$
$$\{\text{VorlNr, VorlTag}\} \rightarrow \{\text{Hörsaal}\} \tag{4}$$
$$\{\text{AssiPersNr}\} \rightarrow \{\text{AssiName, PersNr}\} \tag{5}$$
$$\{\text{DiplomandenMatrNr}\} \rightarrow \{\text{AssiPersNr}\} \tag{6}$$

Kandidatenschlüssel: {VorlTag, VorlNr, DiplomandenMatrNr}

Eingehaltene Normalform: Das gegebene Relationenschema erfüllt noch nicht einmal die 2. Normalform, da z.B. *AssiPersNr* nicht **voll funktional** von dem Kandidatenschlüssel abhängt.

Bestimmen der MVDs:

$$\{\text{PersNr}\} \twoheadrightarrow \{\text{VorlNr, VorlTag, Hörsaal}\} \tag{7}$$
$$\{\text{PersNr}\} \twoheadrightarrow \{\text{AssiPersNr, AssiName, DiplomandenMatrNr}\} \tag{8}$$
$$\{\text{AssiPersNr}\} \twoheadrightarrow \{\text{DiplomandenMatrNr}\} \tag{9}$$
$$\{\text{VorlNr}\} \twoheadrightarrow \{\text{VorlTag, Hörsaal}\} \tag{10}$$

Überführen des Schemas in die 3. Normalform:

1. Bestimmung der kanonischen Überdeckung: Ist bereits gegeben.

2. Generieren der Relationen anhand der FDs:

$$\text{aus FD (1) und FD (2)} \Rightarrow \text{Professoren} : \{[\underline{\text{PersNr}}, \text{Name, Rang, Raum}]\}$$
$$\text{aus FD (3)} \Rightarrow \text{lesen} : \{[\underline{\text{VorlNr}}, \text{PersNr}]\}$$
$$\text{aus FD (4)} \Rightarrow \text{Veranstaltungen} : \{[\underline{\text{VorlNr, VorlTag}}, \text{Hörsaal}]\}$$
$$\text{aus FD (5)} \Rightarrow \text{Assistenten} : \{[\underline{\text{AssiPersNr}}, \text{AssiName, PersNr}]\}$$
$$\text{aus FD (6)} \Rightarrow \text{betreuen} : \{[\text{AssiPersNr}, \underline{\text{DiplomandenMatrNr}}]\}$$

3. Da keines der erzeugten Relationenschemata den ursprünglichen Kandidatenschlüssel enthält, wird eine weitere Relation generiert:

$$\text{VorlDipl} : \{[\underline{\text{VorlTag, VorlNr, DiplomandenMatrNr}}]\}$$

 Hinweis

Diese Relation wird man in einem realen System allerdings nicht umsetzen, da sie keine „sinnvolle" Information enthält. Es hat keinen Sinn, Diplomanden mit Vorlesungen in Beziehung zu setzen. Diese Relation entstand vielmehr aufgrund des ungünstig gewählten Ausgangsschemas.

4. Es können keine Relationenschemata zusammengefasst werden.

Die Relationen *Professoren*, *lesen*, *Veranstaltungen*, *Assistenten* und *betreuen* erfüllen die Boyce-Codd Normalform und sind auch in vierter Normalform (4NF), wie wir im Anschluss sehen werden:

Überführen in die 4. Normalform

1. Aufspalten anhand der MVD (7):

   - {[PersNr, Name, Rang, Raum, AssiPersNr, AssiName, DiplomandenMatrNr]}
   - {[PersNr, VorlNr, VorlTag, Hörsaal]}

2. Aufspalten anhand der MVD (8):

   - {[PersNr, Name, Rang, Raum]}
   - {[PersNr, AssiPersNr, AssiName, DiplomandenMatrNr]}
   - {[PersNr, VorlNr, VorlTag, Hörsaal]}

3. Aufspalten anhand der MVD (9) und MVD (10):

$$
\begin{aligned}
\text{Professoren} &: \{[\underline{\text{PersNr}}, \text{Name, Rang, Raum}]\}\\
\text{Assistenten} &: \{[\underline{\text{AssiPersNr}}, \text{AssiName, PersNr}]\}\\
\text{betreuen} &: \{[\underline{\text{AssiPersNr, DiplomandenMatrNr}}]\}\\
\text{lesen} &: \{[\underline{\text{VorlNr}}, \text{PersNr}]\}\\
\text{Veranstaltungen} &: \{[\underline{\text{VorlNr}}, \text{VorlTag, Hörsaal}]\}
\end{aligned}
$$

Jedes der Relationenschemata im letzten Schritt erfüllt die vierte Normalform. Somit endet der Dekompositionsalgorithmus hier. Das Schema in 3NF ist mit Ausnahme der Relation *VorlDipl* identisch mit dem in diesem Abschnitt erzeugten Relationenschema und ist somit auch in 4NF. *VorlDipl* beinhaltet aus Anwendungssicht keine relevante Semantik – stattdessen ist die Beziehung zwischen Veranstaltungen und Diplomanden eher unsinnig. Von daher ist das 4NF-Schema dem 3NF-Schema vorzuziehen. Für die letzte Teilaufgabe – Überführen des BCNF-Schemas in 4NF – muss nichts weiter getan werden, da das zuvor erstellte 3NF-Schema zugleich die BCNF und die 4NF erfüllt.

Aufgabe 6.17

Gegeben sei das folgende Schema:

- Familie: {[Opa, Oma, Vater, Mutter, Kind]}

Hierbei sei vereinfachend vorausgesetzt, dass Personen eindeutig durch ihren Vornamen identifiziert werden. Für ein Tupel [Theo, Martha, Herbert, Maria, Else] soll gelten, dass Theo und Martha entweder die Eltern von Herbert oder von Maria sind – die Großeltern werden also immer als Paar gespeichert, ohne dass ersichtlich ist, ob es die Großeltern väterlicher- oder mütterlicherseits sind. Wir gehen weiterhin davon aus, dass zu einem Kind immer beide Elternteile und beide Großeltern-Paare (also sowohl mütterlicherseits als auch väterlicherseits) bekannt sind.

- Bestimmen Sie alle FDs und MVDs.

  Beachten Sie die Komplementregel.

- Bestimmen Sie den Kandidatenschlüssel der Relation *Familie*.

- Führen Sie für das Schema alle möglichen Zerlegungen in die vierte Normalform durch.

Beispielausprägung

Als Beispiel betrachten wir den Stammbaum der griechischen Götter und Helden. Ein kleiner Ausschnitt davon ist in Abbildung 6.3 gezeigt und in nachfolgender Tabelle skizziert:

Familie				
Opa	Oma	Vater	Mutter	Kind
⋮	⋮	⋮	⋮	⋮
Kronos	Rheia	Zeus	Leto	Artemis
Kronos	Rheia	Zeus	Leto	Apollon
Koios	Phoibe	Zeus	Leto	Artemis
Koios	Phoibe	Zeus	Leto	Apollon
Kronos	Rheia	Zeus	Maia	Hermes
Atlas	Pleione	Zeus	Maia	Hermes
⋮	⋮	⋮	⋮	⋮

Bereits diese kleine Ausprägung zeigt, dass das Schema *Familie* nicht unsere Qualitätsanforderungen für einen guten Datenbankentwurf erfüllt, da Information (z.B. über die Großeltern) redundant abgespeichert wird.

Geltende funktionale Abhängigkeiten

Folgende funktionale Abhängigkeiten drücken bekannte Beziehungen zwischen Familienmitgliedern aus:

$$\{Kind\} \rightarrow \{Mutter, Vater\} \tag{1}$$

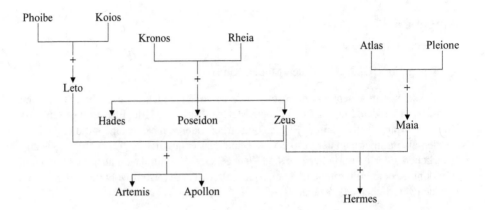

Abbildung 6.3: Ausschnitt aus dem Stammbaum der griechischen Götter und Helden

$$\{\text{Kind, Oma}\} \rightarrow \{\text{Opa}\} \qquad (2)$$
$$\{\text{Kind, Opa}\} \rightarrow \{\text{Oma}\} \qquad (3)$$

FD (1) drückt aus, dass Kinder eindeutig ihre Eltern bestimmen. FD (2) und FD (3) sagen aus, dass Kinder und ein Großelternteil (väterlicherseits oder mütterlicherseits) den zweiten Großelternteil eindeutig festlegen.

Ferner sind die folgenden funktionalen Abhängigkeiten gültig:

$$\{\text{Mutter, Vater, Opa}\} \rightarrow \{\text{Oma}\} \qquad (4)$$
$$\{\text{Mutter, Vater, Oma}\} \rightarrow \{\text{Opa}\} \qquad (5)$$

FD (4) und FD (5) sagen aus, dass Geschwister, die dieselben Eltern haben (also keine Halbgeschwister sind), auch dieselben Großeltern haben müssen. Ehe wir dazu übergehen, die geltenden mehrwertigen Abhängigkeiten zu bestimmen, wollen wir noch kurz auf die minimale Menge der funktionalen Abhängigkeiten eingehen. So gilt, dass sich FD (2) aus den funktionalen Abhängigkeiten FD (1) und FD (4) herleiten lässt, denn:

(FD (1))	$\{\text{Kind}\} \rightarrow \{\text{Mutter, Vater}\}$
(*Verstärkung*)	$\{\text{Kind, Opa}\} \rightarrow \{\text{Mutter, Vater, Opa}\}$
(*Transitivität* und FD (4))	$\{\text{Kind, Opa}\} \rightarrow \{\text{Oma}\}$

Analog kann FD (3) aus FD (1) und FD (5) hergeleitet werden. Wählen wir also $F_1 = \{\text{FD (1), FD (2), FD (3)}\}$ und $F_2 = \{\text{FD (1), FD (4), FD (5)}\}$, dann gilt

$$F_1^+ = \{\text{FD (1), FD (2), FD (3)}\}^+ \subsetneqq \{\text{FD (1), FD (2), FD (3), FD (4), FD (5)}\}^+ = F_2^+$$

Geltende mehrwertige Abhängigkeiten

Bei der Bestimmung der mehrwertigen Abhängigkeiten sollte man insbesondere die Komplementregel beachten. Diese besagt:

$$\alpha \twoheadrightarrow \beta \Rightarrow \alpha \twoheadrightarrow \mathcal{R} - \alpha - \beta.$$

Für das Stammbaumschema gelten folgende MVDs:

$$\{\text{Mutter, Vater}\} \twoheadrightarrow \{\text{Kind}\} \qquad (6)$$

{Mutter, Vater} $\twoheadrightarrow$ {Oma, Opa}	Komplementregel zu MVD (6)	(7)
{Kind} $\twoheadrightarrow$ {Oma, Opa}	Komplementregel zu FD (1)	(8)
{Kind, Oma} $\twoheadrightarrow$ {Mutter, Vater}	Komplementregel zu FD (2)	(9)
{Kind, Opa} $\twoheadrightarrow$ {Mutter, Vater}	Komplementregel zu FD (3)	(10)
{Mutter, Vater, Opa} $\twoheadrightarrow$ {Kind}	Komplementregel zu FD (4)	(11)
{Mutter, Vater, Oma} $\twoheadrightarrow$ {Kind}	Komplementregel zu FD (5)	(12)

Man erhält z.B. MVD (8) aus FD (1), indem man die Komplementregel anwendet: Es gilt nach FD (1) {*Kind*} $\rightarrow$ {*Mutter, Vater*}. Also insbesondere {*Kind*} $\twoheadrightarrow$ {*Mutter, Vater*}. Daraus folgt {*Kind*} $\twoheadrightarrow$ {*Oma, Opa*}.

Bestimmen der Kandidatenschlüssel

{*Kind, Oma*} und {*Kind, Opa*} sind Kandidatenschlüssel. Für beide ist die Attributhülle jeweils die komplette Familie. Diese Schlüsselkandidaten können nicht weiter verkleinert werden, da die Attributhülle von *Kind* {*Kind, Mutter, Vater*} und die Attributhülle von *Oma* nur {*Oma*} ist. Entsprechendes gilt für die Attributhülle von *Opa*, die {*Opa*} ist.

Überführen des Schemas in die 4. Normalform:

Als Nächstes bestimmen wir alle möglichen Zerlegungen der ursprünglichen *Familie*-Relation in relationale Schemata, die die 4. Normalform erfüllen. Ausgangspunkt ist also das vorgegebene Schema:

$$\text{Familie} \; : \; \{[\text{Opa, Oma, Vater, Mutter, Kind}]\}$$

- *Anwenden von FD* (1)

  FD (1) ist nicht trivial in *Familie*. Außerdem bestimmt {*Kind*} nicht die Relation *Familie* und {*Kind*} $\cap$ {*Mutter, Vater*} = $\emptyset$. Damit wird *Familie* aufgespalten in

  $$\text{KindEltern} \; : \; \{[\text{Kind, Vater, Mutter}]\}$$
  $$\text{KindGroßeltern} \; : \; \{[\text{Kind, Opa, Oma}]\}$$

  Sowohl *KindEltern* als auch *KindGroßeltern* sind in 4NF und es gilt

  $$\text{Familie} = \text{KindEltern} \bowtie \text{KindGroßeltern}$$

  MVD (8) kann analog angewendet werden.

- *Anwenden von FD* (2)

  FD (2) ist nicht trivial in *Familie*. Hier gilt aber {*Kind, Oma*} $\rightarrow$ *Familie*. Diese FD wird im Dekompositionsalgorithmus damit nicht weiter angewendet. Dasselbe trifft auf MVD (9) zu.

- *Anwenden von FD* (3)

  FD (3) ist nicht trivial in *Familie*. Hier gilt aber {*Kind, Opa*} $\rightarrow$ *Familie*. Diese FD wird im Dekompositionsalgorithmus damit nicht weiter angewendet. Dasselbe trifft auf MVD (10) zu.

- *Anwenden von FD (4)*

  FD (4) ist nicht trivial und *{Mutter, Vater, Opa}* ist kein Schlüssel der Relation *Familie*. Ein erster Dekompositionsschritt liefert

  $$\text{KindElternOpa} \; : \; \{[\text{Mutter, Vater, Opa, Kind}]\}$$
  $$\text{ElternGroßeltern} \; : \; \{[\text{Mutter, Vater, Opa, Oma}]\}$$

  KindElternOpa ist noch nicht in 4NF. Wendet man FD (1) an, so erhält man:

  $$\text{KindEltern} \; : \; \{[\text{Kind, Vater, Mutter}]\}$$
  $$\text{KindOpa} \; : \; \{[\text{Kind, Opa}]\}$$
  $$\text{ElternGroßeltern} \; : \; \{[\text{Mutter, Vater, Opa, Oma}]\}$$

  Zu demselben Ergebnis kommt man, wenn man zuerst MVD (11) anwendet

- *Anwenden von FD (5)*

  Analog zur zuvor vorgestellten Dekomposition erhält man als Zwischenergebnis:

  $$\text{KindElternOma} \; : \; \{[\text{Mutter, Vater, Oma, Kind}]\}$$
  $$\text{ElternGroßeltern} \; : \; \{[\text{Mutter, Vater, Opa, Oma}]\}$$

  Auf *KindElternOma* wendet man dann noch FD (1) an und erhält:

  $$\text{KindEltern} \; : \; \{[\text{Kind, Vater, Mutter}]\}$$
  $$\text{KindOma} \; : \; \{[\text{Kind, Oma}]\}$$
  $$\text{ElternGroßeltern} \; : \; \{[\text{Mutter, Vater, Opa, Oma}]\}$$

  Zu demselben Ergebnis kommt man, wenn man zuerst MVD (12) anwendet

- *Anwenden von MVD (6)*

  MVD (6) ist nicht trivial in *Familie*. Außerdem bestimmt *{Mutter, Vater}* nicht die Relation *Familie* vollständig und $\{Mutter, Vater\} \cap \{Kind\} = \emptyset$. Damit wird *Familie* aufgespalten in

  $$\text{KindEltern} \; : \; \{[\text{Kind, Vater, Mutter}]\}$$
  $$\text{ElternGroßeltern} \; : \; \{[\text{Mutter, Vater, Opa, Oma}]\}$$

  Sowohl *KindEltern* als auch *ElternGroßeltern* sind in 4NF und es gilt

  $$\text{Familie} = \text{KindEltern} \bowtie \text{ElternGroßeltern}$$

  MVD (7) kann analog angewendet werden.

Ergebnis

Die ursprüngliche Relation *Familie* kann bei Anwendung des Dekompositionsalgorithmus unter Anwendung der zuvor analysierten funktionalen und mehrwertigen Abhängigkeiten in vier mögliche Schemata, die jeweils in 4NF sind, überführt werden. Abbildung 6.4 gibt einen Überblick über die gezeigten Dekompositionsmöglichkeiten.

Mögliche Dekompositionen der Relation *Familie*

A Dekomposition durch Anwendung von FD (1) (bzw. MVD (8)) in
KindEltern und *KindGroßeltern*

B Dekomposition durch Anwendung von FD (4) (bzw. MVD (11)) und FD (1) in
KindEltern, *ElternGroßeltern* und *KindOpa*

C Dekomposition durch Anwendung von FD (5) (bzw. MVD (12)) und FD (1) in
KindEltern, *ElternGroßeltern* und *KindOma*

D Dekomposition durch Anwendung von MVD (6) (bzw. MVD (7)) in
KindEltern und *ElternGroßeltern*

Überblick über die möglichen Dekompositionen

	KindEltern		
	Vater	Mutter	Kind
A	:	:	:
B	Zeus	Leto	Artemis
C	Zeus	Leto	Apollon
	Zeus	Maia	Hermes
D	:	:	:

	ElternGroßeltern			
	Opa	Oma	Vater	Mutter
	:	:	:	:
B	Kronos	Rheia	Zeus	Leto
C	Koios	Phoibe	Zeus	Leto
	Kronos	Rheia	Zeus	Maia
D	Atlas	Pleione	Zeus	Maia
	:	:	:	:

	KindGroßeltern		
	Opa	Oma	Kind
A	:	:	:
	Kronos	Rheia	Artemis
	Kronos	Rheia	Apollon
	Koios	Phoibe	Artemis
	Koios	Phoibe	Apollon
	Kronos	Rheia	Hermes
	Atlas	Pleione	Hermes
	:	:	:

	KindOpa	
	Kind	Opa
	:	:
B	Artemis	Kronos
	Apollon	Kronos
	Artemis	Koios
	Apollon	Koios
	Hermes	Kronos
	Hermes	Atlas
	:	:

	KindOma	
	Kind	Oma
	:	:
	Artemis	Rheia
C	Apollon	Rheia
	Artemis	Phoibe
	Apollon	Phoibe
	Hermes	Rheia
	Hermes	Pleione
	:	:

Abbildung 6.4: Mögliche Dekompositionen der Relation *Familie*

Unabhängig von der Anwendung des Dekompositionsalgorithmus gilt aber, dass aufgrund der natürlichen Verwandtschaftsbeziehungen, die in einem Stammbaum ausgedrückt werden, das Teilschema *KindEltern* völlig ausreichend ist. Dies liegt natürlich daran, dass sich Großeltern als die Eltern der Eltern bestimmen lassen. Auch alle weiteren Verwandtschaftsbeziehungen (Urgroßeltern, Cousins / Cousinen usw.) können daraus ermittelt werden (vgl. auch Aufgabe 15.12).

7. Physische Datenorganisation

Aufgabe 7.1

Nehmen wir an, dass heutige Plattenspeicher im Durchschnitt 100.000 Stunden fehlerfrei arbeiten bis ein Fehler auftritt (MTBF: *Mean Time Before Failure*). Berechnen Sie die MTBF für ein RAID 0 Platten-Array bestehend aus 100 solcher Platten. Beachten Sie, dass bei RAID 0 der Defekt einer Platte immer auch zu einem Datenverlust führt, so dass die MTBF mit der mittleren Dauer bis zum Datenverlust (*Mean Time Before Data Loss* (MTDL)) übereinstimmt. Wie sieht das bei anderen RAID-Leveln aus? Berechnen Sie die MTDL für ein RAID 3- oder RAID 5-System bestehend aus 9 Platten (einschließlich der Parity-Platte). Wir nehmen an, dass die Reparatur (bzw. der Ersatz) einer defekten Platte 24 Stunden dauert.

Wir verwenden für die Beschreibung der Fehleranfälligkeit einer Festplatte eine Zufallsvariable T, die die Zeit zwischen zwei auftretenden Fehlern repräsentiert (*Time Between Failures*).

Es wird angenommen, dass diese Zufallsvariable exponential verteilt ist, woraus folgt:

$$P(\text{exakt ein Fehler in } [t, t+T]) = \lambda \cdot T \quad (\text{gedächtnislose Verteilung})$$
$$P(T \leq t) = 1 - e^{-\lambda t}$$
$$E[T] = 1/\lambda$$

λ stellt hierbei die mittlere „Ankunftsrate" der Fehler dar ($= 1/MTBF$). In unserem Fall ist $\lambda = 1/100000\,\text{h}$.

Die Parallelschaltung von n Ankunftsprozessen, die alle exponential mit dem Parameter λ verteilt sind, führt wieder zu einem exponential verteilten Ankunftsprozess mit Parameter $n\lambda$.

MTBF für ein RAID 0-System

Bei einem RAID 0 Platten-Array tritt ein Fehler auf, sobald ein Fehler bei einer der Platten auftritt. Die Fehlerrate λ_a eines solchen Platten-Arrays kann somit als eine Parallelschaltung der Fehlerraten λ der einzelnen Platten angesehen werden.

Die Fehlerrate eines Platten-Arrays mit 100 Platten ist folglich: $\lambda_a = 100 \cdot \lambda$

Die mittlere Zeit bis zum Eintreten des Fehlerfalls ist damit:

$$MTBF = E[T] = \frac{1}{\lambda_a} = \frac{1}{100\lambda} = \frac{100000\,\text{h}}{100} = 1000\,\text{h}$$

Da bei RAID 0 beim ersten Fehler auch schon ein Datenverlust auftritt, ist auch die MTDL gleich 1000 h. D.h. mit einem Datenverlust ist bereits nach nur etwa 40 Tagen zu rechnen.

MTDL für ein RAID 3- oder RAID 5-System

Bei einem RAID 3 oder RAID 5 Platten-Array mit einer Reparaturdauer von $24\,\mathrm{h}$ für eine Platte tritt ein Datenverlust auf, wenn innerhalb von 24 Stunden zwei Platten kaputt gehen.

Dies kann man wiederum als Fehlerrate interpretieren, wobei das Auftreten eines Fehlers jetzt ein komplexeres Ereignis ist. Wir betrachten dazu die Wahrscheinlichkeit, dass eine weitere Platte in $24\,\mathrm{h}$ ausfällt.

$$P(\text{Platte fällt in 24 h nicht aus}) = e^{-\lambda \cdot 24}$$

$$P(\text{keine der 8 Platten fällt in 24 h aus}) = (e^{-\lambda \cdot 24})^8$$

$$P_a = P(\text{mindestens eine der 8 Platten fällt in 24 h aus}) = 1 - (e^{-\lambda \cdot 24})^8$$

Wir betrachten nun die Zufallsvariable T_a, die das Zeitintervall beschreibt, in dem ein Fehler mit Datenverlust ausgelöst wird. Ein solcher Fehlerfall tritt ein, wenn eine Platte kaputt geht und in den 24 darauffolgenden Stunden mindestens eine weitere Platte ausfällt.

$$P(\text{genau ein Fehler mit Datenverlust in } [t, t + T_a])$$
$$= P(\text{genau ein Fehler in } [t, t + T_a]) \cdot P(\text{mindestens eine der 8 Platten fällt in 24 h aus})$$
$$= \lambda_a \cdot T_a \cdot P_a$$

Als neue Fehlerrate λ_n ergibt sich also:

$$\lambda_n = \lambda_a \cdot P_a$$
$$\Rightarrow MTDL_a = 1/\lambda_n = 1/(\lambda_a \cdot P_a)$$
$$= \frac{100000\,\mathrm{h}}{9} \cdot \frac{1}{1 - (e^{-1/100000 \cdot 24})^8}$$
$$\approx 5,8 \cdot 10^6\,\mathrm{h}$$

Also ist ein Datenverlust nur etwa alle 660 Jahre zu erwarten. Allerdings sind diese Berechnungen nur unter der Annahme korrekt, dass die Ausfälle unabhängig voneinander auftreten. Dies ist beispielsweise bei Feuer, Wassereinbruch, Sabotage etc. nicht der Fall.

 Literaturhinweis

Die hergeleitete Formel für die MTDL ist angelehnt an die von Chen et al. (1994) hergeleitete Formel, wenn dieselbe Näherung für den Ausdruck mit der Exponentialfunktion verwendet wird.

Aufgabe 7.2

Skizzieren Sie einen Algorithmus zum Einfügen eines Datensatzes in eine Datei mit ISAM-Index. Dabei soll so weit wie möglich auf das Verschieben von Seiten verzichtet werden.

ISAM steht für *Index Sequential Access Method*. Ein ISAM-Index zeichnet sich dadurch aus, dass sowohl die Indexstruktur selbst, als auch die Datensätze in den einzelnen Seiten nach Schlüsseln S_i geordnet abgelegt werden. Wie in Abbildung 7.1 dargestellt, sind die Indexseiten auf dem Sekundärspeicher sequentiell abgelegt. ISAM bietet eine gute Effizienz der Suche, kann jedoch hohen Aufwand bei Einfügeoperationen hervorrufen. Dieser Indextyp ist also gut für nahezu statische Daten geeignet.

Index

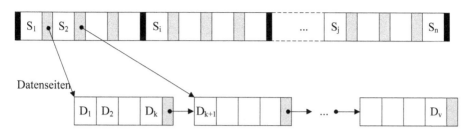

Abbildung 7.1: Aufbau der ISAM-Indexstruktur

Suche eines Datensatzes mit Schlüssel S

- Binäre Suche im Index.
- Falls die Suche bei einem S_k, mit $S_k < S \leq S_{k+1}$, ankommt: Verfolgen des Zeigers zwischen S_k und S_{k+1} (bzw. nach S_n, falls $S > S_n$).
- Suchen in der Datenseite (und evtl. deren Nachfolgern).

Einfügen eines Datensatzes

Der Datensatz D mit Schlüssel S soll in einen bestehenden ISAM-Index eingefügt werden.

1. Binäres Suchen der Einfügestelle. Die Suche endet bei S_k, mit $S_k < S \leq S_{k+1}$, bzw. bei S_n, falls $S > S_n$. Sei B_k die Datenseite, auf die zwischen S_k und S_{k+1} verwiesen wird.

2. Falls B_k nicht voll besetzt ist:
   - Füge D sortiert in B_k ein.

3. Sonst: B_{k+1} sei die Datenseite auf die der Verweis zwischen S_{k+1} und S_{k+2} verweist (falls $S > S_n$ verfahre analog zu Schritt b)).
   a) B_{k+1} ist nicht voll besetzt
      - Verkette die Einträge von B_k und B_{k+1}, füge D in diese Liste ein. S'_{k+1} sei der Median der Schlüsselwerte, der somit die Liste in zwei nahezu gleich große Abschnitte unterteilt.
      - Weise B_k alle Datensätze mit Schlüssel $\leq S'_{k+1}$ und B_{k+1} alle mit größerem Schlüssel zu.
      - Ersetze S_{k+1} im Index durch S'_{k+1}.
   b) B_{k+1} ist voll besetzt
      - Allokiere eine neue Datenseite B'_{k+1}.
      - Füge D in B'_{k+1} ein.
      - Wähle einen Schlüssel S'_{k+1} mit $\tilde{S} \leq S'_{k+1} < S$, wenn $\tilde{S}$ der maximale Schlüsselwert der Einträge von B_k ist.

- Füge S'_{k+1} zwischen S_k und S_{k+1} ein (verschiebe dazu die Schlüsseleinträge im Index $\geq S_{k+1}$ um eine Position nach rechts).
- Füge einen Verweis zwischen S'_{k+1} und S_{k+1} auf B'_{k+1} ein.
- Verkette $B_k \rightarrow B'_{k+1} \rightarrow B_{k+1}$.

Aufgabe 7.3

Fügen Sie in einen anfänglich leeren B-Baum mit $k = 2$ die Zahlen eins bis zwanzig in aufsteigender Reihenfolge ein. Was fällt Ihnen dabei auf?

Nachdem man die Zahlen 1 bis 4 eingefügt hat, liegt folgender B-Baum vor:

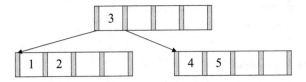

Beim Einfügen von 5 wird der Knoten gespalten und man erhält eine neue Wurzel.

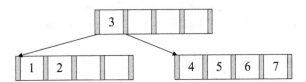

Die nächsten beiden Zahlen lassen sich wieder ohne Probleme einfügen.

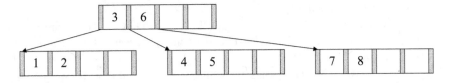

Beim Einfügen der 8 kommt es erneut zum Überlauf. Die 6 wandert in die Wurzel.

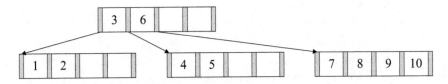

9 und 10 lassen sich wieder ohne Probleme einfügen. Bei 11 kommt es zum Überlauf.

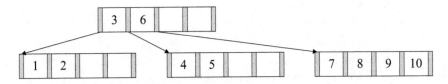

Nach dem Aufspalten erhält man dann:

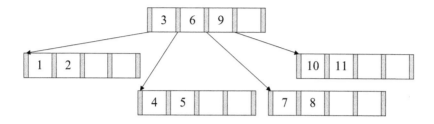

Es werden nun die nächsten Zahlen bis 16 analog eingefügt.

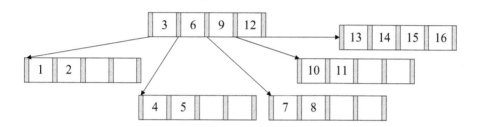

Bei 17 kommt es dann wieder zum Überlauf.

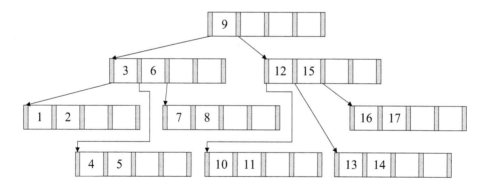

Fügt man nun noch die restlichen Zahlen ein, erhält man folgenden B-Baum:

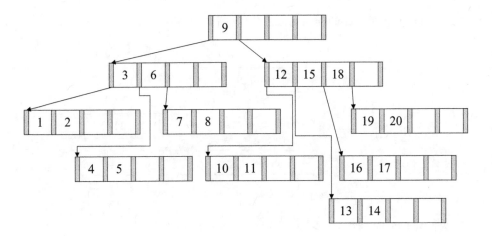

Es fällt auf, dass der B-Baum nahezu minimale Auslastung aufweist. Dies liegt daran, dass eine aufsteigende Zahlenfolge sequentiell in den Baum eingefügt wird. Nach dem Aufspalten einer Seite in zwei Seiten werden dann in die Seite, die die kleineren Datensätze enthält, keine weiteren Werte mehr eingefügt. Allgemein ist das sortierte Einfügen der Schlüssel in einen B-Baum eine sehr schlechte Idee, da dies zu einer sehr geringen Auslastung führt.

Aufgabe 7.4

Beschreiben Sie das Löschen in einem B-Baum in algorithmischer Form, ähnlich der Beschreibung des Einfügevorgangs in Abbildung 7.13 [Kemper und Eickler (2011)].

1. Suchen des zu löschenden Wertes.

2. Falls sich der Wert in einem inneren Knoten befindet, ersetzt man ihn durch seinen direkten Vorgänger oder Nachfolger. Gelöscht wird nun der Vorgänger oder Nachfolger im Blattknoten. (Der Vorgänger bzw. der Nachfolger muss sich zwangsläufig in einem Blattknoten befinden – warum?)

3. Löschen des Wertes in einem Blattknoten.

4. Falls der Knoten die Mindestbelegung erfüllt, so ist man fertig. Ansonsten führt man einen Austausch mit einem Nachbarknoten durch, falls dieser mehr als k Einträge enthält.

5. Ist ein Austausch nicht möglich, gibt es den unterbelegten Knoten, in dem gelöscht wurde, und einen weiteren benachbarten Blattknoten, der nur minimal belegt ist. Diese beiden werden nun zusammen mit dem Eintrag im Vaterknoten verschmolzen. Sollte dabei eine Unterbelegung im Vaterknoten entstehen, wird diese durch Austauschen oder Verschmelzen analog behoben.

Aufgabe 7.5

Modifizieren Sie den Einfüge- und Löschalgorithmus für den B-Baum so, dass eine Minimalbelegung von 2/3 des Platzes in den Knoten garantiert werden kann. Hinweis: Betrachten Sie beim Löschen den linken und rechten Nachbarn des Knotens, in dem gelöscht wird. Beim Aufsplitten werden zwei Knoten gleichzeitig betrachtet.

Die Algorithmen zum Einfügen und Löschen für den modifizierten B-Baum sind identisch mit den Standardverfahren, bis auf die Über- und Unterlaufbehandlung.

Neue Minimalbelegung: $2 \cdot \frac{2}{3}k = \frac{4}{3}k$

Überlaufbehandlung beim Einfügen

Einem Knoten wären $2k + 1$ Elemente zugeordnet.

1. Fall: Ein Nachbarknoten hat weniger als $2k$ Einträge:

⇒ Führe einen Ausgleich mit diesem Knoten durch, wobei wie beim Standardverfahren ein Element aus dem Vaterknoten „durchwandert".

2. Fall: Jeder Nachbarknoten hat $2k$ Einträge:

⇒ Aktueller Knoten und ein Nachbarknoten haben zusammen $4k + 1 = \frac{12}{3}k + 1$ Einträge.

⇒ Spalte diese beiden Knoten in drei Knoten mit je $\frac{4}{3}k$ Einträgen auf. Der noch verbleibende Eintrag wandert in den Vaterknoten, da dort auch eine zusätzliche Referenz notwendig wird.

Abbildung 7.2 zeigt einen Einfügevorgang in einen B-Baum mit $k = 3$, der die Aufspaltung von Knoten und die Reorganisation der Einträge erfordert.

Unterlaufbehandlung beim Löschen

Einem Knoten wären $\frac{4}{3}k - 1$ Elemente zugeordnet.

1. Fall: Ein Nachbarknoten hat mehr als $\frac{4}{3}k$ Einträge:

⇒ Führe einen Ausgleich mit diesem Knoten durch, wobei wie beim Standardverfahren ein Element aus dem Vaterknoten „durchwandert".

2. Fall: Jeder Nachbarknoten hat $\frac{4}{3}k$ Einträge:

⇒ Aktueller Knoten und seine beiden Nachbarknoten haben zusammen $\frac{12}{3}k - 1$ Einträge.

⇒ Fasse diese drei Knoten in zwei Knoten zusammen. Da dann ein Eintrag des Vaterknotens frei wird, sind die beiden Knoten mit je $\frac{6}{3}k = 2k$ Einträgen belegt.

Abbildung 7.3 zeigt das Löschen eines Eintrags in einem B-Baum mit $k = 3$, was zu einer Unterlaufbehandlung führt.

Falls der Knoten, in dem ein Eintrag gelöscht wird, der am weitesten rechts oder links stehende Sohn des Vaterknotens ist (d.h. keine zwei direkten Nachbarknoten vorhanden sind), werden die beiden vorangehenden bzw. nachfolgenden Knoten während der Unterlaufbehandlung berücksichtigt.

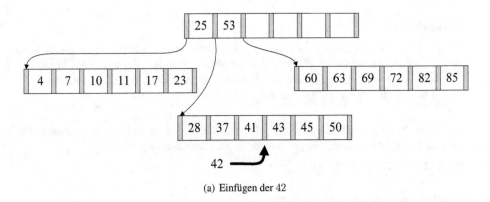

(a) Einfügen der 42

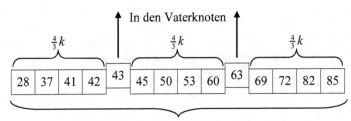

(b) Reorganisation mit dem rechten Nachbarknoten

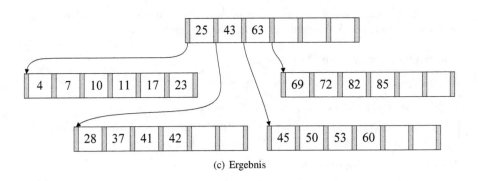

(c) Ergebnis

Abbildung 7.2: Einfügen der 42 in einen B-Baum mit $k = 3$ und minimalem Füllgrad $\frac{4}{3}k$

 Hinweis

Auf diese Weise kann die 2/3 Minimalbelegung in den ersten beiden Ebenen des B-Baums nicht immer durchgesetzt werden, wie auch Abbildungen 7.2 und 7.3 zeigen.

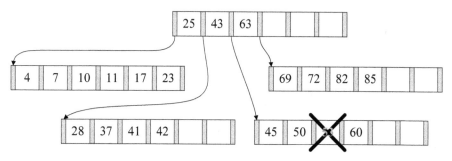

(a) Löschen der 53 im Blattknoten

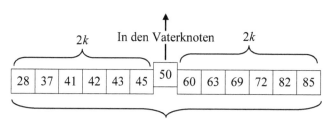

(b) Verschmelzen mit beiden Nachbarknoten

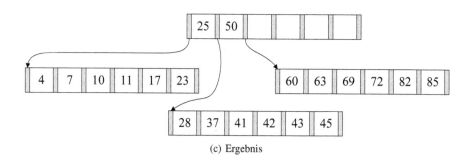

(c) Ergebnis

Abbildung 7.3: Löschen der 53 aus einem B-Baum mit $k = 3$ und min. Füllgrad $\frac{4}{3}k$

Aufgabe 7.6

[Helman (1994)] Der vorgestellte B-Baum geht von der Duplikatfreiheit der Schlüssel aus. Eine einfache Erweiterung wäre es, bei Duplikaten anstelle des TID's einen Verweis auf einen externen „Mini-Index" zu hinterlassen. Denken Sie sich sinnvolle Datenstrukturen und Algorithmen dafür aus.

In früheren Übungen haben wir uns bei der Analyse der Funktionsweise auf die Schlüssel der in einem B-Baum abgelegten Daten konzentriert. In einem B-Baum werden zusätzlich zu den Schlüsseln Verweise auf die eigentlichen Datensätze (sog. Tupel-Identifier, TIDs, siehe auch Abschnitt 7.8 [Kemper und Eickler (2011)]) eingetragen. Ein Eintrag in einem B-Baum ist ein Tupel (s, p) mit Schlüssel s und Zeiger p, wie folgende allgemeine Darstellung verdeutlicht:

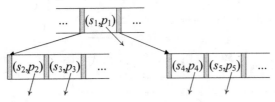

Verwendet man einen B-Baum, um einen Index über die Matrikelnummer der Relation *Studenten* zu erstellen, so hat man die uns bekannte Situation der Duplikatfreiheit. Möchte man gleichermaßen aber den Index über die Semesteranzahl erstellen, so treten häufig Duplikate auf, wie bereits unsere kleine Beispielausprägung aus Abbildung 4.1 auf Seite 58 zeigt. Um dies abzubilden, erweitern wir den Aufbau eines B-Baums dahingehend, dass ein Verweis p entweder auf einen Datensatz oder auf eine Menge von Zeigern verweist. In nachfolgender Darstellung verweisen p_1 bis p_4 wie gehabt auf Datensätze. Der Eintrag p_5 verweist auf einen Block B von Zeigern. Jeder Zeiger, der in B enthalten ist, verweist auf unterschiedliche Datensätze, die denselben Schlüssel (s_5) haben.

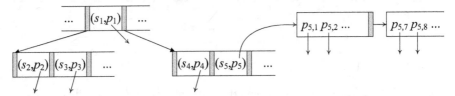

B ist eine Seite im Speicher und kann daher nur eine begrenzte Anzahl von Zeigern aufnehmen. Läuft B über, so werden weitere Zeiger in eine neue Seite B' eingefügt und ein Verweis von B auf B' erzeugt. Diese Adaption erfordert auch eine Anpassung der Algorithmen zum Einfügen und Löschen. Dazu reservieren wir ein Bit der B-Baum-Einträge dafür, um unterscheiden zu können, ob ein Zeiger auf einen Datensatz oder auf einen Block von weiteren Zeigern verweist:

$(s, p, 0)$ p verweist auf einen Datensatz
$(s, b, 1)$ b verweist auf einen Zeigerblock

Algorithmus zum Einfügen von (s, p)

1. Führe eine Suche nach dem Schlüssel durch.
2. Die Suche scheitert.
   - Füge $(s, p, 0)$ in den B-Baum nach bekanntem Einfüge-Algorithmus ein und terminiere die Ausführung.
3. Die Suche endet bei $(s, p', 0)$.
   - Füge p und p' in eine neu allokierte Seite B ein.
   - Ersetze $(s, p', 0)$ mit $(s, b, 1)$, wobei b auf B verweist.
4. Die Suche endet bei $(s, b, 1)$, b verweist auf B
   - Falls B nicht voll ist, füge p in B ein.
   - Andernfalls: allokiere eine neue Seite B', verkette B' mit B und füge p in B' ein.

Algorithmus zum Löschen eines Eintrags mit Schlüssel s

Sei d das Datum mit Schlüssel s, das gelöscht werden soll. p sei der Zeiger auf d.

1. Führe eine Suche nach dem Schlüssel s durch.
2. Falls die Suche bei $(s, p, 0)$ endet, so lösche den Eintrag nach bekanntem Algorithmus.
3. Falls die Suche bei $(s, b, 1)$ endet und b auf die Seite B verweist:
   - Lösche p in B oder einer damit verketteten Seite; reorganisiere den Speicher, so dass keine Lücke in der verketteten Liste entsteht.
   - Falls dadurch eine Datenseite leer wird, dealloziere diese Seite.
   - Falls B nur noch einen Zeiger p' enthält:
     - Dealloziere B.
     - Ersetze $(s, b, 1)$ durch $(s, p', 0)$.

Algorithmus zum Löschen aller Einträge mit Schlüssel s

1. Führe eine Suche nach dem Schlüssel s durch.
2. Falls die Suche bei $(s, p, 0)$ endet, so lösche den Eintrag nach bekanntem Algorithmus.
3. Falls die Suche bei $(s, b, 1)$ endet und b auf die Seite B verweist:
   - Gib den Speicher für B und alle verketteten Seiten frei.
   - Lösche $(s, b, 1)$ nach bekanntem Algorithmus.

 Hinweis

Im gezeigten Fall wird bei Auftreten von Duplikaten sofort ein Mini-Index angelegt. Eine weitere Möglichkeit ist dadurch gegeben, einen Schwellwert l für die Auslagerung vorzusehen. Dies ist so zu verstehen, dass bis zu l Verweise in einem Knoten des B-Baums verwaltet werden und erst bei mehr als l Verweisen die Indirektion eingefügt wird. Natürlich sind auch bei dieser Vorgehensweise die Algorithmen zum Einfügen, Löschen und Suchen im B-Baum entsprechend anzupassen.

Aufgabe 7.7

Geben Sie Algorithmen für das Einfügen und Löschen von Schlüsseln in B^+-Bäumen an.

Vorüberlegungen

Wir betrachten zuerst ein Beispiel für das Einfügen in einen B^+-Baum. Gegeben sei also folgender B^+-Baum, in den als Nächstes das Datum 11 eingefügt werden soll:

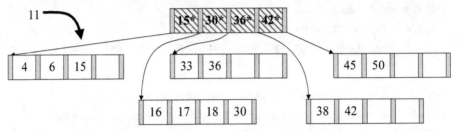

Im Beispiel ist $k = 2$ und $k^* = 2$. Referenzschlüssel („Wegweiser") sind mittels * und schräger Schraffur der Boxen gekennzeichnet. Die 11 kann in das erste Blatt eingefügt werden.

Versucht man anschließend, die 13 einzufügen, so ergibt sich ein Überlauf im ersten Blattknoten. Dieser Überlauf kann nicht mit dem Nachbarknoten ausgeglichen werden, da dieser ebenfalls voll besetzt ist. Also wird der Blattknoten aufgespalten:

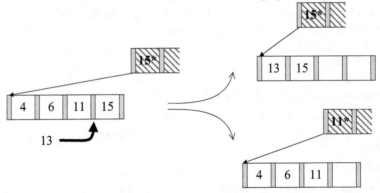

Dazu wird ein neuer Referenzschlüssel in die Wurzel eingefügt: Da 11 der mittlere Wert der Sequenz 4 6 11 13 15 ist, wird der zugehörige Referenzschlüssel 11* in die Wurzel eingefügt. Dadurch ist die Wurzel aber überfüllt und muss ihrerseits aufgespalten werden. Folgende Darstellung zeigt das Resultat:

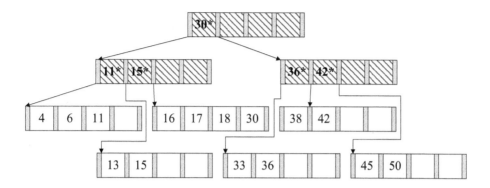

Einfügen

Eine allgemeine algorithmische Beschreibung für das Einfügen in einen B^+-Baum ist:

1. Führe eine Suche nach dem Schlüsselwert des Datensatzes durch; diese endet (scheitert) an der Einfügestelle in einem Blattknoten.

2. Füge den Datensatz in den Blattknoten ein.

3. Ist der Knoten überfüllt, so kann optional ein Ausgleich mit dem linken oder rechten Nachbarn durchgeführt und dabei der Referenzschlüssel im Vaterknoten angepasst werden. Ein Ausgleich ist möglich, wenn einer der Nachbarn weniger als $2k^*$ Einträge hat.

4. Kann (oder soll) ein Ausgleich nicht durchgeführt werden, so teile den Blattknoten:

   • Erzeuge einen neuen Knoten und belege ihn mit den Einträgen des überfüllten Knotens, deren Schlüssel *größer* dem Schlüssel des mittleren Eintrags sind.

   • Füge den Schlüssel des mittleren Eintrags in den Vaterknoten des überfüllten Knotens ein.

   • Verbinde den Verweis rechts des neuen Eintrags im Vaterknoten mit dem neuen Knoten.

5. Falls der Vaterknoten jetzt überfüllt ist, so verfahre analog zum bekannten Einfügealgorithmus für B-Bäume (vgl. Schritt 3 Abbildung 7.13, Seite 219 [Kemper und Eickler (2011)]).

Löschen

1. Führe eine Suche nach dem zu löschenden Wert durch. Die Suche endet in einem Blatt.

2. Lösche den Wert im Blattknoten.

3. Falls der Knoten die Mindestbelegung erfüllt, so ist man fertig. Ansonsten führt man einen Ausgleich mit einem Nachbarknoten durch, falls dieser mehr als k^* Einträge enthält.

4. Falls ein Ausgleich nicht möglich ist:

- Dann gibt es den unterbelegten Knoten, in dem gelöscht wurde, und einen weiteren Knoten, der nur minimal belegt ist. Diese beiden werden nun verschmolzen.

- Beim Verschmelzen wird im Vaterknoten die Referenz zwischen den beiden kombinierten Knoten gelöscht. Tritt ein Unterlauf im Vaterknoten auf, so setzt sich der Löschvorgang im Vaterknoten fort (analog zum Löschen in B-Bäumen, vgl. auch Aufgabe 7.4, Schritt 5).

Aufgabe 7.8

Geben Sie für den B- und den B^+-Baum je eine Formel an, mit der man die obere und untere Schranke für die Höhe des Baums bei gegebenem k, k^* und n (der Anzahl der eingetragenen TIDs) bestimmen kann.

Obere und untere Schranke für die Höhe des B-Baums

Obere Schranke für die Höhe:

Tiefe	minimale Knotenzahl in einer Tiefe
0	1
1	2
2	$2 \cdot (k+1)$
3	$2 \cdot (k+1)^2$
$\vdots$	$\vdots$
h	$2 \cdot (k+1)^{h-1}$

Gesamtsumme der Knoten in einem B-Baum:

$$1 + \sum_{i=1}^{h} 2 \cdot (k+1)^{i-1} \overset{\text{geometrische Reihe}}{=} 1 + 2\frac{(k+1)^h - 1}{k+1-1}$$

$$= 1 + 2\frac{(k+1)^h - 1}{k}$$

Minimale Anzahl der Elemente im Baum:

$$1 + k \cdot 2\frac{(k+1)^h - 1}{k} = 1 + 2(k+1)^h - 2$$

$$= 2(k+1)^h - 1$$

Es gilt also:

$$
\begin{aligned}
2(k+1)^h - 1 &\leq n \\
2(k+1)^h &\leq n+1 \\
(k+1)^h &\leq \frac{n+1}{2} \\
h &\leq \log_{k+1}\left(\frac{n+1}{2}\right)
\end{aligned}
$$

Untere Schranke für die Höhe:

Tiefe	maximale Knotenzahl in einer Tiefe
0	1
1	$(2k+1)$
2	$(2k+1)^2$
3	$(2k+1)^3$
$\vdots$	$\vdots$
h	$(2k+1)^h$

Maximale Anzahl der Knoten im Baum:

$$
\sum_{i=0}^{h}(2k+1)^i \overset{\text{geometrische Reihe}}{=} \frac{(2k+1)^{h+1}-1}{2k+1-1}
$$

$$
= \frac{(2k+1)^{h+1}-1}{2k}
$$

Maximale Elementanzahl im Baum:

$$
2k \cdot \frac{(2k+1)^{h+1}-1}{2k} = (2k+1)^{h+1}-1
$$

Es gilt also:

$$
\begin{aligned}
n &\leq (2k+1)^{h+1}-1 \\
n+1 &\leq (2k+1)^{h+1} \\
\log_{2k+1}(n+1) &\leq h+1 \\
h &\geq \log_{2k+1}(n+1)-1
\end{aligned}
$$

Obere und untere Schranke für die Höhe des B$^+$-Baums

Obere Schranke für die Höhe:
Die Blätter sind minimal belegt $\Rightarrow$ Es gibt $\frac{n}{k^*}$ Blätter
Wie zuvor gilt: Die Anzahl der Knoten in Tiefe h ist $2(k+1)^{h-1}$

$$\Rightarrow \quad \frac{n}{k^*} \geq 2(k+1)^{h-1}$$

$$\Leftrightarrow \quad \frac{1}{2}\frac{n}{k^*} \geq (k+1)^{h-1}$$

$$\Leftrightarrow \quad \log_{k+1}\left(\frac{n}{2k^*}\right) \geq h-1$$

$$\Leftrightarrow \quad h \leq 1 + \log_{k+1}\left(\frac{n}{2k^*}\right)$$

Untere Schranke für die Höhe:
Die Blätter sind maximal belegt $\Rightarrow$ Es gibt $\frac{n}{2k^*}$ Blätter
Wie zuvor gilt: Die Anzahl der Knoten in Tiefe h ist $(2k+1)^h$

$$\Rightarrow \quad \frac{n}{2k^*} \leq (2k+1)^h$$

$$\Leftrightarrow \quad \log_{2k+1}\left(\frac{n}{2k^*}\right) \leq h$$

Aufgabe 7.9

Bestimmen Sie k und k^* für einen B$^+$-Baum bei gegebener Seitengröße p und Schlüsselgröße s. Verweise innerhalb des Baums (V_i, P, N) haben die Größe v, die TIDs die Größe d. Berechnen Sie k und k^* für den Fall $p = 4096$, $s = 4$, $v = 6$ und $d = 8$.

Innerer Knoten

Ein innerer Knoten enthält n Schlüssel und $n+1$ Verweise. Also muss gelten: $n \cdot s + (n+1) \cdot v \leq p$. Löst man das nach n auf, erhält man $n \leq \frac{p-v}{s+v}$. Da $2k$ der maximale Wert für n ist, folgt $2k \leq \frac{p-v}{s+v}$ und somit $k \leq \frac{p-v}{2(s+v)}$.

Blattknoten

Ein Blattknoten enthält n Schlüssel und n TIDs, sowie 2 Verweise für die sequentielle Suche. Also muss gelten: $n \cdot s + n \cdot d + 2v \leq p$. Löst man das nach n auf, erhält man $n \leq \frac{p-2v}{s+d}$. Da $2k^*$ Maximalwert für n ist, gilt $2k^* \leq \frac{p-2v}{s+d}$ und somit $k^* \leq \frac{p-2v}{2(s+d)}$.

Für $p = 4096$, $s = 4$, $v = 6$, $d = 8$ gilt dann: $k \leq 204$ und $k^* \leq 170$.

Aufgabe 7.10

Beim Hashing wird der Modulofunktion häufig eine *Faltung* vorgeschaltet. Das kann beispielsweise für Zahlen die Quersumme sein und für Zeichenketten die Summe der Buchstabenwerte. Fügen Sie die Studenten aus Abbildung 4.1 (Seite 58) in eine Hashtabelle der Größe vier mit Überlaufbuckets (mit Bucketgröße zwei) ein und schalten Sie bei der Berechnung der Hashwerte zusätzlich eine Quersummenfunktion vor. Werden die Studenten jetzt gleichmäßiger verteilt?

Zunächst fügen wir die Studenten in eine Hashtabelle der Größe vier mit Überlaufbuckets ein. Zur Berechnung der Hashwerte wird die Modulofunktion verwendet. Die Tabelle *Studenten* mit den Hashwerten (*MatrNr* mod 4) sieht folgendermaßen aus:

MatrNr	Student	Hashwert (Modulo)
24002	Xenokrates	2
25403	Jonas	3
26120	Fichte	0
26830	Aristoxenos	2
27550	Schopenhauer	2
28106	Carnap	2
29120	Theophrastos	0
29555	Feuerbach	3

Damit erhält man folgende Hashtabelle:

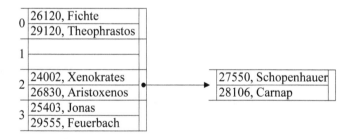

Es zeigt sich, dass die Moduloberechnung unbedingt mit einer Primzahl und auf gar keinen Fall wie hier mit einer geraden Zahl erfolgen sollte. So werden im Beispiel alle geraden Matrikelnummern auf Buckets gerader Kennung und alle ungeraden auf Buckets mit ungerader Kennung abgebildet. Diese Schieflage sollte man unbedingt vermeiden.

Nun wird die angegebene Quersummenfunktion als Faltung der Hashwertbestimmung vorgeschaltet:

MatrNr	Student	Quersumme	Hashwert (Modulo)
24002	Xenokrates	8	0
25403	Jonas	14	2
26120	Fichte	11	3
26830	Aristoxenos	19	3
27550	Schopenhauer	19	3
28106	Carnap	17	1
29120	Theophrastos	14	2
29555	Feuerbach	26	2

Damit erhält man folgende Hashtabelle der Größe 4 mit Bucketgröße 2:

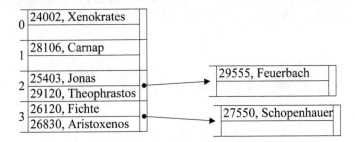

Die Einträge sind zwar etwas gleichmäßiger auf die Buckets verteilt, dafür sind nun aber 2 Überlaufbuckets nötig.

Aufgabe 7.11

Gegeben sei eine erweiterbare Hashtabelle mit globaler Tiefe t. Wie viele Verweise zeigen vom Verzeichnis auf einen Behälter mit lokaler Tiefe t'?

In dem Verzeichnis einer Hashtabelle mit globaler Tiefe t werden t Bits eines Hashwerts für die Identifizierung eines Verzeichniseintrags verwendet. Für einen Behälter mit lokaler Tiefe t' sind hingegen nur die ersten t' Bits dieses Bitmusters relevant.

Mit anderen Worten bedeutet dies, dass alle Einträge, die einen Behälter mit lokaler Tiefe t' referenzieren, in den ersten t' Bits übereinstimmen. Da alle Bitmuster bis zur Länge t in dem Directory aufgeführt sind, unterscheiden sich diese Einträge in den letzten $t - t'$ Bits.

$\Rightarrow$ Es gibt somit $2^{t-t'}$ Einträge im Verzeichnis, die auf denselben Behälter mit lokaler Tiefe t' verweisen.

Aufgabe 7.12

Was wäre in dem Beispiel zum erweiterbaren Hashing (Abschnitt 7.12 [Kemper und Eickler (2011)]) passiert, wenn Kopernikus die Personalnummer 2121 gehabt hätte?

Als Hashfunktion h wird die inverse binäre Darstellung der Personalnummer verwendet. Für Kopernikus mit Personalnummer 2121 ergibt sich damit $h(2121) = 100100100001$. Folgende Abbildung zeigt die erweiterbare Hashtabelle, nachdem Kopernikus, Sokrates (2125) und Russel (2126) eingefügt wurden:

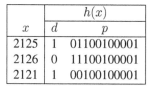

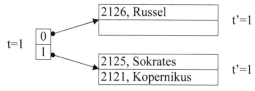

x	$h(x)$ d	p
2125	1	01100100001
2126	0	11100100001
2121	1	00100100001

Möchte man nun, wie im ursprünglichen Beispiel, Descartes (2129) einfügen, so erfolgt zuerst eine Aufspaltung des Verzeichnisses. Wie man folgender Tabelle entnehmen kann, unterscheiden sich die Hashwerte für Sokrates, Kopernikus und Descartes aber nicht bezüglich der ersten beiden Binärzahlen.

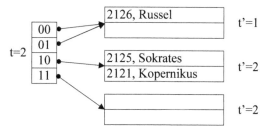

x	$h(x)$ d	p
2125	10	1100100001
2126	01	1100100001
2121	10	0100100001
2129	10	0010100001

Deshalb muss das Verzeichnis erneut verdoppelt werden. Es ergibt sich, nach dem Einfügen von Descartes, dann folgende Hashtabelle:

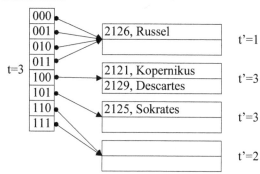

x	$h(x)$ d	p
2125	101	100100001
2126	011	100100001
2121	100	100100001
2129	100	010100001

Aufgabe 7.13

Warum wurde in Abschnitt 7.12 [Kemper und Eickler (2011)] die binäre Darstellung der Personalnummern *rückwärts* verwendet?

Zunächst erstellen wir eine Tabelle mit den Binärdarstellungen der Personalnummern und den jeweiligen Hashwerten, d.h. den umgedrehten Binärdarstellungen:

PersNr	Professor	Binärdarstellung	Hashwert
2125	Sokrates	100001001101	101100100001
2126	Russel	100001001110	011100100001
2127	Kopernikus	100001001111	111100100001
2133	Popper	100001010101	101010100001
2134	Augustinus	100001010110	011010100001
2136	Curie	100001011000	000110100001
2137	Kant	100001011001	100110100001

Die *Professoren*-Tupel werden in Reihenfolge der Personalnummern aufsteigend in die Tabelle eingefügt. Nach den ersten 3 Tupeln ergibt sich folgende Hashtabelle:

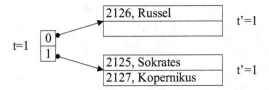

Fügt man die Daten für Kopernikus in die Tabelle ein, so tritt ein Überlauf des Buckets mit Directory-Adresse 1 ein. Nach Vergrößerung des Verzeichnisses und Einfügen der Tupel für Popper und Augustinus sieht die Hashtabelle folgendermaßen aus:

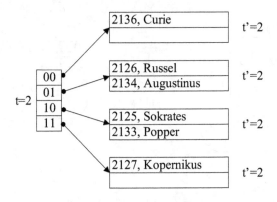

Bei Einfügen des Tupels für Kant tritt ein Überlauf des Buckets mit Verzeichnis-Adresse 10 auf. Nachfolgende Darstellung veranschaulicht die Hashtabelle nach erneuter Vergrößerung des Verzeichnisses und nach Einfügen aller *Professoren*-Tupel:

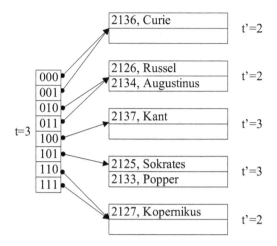

Da die Nummern sequentiell vergeben werden und erst ab 2125 beginnen, unterscheiden sie sich in der Binärdarstellung nur in den letzten Bits wesentlich. Es würde also ein unnötig großes Verzeichnis angelegt, wenn man die Binärdarstellung als Hashwert verwendet. Um dies zu verhindern, nimmt man die inverse Darstellung. In der Praxis sollte man die Schlüsselwerte noch stärker – z.B. durch Faltung – „durcheinander wirbeln".

Aufgabe 7.14

Zum intuitiven Verständnis könnte man sich vorstellen, das Adressverzeichnis einer erweiterbaren Hashtabelle konzeptuell mittels eines binären digitalen Suchbaums zu modellieren.
Arbeiten Sie diesen Zusammenhang anschaulich heraus, etwa indem Sie die Funktionsweise binärer Tries anhand der Beispiele aus den Aufgaben 7.12 und 7.13 vorführen.

Betrachtet man beispielsweise den Algorithmus zur Suche eines Datums mit Suchschlüssel S in einem B-Baum, so werden schrittweise Einträge im B-Baum mit S verglichen und abhängig vom Vergleichsergebnis Entscheidungen getroffen (liegt S z.B. zwischen zwei Einträgen, so wird die Suche im referenzierten Kindknoten fortgesetzt). Bei digitalen Suchbäumen – oder auch kurz Digitalbäumen – werden für die Suche jeweils nur die Anfangssequenzen der Schlüssel betrachtet. Ein Schlüssel wird dabei als Folge von Zeichen über einem Alphabet aufgefasst. Schlüssel mit unterschiedlichen Zeichenfolgen resultieren in unterschiedlichen Suchwegen im Digitalbaum. Schlüssel mit identischem Präfix haben hingegen Pfade, deren Anfangsabschnitte in der Länge des übereinstimmenden Präfixes gleich sind.

Digitalbäume sind maßgeblich durch das zugrundeliegende Alphabet bestimmt. Besteht das Alphabet aus m unterschiedlichen Zeichen, so sind die zugehörigen Digitalbäume m-Wege-Bäume. Zur Veranschaulichung des Verzeichnisses beim erweiterbaren Hashing verwenden wir binäre Digitalbäume – das zugrundeliegende Alphabet ist also $\{0, 1\}$. Den Zusammenhang zwischen binären Digitalbäumen und erweiterbarem Hashing wollen wir anhand eines Beispiels nachvollziehen. Dazu nehmen wir, wie in Aufgabe 7.13

beschrieben, an, dass die Professoren unserer *Universität der großen Denker* gemäß der inversen Binärdarstellung ihrer Personalnummern in eine erweiterbare Hashtabelle eingefügt werden. Zur Wiederholung, ein Ausschnitt der Professorendaten und der zugehörigen Hashwerte ist:

PersNr	Professor	Binärdarstellung	Hashwert
2125	Sokrates	100001001101	101100100001
2126	Russel	100001001110	011100100001
2127	Kopernikus	100001001111	111100100001
2133	Popper	100001010101	101010100001
2137	Kant	100001011001	100110100001

Die nachfolgende Abbildung zeigt die bisher bekannte Darstellung, nachdem die Professoren Sokrates, Russel, Kopernikus und Kant in eine Hashtabelle mit Bucketgröße 1 eingefügt worden sind:

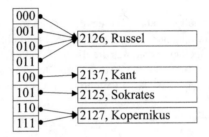

Verwendet man einen binären Digitalbaum zur Veranschaulichung des Verzeichnisses, so sieht die äquivalente Darstellung wie folgt aus:

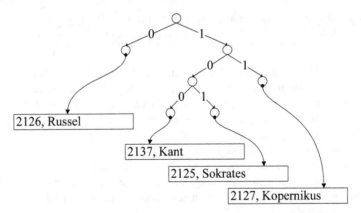

Man beachte, dass dieser Digitalbaum nur der Veranschaulichung dient. Die Repräsentation des Directories auf dem Hintergrundspeicher erfolgt in der oben gezeigten Array-Darstellung, da sich ein binärer Baum wegen der vielen Kantenübergänge nicht sinnvoll auf den Hintergrundspeicher abbilden lässt.

Ob der binäre Digitalbaum annähernd balanciert ist, hängt wesentlich von der Hashfunktion ab, die idealerweise eine Gleichverteilung der Schlüsselwerte erzielen sollte. Sucht

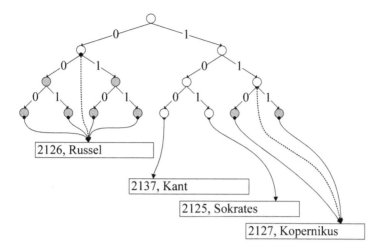

2126, Russel

2137, Kant

2125, Sokrates

2127, Kopernikus

Abbildung 7.4: Binärer Digitalbaum zur Veranschaulichung des Verzeichnisses einer Hashtabelle

man den Eintrag für Sokrates, dessen Hashwert 101100100001 ist, so verfolgt man zuerst den rechten Pfad (mit der Marke 1). Die erste Ziffer des Schlüssels ist noch nicht ausreichend, um das Bucket, in dem Sokrates abgespeichert ist, zu qualifizieren, so dass der weitere Abschnitt, also die 0, verwendet wird, um den Eintrag im Baum zu finden. Man setzt folglich die Suche im linken Unterbaum fort. Sokrates ist, wie auch in der vorhergehenden Darstellung der Hashtabelle ersichtlich, durch den Präfix 101 eindeutig identifiziert, so dass man auf der Suche noch einmal „rechts abbiegen" muss und somit im Blatt (bzw. Bucket) mit dem gesuchten Eintrag ankommt.

Die Suche nach Sokrates erfolgte also über drei Ebenen des binären Digitalbaums. Sucht man Kopernikus, sind hingegen nur zwei Ebenen und im Falle der Suche nach Russel sogar nur eine Ebene zu betrachten. Eine Suche kann folglich dann abgebrochen werden, wenn der Präfix des Schlüsselwerts den entsprechenden Eintrag eindeutig identifiziert. Dieser Sachverhalt ist in Abbildung 7.4 dargestellt. Der Baum hat eine Höhe von $h = 3$, die der globalen Tiefe des Verzeichnisses entspricht. Der linke „0"-Knoten auf der ersten Ebene sammelt alle Einträge, für deren Unterscheidung nur das erste Bit der Schlüssel notwendig ist. Die in der Abbildung dargestellten schattierten Kindknoten beinhalten also keine zusätzliche Information und können daher eingespart werden. Der Eintrag für Russel ist damit an einem Knoten der Tiefe 1 abrufbar, was auch der lokalen Tiefe der Hashtabelle an dieser Stelle entspricht. Man sieht also, dass sich die bekannten Konzepte der globalen und lokalen Tiefe einer erweiterbaren Hashtabelle anschaulich gut am binären Digitalbaum ablesen lassen.

Fügt man Popper in die Hashtabelle ein, so muss das Verzeichnis verdoppelt werden, da die Schlüsselwerte von Sokrates und von Popper in den ersten drei Bitstellen übereinstimmen. Man beachte, dass die Bucketgröße in unserem Beispiel 1 ist und somit kein Platz in dem Bucket, das Sokrates enthält, mehr frei ist. Abbildung 7.5 zeigt die vergrößerte Hashtabelle. Die globale Tiefe beträgt nun 4, so dass auch die Höhe h des Baums 4 ist.

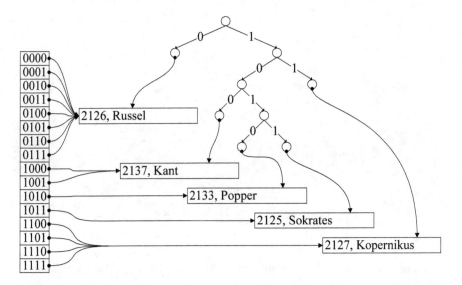

Abbildung 7.5: Vergrößerung der Hashtabelle und Darstellung des Verzeichnisses in bekannter „Array-Form" und Veranschaulichung als Digitalbaum

 Literaturhinweis

Digitalbäume werden oftmals auch als *Tries* bezeichnet. Diese Bezeichnung ist von Information Re*trie*val abgeleitet und wurde von Fredkin (1960) geprägt. Binäre Digitalbäume wurden von E. G. Coffman (1970) vorgestellt. Morrison (1968) stellt weitere Optimierungsverfahren zur Reduktion des Speicherbedarfs für binäre digitale Suchbäume vor.

Aufgabe 7.15

Geben Sie eine algorithmische Beschreibung für die Operationen Suchen, Einfügen und Löschen in einer erweiterbaren Hashtabelle an.

Algorithmus Suchen

1. Berechne den Hashwert $h(x)$.

2. Bestimme den Index anhand der t führenden Bits.

3. Führe eine sequentielle Suche in dem Behälter an der Indexposition durch.

Algorithmus Einfügen

1. Führe eine Suche nach dem einzufügenden Wert durch. Die Suche endet (scheitert) in einem Behälter.

2. Falls dieser Behälter nicht voll ist:

   • Füge das Datum in den Behälter ein.

3. Sonst (Behälter ist voll):

- Falls lokale Tiefe $t' <$ globale Tiefe t:
  - Erzeuge einen neuen Behälter.
  - Sei x die Directory-Adresse des vollen Behälters:
    * Verzeichnis-Adresse des alten Behälters $= x|0$
    * Verzeichnis-Adresse des neuen Behälters $= x|1$
  - Beide lokalen Tiefen = alte lokale Tiefe $+1$.
  - Teile die Einträge des alten Behälters auf beide Behälter (gemäß der Hashwerte) auf
  - Füge den aktuellen Datenwert (rekursiv) ein.
- Falls lokale Tiefe = globale Tiefe:
  - Verdopple das Verzeichnis:
    * Für jedes Tupel (Adresse, Behälter):
      · Erzeuge (Adresse $|0$, Behälter).
      · Erzeuge (Adresse $|1$, Behälter).
    * Inkrementiere die globale Tiefe.
  - Füge den aktuellen Datenwert (rekursiv) ein.

Algorithmus Löschen

1. Führe eine Suche nach dem einzufügenden Wert durch. Die Suche endet in einem Behälter.
2. Falls die Suche erfolgreich verläuft, so lösche das Element.
3. Falls der Nachbarknoten dieselbe lokale Tiefe hat, beide Adressen in den ersten $t'-1$ Bits übereinstimmen und die Einträge beider Behälter in einen passen:
   - Fasse die Elemente in einem Behälter zusammen.
   - Lösche den nun leeren Behälter.
   - Setze die lokale Tiefe $t' = t' - 1$
4. Falls alle lokalen Tiefen kleiner der globalen Tiefe sind, verkleinere das Verzeichnis.
   - Setze die globale Tiefe $t = t - 1$
   - Fasse Tupel ($x0$, Behälter), ($x1$, Behälter) zu (x, Behälter) zusammen.

Aufgabe 7.16

Erfinden Sie ein Verfahren, um mit dem Mechanismus des erweiterbaren Hashings auch direkt den Datensatz innerhalb eines Buckets zu finden. Hinweis: Eine weitere Möglichkeit der Kollisionsbehandlung beim Hashing ist beispielsweise, einfach den nächsten freien Platz zu benutzen.

Wir ergänzen das bisherige erweiterbare Hashverfahren um zusätzliche Pointerinformation auf Slots in Buckets. Dazu nehmen wir an, dass die Größe eines Buckets eine Zweierpotenz ist. Sei s die Anzahl der Bits, die einen Slot in einem Bucket eindeutig identifizieren. Wie bisher verwenden wir die ersten d Stellen der Hashfunktion $h(x)$ zur Referenzierung des Buckets und die nachfolgenden s Bits zur Referenzierung des Slots in einem

Bucket. Sei zum Beispiel die globale Tiefe $t = 2$, und die Größe eines Buckets 4. Der
Hashwert von *Elenktik* sei $h(Elenktik) = 1001100100001$, dann teilen wir den Hashwert
wie folgt auf:

$$h(Elenktik) = \underbrace{10}_{d} \; \underbrace{01}_{s} \; \underbrace{100100001}_{\text{unbenutzter Teil}}$$

Natürlich kann nicht vorausgesetzt werden, dass die Hashwerte, die auf denselben Bucket
abgebildet werden, sich in den s Bits unterscheiden. Deshalb muss hier eine Konfliktbe-
handlung erfolgen. Wie in der Aufgabenstellung angedeutet, suchen wir im Falle eines
Konflikts bei der Slotzuteilung den nächsten freien Slot. Dies nennt man *linear probing*.
Folgende Abbildung zeigt ein Beispiel, in dem *Mäeutik* auf denselben Slot abgebildet
wird wie *Elenktik*. Nachdem dieser Platz also belegt ist, durchsucht man den Bucket zirkulär und fügt *Mäeutik* in den nächsten freien Slot ein. Zirkulär bedeutet, dass die Suche
sequentiell in Richtung aufsteigender Slotnummern erfolgt. Ist das Ende des Buckets erreicht, so setzt man die Suche am Bucketanfang fort. Ist der Bucket voll, so wird, wie in
der Lösung zu Aufgabe 7.15 beschrieben, ein zusätzlicher Bucket hinzugefügt und ggf.
das Verzeichnis verdoppelt.

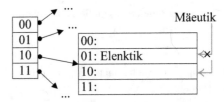

x	$h(x)$		
	d	s	p
Elenktik	10	01	100100001
Mäeutik	10	01	001101110

Die Suche erfolgt analog zum Einfügen. Im besten Fall kann ausgehend vom Hashwert
direkt auf den gesuchten Eintrag zugegriffen werden. Falls der Slot von einem anderen
Eintrag belegt ist, sucht man im Bucket ab dieser Stelle sequentiell (bzw. zirkulär).

Aufgabe 7.17

Entwickeln Sie eine Heuristik zur Partitionierung eines Blattknotens im R-Baum. Welche Komplexität hätte ein optimales Verfahren, das die Boxengröße minimiert?

Komplexität eines optimalen Verfahrens

Das vollständige Durchsuchen aller Möglichkeiten, die Elementmenge in zwei (nicht leere) Teilmengen aufzuspalten, entspricht der Überprüfung von $2^n - 2$ Möglichkeiten. Dieses Vorgehen ist damit in $O(2^n)$.

Es ist klar, dass dieses Verfahren die optimale Lösung finden muss, da alle Möglichkeiten abgesucht werden. Die Frage ist, ob es eine effizientere Möglichkeit gibt, die optimale Lösung zu finden. Um diese Frage zu beantworten, betrachten wir eine verwandte
Problemstellung der Graphentheorie: Die Partitionierung eines gewichteten Graphen in k
Teilmengen ($k \geq 2$) ist NP-hart. Da unser Problem genau diesem Partitionierungsproblem
mit $k = 2$ entspricht, ist das Finden einer optimalen Aufteilung eines Blattknotens des R-
Baums ebenfalls NP-hart. Im allgemeinen Fall ist es somit zu teuer, die optimale Lösung
zu ermitteln. Es bedarf also Heuristiken, mittels derer sich in „akzeptabler" Laufzeit gute
(der optimalen Lösung möglichst nahe kommende) Partitionen berechnen lassen.

Heuristik zur Partitionierung eines Blattknotens

Festlegungen:
m ist die Minimalanzahl der Einträge in einem Knoten.
M ist die Maximalanzahl der Einträge in einem Knoten.

Splitalgorithmus: Zum Aufteilen von $M + 1$ Einträgen $\{a_i\}_{1 \leq i \leq M+1}$ auf zwei Knoten.

- Für jede Dimension d
    - Sortiere die Einträge aufsteigend bezüglich d:
      $a_1, \ldots, a_{M+1}$
    - Bilde zwei Gruppen mit den m kleinsten bzw. größten Werten:
      $A = a_1, \ldots, a_m$ und $B = a_{M+1-(m-1)}, \ldots, a_{M+1}$.
    - Es sind die mittleren $M + 1 - 2m$ Einträge noch nicht verteilt. Weise diese verbliebenen Einträge a_k iterativ den bestehenden Boxen A und B zu. D.h. bilde $A' = A \cup a_k$ und $B' = B \cup a_k$ (sofern A bzw. B nicht bereits voll besetzt sind).
        * Falls *quality*$(A', B) <$ *quality*(A, B') fahre mit $A = A'$ in der nächsten Iteration fort.
        * Sonst setze $B = B'$.
    - Merke die Partition (A, B) als Ergebnis für Dimension d.
- Wähle aus den für jede Dimension d ermittelten Partitionen die kostengünstigste aus.

Die Funktion *quality* bewertet die Partitionierung. Es sind mehrere Implementierungen dafür denkbar, z.B.:

- *quality*$(A, B) =$ *area*$(bb(A)) +$ *area*$(bb(B))$
  Hierbei bezeichnet *bb* die Funktion, die zu einer gegebenen Menge von Einträgen das (ggf. mehrdimensionale) „umschreibende Rechteck" (engl. *bounding box*) bestimmt. Mit dieser Qualitätsfunktion wird versucht, die Überdeckung, d.h. die „Fläche", die von den Boxen eingenommen wird, zu minimieren.
- *quality*$(A, B) =$ *area*$(bb(A) \cap bb(B))$
  Mit dieser Qualitätsfunktion wird versucht, die gegenseitige Überlappung (Schnittmenge) der Blattknoten zu minimieren.

Literaturhinweis

Beckmann et al. (1990) stellten den R^*-Baum als Verbesserung des R-Baums vor. Der hier vorgestellte Splitalgorithmus ist an die von ihnen vorgeschlagene Heuristik angelehnt.

Beispiel

Abbildung 7.6 zeigt ein Beispiel für die Partitionierung von zweidimensionalen Datensätzen. In den zugrunde liegenden R-Baum sollen die Datensätze von Angestellten bezüglich Alter und Gehalt eingefügt werden – vgl. auch Abschnitt 7.13 [Kemper und Eickler (2011)] und Aufgabe 7.18. Wir betrachten die Partitionierung gemäß der Dimension *Alter* und wenden die erste Kostenfunktion zur Optimierung der Überdeckung an. Für die Boxen gilt $m = 2$ und $M = 4$.

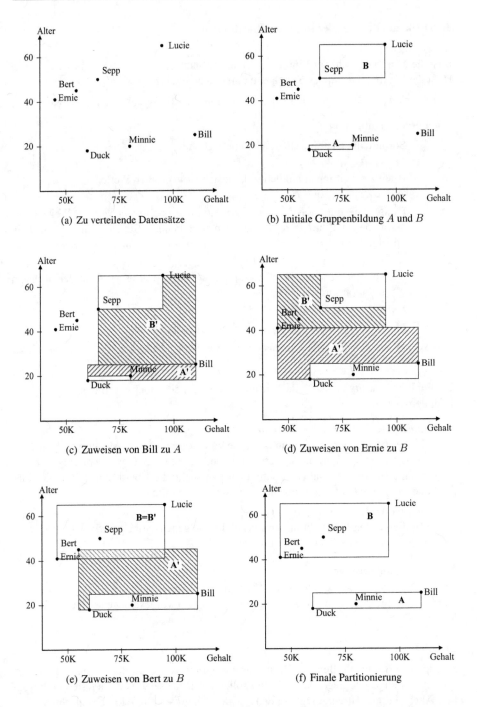

(a) Zu verteilende Datensätze

(b) Initiale Gruppenbildung A und B

(c) Zuweisen von Bill zu A

(d) Zuweisen von Ernie zu B

(e) Zuweisen von Bert zu B

(f) Finale Partitionierung

Abbildung 7.6: Beispiel zur heuristischen Aufteilung von Blattknoten eines R-Baums

Bild 7.6(a) zeigt die aufzuteilenden Datensätze. Die Einträge werden gemäß dem Alter aufsteigend sortiert:

Duck, Minnie, Bill, Ernie, Bert, Sepp, Lucie

Bild 7.6(b) zeigt die initiale Gruppenbildung der Größe $m = 2$. Die beiden (gemäß der Sortierung) kleinsten Werte Duck und Minnie und die beiden größten Werte werden zu jeweils einer Gruppe (A und B) zusammengefasst.

Bild 7.6(c) zeigt die Vergrößerung der Boxen bei Aufnahme des Datensatzes von Bill. A würde dadurch um $3,1$ auf A' und B um $13,5$ auf B' wachsen. Damit wird A zu A' vergrößert.

Bild 7.6(d) zeigt die Zuweisung von Ernie. Fügt man den Datensatz in B ein, so ist im Vergleich der Volumenanstieg minimal.

Bild 7.6(e) zeigt die Boxen bei jeweiliger Zuweisung von Bert. Da Bert ohne Vergröße-rung vollständig in B aufgenommen werden kann (B ist dann vollständig besetzt), wird der Datensatz von Bert der Box B zugewiesen.

Bild 7.6(f) zeigt das Ergebnis der Partitionierung bezüglich *Alter*.

Die Partitionierung gemäß der Gehalts-Dimension wird analog durchgeführt (hier nicht gezeigt). Die bessere der beiden Partitionierungen wird dann ausgewählt.

Aufgabe 7.18

Fügen Sie eine dritte Dimension, sagen wir *Geschlecht*, mit hinzu und bauen Sie den Beispiel-R-Baum aus Abschnitt 7.13 [Kemper und Eickler (2011)] neu auf. Illustrieren Sie die einzelnen Phasen im Aufbau des R-Baums.

Wir fügen dem Beispiel-R-Baum aus Abschnitt 7.13 [Kemper und Eickler (2011)] die zu-sätzliche Dimension *Geschlecht* hinzu. Zusätzlich zu den bekannten Ausprägungen *weib-lich* und *männlich* nehmen wir in unserem Beispiel auch *neutral* auf, um etwa Geschöpfe wie das Urmel aus dem Eis behandeln zu können. Folgende Tabelle gibt die Attribut-belegung der in den R-Baum einzufügenden Datensätze an. Die Tabelle legt zudem die Einfügereihenfolge fest.

Name	Alter	Gehalt	Geschlecht
Bond	60	120 K	männlich
Minnie	20	80 K	weiblich
Mickey	43	70 K	männlich
Duck	18	60 K	männlich
Speedy	40	100 K	männlich
Bert	45	55 K	männlich
Ernie	41	45 K	männlich
Urmel	35	112 K	neutral
Bill	25	110 K	männlich
Lucie	65	95 K	weiblich
Jan	41	60 K	männlich
Sepp	50	65 K	männlich

Wie im ursprünglichen Beispiel haben Blätter des R-Baums eine Maximalbelegung von
4. Damit können die Datensätze für Bond, Minnie, Mickey und Duck eingefügt werden,
ohne dass eine Überlaufbehandlung erforderlich ist.

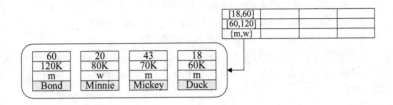

Fügt man zusätzlich Speedy in den R-Baum ein, so muss das Blatt aufgespalten werden.

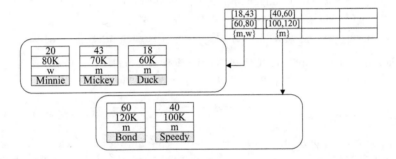

Die Datensätze für Bert und Ernie müssen bezüglich ihrer Ausprägungen in das erste Blatt
des R-Baums eingefügt werden. Fügt man zuerst Bert und dann Ernie in den R-Baum ein,
so muss erneut eine Überlaufbehandlung, d.h. ein Aufspalten des Blattes erfolgen.

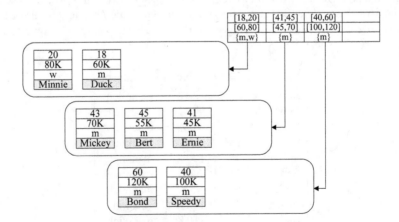

Die folgenden Datensätze für Urmel und Bill passen wieder in den bisherigen R-Baum,
ohne eine Aufspaltung hervorzurufen.

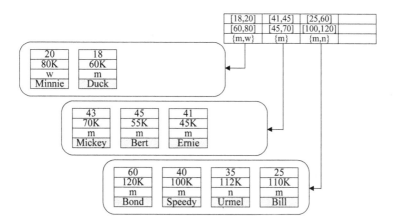

Ein Aufspalten ist erst beim Einfügen von Lucie notwendig. Anders als im ursprünglichen Beispiel (siehe Seite 229 [Kemper und Eickler (2011)]) gruppieren wir hier Bill und Urmel in einen Behälter und sehen einen zweiten Behälter für Speedy, Lucie und Bond vor. Nimmt man als Gütekriterium das Volumen, das durch die jeweiligen Behälter beschrieben wird, so hat diese Aufteilung Vorteile.

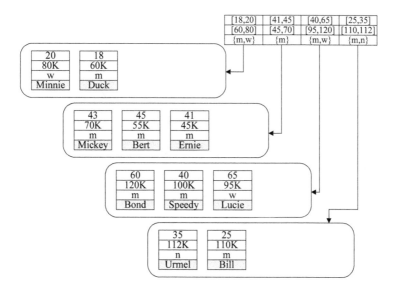

Anschließend werden noch die Datensätze für Jan und Sepp eingefügt. Beide würden am besten in das Blatt passen, das bereits von Mickey, Bert und Ernie belegt ist. Das Blatt ist damit überbelegt und es erfolgt eine Spaltung. Diese Spaltung propagiert sich bis zum Vaterknoten, der zugleich der Wurzelknoten ist. Deshalb muss eine neue Wurzel erstellt werden. Folgende Darstellung zeigt den finalen R-Baum für unsere Beispielausprägung. Abbildung 7.7 stellt die Datensätze dreidimensional dar.

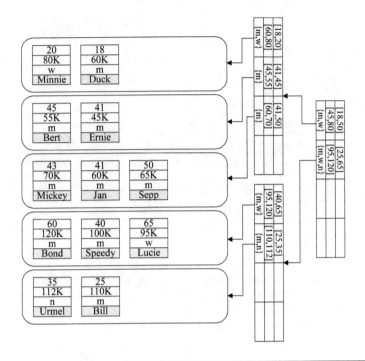

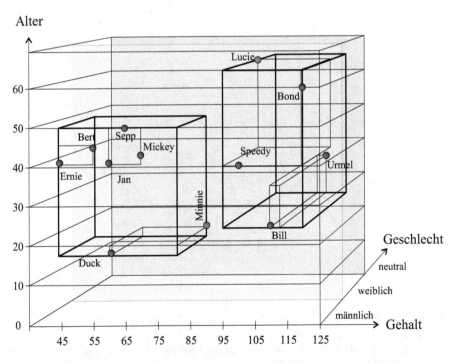

Abbildung 7.7: Der *R*-Baum mit drei Dimensionen (Gehalt, Alter, Geschlecht)

Aufgabe 7.19

Helmer, Neumann und Moerkotte (2003) haben ein adaptives Verfahren für das erweiterbare Hashing entwickelt, mit dem Schieflagen in der Verteilung der Daten ohne wiederholte Directory-Verdoppelung ausgeglichen werden. Bei dem Standard-Verfahren muss das gesamte Directory verdoppelt werden – auch wenn nur punktuell Überläufe stattfinden. In dem neuen Verfahren wird im Falle einer eklatanten Schieflage (skew) nur für den Überlaufbereich eine weitere (also partiell verdoppelte) Hashtabelle allokiert. Konzipieren Sie dieses Verfahren in Pseudo-Code und visualisieren Sie an Hand von Beispielen dieses adaptive Verfahren.

Das erweiterbare Hashing-Verfahren basiert darauf, über ein Directory auf die Datenbehälter (Buckets) zu verweisen. Der Eintrag im Directory wird über eine Hashfunktion ermittelt, wobei Schritt für Schritt ein vergrößerter Präfix des Hashwerts für die Adressberechnung für den Zugriff auf das Directory verwendet wird. Jedes zusätzlich verwendete Präfixbit führt zu einer Directory-Verdoppelung. Falls es bei diesen Hashwerten zu Schieflagen (Engl. *skew*) kommt, wird das Directory schrittweise verdoppelt – obwohl nur ein kleiner Directory-Bereich tatsächlich von dem Überlauf betroffen war. In der Terminologie des erweiterbaren Hashings bedeutet dies, dass die lokale Tiefe vieler Buckets deutlich niedriger ist als die globale (Directory-) Tiefe. Nur sehr wenige Buckets nutzen die tatsächlich verfügbare globale Directory-Tiefe aus. Dies führt zu einer Speicherplatzverschwendung, da das Directory aus Adressierungsgründen vollständig als zusammenhängender Speicherbereich allokiert werden muss.

Helmer, Neumann und Moerkotte (2003) haben dieses Problem erkannt und das Directory im Multi-Level Extendible Hashing-Verfahren (MLEH) als eine Baumstruktur organisiert. Es handelt sich hierbei um einen nicht-balancierten Mehrwegebaum. Wir nehmen an, dass jeder Knoten des Directory-Baums Platz für 2^n Zeiger hat. Initial würde das Directory (also der Baum) demnach mit der globalen Tiefe n initialisiert – wie wir es aus dem normalen erweiterbaren Hashing kennen. Wenn es jetzt zu einem lokalen Überlauf kommt, sagen wir am linken Directory-Rand, im Bild 7.8 also im Bucket an der Position 0000, so lässt sich dieser Überlauf nicht mehr innerhalb des ursprünglichen einen Directory-Knotens beheben. Deshalb wird ein zweiter Knoten allokiert, auf den jetzt alle Einträge $0xxx$ verweisen. Der zweite Directoryknoten ist jetzt geeignet, zwischen den Hashwerten $0xxx0$ und $0xxx1$ zu unterscheiden – wobei die x beliebige Bits darstellen.

Wir expandieren das Beispiel jetzt noch einen Schritt weiter und nehmen an, dass die Schieflage zu weiteren Überläufen am linken Rand führt, nämlich einer Überfüllung der Buckets an den Positionen 00000 und 00001. In diesem Fall wird der Directory-Knoten, auf den bislang alle $0xxx$-Einträge in der Wurzel gezeigt haben, aufgespaltet. Der linke dieser beiden Knoten wird von den $00xx$-Eintragen der Wurzel referenziert und der rechte von den $01xx$-Einträgen. Nach der Aufspaltung wird dann nicht mehr nur zwischen den $0xxx0$ und den $0xxx1$-Hashpräfixen unterschieden, sondern zwischen $0xxx00$, $0xxx01$, $0xxx10$ und $0xxx11$. Man beachte, dass die Datensätze der rechten Hälfte der Wurzel nach wie vor nur nach den ersten vier Bits des Hashcodes unterschieden werden. Weiterhin ist zu erkennen, dass die schrittweise Aufspaltung nach wie vor genau 2^n Einträge (also Zeiger auf Directory-Knoten oder Datenbehälter-Seiten) garantiert – in unserem Fall $2^4 = 16$.

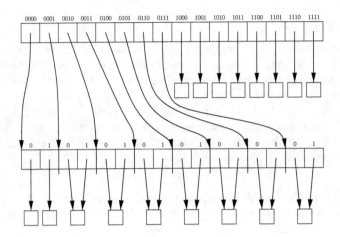

Abbildung 7.8: Das MLEH-Verfahren nach dem ersten Überlauf [Helmer, Neumann und Moerkotte (2003)]

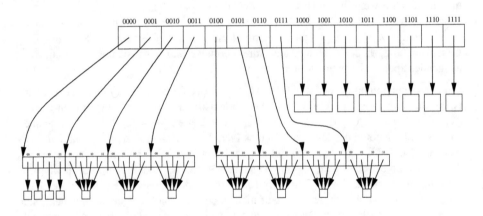

Abbildung 7.9: Das MLEH-Verfahren nach dem zweiten Überlauf [Helmer, Neumann und Moerkotte (2003)]

Bei der Suche nach einem Datenobjekt muss man nunmehr diese Zeiger unterscheiden. Wenn man auf einen Zeiger zu einem Datenbehälter stößt, kann man die Directory-Suche abbrechen. Wenn man jedoch mit dem ersten Präfix auf einen Directory-Verweis stößt, muss man den Hashpräfix für die Suche erweitern und innerhalb dieses nachgeordneten Directory-Knotens den korrespondierenden Eintrag an der entsprechenden Speicheradresse suchen. Dies kann sich rekursiv über mehrere Ebenen fortpflanzen, falls mehr als eine Zusatzebene "eingezogen" werden musste.

8. Anfragebearbeitung

Aufgabe 8.1

Beweisen oder widerlegen Sie folgende Äquivalenzen:

- $\sigma_{p_n \wedge p_{n-1} \wedge \cdots \wedge p_1}(R) = \sigma_{p_n}(\sigma_{p_{n-1}}(\ldots(\sigma_{p_1}(R))\ldots))$
- $\sigma_p(R_1 \bowtie R_2) = \sigma_p(R_1) \bowtie R_2$ (falls p nur Attribute aus $\mathcal{R}_1$ enthält)
- $\Pi_l(R_1 \cap R_2) = \Pi_l(R_1) \cap \Pi_l(R_2)$
- $\Pi_l(R_1 \cup R_2) = \Pi_l(R_1) \cup \Pi_l(R_2)$
- $\Pi_l(R_1 - R_2) = \Pi_l(R_1) - \Pi_l(R_2)$

Behauptung 1 $\sigma_{p_n \wedge p_{n-1} \wedge \cdots \wedge p_1}(R) = \sigma_{p_n}(\sigma_{p_{n-1}}(\ldots(\sigma_{p_1}(R))\ldots))$

Beweis Durch Induktion über n:

$n = 1$: $\sigma_{p_1}(R) = \sigma_{p_1}(R)$ $\checkmark$

$n \to n+1$: Behauptung: $\sigma_{p_{n+1} \wedge \cdots \wedge p_1}(R) = \sigma_{p_{n+1}}(\ldots(\sigma_{p_1}(R))\ldots)$

Wegen der Induktionsvoraussetzung gilt:

$$\sigma_{p_{n+1}}(\ldots(\sigma_{p_1}(R))\ldots) = \sigma_{p_{n+1}}(\sigma_{p_n \wedge \cdots \wedge p_1}(R))$$

Sei $t \in \sigma_{p_{n+1}}(\sigma_{p_n \wedge \cdots \wedge p_1}(R))$

$$\Leftrightarrow \quad t \in \sigma_{p_n \wedge \cdots \wedge p_1}(R) \wedge t \text{ erfüllt } p_{n+1}$$
$$\Leftrightarrow \quad t \in R \wedge t \text{ erfüllt } p_{n+1} \wedge \cdots \wedge p_1$$
$$\Leftrightarrow \quad t \in \sigma_{p_{n+1} \wedge \cdots \wedge p_1}(R)$$

Somit ist die Behauptung bewiesen.

$\square$

Behauptung 2 $\sigma_p(R_1 \bowtie R_2) = \sigma_p(R_1) \bowtie R_2$ (falls p nur Attribute aus $\mathcal{R}_1$ enthält)

Beweis Sei $t \in \sigma_p(R_1 \bowtie R_2)$

$\Leftrightarrow \quad t \in R_1 \bowtie R_2$ und t erfüllt p

$\Leftrightarrow \quad \exists t_1 \in R_1, t_2 \in R_2$ und t erfüllt $p \wedge t_1.(\mathcal{R}_1 \cap \mathcal{R}_2) = t_2.(\mathcal{R}_1 \cap \mathcal{R}_2) \wedge t = t_1 \cup t_2$

$\Leftrightarrow \quad$ (p enthält nur Attribute aus $\mathcal{R}_1$)

$\qquad \exists t_1 \in \sigma_p(R_1), t_2 \in R_2 : t_1.(\mathcal{R}_1 \cap \mathcal{R}_2) = t_2.(\mathcal{R}_1 \cap \mathcal{R}_2) \wedge t = t_1 \cup t_2$

$\Leftrightarrow \quad t \in \sigma_p(R_1) \bowtie R_2$

Somit folgt die Behauptung.

$\square$

Behauptung 3 $\Pi_l(R_1 \cap R_2) = \Pi_l(R_1) \cap \Pi_l(R_2)$ gilt nicht.

Beweis Gegenbeispiel: Gegeben seien die zwei Relationen R_1 und R_2:

R_1	
A	B
a	b

R_2	
A	B
b	b

Dann gilt:

$$\Pi_B(R_1 \cap R_2) = \emptyset, \text{ aber } \Pi_B(R_1) \cap \Pi_B(R_2) = \{[b]\}$$

□

Behauptung 4 $\Pi_l(R_1 \cup R_2) = \Pi_l(R_1) \cup \Pi_l(R_2)$

Beweis Sei $t \in \Pi_l(R_1 \cup R_2)$

$$\Leftrightarrow \quad \exists a \in R_1 \cup R_2 : a.l = t$$
$$\Leftrightarrow \quad \exists b \in R_1 : b.l = t \vee \exists c \in R_2 : c.l = t$$
$$\Leftrightarrow \quad \exists b' \in \Pi_l(R_1) : b' = t \vee \exists c' \in \Pi_l(R_2) : c' = t$$
$$\Leftrightarrow \quad t \in \Pi_l(R_1) \vee t \in \Pi_l(R_2)$$
$$\Leftrightarrow \quad t \in \Pi_l(R_1) \cup \Pi_l(R_2)$$

Somit ist die Behauptung bewiesen.   □

Behauptung 5 $\Pi_l(R_1 - R_2) = \Pi_l(R_1) - \Pi_l(R_2)$ gilt nicht.

Beweis Gegenbeispiel: Wähle R_1 und R_2 wie im Beweis zu Behauptung 3. Dann gilt:

$$\Pi_B(R_1 - R_2) = \{[b]\}, \text{ aber } \Pi_B(R_1) - \Pi_B(R_2) = \emptyset$$

□

Aufgabe 8.2

Überlegen Sie, wie der Semi-Join bei der algebraischen Optimierung eingesetzt werden könnte. Inwieweit wirkt sich die Verwendung von Semi-Joins auf das Einführen von Projektionen aus? Konzipieren Sie einen effizienten Auswertungsalgorithmus für Semi-Joins.

Beim Semi-Join $R \ltimes S$ qualifizieren sich die Tupel aus R, für die die Joinbedingung mit Tupeln aus S erfüllt ist. Im Ergebnis sind aber nur Informationen aus R, nicht jedoch aus S enthalten, wie folgendes Beispiel zeigt:

R				S				$R \ltimes S$		
A	B	C	$\ltimes$	C	D	E	$=$	A	B	C
a_1	b_1	c_1		c_1	d_1	e_1		a_1	b_1	c_1
a_2	b_2	c_2		c_3	d_2	e_2				

Beispielsweise ist der Semi-Join Operator geeignet, um diejenigen Studenten zu bestimmen, die Vorlesungen bei Sokrates hören. In SQL werden Semi-Joins mittels **exists** oder **in** ausgedrückt:

```
select *
from Studenten s
where exists ( select *
  from Professoren p, hören h, Vorlesungen v
  where h.MatrNr = s.MatrNr
  and p.Name = 'Sokrates'
  and v.gelesenVon = p.PersNr
  and v.VorlNr = h.VorlNr);
```

Durch eine effiziente Implementierung des Semi-Joins können Projektionen eingespart werden. Der Semi-Join ist allgemein wie folgt definiert:

$$R \ltimes S = \Pi_{\mathbf{sch}(R)} R \bowtie S \quad \text{und}$$
$$R \rtimes S = \Pi_{\mathbf{sch}(S)} R \bowtie S$$

Bei der Berechnung eines (teueren) Joins kann man den Semi-Join wie folgt verwenden:

$$R \bowtie_{R.A=S.B} S = R \bowtie (\Pi_A(R) \rtimes S)$$

Das heißt, die Relation S kann vorgefiltert und auf die Tupel, die im Resultat enthalten sind, vorab eingeschränkt werden. Die Berechnung des Semi-Joins kann approximativ sein, so dass eine Obermenge berechnet wird, die so genannte *false drops* enthält. Siehe dazu auch Aufgaben 8.5 und 16.7.

Implementierungen des Semi-Joins $R \ltimes S$

1. Naives Vorgehen:

   - Berechne zuerst $R \bowtie S$
   - Projiziere auf $\mathbf{sch}(R)$

2. Angepasste Implementierung:

   - Als mögliche Implementierung eignet sich das Hash-Join Verfahren mit einer angepassten Speicherung der Elemente einer Seite, die nicht übernommen werden. Für diese Elemente werden nur die Joinattribute übernommen und auch keine Duplikate gespeichert. Sollen Duplikate berücksichtigt werden, verwendet man einen Zähler, der angibt, wie oft ein Wert auftritt.
   - Falls Duplikate vermieden werden sollen, können bekannte Join-Algorithmen beispielsweise wie folgt (leicht modifiziert) angewendet werden:
     - Nested Loop-Join: R ist die äußere Relation. Sobald ein Joinpartner gefunden wurde, kann die innere Schleife vorzeitig abgebrochen werden.
     - Hash-Join: Die Relation S wird als Build Input verwendet. Analog muss jeweils nur höchstens ein Joinpartner gefunden werden.

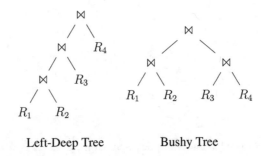

Abbildung 8.1: Zwei Klassen von Auswertungsplänen

Aufgabe 8.3

In Abschnitt 8.1.2 [Kemper und Eickler (2011)] wurde eine sehr einfache Heuristik
zur Bestimmung einer Anordnung der Joins eines algebraischen Ausdruckes vorgestellt.
Mit dieser Heuristik werden allerdings nur Reihenfolgen von Joins berücksichtigt und
nicht allgemeine Anordnungen. Es kann nicht passieren, dass das rechte Argument eines Joins aus einem anderen Join entstanden ist. Solche Auswertungspläne nennt man
Left-Deep Trees. Allgemeine Auswertungspläne, von denen es natürlich wesentlich mehr
gibt, nennt man *Bushy Trees*. Abbildung 8.1 zeigt ein Beispiel mit den abstrakten Relationen R_1, R_2, R_3 und R_4.

- Bestimmen Sie die Anzahl der möglichen Left-Deep Trees bzw. Bushy Trees für
  einen gegebenen algebraischen Ausdruck mit n Relationen, der nur Joinoperationen enthält.

- Diskutieren Sie, inwieweit Bushy Trees effizientere Auswertungspläne bezüglich
  der Größe der Zwischenergebnisse liefern können. Ist es sinnvoll, Bushy Trees bei
  der Suche nach einem effizienten Auswertungsplan zu berücksichtigen, wenn man
  die Anzahl der Möglichkeiten in Betracht zieht?

Left-Deep Pläne

Ein Left-Deep Plan ist festgelegt, wenn die Reihenfolge der Blätter festgelegt ist. Die
Anzahl der Permutationen der Blätter legt folglich die Anzahl der möglichen Left-Deep
Pläne fest. Für n Relationen sind dies also $n!$, da ein Auswertungsbaum n Blätter hat.

Bushy Pläne

Bushy Pläne sind alle möglichen Binärbäume mit den vorgegebenen n Blättern. Die Anzahl der binären Suchbäume mit n Blättern ist gegeben durch die $(n-1)$-te Catalan Zahl.

Da die Reihenfolge der Relationen nicht festgelegt ist, unterliegen die Blätter im Auswertungsbaum keiner Ordnung. D.h. diese können bei einem gegebenen Baum beliebig
vertauscht werden. Für jede Struktur eines Auswertungsbaums ergeben sich folglich $n!$
verschiedene Anordnungen der Blätter.

Die Anzahl der Pläne ist damit insgesamt

$$n!C_{n-1} = n!\frac{\binom{2(n-1)}{n-1}}{n} = (n-1)!\binom{2n-2}{n-1} = (n-1)!\frac{(2n-2)!}{(n-1)!(n-1)!} = \frac{(2n-2)!}{(n-1)!}$$

Vergleich von Bushy Plänen mit Left-Deep Plänen

Bushy Pläne bieten folgende Vorteile:

- Joinoperationen können parallelisiert ausgewertet werden, was vor allem bei verteilten und parallelen Datenbanksystemen von Vorteil ist.

- Verbundberechnungen mit hohen Selektivitäten können schon tief im Plan – d.h. möglichst früh – ausgeführt werden. Es können so effiziente Auswertungspläne erstellt werden, bei denen Zwischenergebnisse möglichst gering im Umfang sind.

 Literaturhinweis

Der Nachteil bei Bushy Plänen ist der Aufwand bei der Optimierung, da wesentlich mehr Bushy Pläne existieren als Left-Deep Pläne. Vance und Maier (1996) beschreiben einen auf Dynamic Programming basierenden Optimierer, mit dem Bushy Pläne für Anfragen mit bis zu 15 Relationen betrachtet werden können. In den restlichen Fällen wird auf heuristische Optimierungsverfahren zurückgegriffen, wie sie beispielsweise von Steinbrunn, Moerkotte und Kemper (1997) beschrieben werden.

Aufgabe 8.4

Warum wurde immer die größere Relation als Probe Input beim Hash-Join verwendet? Warum wäre es in einer realen Umsetzung von dem Beispiel in Abbildung 8.19 [Kemper und Eickler (2011)] keine gute Idee, die Hashfunktion nach dem Alter partitionieren zu lassen?

Warum wird stets die größere Relation als Probe Input verwendet?

In der Initialisierungsphase des Hash-Joins wird der Build Input so lange partitioniert, bis die einzelnen Partitionen in den Hauptspeicher passen. Verwendet man die kleinere der beiden Relationen als Build Input, so wird diese Voraussetzung in der Regel schneller erreicht, d.h. es ist zu erwarten, dass weniger Partitionierungsschritte erforderlich sind. Da eine Hashpartitionierung sowohl CPU- als auch I/O-aufwändig ist, sollte darauf geachtet werden, so wenig wie möglich Partitionierungsschritte durchzuführen. Folglich ist es sinnvoll, die größere Relation als Probe Input zu verwenden.

Warum wäre es in einer realen Umsetzung keine gute Idee, die Relationen nach Altersbereichen zu partitionieren?

Im betrachteten Beispiel zur Berechnung des Joins von gleichaltrigen Frauen und Männern (Seite 259, Abschnitt 8.2.2 [Kemper und Eickler (2011)]) werden äquidistante Hashpartitionen berechnet. Es werden also zuerst Gruppen von 20- bis 39-jährigen, 40- bis 59-jährigen und 60- bis 79-jährigen Personen gebildet, also jeweils Cluster, die einen

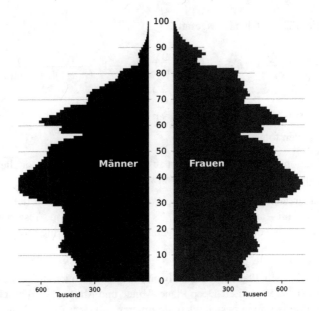

Abbildung 8.2:   Alterspyramide Deutschland 2001 (Quelle Statistisches Bundesamt, 2003)

Zeitraum von 20 Jahren abdecken. Diese werden dann sukzessive weiter äquidistant zerlegt.

Diese Partitionierung wäre dann gut gewählt, wenn die Altersstruktur der Bevölkerung einer Gleichverteilung nahe kommt. Dann wären die gebildeten Personengruppen von ihrer Größe her in etwa gleich. Wie Abbildung 8.2 zeigt, ist dies aber eine der Realität widersprechende Annahme. Gemäß der Alterspyramide wäre der Cluster der 20- bis 39-jährigen Deutschen deutlich größer als der der 60- bis 79-jährigen. Bei feineren Unterteilungen lässt sich dieser Nachteil noch deutlicher erkennen.

Also muss die Partitionierung nach einer anderen Hashfunktion erfolgen, beispielsweise (*Alter* mod 7), um die Personendaten in 7 Partitionen zu unterteilen. Jetzt werden in derselben Partition Menschen sehr unterschiedlicher Altersgruppen zusammengeführt.

Aufgabe 8.5

Wenn der Wertebereich des Joinattributs bekannt ist, kann ein Bitvektor angelegt werden, in dem für jeden vorkommenden Wert in einer Relation eine Markierung gesetzt wird. Beschreiben Sie einen Algorithmus, in dem diese Methode zur Verbesserung des Hash-Joins eingesetzt wird.

Voraussetzungen

Bei einigen Joinoperationen kann vorab abgeschätzt werden, dass die Anzahl der vorkommenden Werte in den Joinattributen sehr eingeschränkt sein wird. Beispiele für solche Joinattribute sind:

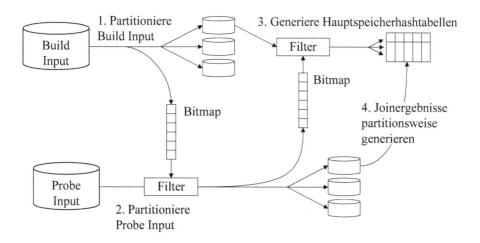

Abbildung 8.3: Verwendung von Bitvektoren zur Verbesserung des Hash-Joins

- die Farbe eines Autos in den Modelltabellen eines Automobilherstellers;
- das Alter von Personen;
- die Jahre der Betriebszugehörigkeit von Angestellten;
- Datumsangaben von Verkäufen in den letzten 5 Jahren.

Über eine Hashfunktion werden diese Attribute auf die Positionen eines Bitvektors abgebildet. Abhängig davon, wie die Werte eines Attributs verteilt sind, kann sich ggf. auch die Identitätsfunktion als Hashfunktion anbieten. Denkbar ist auch eine Faltungsoperation, um den Umfang des ursprünglichen Wertebereichs zu reduzieren – man muss dann aber im Allgemeinen eine Kollisionsbehandlung vorsehen.

Ein gesetztes Bit (Wert ist 1) im Bitvektor gibt an, dass für den (die) dazugehörigen Attributwert(e) ein potenzieller Joinpartner in der zum Aufbau der Bitmap verwendeten Menge vorhanden ist.

Verbesserung des Hash-Join Algorithmus

Die Struktur des Hash-Join Algorithmus bleibt erhalten. Die geänderten Schritte sind in Abbildung 8.3 verdeutlicht. Der zweite Filterschritt ist dabei nicht mehr so effektiv wie der erste, da der Probe Input in der Regel die größere Menge ist.

Dieses Verfahren kann zur Optimierung der Joinauswertung eingesetzt werden, falls eine entsprechend geringe Selektivität für mindestens eine der Eingaberelationen gegeben ist. Das heißt, für den Fall, dass die Bitvektoren nur dünn besetzt sind, ist die Wirkung der Filter auch nachvollziehbar. Dünn besetzt bedeutet, dass viele Attributbelegungen nicht vorkommen, was sich durch entsprechend viele 0-Einträge in den Bitvektoren erkennen lässt.

Andernfalls bedeutet die Verwendung von Bitvektoren jedoch einen zusätzlichen Aufwand, was zu verminderter Effizienz der Joinauswertung führt.

iterator MergeJoin$_p$

  open
- Öffne beide Eingaben

  next
- Solange Bedingung p nicht erfüllt
    - Rufe next auf linker Eingabe auf
    - Ist linke Eingabe erschöpft: Ende
    - Springe in rechter Eingabe auf die Anfangsposition zurück
- Gib Verbund der aktuellen Tupel der linken und rechten Eingabe zurück
- Rufe next auf rechter Eingabe auf
- Ist rechte Eingabe erschöpft
    - Rufe next auf linker Eingabe auf
    - Springe in rechter Eingabe auf die Anfangsposition zurück
    - Ist linke Eingabe erschöpft: Ende

  close
- Schließe beide Eingabequellen

Abbildung 8.4: Implementierung des Merge-Join Iterators für Vergleichsoperator „>" mit aufsteigend sortierten Eingaben

---

Aufgabe 8.6

In Kapitel 8 [Kemper und Eickler (2011)] wurden nur Methoden für Equi-Joins vorgestellt, d.h. solche Joins, bei denen auf Gleichheit getestet wird. Formulieren Sie die Joinimplementierungen so um, dass sie auch für die Vergleichsoperatoren „<", „>" und „≠" funktionieren. Ist dies in allen Kombinationen möglich?

Der **Nested Loop-Join** Joinalgorithmus vergleicht jedes Tupel der linken mit jedem Tupel der rechten Eingabe. Der Nested Loop-Join ist somit für beliebige Joinbedingungen geeignet und wird auch praktisch von jedem System als Joinimplementierung angeboten.

Der **Hash-Join** ist offensichtlich nicht für die Unterstützung von „<" und „>" Vergleichsoperatoren geeignet. Hashing zeichnet sich ja gerade dadurch aus, identische Werte auf dieselben Partitionen abzubilden. Ordnungsrelationen auf den Joinattributen können hingegen nicht berücksichtigt werden.

Sortierte Eingabemengen können beim **Merge-Join** für die Bearbeitung von Joinbedingungen mit „<" und „>" Vergleichsoperatoren verwendet werden. Vorteil: Joinpartner sind in einer zusammenhängenden Teilfolge der Eingabe zu finden.

Unterstützung für „≠" wäre möglich, würde aber einem Nested Loop-Join Ansatz sehr nahe kommen und somit den Aufwand für die Sortierung nicht rechtfertigen. Eine Anpassung des bekannten Merge-Join Iterators (vgl. Seite 256 [Kemper und Eickler (2011)]) zur Unterstützung des „>" Vergleichsoperators ist in Abbildung 8.4 gezeigt.

Aufgabe 8.7

Erläutern Sie, warum die Kostenformel für den verfeinerten Nested Loop-Join minimal wird, wenn $k = 1$ und R die kleinere der beiden Relationen ist. Diese Aussage gilt übrigens nur für realistische (große) Größen des Systempuffers und der Relationen – wie Stohner und Kalinski (1998) nachgewiesen haben.

Wir führen zunächst zwei Vereinfachungen der in Abschnitt 8.3.3 [Kemper und Eickler (2011)] eingeführten Formel durch, die zwar den Wert einer konkreten Berechnung ändern, aber unter der Annahme, dass b_r und b_s sehr viel größer als m oder k sind, keine gravierenden Auswirkungen haben:

$$b_r + k + \left\lceil \frac{b_r}{m-k} \right\rceil (b_s - k) \approx b_r + k + \frac{b_r}{m-k}(b_s - k) \approx b_r + k + \frac{b_r}{m-k}b_s$$

Warum sollte k so klein wie möglich sein?

Da bei jedem Auftreten von k ein kleinerer Wert auch zu einem kleineren Wert für den Gesamtterm führt. Für den ersten Summanden ist dies klar. Bei dem letzten Summanden führt ein kleineres k zu einem größeren Divisor und somit zu einem kleineren Wert des Bruchs.

Hierbei muss man aber beachten, dass zu kleine Werte für k in der Praxis sehr nachteilig sind, weil zu viele (einzelne) Lesezugriffe auf den Hintergrundspeicher nötig sind. In feinkörnigen Kostenmodellen wird die Latenzzeit eines Plattenzugriffs mit modelliert, so dass man die Differenzierung zwischen (günstigerem) *chained I/O* und (teurerem) *random I/O* im Kostenmodell korrekt repräsentiert.

Warum sollte R die kleinere Relation sein?

Für den letzten Summanden ist es egal, ob R oder S die kleinere Relation ist. Aber der erste Summand wird dadurch kleiner, was zu geringeren Gesamtkosten führt.

 Hinweis

Bei kleinen Werten für b_r und b_s kann sich auch bei einem Wert $k > 1$ das Minimum der Kosten ergeben.

Aufgabe 8.8

In Abbildung 8.21 [Kemper und Eickler (2011)] wurde ein mehrstufiger Mischvorgang gezeigt. Generell sollte man in Zwischenphasen so wenige Daten wie nötig mischen. Konzipieren Sie den Auswahlalgorithmus, der darauf basiert, Dummy-Läufe einzuführen, und jeweils die kleinsten Läufe zuerst behandelt.

Bei externen Sortierverfahren stellen die Kosten für das Lesen und Schreiben von und auf den Sekundärspeicher die ausschlaggebenden Faktoren dar. Deshalb gilt es, überflüssige Schreib- / Leseoperationen weitestgehend einzusparen.

Initial seien f Runs des ersten Levels gegeben. Wenn m die Anzahl der Speicherstellen im Hauptspeicher sind, die für den Mergevorgang verwendet werden ($m - 1$ für die Ein- und 1 für die Ausgabe), dann werden in jedem Mergeschritt $m - 1$ Runs zu einen neuen Run (des nächsten Levels) kombiniert. Nach dem ersten Schritt verbleiben also $f - (m-1) + 1$ Runs. Am Ende bleibt ein Run übrig. Für den Fall, dass in jedem Schritt jeweils $m - 1$ Runs zusammengefasst werden können, gilt also

$$f - ((m-1) - 1) - ((m-1) - 1) - \ldots - ((m-1) - 1) = 1$$

Dieser Zusammenhang gilt, wenn $f-1$ ein Vielfaches von $((m-1)-1)$ ist. Deshalb kann man ein optimales, die anfallenden I/O-Operationen minimierendes Verfahren wie folgt formulieren: *Füge zuerst* $(f - 1)$ *mod* $((m-1) - 1)$ *Dummy-Läufe der Länge 0 hinzu und mische dann in jedem Schritt jeweils die* $(m-1)$ *kleinsten Läufe zu einem neuen Run.* Folgende Abbildung (Quelle [Knuth (1998a)]) zeigt die optimale Strategie für den Merge von $f = 6$ initialen Läufen bei $m = 4$. Wegen $(6 - 1)$ mod $((4 - 1) - 1) = 1$ wird ein Dummy-Lauf der Länge 0 eingefügt:

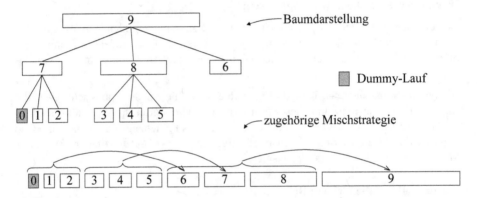

Wir wollen uns jetzt noch kurz vor Augen führen, wie man die Runs den Speicherstellen, die für den Mischvorgang zur Verfügung stehen, (logisch) optimal zuordnet. Die geschickte Zuordnung ist vor allem dann relevant, wenn sich die Läufe auf Magnetbändern befinden, die zum Einlesen der Läufe an die richtige Position (zurück-) gespult werden müssen.

Abbildung 8.5 stellt den Mischvorgang für das Sort-Merge Sortierverfahren schematisch dar. Im dargestellten Beispiel ist $m = 5$. Eine Seite wird für die Ausgabe benötigt (S_5), so dass die in sich sortierten Läufe (Runs) auf die übrigen $m - 1 = 4$ Seiten (S_1 bis S_4) verteilt werden können. Um die Läufe des nächsten Levels zu berechnen, erfolgt ein mehrstufiger Mischprozess: Es werden so lange Eingabe-Runs gemischt und als Ausgabe-Runs auf dem Hintergrundspeicher sortiert abgelegt, bis einer Seite keine Runs mehr zugeordnet sind. In der Abbildung sind S_1 zwei Runs zugeordnet. Nach zwei Merge-Schritten sind S_1 null, S_2 ein, S_3 zwei, S_4 ein und S_5 zwei Runs zugeordnet.

Das Ganze wird iterativ so lange durchgeführt, bis nur noch ein Run übrigbleibt. D.h. nach einem erneuten mehrstufigen Mischvorgang (wobei S_1 als freie Speicherseite für die Mischoperation verwendet wird) ist S_1 ein, S_2 null, S_3 ein, S_4 null und S_5 ein Lauf zugeordnet. Ein weiterer Mischvorgang liefert schließlich das Ergebnis.

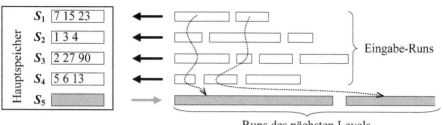

Abbildung 8.5: Demonstration des Mischvorgangs beim externen Sortierverfahren Sort-Merge

Anstelle der abstrakten Darstellung in Abbildung 8.5 wollen wir nun noch ein etwas konkreteres Beispiel betrachten. Dazu nehmen wir an, dass initial 181 Level0-Läufe gegeben sind. Diese werden den vorhandenen fünf Hauptspeicherseiten wie in folgender Tabelle dargestellt (logisch) zugeordnet:

Seite	Iterationsschritt							
	0	**1**	**2**	**3**	**4**	**5**	**6**	**7**
S_1	29	0	15	7	3	1	0	1
S_2	0	29	14	6	2	0	1	0
S_3	56	27	12	4	0	2	1	0
S_4	52	23	8	0	4	2	1	0
S_5	44	15	0	8	4	2	1	0

Die Tabelle zeigt die Verteilung der Läufe auf die Speicherseiten, wenn jeweils ein mehrstufiger Mischprozess so lange durchgeführt wird, bis einer Seite keine Läufe mehr zugewiesen sind. Dann wird die nächste Iteration angestoßen und die freie Speicherstelle für die Ausgabe der neuen Runs verwendet. Nach sieben Durchläufen ist der Ergebnislauf beendet und das sortierte Ergebnis S_1 zugeordnet.

Um die Herleitung einer optimalen Verteilung der Läufe zu erhalten, empfiehlt es sich, die Bearbeitung rückwärtsgerichtet zu betrachten. Um die Tabelle rückwärts zu erstellen, nimmt man in einer Spalte die größte Zahl, setzt sie auf 0 und addiert sie zu den anderen Einträgen. Die Zahlen, die dann in der Tabelle auftreten, sind jeweils Fibonacci-Zahlen. Damit man eine optimale Verteilung der Läufe erhält, müssen die initialen Läufe somit gegebenenfalls mit leeren Dummy-Läufen ergänzt werden.

Hinweis

Die Zuordnung von Runs zu (Hauptspeicher-) Seiten dient nur der besseren Verständlichkeit. Man kann sich aber auch vorstellen, dass die einzelnen S_i nicht Seiten im Hauptspeicher, sondern beispielsweise Magnetbänder sind, die zur Sortierung verwendet werden. Dann wechselt die Rolle der Bänder (Eingabe- oder Ausgabeband) während der Bearbeitung, da Kopiervorgänge zu teuer und auch unnötig sind [Sedgewick (1988)].

Aufgabe 8.9

Geben Sie eine Pseudocode-Implementierung des Replacement-Selection an. Spezifizieren Sie den *Sort*-Iterator in Pseudocode.

Pseudocode-Implementierung des Replacement-Selection

Abbildung 8.6 zeigt ein Beispiel für die Berechnung der initialen Läufe zur Anwendung des externen Sortierverfahrens Sort-Merge (vgl. auch Seite 263 [Kemper und Eickler (2011)]). Dabei repräsentieren umklammerte Werte gesperrte Einträge. Speicherstellen, die gesperrte Datensätze enthalten, werden in der folgenden Algorithmusbeschreibung als *inaktiv* bezeichnet:

1. Fülle die m Speicherstellen des Hauptspeichers mit den Datensätzen von der Eingabe. Die Daten werden in einer Heap-Struktur verwaltet und liegen damit sortiert vor (siehe Abbildung 8.7 und spätere Anmerkungen).

2. Alle Speicherstellen werden auf *aktiv* gesetzt.

3. Wähle die Speicherstelle mit dem kleinsten Wert, die den Zustand *aktiv* hat.

4. Übertrage den Inhalt (bezeichnet als Y) der ausgewählten Speicherstelle auf die Ausgabe.

5. Lade einen weiteren Datensatz X in den Hauptspeicher.
   - Falls $X > Y$ gehe zu Schritt 3.
   - Falls $X = Y$ gehe zu Schritt 4.
   - Falls $X < Y$ gehe zu Schritt 6.

6. Setze den Zustand der ausgewählten Speicherstelle auf *inaktiv*.
   - Falls alle Speicherstellen inaktiv sind, beende den aktuellen Lauf und starte mit der Berechnung des nächsten. Setze dazu alle Speicherstellen auf *aktiv* und fahre mit Schritt 2 fort.
   - Andernfalls gehe zu Schritt 3.

Eine algorithmisch elegante Methode zur Unterscheidung aktiver und inaktiver Zellen besteht darin, den Index des aktuellen Runs den Datensätzen (bzw. Sortierschlüsseln) voranzustellen. Dann werden in der Heap-Struktur die Sortierschlüssel nachfolgender Runs automatisch hinter denen des aktuellen Runs einsortiert. Somit kann man – wie in Abbildung 8.7 gezeigt – eine einzige Heap-Struktur verwenden. Gesperrte Einträge sind also solche, deren Präfix nicht dem aktuellen Run-Index entspricht.

Sort-Iterator in Pseudocode

iterator Sort

    open
- Öffne die Eingabe
- Berechne die initialen Läufe mittels Replacement-Selection
- Führe iterativ mehrstufige Mischvorgänge durch, bis nur noch ein Mischdurchlauf nötig ist (siehe dazu auch Aufgabe 8.8)

Ausgabe						Speicher				Eingabe						
						10	20	30	40	25	73	16	26	33	50	31
					10	20	25	30	40	73	16	26	33	50	31	
				10	20	25	30	40	73	16	26	33	50	31		
			10	20	25	(16)	30	40	73	26	33	50	31			
		10	20	25	30	(16)	(26)	40	73	33	50	31				
	10	20	25	30	40	(16)	(26)	(33)	73	50	31					
10	20	25	30	40	73	(16)	(26)	(33)	(50)	31						
					16	26	31	33	50							

Abbildung 8.6: Berechnung der initialen Läufe mit Replacement-Selection

- Lade aus den verbliebenen Läufen die ersten Datensätze in die Hauptspeicherregister $S_1, \ldots, S_{m-1}$
- Schließe die Eingabe

next

- Nicht alle Speicherstellen sind *inaktiv*
  - Sei S_i die aktive Speicherstelle mit dem kleinsten Datensatz X. Gib X auf die Ausgabe aus
  - Fülle S_i mit dem folgenden Wert aus dem zugeordneten Lauf. Falls dieser erschöpft ist, markiere S_i als *inaktiv*
- Alle Speicherstellen $S_1, \ldots, S_{m-1}$ sind *inaktiv*
  - beende **next**

close

- Schließe finale Läufe

Anmerkungen

Zum Erstellen der initialen Runs mittels Replacement-Selection, wie auch zur Durchführung der Mergevorgänge, müssen die Werte im Hauptspeicher sortiert vorliegen. Es bietet sich an, dies über einen Heap oder eine Priority Queue zu realisieren. Abbildung 8.7 veranschaulicht die Vorgehensweise für die Durchführung der Replacement-Selection. In Abbildung 8.8 ist die Durchführung des Mergevorgangs gezeigt: Die Daten werden aus den Runs des vorigen Levels eingelesen und im Hauptspeicher in einem Heap sortiert gehalten. Als Nächstes wird der aktuell kleinste Wert, der der Eintrag des Wurzelknotens des Heaps ist, ausgeschrieben. Der nächste einzulesende Wert stammt dann aus demselben Lauf, aus dem auch der soeben ausgeschriebene Wert stammte. Eine noch etwas effizientere Baumstruktur namens *Tree of Losers* wurde von Knuth (1998a) vorgeschlagen.

 Literaturhinweis

Wir können dieses Thema aus Platzgründen nur ansatzweise behandeln. Weiterführende Informationen stellen Larson und Graefe (1998) und Knuth (1998a) bereit.

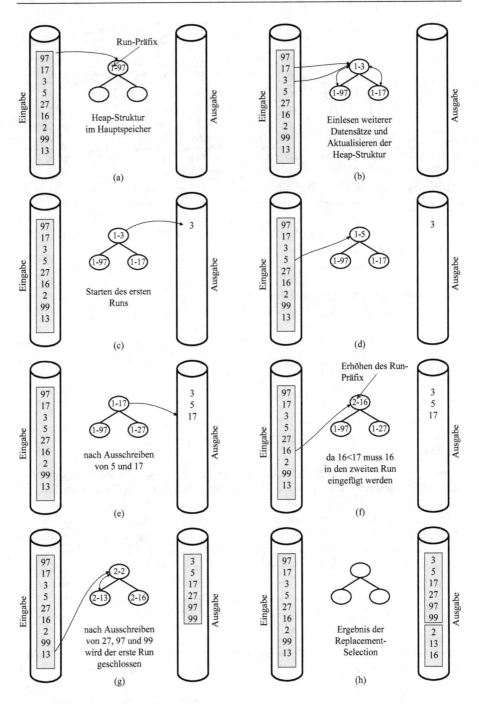

Abbildung 8.7: Replacement Selection während der Run-Generierung

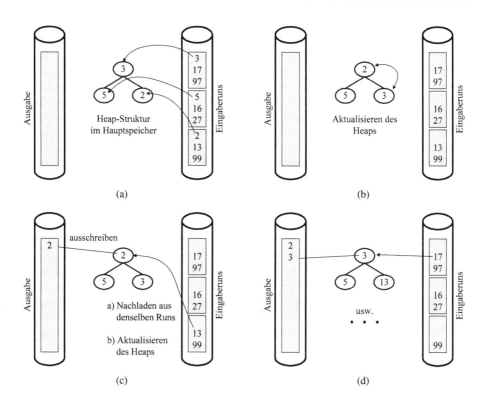

Abbildung 8.8: Externes Sortieren: Merge mittels Heap / Priority Queue

---

Aufgabe 8.10

Finden Sie eine Implementierung des Divisionsoperators. Eine einfache Möglichkeit besteht in einer geeigneten Sortierung von Dividend und Divisor und anschließendem wiederholten Durchlaufen des Divisors. Eine Alternative besteht im Anlegen einer Hashtabelle für den Divisor und den Quotienten.

Gesucht ist eine Implementierung des Divisionsoperators $R \div S$, der definiert ist als (siehe Abschnitt 3.4.10 [Kemper und Eickler (2011)]):

$$R \div S = \Pi_{(\mathcal{R}-\mathcal{S})}(R) - \Pi_{(\mathcal{R}-\mathcal{S})}((\Pi_{(\mathcal{R}-\mathcal{S})}(R) \times S) - R)$$

Abbildung 8.9 zeigt ein Beispiel für eine relationale Division: Gesucht sind die Studenten, die die Vorlesungen Ethik und Grundzüge hören. Der Dividend ist somit die Relation *hören*, bzw. die folgende davon abgeleitete Relation:

$$R = \rho_{\text{Student}\leftarrow\text{Name, Vorlesung}\leftarrow\text{Titel}}(\Pi_{\text{Name, Titel}}(\text{Studenten} \bowtie \text{hören} \bowtie \text{Vorlesungen}))$$

Der Divisor S ist eine Relation bestehend aus den beiden Tupeln Ethik und Grundzüge. Als Quotient wird das Ergebnis der relationalen Division bezeichnet, also die Menge der sich qualifizierenden Tupel. In unserem Beispiel besteht der Quotient $R \div S$ aus dem einzigen Tupel Theophrastos.

Student	Vorlesung
Feuerbach	Grundzüge
Theophrastos	Grundzüge
Schopenhauer	Grundzüge
Fichte	Grundzüge
Theophrastos	Ethik
Carnap	Ethik
Theophrastos	Mäeutik
Schopenhauer	Logik
Carnap	Wissenschaftstheorie
Carnap	Bioethik
Carnap	Der Wiener Kreis
Feuerbach	Glaube und Wissen
Jonas	Glaube und Wissen

$\div$

Vorlesung
Ethik
Grundzüge

$=$

Student
Theophrastos

Dividend   Divisor   Quotient

Abbildung 8.9: Beispiel einer relationalen Division: Finde die Studenten, die die Vorlesungen Ethik und Grundzüge hören

---

Implementierung 1: Ausnutzen geeigneter Sortierungen

Eine Möglichkeit, den Divisionsoperator algorithmisch umzusetzen, ist es, R und S geeignet zu sortieren und anschließend R abschnittsweise mit S zu vergleichen. Geeignet sortieren heißt, Tupel, die gleiche Werte in $\mathcal{R} - \mathcal{S}$ aufweisen, in Blöcken zusammenzufassen. Diese Blöcke werden anschließend mit S verglichen. Abbildung 8.10 veranschaulicht den Algorithmus graphisch:

1. Erstelle die lexikographische Ordnung auf R
   - Sortiere dabei primär nach den Attributen in $\mathcal{R} - \mathcal{S}$ und
   - sekundär nach den Attributen in $\mathcal{S}$.
2. Sortiere S analog zur Sortierung der $\mathcal{S}$-Attribute in R.
3. Für jede der so gebildeten Gruppen in R
   - $t = r.\mathcal{R} - \mathcal{S}$ beschreibe die aktuelle Gruppe.
     Überprüfe für jeden Eintrag s in S, ob ein Tupel r in der aktuellen Gruppe auftritt mit $r.\mathcal{S} = s$.
     Durchlaufe dazu S und die aktuelle R-Gruppe sequentiell.
   - Falls für jedes $s \in S$ ein Eintrag in der Gruppe gefunden wurde, so gib t zurück.

Die Anwendung des Algorithmus auf unseren Beispielfall ist in Abbildung 8.11 gezeigt: Zuerst wird R nach Studentennamen und Vorlesungstiteln sortiert. In SQL entspricht dies:

```sql
select s.Name as Student, v.Titel as Vorlesung
from Studenten s, Vorlesungen v, hören h
where s.MatrNr = h.MatrNr
  and v.VorlNr = h.VorlNr
order by s.Name asc, v.Titel asc;
```

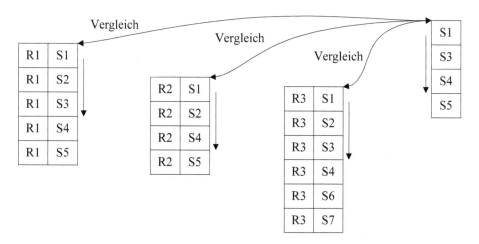

Abbildung 8.10: Prinzip der relationalen Division basierend auf einer geeigneten Sortierung von Dividend und Divisor

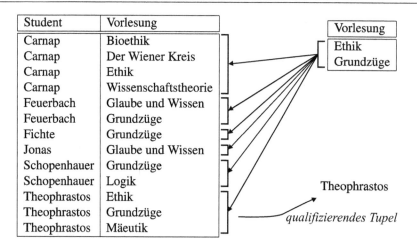

Abbildung 8.11: Division von *hören* und *Vorlesungen* bei Anwendung geeigneter Sortierungen der Eingaberelationen

Anschließend wird S entsprechend lexikographisch sortiert und der Vergleich durchgeführt.

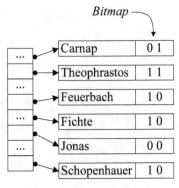

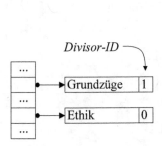

(a) Hash-Tabelle für den Divisor   (b) Hash-Tabelle für den Quotienten

Abbildung 8.12: Prinzip der Hash-basierten Division

Implementierung 2: Hash-basierte Division

Eine alternative algorithmische Realisierung ist die Hash-basierte Division, wie sie von Graefe und Cole (1995) vorgestellt wurde. Diese basiert auf dem Aufbau von Hash-Tabellen für den Divisor und den Quotienten: Zuerst wird die Hash-Tabelle für den Divisor aufgebaut. Dazu wird jedes Tupel s aus S in die Divisor-Hash-Tabelle eingetragen. Zudem wird s eine eindeutige *Divisor-ID* $\in \{0, \ldots, |S| - 1\}$ zugewiesen. Für unser Beispiel ist dies in Abbildung 8.12(a) gezeigt: Ethik erhält die ID 0 und Grundzüge die ID 1.

In einem nächsten Schritt wird der Dividend R sequentiell durchlaufen und die so genannte Quotienten-Hash-Tabelle erstellt. Dazu wird für jedes $r.(\mathcal{R} - \mathcal{S})$ mit $r \in R$ ein Eintrag in der Tabelle angelegt. Zu jedem Eintrag wird eine Bitmap der Größe $|S|$ gehalten, die initial mit 0 an jeder Stelle angelegt wird. Für $r.\mathcal{S}$ wird in der Divisor-Hash-Tabelle die Divisor-ID id (falls diese existiert) abgefragt. In die Bitmap wird dann an der Stelle id eine 1 eingetragen. Gezeigt ist dies in Abbildung 8.12(b).

In einem letzten Schritt werden dann die Einträge der Quotienten-Hash-Tabelle ausgelesen. In das Resultat werden die Einträge aufgenommen, deren Bitmaps keine Nullen aufweisen. Wie man Abbildung 8.12 entnehmen kann, trifft dies in unserem Beispiel nur auf Theophrastos zu.

Dieser dreistufige Prozess kann in Pseudocode also wie folgt beschrieben werden:

1. Erzeuge die Divisor-Hash-Tabelle:
   - Trage jedes $s \in S$ in die Tabelle ein.
   - Weise jedem $s \in S$ eine eindeutige Divisor-ID $\in \{0, \ldots, |S| - 1\}$ zu.

2. Erzeuge die Quotienten-Hash-Tabelle: Für jedes $r \in R$
   - Suche Hash-Bucket in der Quotienten-Hash-Tabelle.
   - Falls kein Eintrag für r bisher existiert:
     – Erzeuge einen neuen Eintrag mit einer mit 0 initialisierten Bitmap.
   - Setze das Bit in der Bitmap an der Divisor-ID von $r.\mathcal{S}$ auf 1.

3. Auslesen der Ergebnisse aus der Quotienten-Hash-Tabelle: Für jedes t in der Quotienten-Hash-Tabelle

   - Falls die Bitmap von t keine Nullen enthält, so gib t aus.

Aufgabe 8.11

Diskutieren Sie, inwieweit sich Integritätsbedingungen für die Anfrageauswertung ausnutzen lassen. Betrachten Sie u.a. auch den oben implementierten Divisionsoperator.

Folgende Arten von Integritätsbedingungen sind möglich (vgl. auch Aufgabe 5.4):

- Referentielle Integritätsbedingungen. Beispiele hierfür sind:
  - **unique**
  - **primary key**
  - **not null**
  - **foreign key ... references**
- Statische Integritätsbedingungen. Ein Beispiel hierfür ist:
  - **check ... between** oder **check ... in**

Diese Bedingungen können in der Anfrageauswertung zur Optimierung herangezogen werden.

- **unique**- und **primary key**-Angaben können helfen, unnötige Duplikateliminierungen zu vermeiden.

- $1:N$-Beziehungen können ggf. ausgenutzt werden, um bei Verbundberechnungen über die Fremdschlüsselattribute abzubrechen, sobald ein Joinpartner ermittelt wurde. Beispielsweise kann man bei einem Nested Loop-Join zwischen *Vorlesungen* und *Professoren* (wobei *Vorlesungen* die äußere Relation ist) abbrechen, wenn man den lesenden Professor bzw. die Professorin für eine bestimmte Vorlesung ermittelt hat. (Dies gilt nicht, wenn *Professoren* die äußere Relation ist.)

- **check**-Constraints können genutzt werden, um bei Joins z.B. zusätzliche Filter auf der jeweils anderen Joineingabe vor der Verbundberechnung anzuwenden. Wurde beispielsweise auf einem Joinattribut der Relation R mit Schema $\mathcal{R}$ ein **check**-Constraint formuliert und berechnet man $R \bowtie S$, so kann eine Vorfilterung von S erfolgen.

  Abbildung 8.13 zeigt die Relation *Professoren*, auf der ein **check**-Constraint definiert ist, demzufolge der Rang von Professoren entweder C2, C3 oder C4 ist (vgl. Abbildung 5.1 auf Seite 108). Die Gehälter von Angestellten hängen von der Beschäftigungsart ab und sind in der Tabelle *Gehälter* abgespeichert. Um das Gehalt der Professoren zu ermitteln, ist daher der Join zwischen *Professoren* und *Gehälter* zu berechnen:

```
select Name, Gehalt
from Professoren, Gehälter
where Rang = Besoldungsstufe;
```

Professoren			
PersNr	Name	Rang	Raum
2125	Sokrates	C4	226
2126	Russel	C4	232
2127	Kopernikus	C3	310
2133	Popper	C3	52
2134	Augustinus	C3	309
2136	Curie	C4	36
2137	Kant	C4	7

$\bowtie$ Rang = Besoldungsstufe

Gehälter	
Besoldungsstufe	Gehalt
A13	38000
BAT IIa	37000
C1	50000
C2	60000
C3	70000
C4	80000
W2	58000
W3	65000

check (Rang **in** ('C2', 'C3', 'C4'))

Abbildung 8.13: Ausnutzen von **check**-Constraints zur Generierung effizienter Auswertungspläne

Die Integritätsbedingung kann dazu verwendet werden, die Relation *Gehälter* zu filtern und dadurch Zwischenresultate möglichst gering zu halten:

$$\text{CProfGehalt} = \sigma_{\text{Besoldungsstufe}\in\{'C2','C3','C4'\}}(\text{Gehälter})$$

Der Join

$$\text{Professoren} \bowtie_{\text{Rang=Besoldungsstufe}} \text{Gehälter}$$

kann damit mittels

$$\text{Professoren} \bowtie_{\text{Rang=Besoldungsstufe}} \text{CProfGehalt}$$

berechnet werden.

Wird die referentielle Integrität eingehalten, so lässt sich auch der Divisionsoperator effizient implementieren. In Abschnitt 3.4.10 [Kemper und Eickler (2011)] wurde folgende Beispielanfrage eingeführt: *Bestimme die Matrikelnummer (MatrNr) der Studenten, die alle vierstündigen Vorlesungen hören.* In der relationalen Algebra lässt sich diese Anfrage wie folgt ausdrücken:

$$\text{hören} \div \Pi_{\text{VorlNr}}(\sigma_{\text{SWS}=4}(\text{Vorlesungen}))$$

Bei Einhaltung der referentiellen Integrität kann man diese Division sehr effizient durch Abzählen auswerten:

```
select MatrNr
from hören h, Vorlesungen v
where h.VorlNr = v.VorlNr
 and v.SWS = 4
group by MatrNr
having count(*) = (select count(*)
                    from Vorlesungen
                    where SWS = 4);
```

Aufgabe 8.12

Geben Sie eine Kostenabschätzung für die Anzahl der Seitenzugriffe bei der Durchführung eines Hash-Joins an (abhängig von der Anzahl der Seiten der Eingaberelationen b_R und b_S sowie der reservierten Seiten im Hauptspeicher m).

In Abschnitt 8.2.2 [Kemper und Eickler (2011)] wurde ein Hash-Join-Verfahren vorgestellt, welches zuerst iterativ die Eingaberelationen so lange partitioniert, bis die Hash-Tabellen, die für Partitionen der kleineren Relation (Build Input) erzeugt werden, in den Hauptspeicher passen. Anschließend werden Partitionen der größeren Relation (Probe Input) damit verglichen. Während der Partitionierung werden $m - 1$ Seiten des Hauptspeichers für die Ausgabe und eine Seite für die Eingabe reserviert.

Die Kostenabschätzung für die Anzahl der Seitenzugriffe ist also zweigeteilt:

$$\text{Gesamtkosten} = \underbrace{\text{Kosten für Partitionierung}}_{\text{Phase 1}} + \underbrace{\text{Kosten für Joinberechnung}}_{\text{Phase 2}}$$

Wir geben im Folgenden die Kostenabschätzung für die Berechnung des Joins $R \bowtie S$ an. Dabei sei R die kleinere Relation, also der Build Input, und S der Probe Input. b_R sei die Anzahl der Seiten, die die Relation R belegt. Entsprechend sei b_S die Anzahl der Seiten, die für S benötigt werden.

Kosten für Partitionierung

Wie zuvor beschrieben, wird die Partitionierung so lange durchgeführt, bis die Hash-Tabelle für eine Partition R_i des Build Inputs in den Hauptspeicher passt. Damit ergibt sich folgender Zusammenhang zwischen der Anzahl der Partitionen n und der Größe von R, d.h. b_R:

$$F \cdot b_R = \sum_{i=1}^{n} F \cdot b_{R_i} \leq \sum_{i=1}^{n} (m - 1) \leq n \cdot (m - 1)$$

$$\Rightarrow \quad n \geq \frac{F \cdot b_R}{m - 1}$$

Dabei bezeichne b_{R_i} die Größe der Partition R_i. Mit F berücksichtigen wir den „Füllfaktor" der Hash-Tabellen: Da eine Hash-Tabelle nicht zu 100% gefüllt sein sollte, muss mehr Speicherplatz für R bzw. die Partitionen R_i veranschlagt werden. Um etwa einen Füllgrad von 70% zu modellieren, wählt man $F = 1,4$ (vgl. z.B. [Steinbrunn, Moerkotte und Kemper (1997)]).

Für die Anzahl der erzeugten Partitionen lässt sich eine obere Schranke bestimmen, die von der Anzahl der durchgeführten Partitionierungsrunden (n_R) abhängt. Da in jeder Runde maximal $m - 1$ Partitionen aus einer Partition der vorhergehenden Runde erzeugt werden, gilt:

$$(m - 1)^{n_R} \geq n \geq \frac{F \cdot b_R}{m - 1}$$

$$\Rightarrow \quad n_R \geq \log_{(m-1)} \left(\frac{F \cdot b_R}{m - 1} \right)$$

Für jeden Partitionierungsschritt müssen jeweils alle Tupel der Relation gelesen und wieder auf die Platte geschrieben werden. Da sowohl R als auch S gleich oft partitioniert werden, lässt sich die Anzahl der Seitenzugriffe für die Partitionierung abschätzen mit:

$$2 \cdot \log_{(m-1)} \left(\frac{F \cdot b_R}{m-1} \right) \cdot (b_R + b_S)$$

Kosten für die Joinberechnung

In der zweiten Phase werden die Partitionen R_i eingelesen und eine Hash-Tabelle im Hauptspeicher generiert. Anschließend werden die Tupel aus S_i durchlaufen und Joinpartner über die Hash-Struktur ermittelt. Insgesamt werden also alle Tupel aus R sowie alle Tupel aus S gelesen. Die Anzahl der Seitenzugriffe ist damit:

$$b_R + b_S$$

Gesamtkosten

Als Gesamtkosten ergibt sich:

$$\text{Gesamtkosten} = \underbrace{2 \cdot \log_{(m-1)} \left(\frac{F \cdot b_R}{m-1} \right) \cdot (b_R + b_S)}_{\text{Phase 1}} + \underbrace{b_R + b_S}_{\text{Phase 2}}$$

Varianten des Hash-Joins

Der vorgestellte Hash-Join Algorithmus wird in der Literatur auch als *Grace* Hash-Join bezeichnet. Er eignet sich sehr gut für die Berechnung von Joins $R \bowtie S$, wenn sowohl R als auch S deutlich zu groß für den Hauptspeicher sind. Abbildung 8.14(a) veranschaulicht die Funktionsweise des Grace Hash-Joins schematisch. Allerdings lässt sich ein abrupter Anstieg in der Kostenfunktion des *Grace* Hash-Joins erkennen, wenn der Build Input gerade nicht mehr im Hauptspeicher gehalten werden kann, also geringfügig größer ist als der zur Verfügung stehende Hauptspeicher. Mit anderen Worten, die Kostenfunktion weist eine signifikante Sprungstelle am Übergang von „keine Partitionierung notwendig" und „eine Partitionierung des Build-Inputs ist erforderlich" auf.

Der *Hybrid* Hash-Join hat das Ziel, diesen Kostensprung zwischen „keine Partitionierung notwendig" und „Partitionierung notwendig" auszugleichen. Ist der Build Input deutlich größer als der Hauptspeicher, so bietet diese Variante aber keine zusätzlichen Vorteile verglichen mit dem *Grace* Hash-Join. Die Funktionsweise des *Hybrid* Hash-Joins ist in Abbildung 8.14(b) skizziert: Die Partitionierung und das Erstellen der Hash-Tabelle für R_1 wird beides in Phase 1 durchgeführt. Für die verbleibenden $n-1$ Partitionen werden Speicherstellen im Hauptspeicher reserviert, die zur Pufferung der Tupel aus R verwendet werden. Falls $r \in R$ aus der Partition R_1 ist, so wird der Eintrag in die Hauptspeicher-Hash-Tabelle übernommen. Ist r aus R_i mit $i \geq 1$, wird der Eintrag in den Puffer für R_i eingetragen, bzw. falls dieser überläuft, auf den Sekundärspeicher ausgelagert.

Analog verfährt man mit der Partitionierung von S. Tupel $s \in S_1$ können aber sofort anhand der Hash-Tabelle für R_1, die sich nach wie vor im Hauptspeicher befindet, ausgewertet werden. Tupel $s \in S_i$ mit $i \geq 1$ werden entsprechend den Partitionen zugewiesen.

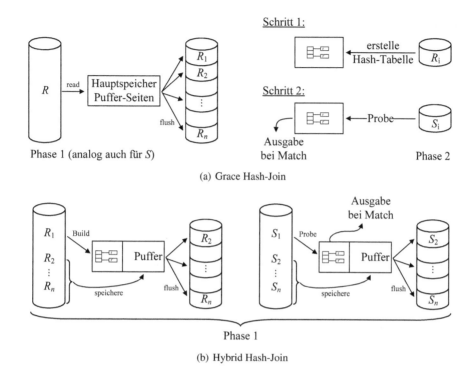

Phase 1 (analog auch für S)   Ausgabe
                                     bei Match   Phase 2

(a) Grace Hash-Join

Phase 1

(b) Hybrid Hash-Join

Abbildung 8.14: Alternative Hash-Join-Algorithmen

Phase 2 des Hybrid Hash-Joins verläuft dann analog zu Phase 2 des Grace Hash-Joins. Es werden analog die Partitionen R_i eingelesen und Hash-Tabellen im Hauptspeicher erstellt. Anschließend werden die Tupel in S_i sequentiell ausgewertet.

 Literaturhinweis

Shapiro (1986) stellt die angesprochenen Hash-Join-Algorithmen genauer vor und liefert zudem detaillierte Kostenabschätzungen für die jeweiligen Verfahren.

Aufgabe 8.13

Führen Sie eine Kostenabschätzung für die Ausdrücke in Abbildung 8.15(a) und 8.15(b)
(bzw. Abbildungen 8.6 und 8.7 [Kemper und Eickler (2011)]) durch. Gehen Sie davon aus, dass die Selektion durch den Select-Operator implementiert wird und die Joins
durch den verfeinerten Nested Loop-Join. Verwenden Sie folgende Parameter:

- Relationengrößen

    - $|p| = 800$
    - $|s| = 38000$
    - $|v| = 2000$
    - $|h| = 60000$

- durchschnittliche Tupelgrößen

    - p: 50 Bytes
    - s: 50 Bytes
    - v: 100 Bytes
    - h: 16 Bytes

- Selektivitäten

    - Join von s und h: $sel_{sh} = 2{,}6 \cdot 10^{-5}$
    - Join von h und v: $sel_{hv} = 5 \cdot 10^{-4}$
    - Join von v und p: $sel_{vp} = 1{,}25 \cdot 10^{-3}$
    - Selektion auf p: $sel_p = 1{,}25 \cdot 10^{-3}$

- Seitengröße 1024 Bytes

- Hauptspeicher 20 Seiten

Zur Kostenbewertung der Join-Berechnung verwenden wir folgende Formel, die die Kosten für den verfeinerten (Block) Nested Loop-Join abschätzt:

$$b_R + k + \left\lceil \frac{b_R}{m - k} \right\rceil (b_S - k) \tag{1}$$

Nach Aufgabe 8.7 ist diese Kostenformel für $k = 1$ und $b_R \le b_S$ minimal. In der Aufgabenstellung ist die Anzahl der Speicherseiten vorgegeben mit $m = 20$. Damit ergibt sich
aus Formel (1) folgende Kostenabschätzung:

$$b_R + 1 + \left\lceil \frac{b_R}{19} \right\rceil (b_S - 1) \tag{2}$$

Als Nächstes schätzen wir die Anzahl der Tupel je Seite und Relation sowie die Anzahl
der Seiten für die Relationen p, s, v und h ab, bezeichnet als b_p, b_s, b_v und b_h.

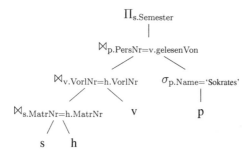

(a) Beispiel-Auswertungsplan

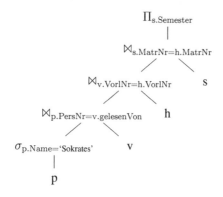

(b) Ein Beispiel für eine alternative Auswertung

Abbildung 8.15: Beispiel zweier alternativer Auswertungspläne

Die Tupelzahl je Seite ergibt sich durch $\left\lfloor \frac{\text{Seitengröße}}{\text{Tupelgröße}} \right\rfloor$.

Die Seitenanzahl errechnet sich zu $\left\lceil \frac{\text{Tupelzahl}}{\text{\#Tupel je Seite}} \right\rceil$.

Relation	#Tupel/Seite	#Seiten
p	$\lfloor 1024/50 \rfloor = 20$	$b_p = \lceil 800/20 \rceil = 40$
s	$\lfloor 1024/50 \rfloor = 20$	$b_s = \lceil 38000/20 \rceil = 1900$
v	$\lfloor 1024/100 \rfloor = 10$	$b_v = \lceil 2000/10 \rceil = 200$
h	$\lfloor 1024/16 \rfloor = 64$	$b_h = \lceil 60000/64 \rceil = 938$

Erster Auswertungsplan – ohne Pipelining

Abbildung 8.16 zeigt die Kostenabschätzung für den ersten Auswertungsplan, wenn Zwischenergebnisse materialisiert werden – d.h. es erfolgt kein Pipelining.

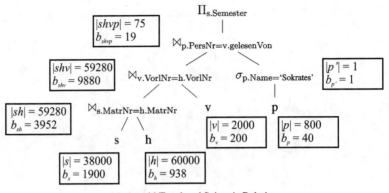

(a) Anzahl Tupel und Seiten je Relation

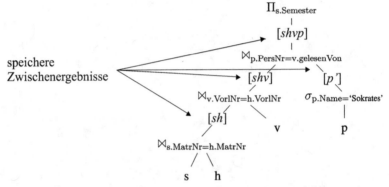

(b) Kein Pipelining, d.h. Zwischenergebnisse werden materialisiert

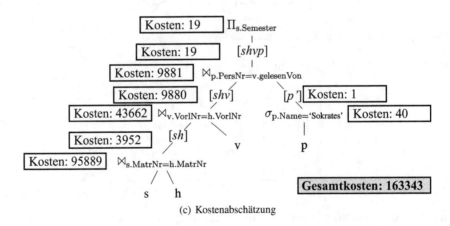

(c) Kostenabschätzung

Abbildung 8.16: Kostenabschätzung für den ersten Plan, ohne Pipelining

Größe der Zwischenergebnisse

- Berechnung von $sh = s \bowtie h$
  - #Tupel: $|sh| = \lceil |h| \cdot |s| \cdot sel_{sh} \rceil = \lceil 38000 \cdot 60000 \cdot 2,6 \cdot 10^{-5} \rceil = 59280$
  - #Tupel/Seite: $\lfloor \frac{1024}{50+16} \rfloor = 15$
  - #Seiten: $b_{sh} = \lceil \frac{59280}{15} \rceil = 3952$
- Berechnung von $p' = \sigma_{\text{p.Name='Sokrates'}} p$
  - #Tupel: $|p'| = \lceil |p| \cdot sel_p \rceil = \lceil 800 \cdot 1,25 \cdot 10^{-3} \rceil = 1$
  - #Seiten: $b_{p'} = 1$
- Berechnung von $shv = sh \bowtie v$
  - #Tupel: $|shv| = \lceil |sh| \cdot |v| \cdot sel_{hv} \rceil = \lceil 59280 \cdot 2000 \cdot 5 \cdot 10^{-4} \rceil = 59280$
  - #Tupel/Seite: $\lfloor \frac{1024}{50+16+100} \rfloor = 6$
  - #Seiten: $b_{shv} = \lceil \frac{59280}{6} \rceil = 9880$
- Berechnung von $shvp = shv \bowtie p'$
  - #Tupel: $|shvp| = \lceil |shv| \cdot |p| \cdot sel_{vp} \rceil = \lceil 59280 \cdot 1 \cdot 1,25 \cdot 10^{-3} \rceil = 75$
  - #Tupel/Seite: $\lfloor \frac{1024}{50+16+100+50} \rfloor = 4$
  - #Seiten: $b_{shvp} = \lceil \frac{75}{4} \rceil = 19$

Die Größenabschätzungen für die Relationen und die Zwischenergebnisse sind in Abbildung 8.16(a) eingetragen.

Kostenabschätzungen

- Nested Loop-Join $sh = s \bowtie h$
  Da h die kleinere Relation ist, wird h als die äußere Relation verwendet. Damit ergibt sich aus der Kostenabschätzung für den Nested Loop-Join:

$$b_h + 1 + \left\lceil \frac{b_h}{19} \right\rceil (b_s - 1) = 938 + 1 + \left\lceil \frac{938}{19} \right\rceil (1900 - 1) = 95889$$

- Nested Loop-Join $shv = sh \bowtie v$
  Es gilt $b_v = 200 \leq 3952 = b_{sh}$. Die Kosten für den Join sind damit

$$b_v + 1 + \left\lceil \frac{b_v}{19} \right\rceil (b_{sh} - 1) = 200 + 1 + \left\lceil \frac{200}{19} \right\rceil (3952 - 1) = 43662$$

- Join $shvp = shv \bowtie p'$
  Da p' lediglich aus einem Ergebnis besteht, müssen die Tupel aus shv nur einmal sequentiell eingelesen und mit dem *Professoren*-Tupel verglichen werden.
  Die Kosten für den Join sind damit: $b_{shv} + b_{p'} = 9880 + 1 = 9881$

Diese Kosten sind in Abbildung 8.16(c) eingetragen. Weitere Kosten fallen für den Zugriff auf die Zwischenergebnisse (Lesen und Schreiben, siehe Abbildung 8.16(b)) und die abschließende Projektion an. Auch diese Kostenabschätzungen sind in Abbildung 8.16(c) eingetragen.

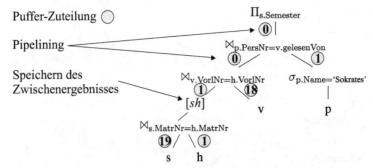

(a) Pipelining der Zwischenergebnisse und geschickte Wahl der Pufferzuteilung

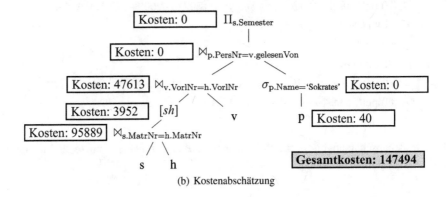

(b) Kostenabschätzung

Abbildung 8.17: Kostenabschätzung für den ersten Plan bei Einsatz von Pipelining

Gesamtkosten Insgesamt können damit die Kosten für den ersten Auswertungsplan (ohne Pipelining) mit insgesamt 163343 abgeschätzt werden.

Erster Auswertungsplan – mit Pipelining

Eine weitere Möglichkeit, Auswertungspläne zu optimieren, besteht unter Umständen darin, die temporäre Materialisierung von Zwischenergebnissen weitestgehend zu vermeiden. Abbildung 8.17 zeigt ein Beispiel dafür. Im Gegensatz zur vorherigen Auswertung wird hier nur das Join-Resultat sh temporär materialisiert – alle weiteren Zwischenergebnisse werden direkt an den jeweils nächsten Operator in Form von mehrfach geschachtelten Schleifen „weitergereicht". Die gängige Bezeichnung hierfür ist *Pipelining*. Pipelining lässt sich daher gut mit dem in Abschnitt 8.2 [Kemper und Eickler (2011)] beschriebenen Iteratorprinzip realisieren.

Eine Voraussetzung für den Einsatz von Pipelining ist die „geschickte" Speicherverwaltung. Abbildung 8.17(a) zeigt, wie die $m = 20$ Seiten des Hauptspeichers den Relationen zugewiesen werden. Für die Größe der Zwischenergebnisse gelten die zuvor gemachten Abschätzungen.

Kostenabschätzungen

- Nested Loop-Join $sh = s \bowtie h$

  Kostenabschätzung für den Nested Loop-Join:

$$b_h + 1 + \left\lceil \frac{b_h}{19} \right\rceil (b_s - 1) = 938 + 1 + \left\lceil \frac{938}{19} \right\rceil (1900 - 1) = 95889$$

- Nested Loop-Join $shv = sh \bowtie v$

  Die Kosten für den Join sind, wendet man die angegebene Pufferzuweisung an:

$$b_v + 1 + \left\lceil \frac{b_v}{18} \right\rceil (b_{sh} - 1) = 200 + 1 + \left\lceil \frac{200}{18} \right\rceil (3952 - 1) = 47613$$

Gesamtkosten Abbildung 8.17(b) zeigt die Kostenabschätzung für die einzelnen Operationen. Für den Join $shv \bowtie p' = shvp$ wie auch für die Selektion und die abschließende Projektion fallen keine weiteren I/O-Kosten an, da die Tupel aus den vorhergehenden Berechnungsschritten durchgereicht werden. Insgesamt können die Kosten mit 147494 abgeschätzt werden.

Es sei nochmals darauf hingewiesen, dass für den gewinnbringenden Einsatz von Pipelining eine „geschickte" Zuteilung der Puffer ausschlaggebend ist. Es sei den Lesern überlassen, die Gesamtkosten von Auswertungsplänen mit alternativen Pufferzuweisungen gegenüber zu stellen. Unter Umständen können dabei sogar Kosten entstehen, die über denen einer vergleichbaren Auswertung ohne Pipelining liegen.

Zweiter Auswertungsplan

Abbildung 8.18 zeigt die Kostenabschätzung für den zweiten Auswertungsplan, wenn kein Pipelining eingesetzt wird.

Größe der Zwischenergebnisse

- Berechnung von $p' = \sigma_{p.\text{Name}='\text{Sokrates}'} p$
  - #Tupel: $|p'| = \lceil |p| \cdot sel_p \rceil = \lceil 800 \cdot 1,25 \cdot 10^{-3} \rceil = 1$
  - #Seiten: $b_{p'} = 1$
- Berechnung von $pv = p' \bowtie v$
  - #Tupel: $|pv| = \lceil |p'| \cdot |v| \cdot sel_{vp} \rceil = \lceil 1 \cdot 2000 \cdot 1,25 \cdot 10^{-3} \rceil = 3$
  - #Tupel/Seite: $\lfloor \frac{1024}{50+100} \rfloor = 6$
  - #Seiten: $b_{pv} = \lceil \frac{3}{6} \rceil = 1$
- Berechnung von $pvh = pv \bowtie h$
  - #Tupel: $|pvh| = \lceil |pv| \cdot |h| \cdot sel_{hv} \rceil = \lceil 3 \cdot 60000 \cdot 5 \cdot 10^{-4} \rceil = 90$
  - #Tupel/Seite: $\lfloor \frac{1024}{50+100+16} \rfloor = 6$
  - #Seiten: $b_{pvh} = \lceil \frac{90}{6} \rceil = 15$

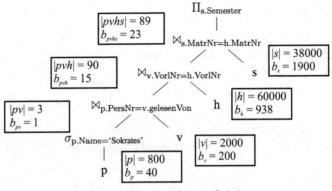

(a) Anzahl Tupel und Seiten je Relation

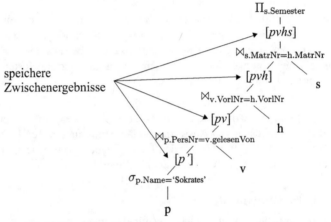

(b) Kein Pipelining, d.h. Zwischenergebnisse werden materialisiert

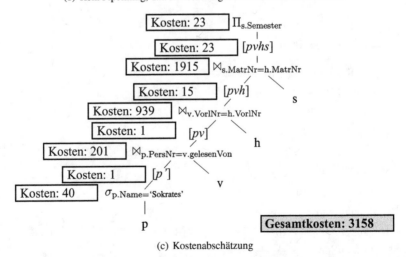

(c) Kostenabschätzung

Abbildung 8.18: Kostenabschätzung für den zweiten Plan, ohne Pipelining

- Berechnung von $pvhs = pvh \bowtie s$
    - #Tupel: $|pvhs| = \lceil |pvh| \cdot |s| \cdot sel_{sh} \rceil = \lceil 90 \cdot 38000 \cdot 2,6 \cdot 10^{-5} \rceil = 89$
    - #Tupel/Seite: $\lfloor \frac{1024}{50+100+16+50} \rfloor = 4$
    - #Seiten: $b_{pvhs} = \lceil \frac{89}{4} \rceil = 23$

Die Größenabschätzungen für die Relationen und die Zwischenergebnisse sind in Abbildung 8.18(a) eingetragen.

Kostenabschätzungen

- Join $pv = p' \bowtie v$

  Da p' lediglich aus einem Ergebnis besteht, müssen die Tupel aus v nur einmal sequentiell eingelesen und mit dem *Professoren*-Tupel verglichen werden. Für den effizienten Zugriff auf Tupel aus v verwendet man typischerweise einen Index, worauf wir im Folgenden aber nicht weiter eingehen wollen.

  Die Kosten für den Join sind damit: $b_{p'} + b_v = 1 + 200 = 201$

- Nested Loop-Join $pvh = pv \bowtie h$

  Es gilt $b_{pv} = 1$ und $b_h = 938$.

  Die Kosten für den Join sind damit analog $b_{pv} + b_h = 1 + 938 = 939$

- Nested Loop-Join $pvhs = pvh \bowtie s$

  Es gilt $b_{pvh} = 15 \leq 1900 = b_s$. Die Kosten für den Join sind damit

$$b_{pvh} + 1 + \left\lceil \frac{b_{pvh}}{19} \right\rceil (b_s - 1) = 15 + 1 + \left\lceil \frac{15}{19} \right\rceil (1900 - 1) = 1915$$

Diese Kostenabschätzungen wie auch die Abschätzungen für die Zugriffe auf die materialisierten Zwischenergebnisse sind in Abbildung 8.18(c) eingetragen.

Gesamtkosten Insgesamt können damit die Kosten für den zweiten Auswertungsplan (ohne Pipelining) mit insgesamt 3158 abgeschätzt werden. In diesem Fall kann, setzt man Pipelining ein, noch eine weitere Kostenersparnis erreicht werden. Bereits ohne diese zusätzliche Optimierung zeigt sich aber, dass dieser zweite Auswertungsplan dem ersten vorzuziehen ist.

 Hinweis

In der Praxis verfügt man sogar noch über weitaus größere Optimierungspotentiale, wenn man existierende Indizes verwendet. Dies zu evaluieren, sei den Lesern als weiterführende Übung überlassen.

Aufgabe 8.14

Zeigen Sie anhand der Anfrage „*Finde alle Flüge von Berlin nach New York mit einma-ligem Umsteigen*", dass ein "bushy" Anfrageauswertungsplan deutlich besser sein kann als ein links-tiefer Plan.

Zur Beantwortung der Anfragestellung nehmen wir den in folgender Abbildung darge-stellten (vereinfachten) Ausschnitt aus einem Fluginformationssystem an:

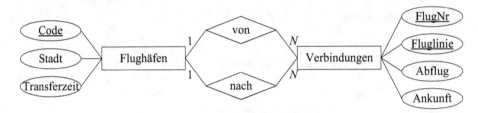

Wir sind nur an Flugverbindungen und Flughäfen interessiert. New York hat gegenwärtig drei Flughäfen: Newark Liberty International Airport (EWR), John F. Kennedy Interna-tional (JFK) und LaGuardia (LGA). Seit Ende 2008, nachdem der Betrieb am Flugha-fen Berlin-Tempelhof eingestellt wurde, sind Berlin-Schönefeld (SXF) und Berlin-Tegel (TXL) die zwei Berliner Verkehrsflughäfen.

Nachfolgende Tabellen veranschaulichen eine Ausprägung des Fluginformationssystems:

Flughäfen		
Code	Stadt	Transferzeit
MUC	München	30
LGA	New York	35
JFK	New York	45
EWR	New York	40
TXL	Berlin	35
SFO	San Francisco	20
…	…	…

Verbindungen					
FlugNr	Von	Nach	Fluglinie	Abflug	Ankunft
410	MUC	JFK	LH	15:10	18:25
333	TXL	MUC	LH	12:00	13:30
1549	LGA	SFO	US	15:30	17:20
…	…	…	…	…	…
…	…	…	…	…	…

Die folgende SQL-Anfrage ermittelt die Verbindungen von Berlin nach New York mit einmaligem Umsteigen:

```
select v1.Fluglinie, v1.FlugNr, v2.Fluglinie, v2.FlugNr
from Flughäfen a, Verbindungen v1,
     Verbindungen v2, Flughäfen b
```

```
where a.Stadt='Berlin' and ab.Code = v1.Von
  and v1.Nach = v2.Von
  and v2.Nach = b.Code and b.Stadt='New York';
```

Zur Auswertung der Anfrage sind folgende Join-Reihenfolgen der Relationen a, b, $v1$ und $v2$ möglich:

a) $((a \bowtie v1) \bowtie v2) \bowtie b$ bzw. $((v2 \bowtie b) \bowtie v1) \bowtie a$

b) $(v1 \bowtie a) \bowtie (v2 \bowtie b)$

c) $((v1 \bowtie v2) \bowtie a) \bowtie b$ bzw. $((v1 \bowtie v2) \bowtie b) \bowtie a$

Bezüglich der Kostenabschätzung sind die unter a) zusammengefassten Kombinationen sowie die unter c) aufgeführten Varianten als gleichwertig bzw. gleich „teuer" anzusehen. Zur Kostenabschätzung sind also drei Join-Reihenfolgen zu vergleichen.

Die Selektionen a.Stadt='Berlin' und b.Stadt='New York' werden gemäß der bekannten Anfrageoptimierung im Auswertungsbaum so weit wie möglich nach unten gedrückt. Für die drei Join-Reihenfolgen ergeben sich die in Abbildung 8.19 gezeigten Auswertungspläne. Zur Kostenabschätzung gehen wir im Beispiel des Fluginformationssystems von ungefähr einer Million Verbindungen und tausend Flughäfen aus. Für die weiteren Abschätzungen haben wir beispielhafte, anschauliche Selektivitäten der Join-Operationen angenommen. Da dieselben Abschätzungen aber bei allen Auswertungsplänen angewendet werden, sind die Aussagen vergleichbar und repräsentativ.

Wie die Abschätzung der Zwischenergebnisgrößen zeigt, ist der Auswertungsplan 8.19(b) am effizientesten. Hier werden wirklich nur diejenigen Verbindungen weiter berücksichtigt, die den angefragten Abflug- bzw. Zielflughafen haben. Auswertungsplan 8.19(c) ist dagegen sehr ineffizient, da als erstes der Verbund der größten Relationen gebildet wird und so ein sehr großes Zwischenergebnis entsteht.

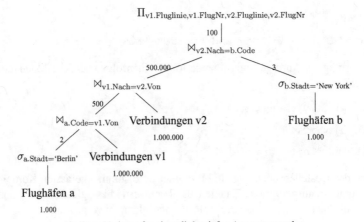

(a) Erste Variante für einen links-tiefen Auswertungsplan

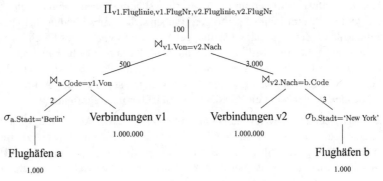

(b) Bushy-Tree Auswertungsstrategie

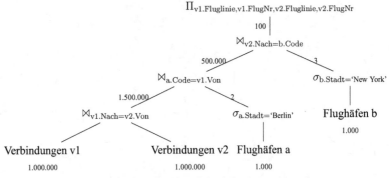

(c) Zweite Variante für einen links-tiefen Auswertungsplan

Abbildung 8.19: Auswertungspläne

9. Transaktionsverwaltung

Aufgabe 9.1

Geben Sie Beispiele aus dem realen Leben an, bei denen Konzepte einer Transaktionsverwaltung zum Einsatz kommen.
Gehen Sie insbesondere auf mögliche Fehlerzustände ein.

Eine Transaktionsverwaltung ist im realen Leben oftmals dann notwendig, wenn zwei oder mehr Parteien an einem Prozess beteiligt sind, dabei jedoch autonome Entscheidungen treffen können. Die Transaktionsverwaltung realisiert dann ein Rahmenwerk, das die zuverlässige Prozessausführung sicherstellt. Beispiele hierfür sind die Eheschließung auf dem Standesamt und die rechtskräftige Schließung eines Kaufvertrags, die zwei übereinstimmende Willenserklärungen voraussetzt.

Standesamtliche Eheschließung

An der „Transaktion" der amtlichen Eheschließung sind im Wesentlichen drei Parteien beteiligt: Braut und Bräutigam sowie ein Standesbeamter. Der Standesbeamte übernimmt in diesem Zusammenhang Kontrollaufgaben und koordiniert die Durchführung der Eheschließung (vgl. auch Aufgabe 16.11). Ein möglicher Fehlerzustand ist, dass es sich einer der Ehepartner in spe doch noch anders überlegt und aus welchen Gründen auch immer einer Eheschließung nicht zustimmt. In diesem Fall muss der Standesbeamte die „Transaktion" zurücksetzen, so dass sich beide Partner nach wie vor in dem definierten bzw. konsistenten Zustand *ledig* (und nach Möglichkeit auch *unversehrt*) befinden.

Online-Bestellvorgänge

Online-Käufe verlaufen in der Regel wie folgt:

- Zuerst sehen Kunden den Warenbestand des Online-Stores ein.

- Dabei füllen sie ihren Warenkorb, indem sie Artikel auswählen und dabei die Stückzahl angeben.

- Abschließend erfolgt die Angabe der Versandart, der Lieferadresse und der Art der Bezahlung (z.B. Rechnung oder Einzugsermächtigung).

Mögliche Fehlerzustände, die vor dem Zustandekommen eines Kaufvertrags überprüft werden müssen, sind:

- Ausgewählte Artikel sind momentan nicht lieferbar: Dies kann beispielsweise durch Nebenläufigkeit verursacht werden. Mehrere Kunden können in etwa gleichzeitig denselben Artikel anfordern. Der Kunde, der zuerst die Bestellung abschickt, erhält dann in der Regel die Zuteilung.

- Der Gesamtbestellwert liegt ggf. unter einer vorgegebenen Mindestbestellsumme.

- Die Art der Bezahlung wird nicht akzeptiert: Beispielsweise kann der Verkäufer fordern, dass Bestellungen, die einen vorgegebenen Wert überschreiten, nur dann zustande kommen, wenn die Bezahlung per Kreditkartenzahlung oder per Lastschriftverfahren durchgeführt wird.

- Die Lieferadresse wird nicht akzeptiert: Der Versand ist z.B. nur innerhalb Deutschlands oder Europas möglich.

Aufgabe 9.2

Zahlreiche Geschäfte werden mittlerweile online getätigt. Unter anderem erfreuen sich Online-Auktionen hoher Beliebtheit. Nennen Sie Kriterien für das sichere Handeln im Internet und arbeiten Sie insbesondere Analogien zu Transaktionskonzepten im Hinblick auf den Austausch von Waren und Geld heraus.

Herausforderungen

Die zunehmende Online-Abwicklung vieler Geschäftsprozesse stellt zahlreiche (neuartige) Herausforderungen an die Sicherheit. Dies liegt insbesondere daran, dass sich Käufer und Verkäufer nicht mehr wie beim gewöhnlichen Ladengeschäft persönlich gegenüberstehen. Die Gefahr des Betrugs ist also deutlich größer, und zwar auf beiden Seiten. Benötigt werden elektronische Bezahlsysteme, die dem Verkäufer garantieren, dass er den Kaufpreis erhält, und dem Käufer zusichern, dass er sein Geld zurückbekommt, sollte die Ware fehlerhaft sein oder gar nicht geliefert werden. Letzteres ist insbesondere bei Online-Auktionen von Bedeutung, bei denen der Verkäufer oftmals eine (anonyme) Privatperson und kein etablierter Online-Händler ist.

Der Warenaustausch als Transaktion

In Aufgabe 9.1 wurde beschrieben, dass das Zustandekommen eines Kaufvertrags als Transaktion verstanden werden kann. Für die Durchführung, d.h. den Austausch der Waren und des Geldes, gilt dasselbe. Da Käufer (K) und Verkäufer (V) in der Regel einander nicht persönlich bekannt sind, wird oftmals eine vertrauenswürdige dritte Instanz (T – für *trusted third party*) hinzugezogen, die die Kaufabwicklung kontrolliert und Möglichkeiten zur Konfliktbehebung bietet. Beispielsweise ist dann folgende „Transaktion" denkbar:

- T wird als Vermittler über den Kaufvertrag informiert.
- K überträgt den Geldbetrag an T.
- T informiert V, dass die Bezahlung eingegangen ist.
- V sendet die Ware an K.
- K nimmt die Ware entgegen und bestätigt dies T (ggf. ist zur Empfangsbestätigung auch das Transportunternehmen involviert).
- T gibt den Geldbetrag an V frei.

Sollte während der Ausführung ein Konflikt auftreten (wenn die Ware z.B. mangelhaft ist), kann die Transaktion entsprechend zurückgesetzt werden: K sendet dann die Ware an V zurück und erhält von T den Kaufpreis erstattet.

10. Fehlerbehandlung

Aufgabe 10.1

Demonstrieren Sie anhand eines Beispiels, dass man die Strategien *force* und ¬*steal* nicht kombinieren kann, wenn parallele Transaktionen gleichzeitig Änderungen an Datenobjekten innerhalb einer Seite durchführen. Betrachten Sie dazu z.B. die in Abbildung 10.1 dargestellte Seitenbelegung, bei der die Seite P_A die beiden Datensätze A und D enthält. Entwerfen Sie eine verzahnte Ausführung zweier Transaktionen, bei der eine Kombination aus *force* und ¬*steal* ausgeschlossen ist.

Die Datenobjekte A und D liegen auf einer Seite P_A auf dem Hintergrundspeicher. Die Pufferseiten-Ersetzungsstrategien sind wie folgt definiert:

steal: Jede nicht fixierte Seite ist prinzipiell ein Kandidat für die Ersetzung, falls neue Seiten eingelagert werden müssen.

¬*steal:*   Seiten, die Änderungen von noch aktiven Transaktionen enthalten, dürfen nicht ausgelagert werden.

force: Beim **commit** einer Transaktion werden **alle** von ihr modifizierten Seiten in die Datenbasis übertragen.

¬*force:*   Von einer Transaktion modifizierte Seiten müssen nach dem **commit** der Transaktion nicht notwendigerweise in die Datenbasis eingebracht werden.

Wir zeigen im Folgenden einen Beispielschedule zweier Transaktionen T_1 und T_2, der eine Kombination der Strategien *force* und ¬*steal* unmöglich macht.

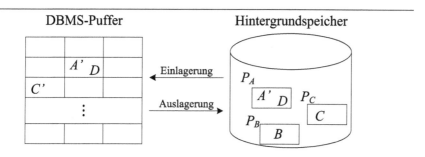

Abbildung 10.1: Schematische Darstellung der (zweistufigen) Speicherhierarchie

Beispielschedule

Schritt	T_1	T_2
1.	**BOT**	
2.		**BOT**
3.	read(A)	
4.		read(D)
5.		write(D)
6.	write(A)	
7.	**commit**	$\vdots$

Wegen der *force* Strategie beim Einbringen von Änderungen und der ¬*steal* Strategie bei der Seitenersetzung entsteht bei Schritt 7 ein Konflikt:

- Wegen *force* müssten die Änderungen der Transaktion T_1 auf der Seite P_A auf den Hintergrundspeicher propagiert werden.

- Wegen ¬*steal* dürfen aber die Änderungen der noch aktiven Transaktion T_2 auf der Seite P_A nicht auf den Hintergrundspeicher gelangen.

Selbst eine Verzögerung des **commit** von T_1 würde das Problem nicht lösen, wenn T_2 als Nächstes versucht, eine Sperre auf A (die ja noch von T_1 gehalten wird) zu erlangen.

Aufgabe 10.2

In Abbildung 10.2 ist die verzahnte Ausführung der beiden Transaktionen T_1 und T_2 und das zugehörige *Log* auf der Basis logischer Protokollierung gezeigt. Wie sähe das Log bei physischer Protokollierung aus, wenn die Datenobjekte A, B und C die Initialwerte 1000, 2000 und 3000 hätten?

Verwendet man anstelle der logischen Protokollierung die physische Log-Protokollierung, so müssen die After- und Before-Image-Einträge angepasst werden. Diese spiegeln den tatsächlichen Zustand der Datensätze vor bzw. nach der Ausführung der Operationen wider. Das Log sieht dann wie folgt aus:

$$[\#1, T_1, \mathbf{BOT}, 0]$$
$$[\#2, T_2, \mathbf{BOT}, 0]$$
$$[\#3, T_1, P_A, A = 950, A = 1000, \#1]$$
$$[\#4, T_2, P_C, C = 3100, C = 3000, \#2]$$
$$[\#5, T_1, P_B, B = 2050, B = 2000, \#3]$$
$$[\#6, T_1, \mathbf{commit}, \#5]$$
$$[\#7, T_2, P_A, A = 850, A = 950, \#4]$$
$$[\#8, T_2, \mathbf{commit}, \#7]$$

Zur Wiederholung: Bei physischer Protokollierung steht im Log zuerst das After- und dann das Before-Image, in obigem Beispiel also:

$$[\#3, T_1, P_A, \underline{A = 950}, \underline{A = 1000}, \#1]$$

After-Image Before-Image

Schritt	T_1	T_2	Log [LSN,TA,PageID,Redo,Undo,PrevLSN]
1.	**BOT**		$[\#1, T_1, \textbf{BOT}, 0]$
2.	$r(A, a_1)$		
3.		**BOT**	$[\#2, T_2, \textbf{BOT}, 0]$
4.		$r(C, c_2)$	
5.	$a_1 := a_1 - 50$		
6.	$w(A, a_1)$		$[\#3, T_1, P_A, A\text{-=}50, A\text{+=}50, \#1]$
7.		$c_2 := c_2 + 100$	
8.		$w(C, c_2)$	$[\#4, T_2, P_C, C\text{+=}100, C\text{-=}100, \#2]$
9.	$r(B, b_1)$		
10.	$b_1 := b_1 + 50$		
11.	$w(B, b_1)$		$[\#5, T_1, P_B, B\text{+=}50, B\text{-=}50, \#3]$
12.	**commit**		$[\#6, T_1, \textbf{commit}, \#5]$
13.		$r(A, a_2)$	
14.		$a_2 := a_2 - 100$	
15.		$w(A, a_2)$	$[\#7, T_2, P_A, A\text{-=}100, A\text{+=}100, \#4]$
16.		**commit**	$[\#8, T_2, \textbf{commit}, \#7]$

Abbildung 10.2: Verzahnte Ausführung zweier Transaktionen und das erstellte Log

Aufgabe 10.3

Wie sähe die Log-Datei bei physischer Protokollierung nach Durchführung des Wiederanlaufs – also in dem in Abbildung 10.3(b) skizzierten Zustand – aus?

In der Analysephase wurde ermittelt, dass Transaktion T_1 eine *Winner*- und Transaktion T_2 eine *Loser*-Transaktion ist – siehe Abschnitt 10.4 [Kemper und Eickler (2011)]. Für T_2 müssen also ein *Undo* durchgeführt und dabei entsprechende Kompensationseinträge generiert werden. Das Log sieht bei physischer Protokollierung ausgehend von der in Abbildung 10.2 dargestellten verzahnten Ausführung wie folgt aus:

$$[\#1, T_1, \textbf{BOT}, 0]$$
$$\cdots$$
$$[\#6, T_1, \textbf{commit}, \#5]$$
$$[\#7, T_2, P_A, A = 850, A = 950, \#4]$$
$$< \#7', T_2, P_A, A = 950, \#7, \#4 >$$
$$< \#4', T_2, P_C, C = 3000, \#7', \#2 >$$
$$< \#2', T_2, -, -, \#4', 0 >$$

(a) Historie und Log

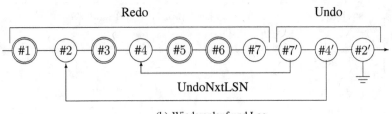

(b) Wiederanlauf und Log

Abbildung 10.3: Wiederanlauf nach einem Absturz: (a) das vorgefundene Log und (b) die Fortschreibung der Log-Datei aufgrund der *Undo*-Aktionen

Aufgabe 10.4

In Abschnitt 10.7 [Kemper und Eickler (2011)] ist das partielle Rücksetzen einer Transaktion beschrieben worden. Es wurde an der in Abbildung 10.4 (bzw. Abbildung 10.10, Seite 308 [Kemper und Eickler (2011)]) skizzierten Transaktion demonstriert. Wie würde sich das vollständige Rollback dieser Transaktion gestalten, nachdem Operation 5 ausgeführt ist? Wie sieht das Log nach dem vollständigen Rollback aus?

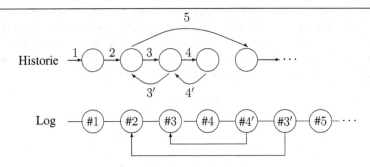

Abbildung 10.4: Partielles Rücksetzen einer Transaktion

Um ein vollständiges Rollback der Transaktion T durchzuführen, müssen die Änderungen der Operationen 1, 2 und 5 rückgängig gemacht werden. Die Operationen 3 und 4 wurden bereits durch die Kompensationsvorgänge $4'$ und $3'$ zurückgesetzt. Es erfolgt also kein überflüssiges „Undo der Undo-Operationen" $4'$ und $3'$ – womit gemeint ist, dass die Operationen 3 und 4 erneut durchgeführt und durch $4'$ und $3'$ wieder rückgängig gemacht werden müssten –, sondern es kann an dieser Stelle gleich mit dem Rücksetzen der

Operation 2 fortgefahren werden. Dazu wird, schreibt man den CLR mit der Lognummer #5', die zutreffende *UndoNextLSN* ermittelt. Man analysiert dafür den CLR zu 3'. Dessen *UndoNextLSN* (#2) wird dann für den CLR von #5' übernommen.

Damit ergibt sich folgender Log-Record, wobei für die Operationen 1 bis 5 hypothetische Änderungen auf den Datenseiten $P_A \ldots P_D$ angenommen werden:

$$[\#1, T, \mathbf{BOT}, 0]$$
$$[\#2, T, P_A, A = A_1, A = A_0, \#1]$$
$$[\#3, T, P_B, B = B_1, B = B_0, \#2]$$
$$[\#4, T, P_C, C = C_1, C = C_0, \#3]$$
$$< \#4', T, P_C, C = C_0, \#4, \#3 >$$
$$< \#3', T, P_B, B = B_0, \#4', \#2 >$$
$$[\#5, T, P_D, D = D_1, D = D_0, \#3']$$
$$< \#5', T, P_D, D = D_0, \#5, \#2 >$$
$$< \#2', T, P_A, A = A_0, \#5', \#1 >$$
$$< \#1', T, -, -, \#2', 0 >$$

Aufgabe 10.5

Betrachten Sie Abbildung 10.3. In Teil (a) ist das Log bis LSN #7 skizziert. Was passiert, wenn die auf der Platte stehende Log-Datei nur die Einträge bis LSN #6 enthielte? Demonstrieren Sie den Wiederanlauf des Systems unter diesem Gesichtspunkt. Könnte auch der Eintrag #5 in der temporären Log-Datei fehlen, obwohl der Absturz erst nach Schritt 15 in Abbildung 10.2 stattfand? Welches Prinzip wäre dadurch verletzt?

Wiederanlauf bei Einträgen bis LSN #6

Auch in diesem Fall ist die Transaktion T_1 eine Winner- und T_2 eine Loser-Transaktion. Wie gehabt erfolgt damit ein Redo aller Logeinträge von T_1. Beim Wiederanlauf werden auch alle Operationen von T_2 bis zur Operation kleiner oder gleich LSN #6 in der Redo-Phase durchgeführt. Dabei kann kein Redo auf einem After-Image, d.h. auf einer Seite, die bereits einen Zustand nach Operation 7 aufweist, erfolgen. Dies verhindert das *Write Ahead Log*-Prinzip (WAL): Alle Log-Einträge zu Operationen, die auf einer Seite s ausgeführt wurden, müssen sowohl in das temporäre Log, wie auch das Log-Archiv ausgeschrieben werden, **ehe** s ausgelagert werden kann. Das heißt, es kann sich zum Zeitpunkt des Absturzes keine Seite mit einem Zustand nach Operation 6 auf dem Hintergrundspeicher befinden.

Die Undo-Phase startet dann mit einem Rücksetzen der Operation 4. Das Log ist also soweit identisch mit dem ursprünglichen Log, mit der Ausnahme, dass der Logeintrag mit LSN #7 und der CLR mit LSN #7' fehlen.

Kann der Log-Eintrag mit LSN #5 in der Log-Datei nach Schritt 15 fehlen?

Nein, dies ist nicht möglich, da das WAL-Paradigma vorschreibt, alle zu einer Transaktion T „gehörenden" Log-Einträge auszuschreiben, ehe T festgeschrieben wird (d.h. ein **commit** ausführt). Es müssen also vor (bzw. atomar mit) Schritt 12 alle Log-Einträge, die

Transaktion T_1 betreffen – und damit auch der Eintrag mit LSN #5 –, in die Log-Datei geschrieben werden.

Aufgabe 10.6

[Mohan et al. (1992)] Weisen Sie nach, dass die Idempotenz des Wiederanlaufs das *Redo aller* protokollierten Änderungen – also auch der von *Losern* durchgeführten Änderungen – verlangt.

Hinweis: Betrachten Sie zwei Transaktionen T_L und T_W, wobei T_L ein *Loser* und T_W ein *Winner* ist.

T_L modifiziere ein Datum A auf Seite P_1 und anschließend modifiziere T_W ein Datum B, auch auf Seite P_1. Diskutieren Sie unterschiedliche Zustände der Seite P_1 auf dem Hintergrundspeicher:

- Zustand vor Modifikation von A,

- Zustand nach Modifikation von A aber vor Modifikation von B,

- Zustand nach Modifikation von B.

Was passiert beim Wiederanlauf in Bezug auf diese drei möglichen Zustände der Seite P_1? Veranschaulichen Sie Ihre Diskussion grafisch.

Wir betrachten den in nachfolgender Darstellung skizzierten Zustand der Seite P_1: Auf P_1 befinden sich zwei Datensätze A und B. A wird durch T_L (einer Loser-Transaktion) zu A' und B wird durch T_W (einer Winner-Transaktion) zu B' modifiziert. Bevor T_L mittels eines **commit**s korrekt beendet wird, tritt ein Fehler ein. T_W wurde zu diesem Zeitpunkt bereits beendet.

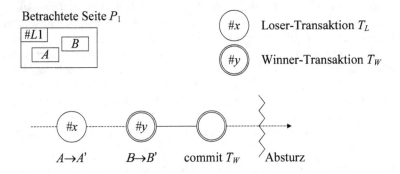

Wir setzen logische Protokollierung voraus und betrachten folgende Beispieltransaktion:

Redo für A: $A = A + 10$ Undo für A: $A = A - 10$
Redo für B: $B = B \cdot 100$ Undo für B: $B = B/100$

Wir verwenden folgende Abkürzungen:

$\#L1$:   LSN der Seite auf dem Hintergrundspeicher
$\#x$:   LSN der Änderung von A
$\#y$:   LSN der Änderung von B
$\#x'$:   LSN des CLR von $\#x$

1. Fall: Zustand vor Modifikation von A

Es gilt: $\#L1 < \#x$:

Erster Wiederanlauf mit erneutem Fehler:

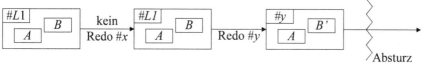

Erneuter Wiederanlauf:

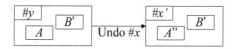

mit $A'' = A - 10$.

Problem: Während des zweiten Wiederanlaufs befindet sich die Seite mit LSN $\#y$, d.h. nach dem Redo von $B \to B'$, auf dem Hintergrundspeicher. Nachdem in der vorangegangenen Wiederanlaufphase A' nicht wieder hergestellt wurde, erfolgt dann jedoch ein *Undo* auf dem *Before*-Image, d.h. ein *Undo* auf A. Der Grund dafür ist, dass $\#y > \#x$ ist. Deshalb wird in der zweiten Wiederanlaufphase angenommen, dass auf der Seite A' vorhanden ist. Da kein weiteres Kontextwissen über einen zuvor gescheiterten ersten Wiederanlauf vorhanden ist, kann nicht herausgefunden werden, dass tatsächlich A auf P_1 vorliegt.

2. Fall: Zustand nach Modifikation von A aber vor Modifikation von B

Es gilt: $\#x \leq \#L1 < \#y$:

Wiederanlauf:

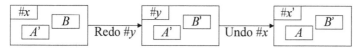

Da die LSNs in der Seite stets den Zustand der Seite widerspiegeln, ergeben sich hier keine Probleme, wenn während des Wiederanlaufs ein erneuter Absturz erfolgt.

3. Fall: Zustand nach Modifikation von B

Es gilt: $\#y \leq \#L1$:

Wiederanlauf:

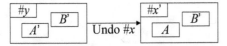

Da die LSNs in der Seite stets den Zustand der Seite widerspiegeln, ergeben sich hier keine Probleme, wenn während des Wiederanlaufs ein erneuter Absturz erfolgt.

Fazit: Wenn man sich die Ausführung der *Redo*-Operationen von Loser-Transaktionen ersparen will, ergibt sich folgendes Problem:

Die LSN einer Seite kann mehrere Zustände der Seite repräsentieren. Da die LSNs die einzigen Metadaten sind, die zur Analyse des Zustands herangezogen werden, ergeben sich dadurch die angegebenen Inkonsistenzen. Damit ist gemeint, dass die Belegung einer Seite falsch interpretiert wird und dadurch (wie in Fall 1) ein *Undo* auf einem *Before-Image* durchgeführt wird.

Aufgabe 10.7

Zeigen Sie, dass es für die Erzielung der Idempotenz der *Redo*-Phase notwendig ist, die – und nur die – LSN einer tatsächlich durchgeführten *Redo*-Operation in der betreffenden Seite zu vermerken.

Was würde passieren, wenn man in der *Redo*-Phase gar keine LSN-Einträge in die Datenseiten schriebe?

Was wäre, wenn man auch LSN-Einträge von Log-Records, für die die *Redo*-Operation nicht ausgeführt wird, in die Datenseiten übertragen würde?

Was passiert, wenn der Kompensationseintrag geschrieben wurde, und dann noch vor der Ausführung des *Undo* das Datenbanksystem abstürzt?

Für die folgenden Betrachtungen seien $\#x$, $\#y$ und $\#z$ die LSNs von elementaren Operationen. Die Operationen sind unterschiedlichen Transaktionen zugeordnet. Durch x wird das Datum A zu A' und durch y das Datum B zu B' geändert. A und B befinden sich auf der Seite P_1.

Betrachtete Seite P_1

ausgeführte Operationen: $A \to A'$ $B \to B'$

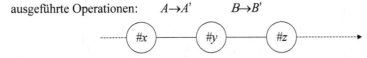

Hinweis

die LSN einer Seite dient dazu, den Zustand der Seite zu ermitteln. Indem die LSN der Seite mit der LSN einer Operation verglichen wird, wird ermittelt, ob das jeweilige *Before-* oder *After*-Image auf der Seite vorliegt. Mittels der LSN wird die Seite sozusagen „interpretiert". Die in den Abbildungen angegebenen Zustände von A und B seien die Zustände, wie sie wirklich auf der Seite vorliegen. Die folgende Aufgabe zeigt, was passiert, wenn von der in Kapitel 10 [Kemper und Eickler (2011)] angegebenen Protokollierung und Recovery-Strategie abgewichen würde. Dann werden die Seiten falsch interpretiert und Operationen fälschlicherweise ausgeführt, was zu einem inkonsistenten Datenzustand führt.

Erste Fragestellung

Was würde passieren, wenn man in der *Redo*-Phase gar keine LSN-Einträge in die Datenseiten schriebe?

Erster Wiederanlauf mit erneutem Fehler:

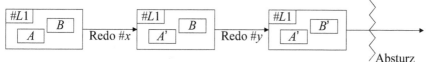

Erneuter Wiederanlauf:

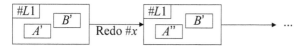

Wie in Aufgabe 10.6 beschrieben, kennzeichnet auch hier die LSN den Zustand der Seite nicht eindeutig. In diesem Fall führt das zu mehrfach angewendeten *Redo*-Operationen auf dem *After*-Image.

Zweite Fragestellung

Was würde passieren, wenn man auch LSN-Einträge von Log-Records, für die die *Redo*-Operation nicht ausgeführt wird, in die Datenseiten übertragen würde?

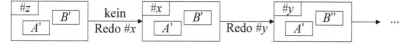

Die ursprünglich höhere LSN der Seite nach dem Wiederanlauf wird auf einen niedrigeren Wert gesetzt. Dies führt dazu, dass *Redo*-Operationen auf dem *After*-Image ausgeführt werden könnten. Bei Ausführung der Operation y liefert die Interpretation anhand der LSN also einen anderen Zustand als den tatsächlich vorliegenden. Die LSN-Einträge in den Seiten müssen also (wie bei Logs auch) immer aufsteigend eingetragen werden!

Dritte Fragestellung

Was passiert, wenn der Kompensationseintrag geschrieben wurde, und dann noch vor der Ausführung des *Undo* (d.h. der Kompensation) das Datenbanksystem abstürzt? Dazu wird angenommen, dass y zu einer Loser-Transaktion gehört und somit zurückgesetzt werden muss. x gehöre andererseits zu einer Winner-Transaktion.

Erster Wiederanlauf mit erneutem Fehler:

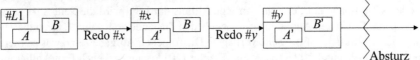

Erneuter Wiederanlauf:

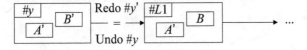

Die Kompensation wird in der *Redo*-Phase des nächsten Wiederanlaufs ausgeführt. Es tritt somit kein inkonsistenter Datenzustand auf. Mit anderen Worten, die Wiederanlaufphase ist robust gegen weitere Fehler, die zu Abstürzen führen.

Aufgabe 10.8

Warum muss beim Anlegen eines transaktionskonsistenten Sicherungspunkts der gesamte Log-Ringpuffer ausgeschrieben werden – wo man doch nach Fertigstellung des Sicherungspunkts wieder mit einer „leeren" Log-Datei anfangen kann?

Für das Ausschreiben des Log-Ringpuffers beim Anlegen eines transaktionskonsistenten Sicherungspunktes gibt es zwei Gründe:

- Zwischen den Zeitpunkten des Anmeldens und des Schreibens eines Sicherungspunktes kann das DBMS abstürzen.

  ⇒ Das *Write Ahead Log*-Paradigma (WAL) erfordert das Rausschreiben aller Log-Einträge.

  ⇒ Die bekannten Mechanismen für den Wiederanlauf sind anwendbar, d.h. auch in diesem Fall ist eine Recovery möglich.

- Das Log muss evtl. genutzt werden, um nach einem Verlust der Datenbasis aus einem Archivzustand der Datenbasis die aktuelle Version wieder herzuleiten.

  ⇒ Hierzu muss das Log komplett vorliegen.

Aufgabe 10.9

Wie weit in die Vergangenheit müssen die Einträge des Log-Archives gehen, wenn man
einen aktionskonsistenten Zustand der Datenbasis archiviert? Wie sieht in diesem Fall
die Wiederherstellung des jüngsten konsistenten DB-Zustands nach Verlust des Hinter-
grundspeichers aus?

Die Einträge des Log-Archives müssen bis zum Eintrag mit LSN *MinLSN* reichen, wobei *MinLSN* die LSN des ältesten Eintrags einer Transaktion ist, die beim Schreiben des
Sicherungspunktes noch nicht abgeschlossen war.

Wiederherstellen des DB-Zustandes

1. Einspielen des DB-Archivs.

2. Analyse setzt im Log zum Zeitpunkt des Schreibens des Archivs auf.

   - Auslesen der Liste der Transaktionen, die zum Zeitpunkt des Schreibens des
     Archivs (= aktionskonsistenter Sicherungspunkt) aktiv waren.

   - Ermittlung der Winner und Loser, unter Beachtung der obigen Liste.

3. Ausführen des *Redo* ab Archivierungszeitpunkt.

4. Ausführen des *Undo* (zurück bis maximal *MinLSN*).

11. Mehrbenutzersynchronisation

Aufgabe 11.1

Entwerfen Sie Historien, die – bezogen auf die Abbildung 11.1 – in folgende Klassen fallen:

- $(RC \cap SR) - ACA$

- $(ACA \cap SR) - ST$

- $(ST \cap SR) - \{H' \mid H'$ ist serielle Historie$\}$

Klassifizierung von Historien

SR   Menge der serialisierbaren Historien. Eine serialisierbare Historie ist äquivalent zu einer seriellen Historie. Das Serialisierbarkeitstheorem besagt, dass eine Historie genau dann serialisierbar ist, wenn der zugehörige Serialisierbarkeitsgraph $SG(H)$ azyklisch ist.

RC   Menge der rücksetzbaren Historien. Eine Historie H gehört in die Klasse RC, wenn für alle Transaktionen T_i, T_j in der Historie mit $i \neq j$ und T_i liest von T_j gilt:

$$c_j <_H c_i$$

Eine Transaktion kann also zurückgesetzt werden, ohne dadurch Änderungen einer anderen Transaktion plötzlich inkonsistent werden zu lassen.

ACA   Menge der Historien ohne kaskadierendes Rücksetzen. Eine Historie H gehört in die Klasse ACA, wenn für alle Transaktionen T_i, T_j in der Historie mit $i \neq j$ und T_i liest Datenobjekt A von T_j gilt:

$$c_j <_H r_i(A)$$

Historien in dieser Klasse haben die Eigenschaft, dass Transaktionen zurückgesetzt werden können, ohne dadurch das Zurücksetzen einer anderen Transaktion notwendig zu machen.

ST   Menge der strikten Historien. Eine Historie H ist in der Klasse ST, wenn für alle Transaktionen T_i, T_j in der Historie mit $i \neq j$ und T_i liest Datenobjekt A von T_j oder T_i überschreibt eine Änderung auf A von T_j gilt:

$$c_j <_H r_i(A) \vee a_j <_H r_i(A) \text{ beziehungsweise } c_j <_H w_i(A) \vee a_j <_H w_i(A)$$

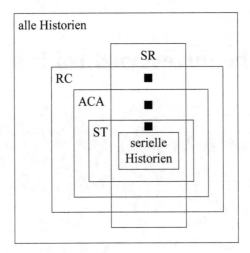

Abbildung 11.1: Beziehungen der Historienklassen zueinander (gesucht sind Historien aus den durch ■ hervorgehobenen Bereichen)

Schritt	T_1	T_2	T_3	T_4
1.	write(A)			
2.		read(A)		
3.		write(B)		
4.			read(B)	
5.			write(C)	
6.				read(C)
7.	**commit**			
8.		**commit**		
9.			**commit**	
10.				**commit**

Abbildung 11.2: Beispielhistorie H_1

Um die Diskussion interessanter zu gestalten, haben wir drei Historien H_1, H_2 und H_3 (siehe Abbildungen11.2 bis 11.4) gewählt, die bewusst nicht minimale Beispiele sind. Wir überlassen es den Lesern, einfachere aber auch ggf. komplexere Beispiele selbst zu erstellen.

Behauptung 1 H_1 aus Abbildung 11.2 ist in $(RC \cap SR) - ACA$

Beweis

- $H_1 \in RC$: T_{i+1} liest von T_i und $c_i <_{H_1} c_{i+1}$
- $H_1 \in SR$: Die Historie ist äquivalent zu $T_1 \mid T_2 \mid T_3 \mid T_4$
- $H_1 \notin ACA$: T_{i+1} liest von T_i und $\neg(c_i <_{H_1} r_{i+1})$

□

Schritt	T_1	T_2	T_3	T_4
1.	write(A)			
2.				read(B)
3.		write(A)		
4.				write(B)
5.	commit			
6.				commit
7.		write(B)		
8.		commit		
9.			read(B)	
10.			write(C)	
11.			commit	

Abbildung 11.3: Beispielhistorie H_2

Schritt	T_1	T_2	T_3	T_4
1.	write(A)			
2.				read(B)
3.	commit			
4.		write(A)		
5.				write(B)
6.				commit
7.		write(B)		
8.		commit		
9.			read(B)	
10.			write(C)	
11.			commit	

Abbildung 11.4: Beispielhistorie H_3

Behauptung 2 H_2 aus Abbildung 11.3 ist in $(ACA \cap SR) - ST$

Beweis

- $H_2 \in ACA$: Die einzige Lesebeziehung in der Historie besteht zwischen T_2 und T_3. T_3 liest von T_2 das Datenobjekt B und es gilt: $c_2 <_{H_2} r_3(B)$

- $H_2 \in SR$: H_2 ist äquivalent zu $T_1 \mid T_4 \mid T_2 \mid T_3$ oder auch zu $T_4 \mid T_1 \mid T_2 \mid T_3$

- $H_2 \notin ST$: Welche Transaktionen sind hier dafür verantwortlich, dass die Historie nicht strikt ist?

  Die Transaktionen T_1 und T_2 verletzen die Eigenschaften einer strikten Historie, indem T_2 ein von T_1 geschriebenes Datenobjekt vor dem **commit** von T_1 überschreibt. Somit ist die Bedingung $c_1 <_{H_2} w_2(A)$ verletzt.

□

Behauptung 3 H_3 aus Abbildung 11.4 ist in $(ST \cap SR) - \{H' \mid H' \text{ ist serielle Historie}\}$

Beweis

- $H_3 \in ST$:

  In dieser Historie gilt folgende Lesebeziehung:

  - T_3 liest von T_2.

  In dieser Historie gelten folgende Schreibbeziehungen auf (im Laufe der Historie) modifizierten Datenobjekten:

  - T_2 überschreibt eine Modifikation von T_1,
  - T_2 überschreibt eine Modifikation von T_4.

  Die Transaktionen, von denen die Modifikationen kamen, sind zu den jeweiligen Zeitpunkten der Lese- oder Änderungsoperationen der abhängigen Transaktionen schon per **commit** beendet gewesen. $\Rightarrow H_3 \in ST$

- $H_3 \in SR$: H_3 ist äquivalent zu $T_1 \mid T_4 \mid T_2 \mid T_3$ oder auch zu $T_4 \mid T_1 \mid T_2 \mid T_3$

- H_3 ist keine serielle Historie.

$\square$

Aufgabe 11.2

Diskutieren Sie die Vorteile *strikter* Historien hinsichtlich der Recovery anhand von Beispiel-Transaktionen. Warum sind nicht-strikte Historien – also z.B. solche aus $(SR \cap ACA) - ST$ – problematisch? Denken Sie an das lokale Rücksetzen von Transaktionen bei der Recovery-Behandlung.

Wie in Kapitel 11 [Kemper und Eickler (2011)] beschrieben und in Abbildung 11.1 dargestellt, sind strikte Historien auch in den Klassen *RC* und *ACA*. Die Besonderheit bei Historien in $(ACA \cap SR) - ST$ ist, dass so genannte *blind writes* noch erlaubt sind. Das bedeutet, die von einer noch laufenden Transaktion veranlassten Änderungen können durch andere Transaktionen überschrieben werden.

Für die Recovery-Komponente ist dabei problematisch, dass Änderungsoperationen auf einem Datenobjekt von mehr als einer aktiven Transaktion stammen können. Für Historien aus *ST* ist dies nicht der Fall.

Wir betrachten nun folgende Historie in $(ACA \cap SR) - ST$:

Schritt	T_1	T_2
1.	**BOT**	
2.		**BOT**
3.	write(A)	
4.		write(A)
5.	**abort**	
6.		write(B)
7.		**commit**

Wie sollte nun das lokale Rücksetzen von Transaktion T_1 aussehen? Führt man das lokale Rücksetzen nur bezogen auf T_1 durch, so gehen Änderungen von T_2 verloren. Bei logischer Log-Protokollierung kann man dies ggf. ausschließen:

$$[\#1, T_1, \mathbf{BOT}, 0]$$
$$[\#2, T_2, \mathbf{BOT}, 0]$$
$$[\#3, T_1, P_A, A+ = 50, A- = 50, \#1]$$
$$[\#4, T_2, P_A, A+ = 20, A- = 20, \#2]$$
$$\vdots$$

Bei Schritt 5 kann die Änderung durch T_1 durch eine Subtraktion von 50 von Datum A rückgängig gemacht werden, ohne dass dadurch ein inkonsistenter Datenzustand auftreten würde. Anders verhält es sich bei physischer Protokollierung:

$$[\#1, T_1, \mathbf{BOT}, 0]$$
$$[\#2, T_2, \mathbf{BOT}, 0]$$
$$[\#3, T_1, P_A, A = 150, A = 100, \#1]$$
$$[\#4, T_2, P_A, A = 170, A = 150, \#2]$$
$$\vdots$$

In diesem Fall kann der Eintrag mit LSN #3 nicht einfach zurückgesetzt werden, da dessen Before-Image-Wert die Änderung von T_2 auf A nicht enthält.

Wenn die Konfiguration des Datenbanksystems *blind writes* erlaubt, reicht es folglich nicht, nur die Log-Einträge der Transaktion zu betrachten, die lokal zurückgesetzt wird (im Beispiel ist dies T_1). Es ist vielmehr erforderlich, im gesamten Log rückwärts nach überschreibenden Aktionen anderer Transaktionen (hier T_2) zu suchen, da diese nicht verloren gehen dürfen. Durch die Einschränkung auf strikte Historien wird dieser zusätzliche Analyseschritt vermieden.

Aufgabe 11.3

Zeigen Sie, dass es serialisierbare Historien gibt, die ein Scheduler basierend auf dem Zwei-Phasen-Sperrprotokoll nicht zulassen würde. Anders ausgedrückt: Zeigen Sie, dass die Klasse *SR* größer ist als die Klasse *2PL* (wobei *2PL* die Klasse aller nach dem Zwei-Phasen-Sperrprotokoll generierbaren Historien darstellt).

Wir betrachten folgende Historie H:

Schritt	T_1	T_2
1.	read(A)	
2.		read(A)
3.		write(A)
4.		**commit**
5.	read(B)	
6.	read(C)	
7.	**commit**	

Die Historie ist äquivalent zur seriellen Abarbeitung $T_1 \mid T_2$. Die einzigen in Konflikt stehenden Operationen sind $r_1(A)$ und $w_2(A)$ mit $r_1(A) <_H w_2(A)$. Folgende Abbildung vervollständigt die gezeigte Historie um die benötigten Sperranforderungen:

Schritt	T_1	T_2	
1.	**lockS**(A)		
2.	read(A)		
3.		**lockX**(A)	← Sperre kann nicht
4.		read(A)	gewährt werden
5.		write(A)	
6.		**unlock**(A)	
7.		**commit**	
8.	**lockS**(B)		
9.	read(B)		
10.	**lockS**(C)		
11.	read(C)		
12.	**unlock**(A,B,C)		
13.	**commit**		

Die Sperranforderung von T_2 in Schritt 3 kann nicht erfüllt werden, da T_1 eine Lesesperre auf A hält. Diese Sperre darf jedoch noch nicht freigegeben werden, da sich die Transaktion noch in der Wachstumsphase befindet.

Durch das Zwei-Phasen-Sperrprotokoll wird die Schreiboperation $w_2(A)$ verzögert. Die Sperre auf A kann erst nach der Sperrfreigabe von T_1 gewährt werden:

Schritt	T_1	T_2	
1.	**lockS**(A)		
2.	read(A)		
3.		**lockX**(A)	← Warten bis Sperre
4.	**lockS**(B)		gewährt werden kann
5.	read(B)		
6.	**lockS**(C)		
7.	read(C)		
8.	**unlock**(A)		
9.		read(A)	
10.	$\vdots$	$\vdots$	

Aufgabe 11.4

Zeigen Sie, dass das (normale) Zwei-Phasen-Sperrprotokoll Historien aus $SR - RC$ zulässt. Mit anderen Worten, das 2PL-Verfahren würde nicht-rücksetzbare Historien zulassen.

Gegeben sei folgende Historie H, die das 2PL-Verfahren zulässt:

Schritt	T_1	T_2	
1.	**lockX**(A)		
2.	read(A)		
3.	write(A)		
4.	**lockX**(B)		
5.	read(B)		
6.	**unlock**(A)		
7.		**lockX**(A)	
8.		read(A)	← dirty read
9.		write(A)	
10.		**unlock**(A)	
11.		**commit**	
12.	write(B)		
13.	$\vdots$		

Diese Historie ist äquivalent zur seriellen Ausführung $T_1 \mid T_2$, d.h. $H \in SR$. Sie ist aber nicht rücksetzbar, da T_2 das Datum A liest, welches von T_1 in Schritt 3 geschrieben wird, jedoch $c_2 <_H c_1$ gilt. Damit ist $H \notin RC$, und insgesamt $H \in SR - RC$.

Aufgabe 11.5

Wäre es beim strengen 2PL-Protokoll ausreichend, alle Schreibsperren bis zum EOT zu halten, aber Lesesperren schon früher wieder abzutreten? Begründen Sie Ihre Antwort.

Es ist ausreichend, beim strengen 2PL-Protokoll nur die Schreibsperren bis zum Ende der Transaktion zu halten. Lesesperren können analog zum normalen 2PL-Protokoll in der Schrumpfungsphase (nach wie vor jedoch nicht in der Wachstumsphase) peu à peu freigegeben werden. Die generierten Schedules bleiben serialisierbar und strikt.

Begründung

- Schon das normale 2PL bietet Serialisierbarkeit; diese ist also auch hier gegeben.
- Das Halten der Schreibsperren bis zum Ende der Transaktion stellt sicher, dass keine Transaktion von einer anderen lesen oder einen von ihr modifizierten Wert überschreiben kann, bevor diese nicht ihr **commit** durchgeführt hat.
  Es gilt:

$$\forall T_i : \forall T_j : (i \neq j) \,\forall A : (w_i(A) <_H r_j(A)) \vee (w_i(A) <_H w_j(A)) \Rightarrow$$
$$(c_i <_H r_j(A)) \text{ bzw. } (c_i <_H w_j(A))$$

Aufgabe 11.6

Wann genau können die Sperren gemäß dem strengen 2PL-Protokoll freigegeben werden? Denken Sie an die Recovery-Komponente.

Die Schreibsperren müssen so lange gehalten werden, bis ein lokales Zurücksetzen der Transaktion nicht mehr nötig ist. Dies bedeutet, dass die Sperren als letzte Aktion der **commit**-Behandlung freigegeben werden. In der **commit**-Behandlung werden eventuell noch Konsistenzchecks durchgeführt. Falls etwa eine Verletzung einer referentiellen Integrität festgestellt wird, so muss die entsprechende Transaktion lokal zurückgesetzt werden.

Aufgabe 11.7

Skizzieren Sie die Implementierung eines *Lock-Managers*, d.h. des Moduls, das Sperren verwaltet, Sperranforderungen entgegennimmt und diese ggf. gewährt oder die entsprechende Transaktion blockiert. Wie würden Sie die aktuell gewährten Sperren verwalten?

Die nachfolgend vorgestellte Pseudocode-Implementierung eines Lock-Managers ist angelehnt an [Gray und Reuter (1993)]. Wir beschränken uns hier aber auf die grundlegende Funktionalität zum Anfordern, respektive Freigeben von Sperren und lassen Optimierungen und zusätzliche Fälle, wie die Behandlung von wiederholten Sperranforderungen, auf die in der angegebenen Literatur eingegangen wird, außer Acht. Bevor wir auf die beiden Methoden *lock* und *unlock* eingehen, geben wir zuerst eine Übersicht über die benötigten Datenstrukturen.

Datenstrukturen

Die vom Lock-Manager verwalteten Datenstrukturen sind:

Lock Hash-Tabelle Jeder Eintrag in der Hash-Tabelle verweist auf eine Liste von Sperren. Der Zugriff auf einen Eintrag (*Bucket*) in der Hash-Tabelle erfolgt über ein exklusives Semaphor[1] (*XSemaphor*).

Lock Header Für jede gültige Sperre gibt es einen *Lock Header*. Ein *Lock Header* verwaltet eine Liste von Sperranforderungen (*Lock Request*s) und hat folgende Attribute:

- *Name*: bezeichnet den Datensatz, auf den sich die vom *Lock Header* verwalteten Sperren beziehen.
- *Sperrmodus*: gibt den aktuellen (höchsten) Sperrmodus an.

[1]Ein Semaphor dient zur Synchronisation nebenläufiger Prozesse. Es wird verwendet, um die Ausführung *kritischer Programmabschnitte* zu kontrollieren. Wenn wir von einem *exklusiven* Semaphor sprechen, so ist damit gemeint, dass der durch das Semaphor kontrollierte kritische Abschnitt zu jedem Zeitpunkt nur von höchstens einem Prozess ausgeführt werden darf, also unter gegenseitigem Ausschluss (*mutual exclusion*). Um den kritischen Abschnitt zu betreten, wird die Methode *P* (*passeren*; niederländisch für passieren) aufgerufen. Die Methode *V* (*vrijgeven* – freigeben) wird beim Verlassen des Abschnitts aufgerufen.

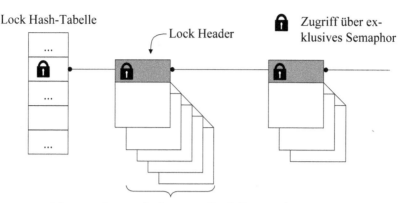

Liste von Sperranforderungen (Lock Requests)

Abbildung 11.5: Überblick über die vom Lock-Manager verwalteten Datenstrukturen

- *Wartend*: gibt an, ob es wartende Sperranfragen gibt.

Der Zugriff auf eine Sperre, bzw. auf den entsprechenden *Lock Header*, wird über ein exklusives Semaphor (*XSemaphor*) gesteuert.

Lock Request   Ein *Lock Request* beschreibt eine Sperranforderung, unter anderem:

- *Status*: gibt an, ob die Sperre gewährt wurde. Mögliche Ausprägungen sind *GRANTED* und *WAIT*.
- *Art*: bezeichnet die Art der angeforderten Sperre, also z.B. S, X, IS, IX.
- *Operation*: die Operation oder der Prozess, der zur weiteren Ausführung eine Sperre anfordert.
- *Transaktion*: die an der Sperranforderung beteiligte Transaktion.

Abbildung 11.5 veranschaulicht den Zusammenhang dieser Datenstrukturen. *Lock Request*s, die sich auf denselben Datensatz beziehen, werden durch einen *Lock Header* gruppiert. Für jeden Datensatz, auf den eine Sperre vergeben wurde, existiert ein *Lock Header*, der in die *Lock Hash-Tabelle* eingetragen ist. Die Einfügestelle bestimmt sich durch den Hashwert des Attributs *Name* von *Lock Header*. Abbildung 11.5 zeigt die Lock Hash-Tabelle unter Verwendung von *offenem Hashing* zur Behandlung von Kollisionen.

Ein Beispiel für die Verwaltung der Sperranforderungen für den Datensatz A ist in Abbildung 11.6 gezeigt. Drei der Anfragen (zwei S-Anfragen und eine IS-Anfrage) wurden gewährt. Nachdem $S > IS$ ist, ist der *Sperrmodus* des zugehörigen Headers S. Die IX-Sperre im Beispiel konnte (noch) nicht gewährt werden.

Algorithmus *lock*

Im Folgenden bezeichne A das Datum, auf dem eine Sperre von einer Transaktion (bzw. Operation) angefordert wird. *Modus* gebe die Art der Sperre an.

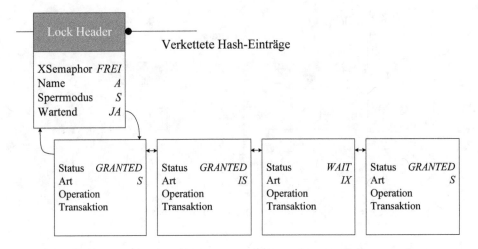

Abbildung 11.6: Verwaltung der Sperranfragen für den Datensatz A

In Pseudo-Code kann *lock* wie folgt angegeben werden:

1. Bestimme das Bucket b in der *Lock Hash-Tabelle*, in dem die Sperren für A verwaltet werden.

   Fordere Zugriff auf b an: $b.XSemaphor.P()$.

2. Durchsuche die *Lock Header*-Liste aus b nach dem Eintrag l, der sich auf A bezieht, d.h. für den gilt $l.Name = A$.

3. Falls kein entsprechendes l gefunden wurde:

   3.1 Erzeuge einen neuen *Lock Header* l für A und füge ihn in die *Lock Header*-Liste von b ein. Setze $l.Name = A$, $l.Sperrmodus = Modus$ und $l.Wartend = NEIN$.

   3.2 Erstelle zudem einen *Lock Request* r mit $r.Status = GRANTED$, $r.Art = Modus$ und den entsprechenden Belegungen für Prozess und Transaktion.

   3.3 Verknüpfe r mit l und gib b frei ($b.XSemaphor.V()$).

   3.4 Beende *lock()*.

4. In diesem Fall gibt es bereits Sperren auf A.

   4.1 Fordere Zugriff auf l an: $l.XSemaphor.P()$.

   4.2 $b.XSemaphor.V()$.

   4.3 Erzeuge neuen *Lock Request* r ähnlich zu Schritt 3.2.

   4.4 Füge r am Ende der von l verwalteten Liste ein.

   4.5 Falls $l.Wartend = NEIN$ und *Modus* mit $l.Sperrmodus$ kompatibel ist:

   - $l.Sperrmodus = \max\{l.Sperrmodus, Modus\}$.
   - $l.XSemaphor.V()$.
   - Beende *lock()*.

   4.6 Sonst (die neue Anfrage muss warten):

   - Setze $l.Wartend = JA$ und $r.Status = WAIT$.

- *l.XSemaphor.V()*.
- Blockiere die weitere Ausführung: *wait()*
  - Es tritt ein Timeout auf und nach wie vor gilt: *r.Status = WAIT*, so beende *lock()* und gib eine entsprechende Fehlermeldung zurück.
  - Sonst: führe *unlock()* aus.

Algorithmus *unlock*

Analog bezeichne *A* wiederum das Datum, auf dem eine Sperre freigegeben werden soll.

1. Bestimme den Bucket *b*, in dem Sperren für *A* verwaltet werden.

   - *b.XSemaphor.P()*.
   - Suche den *Lock Header l* für *A* in *b*.

2. Falls *l* nicht gefunden wird, gehe zu Schritt 5.

3. *l.XSemaphor.P()* und suche den zur aufrufenden Transaktion passenden *Lock Request r* in der von *l* verwalteten Liste.

   3.1. Falls *r* nicht existiert, gehe zu Schritt 4.

   3.2. Sonst:

       3.3.1. *r* ist der einzige Eintrag in der Liste von *l*:
   - Dealloziere *r* und *l*.
   - Gehe zu Schritt 5.

       3.3.2. Sonst:
   - Entferne *r* aus der Liste von *l* und dealloziere *r*.
   - Setze *l.Wartend = NEIN* und *l.Sperrmodus = FREI*.
   - Durchlaufe die *Lock Request*-Liste von *l*. Für jeden Eintrag *r'*:
     - Falls *r'.Status = GRANTED*:
       $l.Sperrmodus = \max\{l.Sperrmodus, r'.Art\}$
     - Sonst:
       Falls *r'.Art* kompatibel ist mit *l.Sperrmodus*, setze *r'.Status = GRANTED* und $l.Sperrmodus = \max\{l.Sperrmodus, r'.Art\}$.
       Führe *wakeup(r'.Operation)* aus.

         Sonst: setze *l.Wartend = JA*.

4. *l.XSemaphor.V()*.

5. *b.XSemaphor.V()*.

Anmerkungen

Der Lock-Manager ist eine zeitkritische Komponente des Datenbanksystems und muss daher äußerst effizient und hochgradig parallel realisiert werden. Insbesondere müssen folgende Aktionen schnell ausführbar sein:

- Zuteilen freier Sperren

- Zuteilen kompatibler Sperren (z.B. Anfordern einer IS-Sperre auf einem mit S gesperrten Datum)

- Sperrfreigabe

- Aufheben einer Sperranfrage (*Lock Request*), die noch nicht gewährt werden kann und daher eine weitere Transaktionsabarbeitung blockiert.

Die übrigen Arten von Sperranforderungen oder -freigaben führen zu Aufrufen von *wait*() bzw. *wakeup*() – sind damit also weniger zeitkritisch.

 Literaturhinweis

Neben den vorgestellten *lock*()- und *unlock*()-Implementierungen müssen „lock escalations" (siehe Abschnitt 11.8 [Kemper und Eickler (2011)]) durch den Lock-Manager behandelt werden. Weiterführende Informationen dazu finden sich beispielsweise in [Gray und Reuter (1993)].

Aufgabe 11.8

Weisen Sie (halbwegs) formal nach, dass das strenge 2PL-Protokoll nur strikte serialisierbare Historien zulässt.

Notation

Wir kürzen im Folgenden eine Operation einer Transaktion T_i auf einem Datum A mit $o_i(A)$ ab, wobei diese entweder eine Leseoperation ($r_i(A)$) oder eine Schreiboperation ($w_i(A)$) ist. Damit T_i diese Operation auf A ausführen darf, muss sie eine entsprechende Sperre auf A anfordern. Die zu $o_i(A)$ gehörige Sperre (*lock*) bezeichnen wir mit $ol_i(A)$. Entsprechend repräsentiert $ou_i(A)$ die Sperrfreigabe (*unlock*).

Nachweis der Serialisierbarkeit

Wir betrachten eine beliebige Historie H, die die Eigenschaften des (strengen) 2PL-Protokolls erfüllt. Dabei berücksichtigen wir als Erweiterung zur bisherigen Definition von Historien (vgl. Kapitel 11 [Kemper und Eickler (2011)]) auch Zuteilungen von Sperren und deren Freigaben ($ol_i(A)$ und $ou_i(A)$, siehe die zuvor eingeführte Notation).

Wir können unter anderem folgende drei Eigenschaften für H ableiten:

1.1 Falls T_i die Operation $o_i(A)$ ausführt, so muss sie dazu zuerst die Sperre $ol_i(A)$ erworben haben. Diese Sperre wird nach der Ausführung der Transaktion wieder freigegeben. Es gilt also $ol_i(A) <_H o_i(A) <_H ou_i(A)$.

   Dies folgt aus den Eigenschaften (1), (2) und (5) des Zwei-Phasen-Sperrprotokolls (siehe Abschnitt 11.6 [Kemper und Eickler (2011)]).

1.2 Falls zwei Transaktionen T_i und T_j mit $i \neq j$ auf einem Datum A Operationen $o_i(A)$ und $q_j(A)$ ausführen, die in Konflikt zueinander stehen, dann muss entweder $ou_i(A) <_H ql_j(A)$ oder $qu_j(A) <_H ol_i(A)$ gelten.

   Dies besagt Eigenschaft (3) des 2PL-Protokolls, demzufolge nur eine der in Konflikt miteinander stehenden Sperren zu jedem Zeitpunkt gewährt werden kann.

1.3 Gemäß Eigenschaft (4) des (strengen) 2PL-Protokolls durchläuft eine Transaktion T_i eine *Wachstums-* und eine *Schrumpfungsphase*. Dies bedeutet, dass T_i, falls sie einmal eine Sperre freigegeben hat, keine weiteren Sperren mehr anfordern kann. Betrachtet man also zwei Operationen $o_i(A)$ und $p_i(B)$, so gilt $ol_i(A) <_H pu_i(B)$ (bzw. auch $pl_i(B) <_H ou_i(A)$).

Um zu zeigen, dass H serialisierbar ist, weisen wir nach, dass der zugehörige Serialisierbarkeitsgraph $SG(H)$ azyklisch ist:

2.1 Falls in $SG(H)$ die Kante $T_i \rightarrow T_j$ auftritt, so steht eine Operation von T_i mit einer Operation T_j bezüglich eines Datums A in Konflikt. Der Vorüberlegung 1.2 zufolge muss T_i dann die Sperre auf A wieder freigegeben haben, ehe T_j die Sperre darauf erhält.

2.2 Nehmen wir an, dass der Pfad $T_i \rightarrow T_j \rightarrow T_k$ in $SG(H)$ auftritt. Aus Schritt 2.1 wissen wir, dass T_i also eine Sperre freigeben musste, ehe T_j eine Sperre erhielt. Analog gab T_j zuvor eine Sperre frei, ehe T_k eine Sperre erlangt. Da wir wissen, dass eine Transaktion keine Sperren mehr anfordert, nachdem sie bereits andere Sperren wieder freigegeben hat, können wir per Transitivität schlussfolgern, dass T_i eine Sperre freigeben muss, ehe T_k eine Sperre erhalten kann. Per Induktion kann man dann folgern, dass, wenn in $SG(H)$ der Pfad $T_1 \rightarrow T_2 \rightarrow \ldots T_n$ auftritt, T_1 zuerst eine Sperre freigeben muss, ehe T_n eine Sperre erhält.

Anzumerken ist, dass sich diese Sperren nicht immer auf dasselbe Datum beziehen müssen. T_i und T_j stehen im Allgemeinen bezüglich eines anderen Datums in Abhängigkeit als T_j und T_k. Beispielsweise kann die Historie

$$r_i(A) \rightarrow w_j(A) \rightarrow w_j(B) \rightarrow r_k(B)$$

zum Pfad $T_i \rightarrow T_j \rightarrow T_k$ in $SG(H)$ führen.

2.3 Damit ist es ein Leichtes, zu zeigen, dass $SG(H)$ azyklisch ist. Nehmen wir an, in $SG(H)$ tritt der Zyklus $T_1 \rightarrow T_2 \rightarrow \ldots T_n \rightarrow T_1$ auf. Nach Schritt 2.2 muss dann T_1 eine Sperre freigegeben haben, ehe es eine andere Sperre erhält. Dies widerspricht jedoch Eigenschaft (4) des 2PL-Protokolls, bzw. 1.3. Da $SG(H)$ zyklenfrei ist, können wir nach dem Serialisierbarkeitstheorem folgern, dass H serialisierbar ist.

Nachweis der Striktheitseigenschaft

Annahme: Gegeben sei eine nach dem strengen 2PL-Protokoll erzeugte Historie H, die nicht strikt serialisierbar ist.

Da wir bereits wissen, dass H serialisierbar ist, muss es Transaktionen T_i und T_j geben, für die Folgendes gilt: T_i und T_j führen auf einem Datum A zwei in Konflikt miteinander stehende Operationen $o_i(A)$ und $p_j(A)$ aus, wobei $o_i(A) <_H p_j(A)$ gelte. Allerdings gilt weder $c_i <_H p_j(A)$ noch $a_i <_H p_j(A)$.

$\Rightarrow \quad p_j(A) <_H c_i \qquad$ (bzw. $\quad p_j(A) <_H a_i$)
$\Rightarrow \quad pl_j(A) <_H c_i \qquad$ (bzw. $\quad pl_j(A) <_H a_i$)

Nach Vorüberlegung 1.1 gilt damit aber:

$$\Rightarrow \quad ou_i(A) <_H pl_j(A) <_H c_i \qquad \text{(bzw.} \quad ou_i(A) <_H pl_j(A) <_H a_i\text{)}$$

Dies widerspricht aber dem strengen 2PL-Protokoll, demzufolge Sperren „in einem Rutsch" mit der Ausführung des **commit**s freigegeben werden müssen.

Damit ist die Annahme widerlegt.

 Literaturhinweis

Der hier vorgestellte Nachweis der Serialisierbarkeit ist angelehnt an [Bernstein, Hadzilacos und Goodman (1987)].

Aufgabe 11.9

Zur Erkennung von Verklemmungen wurde der Wartegraph eingeführt. Dabei wird eine Kante $T_i \rightarrow T_j$ eingefügt, wenn T_i auf die Freigabe einer Sperre durch T_j wartet. Kann es vorkommen, dass dieselbe Kante mehrmals eingefügt wird? Kann es vorkommen, dass gleichzeitig zwei Kanten $T_i \rightarrow T_j$ im Wartegraph existieren? Diskutieren Sie diese Aufgabe unter Annahme sowohl des normalen 2PL- als auch des strengen 2PL-Protokolls.

Wir betrachten zwei Transaktionen. T_1 beziehe sich auf folgendes SQL-Statement:

```
update Studenten set Semester = Semester +1;
```

Die zweite Transaktion T_2 beziehe sich auf folgende einfache Anfrage:

```
select * from Studenten;
```

A, B und C seien Datensätze der Tabelle *Studenten*. Damit gilt:

$$T_1 : w_1(A) \rightarrow w_1(B) \rightarrow w_1(C)$$
$$T_2 : r_2(A) \rightarrow r_2(B) \rightarrow r_2(C)$$

Nehmen wir an, dass T_1 eine längere Ausführungszeit benötigt als T_2 und auch vor T_2 startet. Ferner wird angenommen, dass T_1 vor der ersten Schreiboperation alle benötigten Schreibsperren anfordert.

Schritt	T_1	T_2	
1.	**lockX**(A)		
2.	**lockX**(B)		
3.	**lockX**(C)		
4.	write(A)		
5.		**lockS**(A)	$\leftarrow T_2$ wird verzögert
6.	**unlock**(A)		
7.		read(A)	
8.	write(B)		
9.		**lockS**(B)	$\leftarrow T_2$ wird verzögert
10.	**unlock**(B)		
11.		read(B)	
	$\vdots$	$\vdots$	

Betrachtet man den Wartegraphen zum Zeitpunkt 5, so wird die Kante $T_2 \to T_1$ eingefügt, da T_2 auf die Freigabe der Sperre auf A durch T_1 wartet. Wird das normale 2PL eingesetzt, so kann T_1 bereits zum Zeitpunkt 6 diese Sperre freigeben und T_2 kann mit der Bearbeitung fortfahren. Dieser Wartezustand wiederholt sich entsprechend für die Datensätze B und C. T_1 kann jeweils unmittelbar nachdem sie B und C abgearbeitet hat die Sperren wieder freigeben. Die Kante $T_2 \to T_1$ wird also im Beispiel dreimal eingefügt – zu jeweils anderen Zeitpunkten. Verwendet man das strenge 2PL, so wird die Kante nur einmal eingefügt, da Transaktion T_1 die Sperren alle auf einmal wieder freigeben muss.

Sowohl beim normalen als auch beim strengen 2PL kann es nicht vorkommen, dass dieselbe Kante zur selben Zeit mehrfach im Wartegraph auftaucht. Der Grund dafür ist, dass, wenn eine Wartekante eingefügt wird, die abhängige Transaktion verzögert wird, d.h. sie kann in ihrer Ausführung erst fortfahren, wenn sie die entsprechende Sperre erhalten hat. Damit gleiche Kanten mehrfach zur selben Zeit eingefügt werden können, müsste die Sperranforderung parallel ausgeführt werden, bzw. eine Transaktion parallel abgearbeitet werden. Dies entspricht einer Art *Intra-Transaktions-Parallelität*, im Gegensatz zur *Inter-Transaktions-Parallelität*, die die nebenläufige Ausführung unterschiedlicher Transaktionen beschreibt.

Aufgabe 11.10

Erläutern Sie den Zusammenhang zwischen dem Wartegraphen (zur Erkennung von Verklemmungen) und dem Serialisierbarkeitsgraphen (zur Feststellung, ob eine Historie serialisierbar ist).

Kanten im Serialisierbarkeitsgraphen $SG(H)$ einer Historie H geben an, in welcher Reihenfolge Konfliktoperationen, also kritische Operationen auf denselben Datensätzen, ausgeführt werden. Eine Kante $T_i \to T_j$ besagt, dass T_i eine Konfliktoperation vor T_j hat – z.B. schreibt T_i das Datum A, bevor T_j A liest.

Demgegenüber wird eine Kante $T_i \to T_j$ in den Wartegraphen dann eingefügt, wenn T_i auf eine Sperrfreigabe durch T_j wartet. Während der Wartegraph somit eine momentane Aufnahme von Abhängigkeitsbeziehungen darstellt, gibt der Serialisierbarkeitsgraph Abhängigkeiten über den gesamten Zeitablauf der Historie wieder.

Eine Kante $T_i \to T_j$ im Wartegraphen taucht als Kante $T_j \to T_i$ im Serialisierbarkeitsgraphen auf.

Behauptung Tritt im Serialisierbarkeitsgraphen ein Zyklus auf (d.h. die Historie ist nicht serialisierbar), so existiert ein Zeitpunkt, zu dem auch im Wartegraphen ein Zyklus auftritt. Das heißt, es ergibt sich eine Verklemmungssituation.

Beweisidee Man kann zeigen, dass durch den Zyklus im Serialisierbarkeitsgraphen eine zyklische Wartesituation auftritt. Sei also der Zyklus $T_1 \to T_2 \to \ldots \to T_n \to T_1$ in $SG(H)$ gegeben. Wegen des Pfads $T_1 \to T_2 \to \ldots \to T_n$ muss T_1 Sperren freigeben ehe T_n Sperren erlangen kann (vgl. Beweisführung von Aufgabe 11.8; dabei müssen T_1 und T_n nicht notwendigerweise Konfliktoperationen auf denselben Daten ausführen). Wegen der Kante $T_n \to T_1$ in $SG(H)$ muss T_n aber Sperren vor T_1 freigeben. Die Transaktion T_1 befindet sich also noch nicht in ihrer Schrumpfungsphase, kann also selbst noch keine

Schritt	T_1	T_2
1.	lockX(A)	
2.	lockS(B)	
3.	write(A)	
4.	read(B)	
5.	unlock(A)	
6.	unlock(B)	
7.		lockX(B)
8.		lockS(A)
9.		write(B)
10.		read(A)
11.		unlock(B)
12.		unlock(A)
13.	commit	
14.		commit

Abbildung 11.7: Beispiel einer serialisierbaren Historie

Sperren freigeben. Aufgrund der Abhängigkeiten im Zyklus gilt dies auch für die Transaktionen $T_2, \ldots, T_n$. Damit tritt ein Zyklus im Wartegraphen auf, an dem die Transaktionen $T_1, \ldots, T_n$ beteiligt sind.

Obige Behauptung lässt sich im Umkehrschluss auch wie folgt formulieren: Ist der Wartegraph *zu jedem Zeitpunkt* zyklenfrei, so gilt dies auch für den Serialisierbarkeitsgraphen. Wenn also während der Ausführung kein Deadlock eintritt, dann ist die Historie serialisierbar. Es gilt jedoch keine Äquivalenz, wie das in Abbildung 11.7 dargestellte Beispiel zweier nebenläufiger Transaktionen zeigt.

Die vorgegebene Historie ist äquivalent zur seriellen Ausführung $T_1 \mid T_2$. Im Wartegraphen tritt ebenfalls kein Zyklus auf. Die Situation ist jedoch anders, wenn die Sperren nicht wie in Abbildung 11.7 dargestellt, sondern zeitlich versetzt angefordert werden, wie nachfolgende Historie mit Sperranforderungen zeigt:

Schritt	T_1	T_2	
1.	lockX(A)		
2.		lockX(B)	
3.	write(A)		
4.	lockS(B)		$\leftarrow T_1$ muss warten
5.		lockS(A)	$\leftarrow T_2$ muss warten
	⋮	⋮	Deadlocksituation

Dies ändert nichts an der eigentlichen Ausführung. Auch der Serialisierbarkeitsgraph wird dadurch nicht modifiziert, da dieser zwar die in Konflikt stehenden Operationen, wie *read* und *write*, nicht aber Sperranforderungen und -freigaben berücksichtigt. Mit anderen Worten, da die Ausführungsreihenfolge der *read*- und *write*-Operationen gleich bleibt, ändert sich die Historie nicht und $SG(H)$ bleibt zyklenfrei. Dies trifft nicht auf den Wartegraphen zu. Zum Zeitpunkt 5 enthält dieser die Kanten $T_1 \rightarrow T_2$ und $T_2 \rightarrow T_1$. Es liegt also eine Verklemmung $T_1 \rightleftarrows T_2$ vor, die durch eine Deadlockbehandlung behoben werden muss.

Fazit: Der Wartegraph gibt eine Momentaufnahme der Sperranforderungen, die gegenwärtig nicht gewährt werden können, wieder. Der Serialisierbarkeitsgraph berücksichtigt keine Sperren und beschreibt die Abfolge der Konfliktoperationen, bietet also eine „globale" Sicht auf die Transaktionsabfolge.

Aufgabe 11.11

Wie würden Sie die Zeitstempelmethode zur Vermeidung von Deadlocks anwenden, wenn eine Transaktion T_1 eine X-Sperre auf A anfordert, aber mehrere Transaktionen eine S-Sperre auf A besitzen? Diskutieren Sie die möglichen Fälle für *wound-wait* und *wait-die*.

Seien $T_2, \ldots, T_n$ weitere Transaktionen, von denen jede eine Lesesperre auf dem Datum A hält. Nun fordere T_1 eine exklusive Schreibsperre auf A an.

Behandlung bei wound-wait

Gemäß *wound-wait* setzen sich ältere Transaktionen durch. Wir unterscheiden zwei Fälle.

1. T_1 ist die älteste Transaktion, d.h. $\forall\, 2 \leq i \leq n : TS(T_i) > TS(T_1)$. In diesem Fall werden alle Transaktionen T_i abgebrochen und T_1 erhält die Schreibsperre auf A.

2. Es existiert mindestens eine Transaktion, die älter ist als T_1. Sei T_m die jüngste dieser Transaktionen, d.h. $TS(T_m) < TS(T_1)$ und es existiert keine weitere Transaktion T_i ($2 \leq i \leq n, i \neq m$) mit $TS(T_m) < TS(T_i) < TS(T_1)$. Dann wartet T_1 auf die Sperrfreigabe von T_m. Jüngere Transaktionen (als T_1), die dann noch eine Lesesperre auf A halten, werden, sobald T_1 die Sperre auf A erhält, abgebrochen (vgl. Fall 1).

Behandlung bei wait-die

Bei *wait-die* müssen ältere Transaktionen auf die Sperrfreigabe jüngerer Transaktionen warten. Fordert eine jüngere Transaktion eine Sperre an, die von einer älteren gehalten wird, so wird sie abgebrochen und zurückgesetzt. Folgende Fälle können auftreten:

1. $\exists\, 2 \leq i \leq n : TS(T_i) < TS(T_1)$, d.h. es existiert eine Transaktion, die älter ist als T_1 und die eine Lesesperre auf A hält. Dann wird T_1 zurückgesetzt.

2. Sonst, also in dem Fall, dass alle anderen Transaktionen jünger sind als T_1 ($\forall 2 \leq i \leq n : TS(T_1) < TS(T_i)$), wartet T_1 auf die Sperrfreigaben von T_i mit $2 \leq i \leq n$.

Aufgabe 11.12

Beweisen Sie, dass bei der Zeitstempelmethode garantiert keine Verklemmungen auftreten können. Hinweis: Verwenden Sie für Ihre Argumentation den Wartegraphen (der natürlich im System nicht aufgebaut wird, da er ja nicht benötigt wird).

Eine Verklemmung liegt vor, wenn zwei Transaktionen T_1 und T_n existieren, die auf die gegenseitige Freigabe von Sperren warten. Diese Abhängigkeit kann auch transitiv zustande kommen, wie folgende Abbildung verdeutlicht:

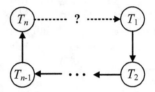

Im Wartegraphen zeigt sich ein Deadlock in Form eines Zyklus: Transaktion T_1 wartet auf Transaktion T_2, die wiederum auf eine Sperrfreigabe von T_3 wartet, usw. bis zu Transaktion T_{n-1}, die auf Transaktion T_n wartet, die ihrerseits im Ringschluss auf T_1 wartet. Eine Kante $T_i \rightarrow T_j$ im Wartegraphen bedeutet, dass T_i auf eine Sperrfreigabe von T_j wartet. Die Zeitstempelmethoden *wound-wait* und *wait-die* verhindern das Auftreten von Deadlocks, d.h. das Zustandekommen von Zyklen im Wartegraphen. Im Folgenden diskutieren wir für beide Verfahren, warum die in der Abbildung gestrichelte und mit einem Fragezeichen markierte Kante nicht erzeugt werden kann.

Situation bei wound-wait

Im Wartegraphen existiere bereits der Pfad $T_1 \rightarrow T_2 \rightarrow \ldots \rightarrow T_n$. Damit diese Kanten in den Graphen eingetragen werden, muss gelten, dass T_i jeweils jünger ist als T_{i+1} für $1 \leq i \leq (n-1)$. Denn nach dem *wound-wait*-Paradigma warten jüngere auf ältere Transaktionen, wohingegen ältere Transaktionen, die Sperren von jüngeren anfordern, zum Abbrechen der jüngeren Transaktion führen. Wegen Transitivität gilt damit insbesondere, dass T_n älter ist als T_1. Fordert nun T_n eine Sperre an, die von T_1 gehalten wird, so wird die jüngere Transaktion, d.h. T_1, zurückgesetzt. Es wird folglich keine Kante in den Graphen eingetragen, da T_n nicht auf T_1 wartet. Zyklen im Wartegraphen können so nicht auftreten. Folglich verhindert *wound-wait* Verklemmungen.

Situation bei wait-die

Wenn im Wartegraphen ein Pfad $T_1 \rightarrow T_2 \rightarrow \ldots \rightarrow T_n$ vorliegt, bedeutet dies, dass für alle $1 \leq i \leq (n-1)$ T_i älter ist als T_{i+1}. Damit folgt, dass T_1 älter ist als T_n. Fordert nun T_n eine von T_1 gehaltene Sperre an, wird T_n, da es die jüngere Transaktion ist, abgebrochen. Ein Zyklus kann auch in diesem Fall nicht auftreten, so dass auch *wait-die* das Auftreten von Verklemmungen verhindert.

Aufgabe 11.13

Zeigen Sie Schedules, bei denen unnötigerweise Transaktionen nach der Zeitstempelmethode abgebrochen werden, obwohl eine Verklemmung nie aufgetreten wäre. Demonstrieren Sie dies für *wound-wait* und auch für *wait-die*.

Beispiel für wound-wait

Wir betrachten für diesen Fall die Historie H, die zwei Transaktionen T_1 und T_2 einschließt und wie folgt aufgebaut ist:

$$H = r_1(A) \to r_2(B) \to r_1(B) \to w_1(B) \to r_2(C) \to c_2 \to c_1$$

T_1 beginnt vor T_2 und ist damit nach der Zeitstempelmethode die ältere Transaktion. Die
Historie ist serialisierbar und verursacht keinen Deadlock. Der Wartegraph setzt sich nur
aus der Kante $T_1 \to T_2$ zusammen, beinhaltet also keinen Zyklus. Dennoch wird, verwendet man *wound-wait*, die Transaktion T_2 zum Zeitpunkt 5 zurückgesetzt:

Schritt	T_1	T_2	
1.	**lockS**(A)		
2.	read(A)		
3.		**lockS**(B)	
4.		read(B)	
5.	**lockX**(B)		$\leftarrow T_2$ wird bei *wound-wait*
	$\vdots$	$\vdots$	abgebrochen

Beispiel für wait-die

Wir betrachten eine Historie H, die zwei Transaktionen T_1 und T_2 einschließt:

$$H = w_1(A) \to r_2(A) \to r_1(B) \to r_2(C) \to c_1 \to c_2$$

T_1 beginne vor T_2. Damit ist T_2 die jüngere Transaktion. Ein Konflikt bei der Sperranforderung tritt für den Datensatz A auf: Transaktion T_1 hält darauf eine Exklusivsperre zum
Zeitpunkt 3, wenn T_2 eine Lesesperre darauf benötigt:

Schritt	T_1	T_2	
1.	**lockX**(A)		
2.	write(A)		
3.		**lockS**(A)	$\leftarrow T_2$ wird bei *wait-die*
	$\vdots$	$\vdots$	abgebrochen

Transaktion T_1 kann vor diesem Zeitpunkt die Schreibsperre noch nicht wieder freigeben.
Dies wird durch das 2PL-Protokoll verhindert, nachdem T_1 später noch eine Sperre auf B
benötigt und sich somit noch in der Wachstumsphase befindet. Wird *wait-die* angewendet,
so wird zum Zeitpunkt 3 Transaktion T_2, da sie die jüngere ist, abgebrochen. Die serialisierbare Historie würde aber keinen Deadlock verursachen. Der Wartegraph weist nur die
Abhängigkeit $T_2 \to T_1$ auf.

Aufgabe 11.14

Warum heißt die Strategie *wound-wait* und nicht *kill-wait*? Denken Sie daran, dass die „verwundete" Transaktion schon „so gut wie fertig" sein könnte. Beachten Sie das strenge 2PL-Protokoll und die Recovery-Komponente.

Das Zurücksetzen der jüngeren Transaktion macht dann keinen Sinn mehr, wenn diese ohnehin bereits so gut wie fertig ist, d.h. sich bereits in der Ausführung des **commit**s befindet. Ein **commit** kann eine komplexe Befehlsfolge beinhalten. Zum einen erfolgt eine Integritätsprüfung, um sicherzustellen, dass ein konsistenter Datenbankzustand erstellt wird. Zum anderen werden beim strengen Zwei-Phasen-Sperrprotokoll am Ende der **commit**-Phase die gehaltenen Sperren freigegeben (vgl. auch Aufgabe 11.6). Gemäß dem strengen Zwei-Phasen-Sperrprotokoll fordert die Transaktion in dieser Phase keine weiteren Sperren mehr an, so dass es hier zu keiner Verklemmung kommen kann. Die ältere Transaktion, die Sperren der jüngeren angefordert hat, erhält diese dann ohnehin nach dem **commit** der jüngeren.

Die *wound-wait*-Strategie wird auch bei verteilter Anfragebearbeitung eingesetzt (siehe Kapitel 16 [Kemper und Eickler (2011)]). Sobald eine Transaktion bereit ist, ein **commit** durchzuführen (und dazu gemäß dem verteilten 2PC-Protokoll eine READY-Nachricht geschickt hat), wird auch hier kein Abbruch der jüngeren Transaktion mehr ausgeführt. Dies ist auch unbedingt nötig, da ein READY nicht mehr „zurückgenommen" werden darf.

Aufgabe 11.15

Beim „multiple-granularity locking" (MGL) werden Sperren von oben nach unten (top-down) in der Datenhierarchie erworben. Zeigen Sie mögliche Fehlerzustände, die eintreten könnten, wenn man die Sperren in umgekehrter Reihenfolge (also bottom-up) setzen würde.

Wir betrachten die parallele Ausführung zweier Transaktionen T_1 und T_2. T_1 benötigt schreibenden Zugriff auf das Segment a_1. T_2 führt Schreiboperationen auf dem Satz s_2 aus, der Teil des Segmentes a_1 ist. Zu Beginn seien keine Sperren auf der Datenbasis vorhanden. Beide Transaktionen fordern nun etwa gleichzeitig die entsprechenden Sperren an, also T_1 eine X-Sperre auf a_1 und T_2 eine X-Sperre auf s_2. Diese können gewährt werden, da noch keine weiteren Sperren eingetragen sind. Um zu überprüfen, ob Sperren vergeben werden können, werden beim modifizierten MGL-Verfahren nun die Sperren in der Datenhierarchie bottom-up, also von „unten nach oben" hin überprüft. Wie Abbildung 11.8 verdeutlicht, müssen dazu die Sperren in der Datenbasis-Hierarchie nach oben propagiert werden.

Dabei tritt nun ein Fehler auf. T_1 kann zwar ihre Sperren nach oben weitergeben, d.h. eine IX-Sperre auf D setzen, T_2 scheitert jedoch. Zwar kann eine IX-Sperre auf p_2 erworben werden, nicht jedoch auf a_1, da X und IX unverträglich sind.

Dieser Fehlerzustand tritt dann auf, wenn der Zugriff auf die Sperrverwaltung nicht synchronisiert erfolgt. Fordert man, dass die Sperrverwaltung exklusiv gehandhabt wird, also

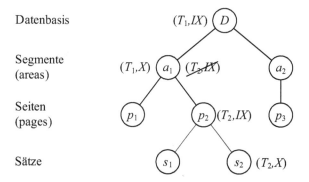

Abbildung 11.8: Bottom-up Vergabe der Sperren

zuerst die Sperren von T_1 und erst anschließend die Sperren von T_2 eingetragen werden, dann werden derartige Fehler vermieden. Diese „Serialisierung" der Sperranforderungen ist aus Performancegründen im Allgemeinen jedoch nicht erwünscht. Wie in Abschnitt 11.8 [Kemper und Eickler (2011)] vorgestellt, erzielt man durch den nicht synchronisierten Zugriff auf die Sperrverwaltung und die Vergabe der Sperren „top-down" ein höheres Maß an Nebenläufigkeit.

Aufgabe 11.16

Zeigen Sie an der Beispielhierarchie aus Abbildung 11.9 eine mögliche Verklemmungssituation des MGL-Sperrverfahrens.

Abbildung 11.9 zeigt die Ausgangssituation der Sperrvergabe. Transaktion T_2 ist eine Lesetransaktion, d.h. sie hält eine IS-Sperre auf der gesamten Datenbasis und fordert explizit Lesesperren S auf ausgewählten Seiten an. T_3 wiederum ist eine Schreibtransaktion, hält dazu eine IX-Sperre auf der Datenbasis und eine exklusive X-Sperre auf dem

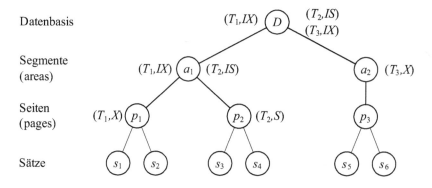

Abbildung 11.9: Datenbasis-Hierarchie mit Sperren

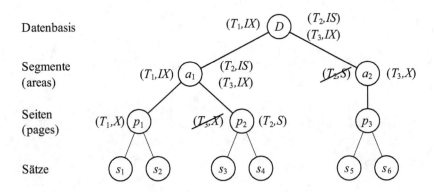

Abbildung 11.10: Datenbasis-Hierarchie mit Verklemmungssituation

Segment a_2. Angenommen, beide Transaktionen dehnen ihr „Operationsumfeld" aus. Insbesondere benötige T_2 Lesezugriff auf a_2 und T_3 Schreibzugriff auf p_2. Die zusätzlichen Sperranforderungen sind in Abbildung 11.10 eingetragen. T_2 fordert also eine S-Sperre auf a_2 an. Diese kann nicht gewährt werden, da T_3 eine X-Sperre darauf hält. Im Wartegraphen wird somit die Kante $T_2 \rightarrow T_3$ eingetragen und T_2 wird blockiert. T_3 wiederum muss auf die Sperrfreigabe von T_2 warten, fordert sie eine X-Sperre auf p_2 an. Folglich wird die Kante $T_3 \rightarrow T_2$ in den Wartegraphen eingetragen. Es tritt somit ein Zyklus im Wartegraphen auf, was bedeutet, dass eine Verklemmungssituation vorliegt.

Aufgabe 11.17

Erweitern Sie das MGL-Sperrverfahren um einen weiteren Sperrmodus *SIX*. Dieser Sperrmodus sperrt den betreffenden Knoten im S-Modus (und damit implizit alle Unterknoten) und kennzeichnet die beabsichtigte Sperrung von einem (oder mehreren) Unterknoten im X-Modus.

- Erweitern Sie die Kompatibilitätsmatrix des MGL-Sperrverfahrens um diesen Sperrmodus.

- Zeigen Sie an Beispielen das Zusammenspiel dieses Sperrmodus mit den anderen Modi.

- Skizzieren Sie mögliche Transaktionen, für die dieser Modus vorteilhaft ist.

- Wie verhält sich *SIX* mit den anderen Sperrmodi hinsichtlich eines (höchsten) Gruppenmodus?

Erweiterte Kompatibilitätsmatrix

	NL	S	X	IS	IX	SIX
S	√	√	–	√	–	–
X	√	–	–	–	–	–
IS	√	√	–	√	√	√
IX	√	–	–	√	√	–
SIX	√	–	–	√	–	–

Bezüglich dem höchsten Gruppenmodus gilt für die SIX Sperre:

$$SIX > IS$$

Anwendungsbeispiel

Eine Transaktion T, die viele Daten liest, aber nur wenige ändert, ermöglicht durch Setzen einer SIX-Sperre eine erhöhte Parallelität. Parallel dazu können nämlich Transaktionen lesend auf diese Teilbereiche des per SIX gesperrten Teilbaums zugreifen, die von T nicht mit exklusiver Sperre belegt sind.

Als Beispiel wird folgende Abfrage betrachtet, die jedem „gut verdienenden" Angestellten, d.h. Beschäftigten mit einem Einkommen von mehr als 1 Mio. Euro jährlich, das Gehalt um 100.000 Euro kürzt. In der Regel sollte dies nur eine sehr elitäre, eingeschränkte Gruppe von Beschäftigten betreffen.

```
update Angestellte
set Gehalt = Gehalt - 100000
where Gehalt > 1000000;
```

Parallel dazu kann z.B. eine Kontrollabfrage ausgeführt werden, die nur lesend auf die Datenbasis zugreift:

```
select count(*)
from Angestellte
where Gehalt < 500000;
```

Die erste Abfrage wird von Transaktion T_1, die zweite von Transaktion T_2 bearbeitet. Folgende Abbildung verdeutlicht die Sperren auf der Datenbasis-Hierarchie (Seiten können dabei noch weiter in Sätze unterteilt sein):

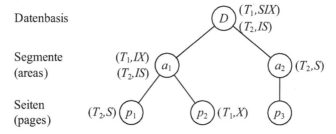

Parallele Schreiboperationen werden nicht geduldet. Leseoperationen werden ebenfalls geblockt, wenn sie mit Schreiboperationen der „SIX-Transaktion" T_1 kollidieren.

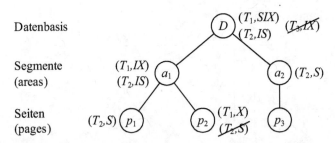

Folgende Abbildung zeigt den Fall, dass T_1 nach T_2 Sperren anfordert. In diesem Fall kann T_1 keine Sperren auf p_2 erhalten, solange T_2 eine Lesesperre darauf hält. Mit anderen Worten, eine „SIX-Transaktion" muss bei Anforderung einer Schreibsperre warten, falls eine andere Transaktion bereits eine Sperre auf den betroffenen Datensätzen hält.

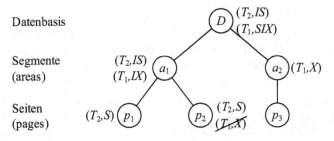

Aufgabe 11.18

Verifizieren Sie für das Zeitstempel-basierende Synchronisationsverfahren, dass

1. nur serialisierbare Schedules generierbar sind und

2. keine Verklemmungen auftreten können.

Behauptung 1 Die Zeitstempel-basierende Synchronisationsmethode erlaubt nur serialisierbare Schedules.

Beweis Um nachzuweisen, dass jede Historie H, die durch die Zeitstempel-basierende Synchronisationsmethode erzeugt wird, serialisierbar ist, zeigen wir, dass der zugehörige Serialisierbarkeitsgraph $SG(H)$ azyklisch sein muss. Sei also eine Historie H gegeben, die von der Zeitstempel-basierenden Synchronisationsmethode zugelassen ist. Falls $T_i \rightarrow T_j$ eine Kante in $SG(H)$ ist, dann gibt es bezüglich eines Datums A Konfliktoperationen $o_i(A)$ und $p_j(A)$, derart dass $o_i(A) <_H p_j(A)$. Gemäß den Regeln der Zeitstempel-basierenden Synchronisationsmethode (vgl. Abschnitt 11.10 [Kemper und Eickler (2011)]) gilt dann $TS(T_i) < TS(T_j)$. Liegt ein Zyklus $T_1 \rightarrow T_2 \rightarrow \ldots \rightarrow T_n \rightarrow T_1$ vor, so folgt per Induktion, dass $TS(T_1) < TS(T_1)$ gilt, was ein Widerspruch ist. Folglich ist $SG(H)$ azyklisch. Nach dem Serialisierbarkeitstheorem ist H damit serialisierbar. $\square$

Behauptung 2 Die Zeitstempel-basierende Synchronisationsmethode verhindert das Auftreten von Verklemmungen.

Beweis Die Synchronisation einer Menge von Transaktionen wird so durchgeführt, dass immer ein Schedule entsteht, der einer seriellen Abarbeitung der Transaktionen in Zeitstempel-Reihenfolge entspricht. Damit ein Deadlock entsteht, müssen Transaktionen gegenseitig auf Sperrfreigaben warten. Der Zeitstempel-basierten Synchronisationsmethode zufolge werden in Konfliktfällen ältere Transaktionen zurückgesetzt. Eine Wartebeziehung kann nur dann auftreten, wenn eine Transaktion T_i auf ein Datum zugreift, dass eine ältere, noch aktive Transaktion T_j geschrieben hat – andernfalls würde ein *dirty read* auftreten. Um *dirty reads* zu verhindern, werden sog. *dirty* Bits verwendet, die so lange gesetzt bleiben, bis die Datenobjekte festgeschrieben sind (siehe Abschnitt 11.10 [Kemper und Eickler (2011)]).

Im Allgemeinen kann eine Verklemmung mehr als zwei Transaktionen einschließen. Wie zuvor beschrieben, muss, tritt die Kante $T_i \rightarrow T_j$ im Wartegraphen auf, $TS(T_i) > TS(T_j)$ gelten. Tritt nun zu einem Zeitpunkt ein Zyklus $T_1 \rightarrow T_2 \rightarrow \ldots \rightarrow T_n \rightarrow T_1$ im Wartegraphen auf, so kann man analog per Induktion nachweisen, dass $TS(T_1) < TS(T_1)$ gelten muss[2], was ein Widerspruch ist. Damit ist der Wartegraph zu jeder Zeit azyklisch. Die Zeitstempel-basierende Synchronisationsmethode verhindert also das Auftreten von Verklemmungen.   □

---

[2]Wir weisen nochmals auf die unterschiedliche Semantik von Kanten in Serialisierbarkeitsgraphen und Wartegraphen hin (vgl. auch Aufgabe 11.10): Eine Kante $T_i \rightarrow T_j$ in $SG(H)$ besagt, dass T_i eine Operation vor T_j ausführt. Bei Anwendung des Zeitstempel-basierten Synchronisationsverfahrens gilt dann $TS(T_i) < TS(T_j)$, d.h. T_i ist älter als T_j (vgl. Beweis von Behauptung 1). Demgegenüber drückt $T_i \rightarrow T_j$ im Wartegraphen aus, dass T_i auf (die Freigabe einer Sperre von) T_j wartet. Gemäß dem Zeitstempel-basierten Synchronisationsverfahren werden ältere Transaktionen bei Durchführung von Konfliktoperationen abgebrochen. Demnach kann $T_i \rightarrow T_j$ nur dann im Wartegraphen auftreten, wenn $TS(T_i) > TS(T_j)$ gilt, d.h. wenn T_i die jüngere Transaktion ist (vgl. Beweis von Behauptung 1).

Aufgabe 11.19

Thomas (1979) hat erkannt, dass man die Bedingung für Schreiboperationen bei der Zeitstempel-basierenden Synchronisation abschwächen kann, um dadurch u.U. unnötiges Rücksetzen von Transaktionen zu verhindern. Die zweite Bedingung wird wie folgt modifiziert:

- T_i will A schreiben, also $w_i(A)$

    - Falls $TS(T_i) < readTS(A)$ gilt, setze T_i zurück (wie gehabt).

    - Falls $TS(T_i) < writeTS(A)$ gilt, ignoriere diese Operation von T_i einfach; aber fahre mit T_i fort.

    - Anderenfalls führe die Schreiboperation aus und setze $writeTS(A)$ auf $TS(T_i)$.

Verifizieren Sie, dass die generierbaren Schedules immer noch serialisierbar sind.
Zeigen Sie einen Beispiel-Schedule, der mit dieser Modifikation möglich ist, aber beim Originalverfahren abgewiesen würde.

Hinweis: Betrachten Sie so genannte „blind writes", das sind Schreiboperationen auf einem Datum, denen in derselben Transaktion kein Lesen des betreffenden Datums vorausgegangen ist. Wenn man mehrere „blind writes" $w_1(A), w_2(A), \ldots, w_i(A)$ hat, die in der angegebenen Reihenfolge hätten ausgeführt werden müssen, so ist dies äquivalent zu der alleinigen Ausführung des letzten „blind writes", nämlich $w_i(A)$ und der Ignorierung der anderen Schreibvorgänge auf A. Tatsächlich muss nur der letzte Schreibvorgang – hier $w_i(A)$ – ein „blind write" sein; die anderen Schreibvorgänge könnten auch „normale" Schreiboperationen mit vorausgegangenem Lesen das Datums sein.

Behauptung Die modifizierte Zeitstempel-basierte Synchronisationsmethode erlaubt nur serialisierbare Schedules.

Beweis Dieser Beweis kann im Wesentlichen analog zu dem in Aufgabe 11.18 vorgestellten Beweis durchgeführt werden. Nach wie vor gilt: Tritt im Serialisierbarkeitsgraphen $SG(H)$ einer von der modifizierten Synchronisationsmethode zugelassenen Historie die Kante $T_i \rightarrow T_j$ auf, dann muss T_i die ältere Transaktion sein, d.h. $T_i <_H T_j$. Unter Ausnutzen von Transitivität kann man wieder nachweisen, dass dann kein Zyklus auftreten kann. $\square$

Beispiel-Schedule

Gegeben seien zwei Transaktionen mit folgenden Abläufen:

$$T_1 : r_1(B) \rightarrow w_1(A) \rightarrow w_1(B) \rightarrow r_1(C) \rightarrow c_1$$
$$T_2 : r_2(C) \rightarrow w_2(A) \rightarrow c_2$$

Sowohl T_1, wie auch T_2 schreiben das Datum A, ohne es vorher gelesen zu haben, führen also *blind writes* aus. T_1 und T_2 werden asynchron ausgeführt, mit $TS(T_1) < TS(T_2)$.

Nach der Ausführung $T_1 \mid T_2$ hat A den Wert von $w_2(A)$. Nach der modifizierten Zeit-stempel-basierenden Synchronisationsmethode ist aber auch folgender verzahnter Schedule möglich:

$$H : r_1(B) \rightarrow r_2(C) \rightarrow w_2(A) \rightarrow c_2 \, [\rightarrow w_1(A)] \rightarrow w_1(B) \rightarrow r_1(C) \rightarrow c_1$$

Die „[]" Klammern symbolisieren die Position im Schedule für die geplante Ausführung von $w_1(A)$. Im tatsächlichen Schedule tritt diese Operation natürlich nicht auf, da die Schreiboperation (T_1 ist die ältere der beiden Transaktionen) nicht ausgeführt wird. Dennoch ist das Ergebnis des Schedules immer noch äquivalent zu dem der seriellen Ausführung $T_1 \mid T_2$.

Aufgabe 11.20

Finden Sie jeweils Anwendungsbeispiele für Anfragen, die ohne Gefährdung der Integrität der Datenbasis die Konsistenzstufen **read committed** und **repeatable read** benutzen können.

Die Konsistenzstufe **read uncommitted** – oder auch **dirty read** genannt – ist nur für so genannte *browse*-Anwendungen sinnvoll einsetzbar. Man denke hierbei an Anwendungen, für die eine approximative, aggregierte Sicht des Datenbankzustands ausreicht. Für die Bestimmung der Durchschnittsnote aller Informatik-Prüfungen einer Universität mit 2000 Informatik-Studierenden kommt es beispielsweise nicht auf die eine oder andere zwischenzeitlich geänderte Prüfung an, da wir hierbei Zehntausende Prüfungen aggregieren. Eine weitere Anwendung für das *browsing* des Datenbankbestands ist die Auffrischung oder Neuberechnung der statistischen Information, die in DB2 beispielsweise mit **analyze** angestoßen wird. Auch hierbei kommt es nicht auf einige wenige inkonsistente Datenobjekte an. Der Vorteil, dass diese **read uncommitted**-Anwendungen keine Sperren setzen und deshalb andere, parallel durchgeführte Transaktionen nicht behindern, überwiegt.

Bei der Konsistenzstufe **read committed** werden Schreibsperren gemäß des strikten Zwei-Phasen-Sperrprotokolls gesetzt. Lesesperren werden allerdings nur kurzzeitig gesetzt. Dadurch wird sichergestellt, dass man nur durch ein **commit** festgeschriebene Daten lesen kann – also nicht auf „dirty data" zugreift. Auf den ersten Blick erscheint diese Konsistenzstufe wegen der höheren Parallelität attraktiv, da man niemals (längere Zeit) auf die Freigabe einer Lesesperre warten muss. Allerdings verspricht der Name **read committed** mehr, als er hält: Es sind sogar „lost updates" möglich, wie folgendes Beispiel zeigt:

$$r_1(A) \rightarrow r_2(A) \rightarrow w_2(A) \rightarrow c_2 \rightarrow w_1(A) \rightarrow c_1(A)$$

In diesem Schedule geht die durch die Transaktion T_2 durchgeführte Änderung des Datums A verloren. Diese Konsistenzstufe ist also nur dann sicher anwendbar, wenn man durch die Applikationslogik die Synchronisation sicherstellen kann. In einem SAP R/3 System erfolgt die Sperrverwaltung beispielsweise durch einen übergeordneten „Enquete"-Server, durch den Sperren auf Geschäftsobjekte (*business objects*) vergeben werden. Von diesen Sperren weiß das darunter liegende Datenbanksystem nichts. Die Datenbankobjekte können deshalb auf einer niedrigeren Konsistenzstufe gelesen und geschrieben werden, da die eigentliche Synchronisation im Anwendungsserver stattfindet.

Bei der Konsistenzstufe **repeatable read** werden alle Anomalien mit Ausnahme des Phantomproblems ausgeschlossen. Das Phantomproblem wird erst durch die Stufe **serializable** verhindert. Datenbankhersteller raten aber in der Regel von dieser strengsten Konsistenzstufe ab, da hierdurch die Parallelität oftmals zu stark eingeschränkt wird.

Aufgabe 11.21

Beschreiben Sie jeweils für die Konsistenzstufen **read committed, repeatable read** und **serializable** die Sperrenvergabe beim MGL-Sperrverfahren für *Exact Match Queries* und *Range Queries*, wobei die Parallelität so wenig wie möglich eingeschränkt werden soll.

Serializable ist die höchste Konsistenzstufe und erfordert (eigentlich), dass man das Phantomproblem ausschließt. Deshalb müssen alle Sperren gemäß dem strengen 2PL-Verfahren bis zum Schluss der Transaktion gehalten werden. Zusätzlich müssen auch noch Indexsperren (also so genannte Prädikatsperren) gesetzt werden, damit nicht innerhalb einer Transaktion Phantome entstehen können. Ein Beispiel hierfür ist wie folgt:

T_1	T_2
	select count(*) **from** Studenten **where** Semester > 12
update Studenten **set** Semester = Semester + 1 **where** Name = 'Jonas'	
	select count(*) **from** Studenten **where** Semester > 12

Die Zählung der älteren Studenten ergibt für unsere Beispiel-Datenbank zunächst den Wert 1. Wenn man nur Lesesperren für die qualifizierenden Objekte setzt (hier also eine Lesesperre für den Studenten Xenokrates) könnte man zwischenzeitlich das Update durchführen. Dadurch wird für Jonas der *Semester*-Wert auf 13 gesetzt, so dass die erneute Ausführung der Anfrage jetzt den Wert 2 ergibt. Das Phantom-Problem wird dadurch ausgeschlossen, dass man auch den Indexbereich, in diesem Fall also den Bereich der Semesterwerte, die größer als 12 sind, sperrt. Dazu werden im Index alle B-Baum-Seiten mit Semester-Werten größer als 12 mit einer Lesesperre gesperrt. Da die Indexsperre für einen Semesterwert von 13 nicht gewährt werden kann, wird das zwischenzeitliche Update verzögert und erst dann ausgeführt, wenn die Lese-Transaktion abgeschlossen ist.

Auf diese Indexsperren kann man bei *Exact Match Queries*, bei denen man über einen Schlüssel auf das Tupel zugreift, verzichten. Ein Beispiel wäre:

```
select count(*)
from Studenten
where MatrNr = 24002
```

Wenn man allerdings über den Namen *Xenokrates* zugreift, muss man wieder eine Indexsperre setzen. Warum?

Bei der Isolationsstufe **repeatable read** werden genau wie bei **serializable** langandauernde Sperren gesetzt. Die langandauernden Sperren verhindern, dass Daten, die eine Transaktion gelesen oder geschrieben hat, während der Laufzeit der Transaktion von anderen Transaktionen geändert werden können. Das Phantom-Problem wird jedoch nicht ausgeschlossen, da – bezogen auf unser Beispiel – die lesende Transaktion das Tupel *Jonas* ja gar nicht gelesen hat.

Bei der Isolationsstufe **read committed** muss sichergestellt werden, dass nur Daten schon festgeschriebener Transaktionen gelesen werden können. Deshalb werden Lesetransaktionen „ganz normal" Lesesperren anfordern, bevor sie ein Datum lesen. Allerdings werden diese Lesesperren nur kurz gehalten und können gleich nach dem Lesen wieder freigegeben werden. Der kurzzeitige Erwerb von Lesesperren reicht deshalb aus, weil Transaktionen ihre Schreibsperren immer bis zum Ende behalten, so dass die Gewährung der kurzzeitigen Lesesperre den Zugriff auf geänderte Daten noch nicht abgeschlossener Transaktionen (also „dirty data") effektiv verhindert. Allerdings können **read committed**-Transaktionen Datenobjekte in verschiedenen Zuständen sehen – möglicherweise sogar dasselbe Datenobjekt in unterschiedlichen Zuständen. Solange alle Änderungstransaktionen mindestens das Level **read committed** einhalten, kann man für andere parallele Transaktionen individuell auch ein höheres Level verlangen. Die langandauernden Schreibsperren, die durch **read committed** erzwungen werden, schützen die anderen Transaktionen höherer Konsistenzstufen.

read committed-Transaktionen dürfen auch Daten ändern. Diese Daten müssen aber mit einer dauerhaften Schreibsperre geschützt werden, die erst zum Ende der Transaktion freigegeben wird. Andernfalls wäre ja für andere Transaktionen der Zugriff auf „dirty data" möglich.

In der nachfolgenden Tabelle werden die Auswirkungen der verschiedenen Isolationsstufen zusammengefasst:

Level	dirty read	unrepeatable read	Phantomproblem
read uncommitted	ist möglich	ist möglich	ist möglich
read committed	nein	ist möglich	ist möglich
repeatable read	nein	nein	ist möglich
serializable	nein	nein	nein

Die Isolationsstufe **read uncommitted** ist nur reinen Lesetransaktionen vorbehalten, so dass der **access mode** dieser Transaktionen auf **read only** gesetzt sein muss.

Das MGL-Sperrverfahren hat eigentlich keine weiteren Auswirkungen auf das Sperrprotokoll. Sperren können auf unterschiedlichen Granularitätsstufen angefordert werden. Setzt man eine Lesesperre auf einer höheren Ebene, so sind alle untergeordeneten Objekte implizit mit derselben Sperre versehen. Es ist unerheblich, ob eine kurzzeitige Lesesperre auf höherer oder niedrigerer Granularitätsstufe erworben wird. Da die Lesesperren bei **read committed** allerdings nur kurzzeitig erworben werden, kann man sie – falls möglich – schon auf höherer Granularitätsebene setzen, ohne dadurch die Parallelität längere Zeit einzuschränken. Bei langandauernden Sperren hätte dies den negativen Effekt, dass andere Transaktionen dort über längere Zeit hinweg blockiert würden.

12. Sicherheitsaspekte

Aufgabe 12.1

Betrachten Sie drei Subjekte (Benutzer) S_1, S_2 und S_3, wobei S_1 ein Recht besitzt, das es weitergeben darf. Diskutieren Sie die folgenden beiden Autorisierungsabläufe:

(a) 1. S_2 erhält das Recht von S_1 und gibt es an S_3 weiter.

   2. S_3 erhält das Recht von S_1.

   3. S_2 entzieht S_3 das Recht.

(b) 1. S_1 gibt sein Recht an S_2 und S_3 weiter.

   2. S_3 erhält das Recht von S_2.

   3. S_2 erhält das Recht von S_3.

   4. S_1 entzieht S_2 und S_3 das Recht.

Geben Sie Algorithmen für die Rechtevergabe an, die die obigen Probleme berücksichtigen.

In beiden Fällen stellt das Entziehen des Rechts ein Problem dar:

Fall (a)

In Fall (a) darf S_3 das Recht nicht einfach entzogen werden, da es das Recht zweimal erhalten hat – einmal von Subjekt S_1 und unabhängig davon ein andermal von S_2. Man muss sich also merken, wie oft (und von wem) S_3 das Recht erhalten hat. In 3. wird dann nur eine der beiden Zuweisungen des Rechts (nämlich die von S_2) entzogen. Erst wenn auch die Zuweisung des Rechts von S_1 entzogen wird, verliert S_3 das Recht.

Fall (b)

Die Subjekte S_2 und S_3 haben von S_1 das Recht zugewiesen bekommen und dieses ihrerseits weitergegeben. Im vorliegenden Beispiel tritt zudem ein Zyklus der Rechtedelegation zwischen S_2 und S_3 auf. Die Frage ist nun, wie die Aufhebung der Rechtzuweisung von S_1 an S_2 und S_3 erfolgen soll. Hier unterscheidet man zwischen zwei alternativen Vorgehensweisen, nämlich dem kaskadierenden und dem nicht-kaskadierenden Rechteentzug:

Kaskadierendes Rücksetzen Bei kaskadierendem Rechteentzug werden die ursprüngliche Zuweisung (also S_1 an S_2 und ebenso S_1 an S_3) und alle davon abhängigen weiteren Zuweisungen aufgehoben. Dies bedeutet, dass auch die Delegation des Rechts an S_3 durch S_2 aufgehoben wird. Genauso wird die Rechtezuweisung von S_3 an S_2 aufgehoben. Zusätzliche Schwierigkeit bei der algorithmischen Realisierung bereiten zyklische Zuweisungen wie im vorliegenden Beispiel. Der Algorithmus stellt eine rekursive Abarbeitung dar. Für jeden Empfänger von Rechten – S_2 und S_3 im Beispiel – müssen Delegationen rekursiv weiterverfolgt werden, wobei natürlich die in Fall (a) angesprochene Problematik berücksichtigt werden muss. Im Beispiel verlieren folglich S_2 und S_3 das Recht.

Nicht-kaskadierendes Rücksetzen Bei nicht-kaskadierendem Rechteentzug werden nur die unmittelbaren Delegationsstufen aufgehoben. Dies bedeutet, S_2 und S_3 verlieren die von S_1 ausgesprochene Rechtezuweisung. Sie behalten aber weiterhin die gegenseitig zugewiesenen Berechtigungen. Wie bei (a) handelt es sich dabei zwar prinzipiell um dasselbe Privileg, aber auch hier wird bezüglich der „Herkunft", also von wem das Recht zugewiesen wurde, unterschieden.

Kaskadierender Rechteentzug ist oftmals unerwünscht. Zwar sollen die Berechtigungen für einen Benutzer entzogen werden, nicht jedoch die von ihm oder ihr ausgesprochenen Rechtezuweisungen. Man betrachte zum Beispiel den Fall, dass S_1 Administrator eines DBMS ist. Während der Zeit der Anstellung hat S_1 zahlreichen anderen Benutzern des DBMS (also beispielsweise auch S_2 und S_3) Rechte zugewiesen, die sie zur Erledigung ihrer Arbeiten benötigen. Gibt S_1 die Administratortätigkeit auf, so sollen zwar S_1 alle Administrator-Berechtigungen entzogen werden, die von S_1 ausgesprochenen Zuweisungen müssen aber weiterhin ihre Gültigkeit bewahren.

Aufgabe 12.2

Nehmen Sie an, dass es in der Universitätswelt einige Fakultäten gibt, denen die Professoren zugeordnet sind. Lese- und Schreibrechte auf Vorlesungen sollen nun nach Fakultät vergeben werden, z.B. gibt es eine Benutzergruppe, die nur Vorlesungen der Fakultät für Physik ändern darf. Definieren Sie ein Schema mit Sichten so, dass die Benutzergruppen Änderungen durchführen können.

Abbildung 12.1 zeigt einen Ausschnitt aus der Modellierung für ein Verwaltungssystem einer Universität. Dargestellt sind die Beziehungen zwischen Vorlesungen, Professoren und Fakultäten. Professoren können mehrere Vorlesungen lesen und sind der Fakultät, an der sie lehren, fest zugeordnet. Entsprechend werden auch Vorlesungen nur für Hörer jeweils einer Fakultät angeboten.

Überführt man dieses ER-Diagramm in das zugehörige relationale Schema und löst man $1 : N$-Beziehungen auf, so erhält man:

    Fakultäten : {[FName : string, Universität : string, DekanPersNr : integer]}

    Professoren : {[PersNr : integer, Name : string, Rang : string, Raum : integer,
                          lehrtAnFak : string, lehrtAnUniv : string]}

    Vorlesungen : {[VorlNr : integer, Titel : string, SWS : integer, gelesenVon : integer,
                          angebotenAnFak : string, angebotenAnUniv : string]}

Die Zugriffskontrolle realisieren wir über die Definition einer geeigneten Sicht *FakultaetsVorlesungen*:

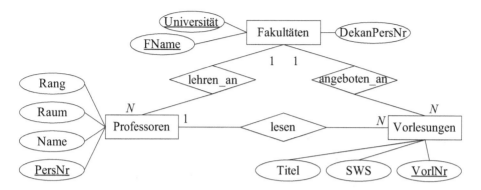

Abbildung 12.1: ER-Modellierung mit Zuordnung von Professoren und Vorlesungen zu Fakultäten

```
create view FakultaetsVorlesungen as
select *
from Vorlesungen
where (angebotenAnFak, angebotenAnUniv) in
              (select lehrtAnFak, lehrtAnUniv
               from Professoren
               where Name = USER);
```

Diese View schränkt für Professoren den Zugriff auf die Vorlesungen ein, die für die Fakultät angeboten werden, an der sie angestellt sind. Da im **from**-Abschnitt des SQL-Statements nur die Tabelle *Vorlesungen* referenziert ist, ist diese View **update**-fähig, d.h. es können auch Änderungsoperationen auf der View ausgeführt werden, die zu *Vorlesungen* hin propagiert werden. Die Einschränkung des Zugriffs erfolgt über das Schlüsselwort *USER* im inneren **select**-Statement (gezeigt ist eine unter Oracle definierbare View). Dabei wird vereinfachend angenommen, dass die von der Datenbank verwalteten Benutzeraccounts mit den Namen der Professoren übereinstimmen. Abschließend müssen die Professoren, die in diesem Fall auch Anwender der Datenbank sind, noch die notwendigen Zugriffsrechte auf die View erhalten. Wir nehmen dazu an, dass jeder Professor / jede Professorin Mitglied der Gruppe *ProfessorenGruppe* ist.

```
grant update, select on
     FakultaetsVorlesungen to ProfessorenGruppe;
```

Aufgabe 12.3

Eine statistische Datenbank ist eine Datenbank, die sensitive Einträge enthält, die aber nicht einzeln betrachtet werden dürfen, sondern nur über statistische Operationen. Legale Operationen sind beispielsweise Summe, Durchschnitt von Spalten und Anzahl der Tupel in einem Ergebnis (**count, sum, avg**, ...). Ein Beispiel wäre eine Volkszählungsdatenbank. Für diese Art von Systemen existiert das in der Einleitung erwähnte *Inferenzproblem*.

Nehmen wir an, Sie haben die Erlaubnis, im **select**-Teil einer Anfrage ausschließlich die Operationen **sum** und **count** zu verwenden. Weiterhin werden alle Anfragen, die nur ein Tupel oder alle Tupel einer Relation betreffen, abgewiesen. Sie möchten nun das Gehalt eines bestimmten Professors herausfinden, von dem Sie wissen, dass sein Rang „C4" ist und er den höchsten Verdienst aller C4-Professoren hat. Beschreiben Sie Ihre Vorgehensweise.

Um das Gehalt des Professors / der Professorin zu ermitteln, der / die von allen „C4"-Professoren am meisten verdient, kann man wie folgt vorgehen: Zuerst bestimmt man die Anzahl der „C4"-Professoren und das Gesamtgehalt:

```
select count(*) as AnzahlProfsC4, sum(Gehalt) as SumGehaltC4
from Professoren
where Rang = 'C4';
```

Diese Anfrage erweitert man nun um die zusätzliche Einschränkung auf „C4"-Professoren, die weniger als das *Faktor*-fache des Durchschnittsgehalts verdienen. Die Funktion **avg** steht nicht zur Verfügung, kann aber mittels **sum** und **count** bekanntermaßen einfach umgesetzt werden:

```
select count(*) as AnzahlProfs, sum(Gehalt) as SumGehalt
from Professoren
where Rang = 'C4'
 and Gehalt < %Faktor% *
                (select sum(Gehalt) / count(*)
                 from Professoren
                 where Rang = 'C4');
```

Um nun das gesuchte Gehalt zu bestimmen, muss man den *Faktor* nur schrittweise erhöhen – und zwar so lange, bis *AnzahlProfs* = *AnzahlProfsC4* − 1 ist. Die Differenz von *SumGehaltC4* und *SumGehalt* ist dann der gesuchte Betrag.

Aufgabe 12.4

In dem in Abschnitt 12.4 [Kemper und Eickler (2011)] vorgestellten MAC-Modell sind keine Sicherheitsanforderungen der Art realisierbar, dass ein Benutzer z.B. zwar auf geheime Studentendaten zugreifen kann, aber nur maximal auf vertrauliche Professorendaten. Entwerfen Sie eine Erweiterung des MAC-Modells, die dieses berücksichtigt.

Anforderungsanalyse

Abbildung 12.2 zeigt ein Beispiel für eine mögliche Modellierung der Zugriffskontrolle einer Universitätsverwaltung. Gezeigt sind die unterschiedlichen Zugriffsrechte für Be-

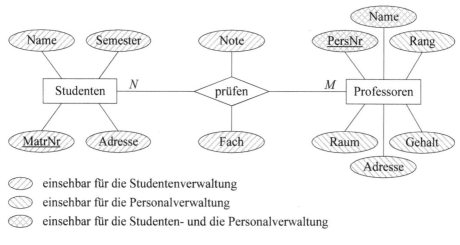

einsehbar für die Studentenverwaltung
einsehbar für die Personalverwaltung
einsehbar für die Studenten- und die Personalverwaltung

Abbildung 12.2: Beispiel einer Modellierung der Zugriffskontrolle

nutzer der Studentenverwaltung und der Personalverwaltung. Dabei soll Folgendes gelten:

- Anwender, die der Studentenverwaltung angehören, sollen alle personenbezogenen Daten von Studenten und deren abgelegte Prüfungen einsehen können. Der Zugriff auf die Professorendaten ist jedoch auf die Attribute *Name* und *PersNr* beschränkt.

- Angestellte der Personalverwaltung dürfen alle Informationen von Professoren einsehen, haben jedoch keine Berechtigung, studentenbezogene Informationen zu erhalten.

Das in Abschnitt 12.4 [Kemper und Eickler (2011)] vorgestellte Mandatory Access Control Model (MAC) basiert auf dem Bell-LaPadula-Modell [Bell und LaPadula (1976)]. Demzufolge wird jedem Subjekt eine Sicherheitsstufe zugewiesen und Objekte, in unserem Fall also die Attribute der Entitytypen und Beziehungen, werden in Sicherheitsklassen eingeteilt. Allerdings lassen sich teilweise Überschneidungen der Sicherheitsstufen, wie sie in unserem Fall benötigt werden, im Bell-LaPadula-Modell nicht hinreichend ausdrücken.

Führt man die Sicherheitsstufen *vertraulich* und *geheim* ein, wobei *geheim* eine höhere Sicherheitsstufe als *vertraulich* darstellt, so können die Personengruppen Studentenverwaltung und Personalverwaltung nicht fest jeweils einer dieser Stufen zugeordnet werden. Dies liegt daran, dass die zugesprochenen Zugriffsrechtemengen unvergleichbar sind:

- Ein Angestellter der Studentenverwaltung hat nicht Zugriff auf alle Informationen, auf die ein Angestellter der Personalabteilung Zugriff hat.

- Ein Angestellter der Personalabteilung hat nicht Zugriff auf alle Informationen, die ein Vertreter der Studentenverwaltung einsehen darf.

Mit anderen Worten, die Rechte der Studentenverwaltung schließen die der Personalverwaltung nicht ein – und umgekehrt. Beide Rechtemengen überschneiden sich allerdings.

Das Adapted Mandatory Access Control-Modell (AMAC)

Das AMAC Modell [Pernul (1994)] sieht vor, für die unterschiedlichen Benutzergruppen unterschiedliche Sichten auf die Datenbasis bereitzustellen. Dieses Modell eignet sich sowohl zum Ausdrücken von DAC-Richtlinien wie auch von MAC-Anforderungen.

In der **Entwurfsphase**, also beim Erstellen des ER-Modells der Datenbasis, werden dazu die jeweiligen Autorisierungsbestimmungen, wie in Abbildung 12.2 skizziert, festgelegt. Hier lässt sich bestimmen, auf welche Informationseinheiten (Attribute) welche Benutzergruppe wie (lesend und/oder schreibend) zugreifen darf.

Zur **technischen Umsetzung** dieser Richtlinien werden daraus entsprechende Sichten auf die Datenbasis generiert, die einer Fragmentierung der Datenbasis entsprechen. Wir wollen kurz einen Überblick über die unterschiedlichen Arten der Fragmentierung geben, nähere Ausführungen hierzu sind in Kapitel 16 [Kemper und Eickler (2011)], Verteilte Datenbanken, gegeben:

- Eine *vertikale Fragmentierung* entspricht einer Fragmentierung der Datenbasis mittels Projektionen, d.h. es werden Informationen mit gleichem Zugriffsmuster zusammengefasst. Dies wäre in unserem Beispiel der Fall. Die *Studentenverwaltung*-Sicht zeigt dann alle Informationen, mit Ausnahme der personenbezogenen Daten der Professoren; die *Personalverwaltung*-Sicht zeigt nur die Informationen der Professoren.

- Bei *horizontaler Fragmentierung* wird die Datenbasis in disjunkte Informationseinheiten zerlegt, was einer Selektion entspricht. Zum Beispiel können unterschiedliche Sichten auf Studenten- und Professorendaten für die unterschiedlichen Fakultäten (Theologie, Philosophie, . . .) erstellt werden.

- Von einer *abgeleiteten horizontalen Fragmentierung* spricht man, wenn die horizontale Fragmentierung der Relation von der horizontalen Fragmentierung einer anderen Relation abhängt. Diese Abhängigkeit ist über Fremdschlüsselbeziehungen definiert. Fragmentiert man etwa Professoren und Studenten ausgehend von den Fakultäten, an denen sie lehren bzw. studieren, so wird die *prüfen*-Relation entsprechend horizontal fragmentiert, d.h. Tupel der *prüfen*-Relation werden dann der Fakultät, an der die jeweilige Prüfung abgenommen wurde, zugewiesen.

Pernul (1994) zeigt, wie Kombinationen von Fragmentierungen entsprechend der Rechtevergabe erstellt werden und wie Sicherheitsstufen der Benutzergruppen und die Klassifikation der Datensätze ermittelt werden können.

Die **Durchsetzung der Autorisierungsrichtlinien** des AMAC-Modells kann während der Anfragebearbeitung mittels Triggern erfolgen. Diese werten beim Zugriff (**select, update, insert, delete**) die Sicherheitsstufe des Benutzers gegenüber der Klassifikation der Datenobjekte aus.

Rollenbasierte Zugriffskontrolle

Eine weitere Möglichkeit, die Zugriffskontrolle für unsere Beispielanwendung zu modellieren, bietet die rollenbasierte Zugriffskontrolle (Role-based Access Control (RBAC)) – von Sandhu (1996) vorgestellt. Abbildung 12.3 stellt die Grundlagen des RBAC-Modells graphisch dar. AMAC fasst Benutzer in Benutzergruppen zusammen und legt für diese die Berechtigungen fest. Demgegenüber werden bei RBAC Privilegien mittels Rollen gruppiert. Eine Rolle fasst die Zugriffsrechte zusammen, die zur Ausführung einer

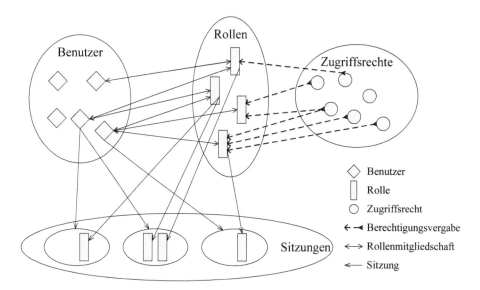

Abbildung 12.3: Grundlagen des RBAC-Modells (angelehnt an [Eckert (2004)])

Aufgabe nötig sind. Einem Benutzer werden dann die benötigten Rollen zugewiesen. Bezugnehmend auf unser Beispiel können die Rollen *Studentenverwaltung* und *Personalverwaltung* eingeführt werden. Dadurch bietet RBAC eine gute Skalierung, da nicht unterschiedlichen Anwendern dieselben Rechte wiederholt zugewiesen werden müssen. Hierarchisches RBAC bietet zudem die Möglichkeit, Rollen anderen Rollen zuzuweisen und so Hierarchien von Rollen zu bilden. Während einer Sitzung kann ein Anwender die benötigten Rollen aktivieren. Um illegitimen Informationsfluss zu verhindern, kann die Aktivierung von bestimmten Kombinationen von Rollen ausgeschlossen werden. So kann etwa gefordert werden, dass ein Benutzer die Rollen *Studentenverwaltung* und *Personalverwaltung* nicht gleichzeitig aktiviert haben kann.

 Literaturhinweis
Eine detaillierte Beschreibung rollenbasierter Zugriffskontroll-Modelle stellen Ferraiolo et al. (2001) sowie der darauf aufbauende ANSI-Standard [ANSI (2004)] bereit.

Aufgabe 12.5

Entwerfen Sie für eine objektorientierte Datenbank einen Algorithmus, der zu einem Objekt die Menge der Attribute ausgibt, für die eine Autorisierung besteht.

Wir treffen folgende Grundannahmen

- Es wird keine Mehrfachvererbung unterstützt.

- Zugriffsberechtigungen (*read/write*) können auf Attributebene vergeben werden. Diese Berechtigungsvergabe wird in den Systemtabellen des DBMS abgelegt.

Um die Attributmenge einer Objektinstanz zu bestimmen, auf die ein Benutzer zugreifen darf, müssen die Berechtigungen, die der Benutzer bezüglich der Attribute der Klasse und aller zugehörigen Superklassen besitzt, ermittelt werden. Dies kann rekursiv wie folgt erfolgen:

Parameter

Eingabe:

- Die Objektinstanz, *obj*
- Der Benutzer, *user*
- Die Zugriffsart, *action* (read oder write)

Rückgabe:

- Liste der Attribute, auf die zugegriffen werden kann, *attr*, initial leer

Skizze des Algorithmus

1. Bestimme die Basisklasse *class* von *obj*.
2. Für jedes Attribut *a*, das in *class* definiert ist, überprüfe, ob *user* die Operation *action* auf *a* ausführen darf.
   - Falls JA, so füge *a* zu *attr* hinzu.
3. Bestimme die Superklasse von *class*, *super*.
   - Falls es keine Superklasse gibt, beende die Ausführung und gib *attr* zurück.
   - Sonst
     - Setze *class* := *super*.
     - Fahre mit Schritt 2 fort.

 Hinweis

Hierbei werden noch keine Rollen- oder Operationshierarchien berücksichtigt.

Aufgabe 12.6

Unter `www.meine-db-news.de` soll ein Forum angeboten werden, das an Daten-
banken interessierten Studenten die Möglichkeit zum Erfahrungsaustausch bietet.
News-Einträge bzw. Nutzerbeiträge oder Diskussionsbeiträge werden über folgenden in
Pseudocode skizzierten Mechanismus abgerufen:

```
string id_input = GET_PARAMS ['id'];
string query = "select Title, Content from News where";
query += "Visible ='1' and Id='" + id_input + "';";
Process proc ("sqlite3 dbnews.sqlite3");
proc.write(query);
string result_title = proc.read_title();
string result_content = proc.read_content();
display_news_entry(result_title, result_content);
```

Ein News-Eintrag, welcher in der Datenbank unter der Id 5 gespeichert ist, wird z.B.
über die URL `www.meine-db-news.de/news?id=5` abgerufen.
Die Seite bietet registrierten Mitgliedern die Möglichkeit, eigene Forumsbeiträge zu ver-
öffentlichen.

- Welche Möglichkeiten bietet diese Implementierung beliebigen Anwendern, Informationen registrierter Anwender auszulesen?

- Nennen Sie Möglichkeiten zur Abwehr solcher Abfragen bzw. Angriffe.

Der Pseudocode zeigt, dass News-Einträge eindeutig nummeriert sind. Wie angegeben,
genügt folgende Eingabe im Web Browser, um den fünften News-Eintrag abzurufen:

`http://www.meine-db-news.de/news?id=5`

Der GET-Parameter `id` wird der Variablen `id_input` zugewiesen und dann ungeprüft
in das skizzierte SQL Statement eingefügt:

```
select Title, Content
from News
where Visible='1' and Id='5';
```

Anschließend wird die auf diesem Weg erstellte Anfrage an einen SQLite[1] Client übergeben, der diese ausführt und das Ergebnis dem Benutzer anzeigt.

Dieser Abfragemechanismus kann für einen Angriff missbräuchlich verwendet werden,
indem anstelle einer sinnvollen News-Id SQL Code übergeben wird. Diese Angriffsart
nennt man SQL Injection. Ein Angriff lässt sich dann folgendermaßen realisieren:

(a) Unbekannt ist, wie Anwenderdaten in der Datenbank gehalten werden. Zuerst muss
    also die Tabelle mit den Anwenderdaten bestimmt werden.

(b) Kennt man diese, benötigt man das Schema der Tabelle und kann anschließend den
    relevanten Inhalt auslesen.

Zu a: Ein Beispiel für einen Angriff[2], um an die Tabellennamen zu kommen, ist:

---

[1]Siehe `http://www.sqlite.org/`
[2]Um den Aufruf ausführen zu können, muss mitunter darauf geachtet werden, dass ein gültiges URL
Encoding verwendet wird, das z.B. für die korrekte Übermittlung von Leerzeichen sorgt. Zur besseren
Lesbarkeit wird hierauf verzichtet.

```
http://www.meine-db-news.de/news?id=-1' union select 'Tablenames'
as Title, group_concat(name) as Content from sqlite_master where
type='table';--
```

Ausgenutzt wird hier das einfache Grundkonzept von SQL Injection: Die eigentliche Abfrage im Programmcode wird durch " ' ; " terminiert. Anschließend wird mit

```
select 'Tablenames' as Title, group_concat(name) as Content
from sqlite_master
where type='table';
```

die eigentliche und interessante, "injizierte" Anfrage ausgeführt. Diese fragt alle Namen der Tabelle in der Datenbank ab. Damit das Ganze syntaktisch korrekt ist und mit dem übrigen Programmcode harmoniert, sind noch folgende kleine Tricks notwendig:

- Das Programm erwartet höchstens ein Ergebnistupel der Form (*Title, Content*). Daher wird im **select** Abschnitt der injizierten Abfrage sichergestellt, dass dieses Schema eingehalten wird. In der Regel wird es mehr als nur eine Tabelle in der Datenbank geben. Damit nicht mehr als ein Ergebnis zurückgeliefert wird, wird anhand von **group_concat** das Ergebnis zu einer Zeichenkette zusammengefasst. An einem News-Eintrag selbst ist man beim Angriff nicht interessiert. Deshalb wird als Id -1 übergeben – eine Zahl, von der angenommen werden kann, dass es keinen Eintrag gibt. Wichtig ist nur, eine Zahl zu wählen, zu der die eigentliche Anfrage ein leeres Ergebnis liefert, was sich durch einfache Tests herausfinden lässt.

- Zum Abschluss wird mittels "--" der verbleibende Code aus der ursprünglichen SQL Anfrage auskommentiert.

<u>Zu b:</u> Findet man über diesen Angriff heraus, dass es eine Tabelle *Users* gibt, so lässt sich über analoge nachgelagerte Schritte das Schema von Users abfragen und der eigentliche Angriff, d.h. das Auflisten der registrierten Anwender, starten. Das Schema der Tabelle *Users* sei {[UserId, Name, Passwort]}. Entsprechend kann dann durch Ausnutzung derselben Schwachstelle die Liste der registrierten Anwender abgerufen werden:

```
http://www.meine-db-news.de/news?id=-1' union select 'Users'
as Title, group_concat(Name) as Content from Users;--
```

Dagegen gibt es folgende Abwehrmöglichkeiten:

- Validierung oder Überprüfung der Eingabe (*Input Validation*) und Sonderbehandlung (*Escaping*) von Sonderzeichen wie " ' " und "--". Dies ist dann notwendig, wenn als Eingabeparameter Zeichenketten erwartet werden.

- Generell fällt bei obiger Abfrage auf, dass Id den Datentyp Integer hat bzw. zumindest haben sollte, jedoch als String behandelt wird. Wenn es sich aber um eine Zahl im Falle von Id handelt, sollte der Paramter auch so behandelt werden. Dies heißt, der Typ in der Anfrage selbst ist ein Integer anstelle eines Strings und bevor die Anfrage zusammengefügt wird, ist sicherzustellen, dass ein Integer übergeben wurde. Dies lässt sich beispielsweise anhand einer Typumwandlung (*Casts*) von String nach Integer programmatisch lösen. Wirft der Cast einen Fehler, so wurde eine nicht kompatible Eingabe vorgenommen.

• Den nach wie vor besten Schutz vor SQL Injection bieten jedoch Prepared State-
ments. Verwendet man diese, so kann man sicherstellen, dass Parameter als Parameter und nicht als Programmcode interpretiert werden.

Hinweis: dies gilt dann natürlich nicht, wenn innerhalb einer Stored Procedure selbst
dynamic SQL verwendet wird, in welches Parameter analog zu oben ungeprüft und
untypisiert eingebunden werden. In dem Fall hätte man die Implementierung der
Schwachstelle nur weiter auf die Datenbankseite verschoben, die Ursache selbst jedoch nicht beseitigt.

Aufgabe 12.7

Nachdem Sie die *Users* Tabelle aus Aufgabe 12.6 über SQL Injection ausgespäht haben,
bietet sich Ihnen folgendes Bild:

Users		
UserId	Name	Password
1	Administrator	4d75e8db6a4b6205d0a95854d634c27a
2	JoeDoe	6a82ee5928e46786d6787a8897898b89
3	...	...

Was könnte der Grund für die 32-stelligen, hexadezimalen Passwörter sein? Ist der gewählte Ansatz ein zuverlässiger Schutz oder könnte es Angreifern dennoch gelingen, die
Passwörter in Klartext zu erhalten. Welche sichereren Möglichkeiten gibt es, Passwörter
zu speichern?

Offensichtlich wurde auf die Passwörter der MD5 Hash-Algorithmus angewendet. Dieser
wird häufig verwendet, um aus beliebigen Daten einen 128 Bit (bzw. 32 Hexadezimalstel-
len) langen digitalen Fingerabdruck zu erzeugen. An sich ist dies ein guter erster Schritt
zum Schutz von Passwörtern: meldet sich ein Anwender an, so wird für das übergebe-
ne Passwort der Hash-Wert berechnet. Stimmt dieser Hash-Wert mit dem in der Tabelle
Users gespeicherten Hash-Wert für den Anmeldenamen überein, so ist die Anmeldung erfolgreich. Man nennt dies einen kryptografischen Schutz des Passworts durch ein Einweg-
Hash-Verfahren. Die in der Tabelle *Users* unter *Password* gespeicherten Zeichenketten
lassen keine Rückschlüsse auf die eigentlichen Passwörter zu.

Allerdings ist MD5 ein relativ alter Hash-Algorithmus, der ohne zusätzliche Maßnahmen
nicht mehr für sicherheitsrelevante Features verwendet werden sollte. Es gibt online zahlreiche Seiten, die sogenannte Rainbow Tables für MD5 anbieten. Diese ermöglichen eine
schnelle Suche nach einem "Urbild" für einen Hash-Wert, so dass diese Art der Speicherung der Passwörter nur begrenzten Schutz bietet.

Einen höheren Schutzgrad erzielt man, indem man MD5 mehrfach anwendet und/oder
zusätzlich einen sogenannten "Salt" verwendet. Dazu wird das Passwort mit einem ge-
heimen Wert ("Salt") kombiniert und über diese Kombination der Hash-Wert berechnet.
Zudem empfiehlt es sich, einen neueren und sichereren Hash-Algorithmus als MD5 einzusetzen.

Generell gilt natürlich die Devise, nicht erst an dieser Stelle mit dem Schutz der vertraulichen Daten zu beginnen, sondern schon viel früher anzusetzen. Das heißt, einen Angriff
wie in Aufgabe 12.6 skizziert, gar nicht erst zu ermöglichen.

Aufgabe 12.8

Implementieren Sie den RSA (effiziente Algorithmen für die Teilprobleme finden Sie in
[Rivest, Shamir und Adleman (1978)] und [Knuth (1998b)]).

In Abschnitt 12.7.2 [Kemper und Eickler (2011)] sind die notwendigen Berechnungsschritte des RSA-Verfahrens vorgestellt worden. Der Algorithmus arbeitet wie folgt:

1. Wähle zwei zufällige große Primzahlen p und q und berechne $r = p \cdot q$.

2. Wähle eine zufällige große Zahl v, die relativ prim zu $(p - 1) \cdot (q - 1)$ ist, also

$$ggT(v, (p - 1) \cdot (q - 1)) = 1.$$

3. Berechne e, so dass gilt

$$e \cdot v = 1 \bmod (p - 1) \cdot (q - 1).$$

(v, r) bildet den öffentlichen Schlüssel und (e, r) den privaten Schlüssel. Eine Verschlüs-
selung (`encrypt()`) einer Nachricht B erfolgt dann durch folgende Berechnung:

$$C = B^v \bmod r.$$

Aus C kann die Nachricht durch `decrypt()` rückberechnet werden durch

$$B = C^e \bmod r.$$

Abbildung 12.4 zeigt eine Realisierung des RSA-Verfahrens in Java – angelehnt an
`http://pajhome.org.uk/crypt/rsa/implementation.html`.

Die Bibliotheken von Java erleichtern die Implementierung des RSA-Verfahrens wesentlich und ermöglichen eine (verblüffend kurze – aber vermutlich auch ineffiziente) Beschreibung, wie sie in Abbildung 12.4 dargestellt ist:

- Modellierung großer Zahlen (*BigInteger*). Elementare Datentypen wie *short* und *in-
  teger* würden nicht ausreichen, um genügend große Zahlen zu repräsentieren, die
  eine ausreichende Sicherheit für RSA-Verschlüsselung bieten.
  Die Klasse *BigInteger* unterstützt dies und bietet zudem folgende Methoden an:
- Berechnung von Primzahlen, bzw. Durchführung von Primzahltests. Der für die
  Variablen p und q angewendete Konstruktor erzeugt mit einer Wahrscheinlichkeit
  $> 1 - \frac{1}{2^{100}}$ Primzahlen.
- Berechnung des multiplikativen Inversen e zu v (mod $(p - 1) \cdot (q - 1)$).
- Neben grundlegenden Rechenoperationen wie Addition, Subtraktion und Multipli-
  kation stellt *BigInteger* Funktionalität zur Exponentenbildung bereit, die für die Ver-
  schlüsselung und Entschlüsselung von Nachrichten essentiell ist.

```
import java.math.BigInteger;
import java.security.SecureRandom;

class Rsa {

  private BigInteger r, v, e;

  public Rsa(int bitlen) {
    SecureRandom rand = new SecureRandom();
    // Erzeugen großer Primzahlen mit bitlen Bit-Stellen
    BigInteger p = new BigInteger(bitlen / 2, 100, rand);
    BigInteger q = new BigInteger(bitlen / 2, 100, rand);
    r = p.multiply(q);
    BigInteger m = (p.subtract(BigInteger.ONE)).multiply(q
        .subtract(BigInteger.ONE));
    // berechne v, relativ prim zu (p-1)(q-1)
    v = new BigInteger("3");
    while (m.gcd(v).intValue() > 1)
      v = v.add(new BigInteger("2"));
    // berechne e, das multiplikativ Inverse zu v (mod (p-1)(q-1))
    e = v.modInverse(m);
  }

  public BigInteger encrypt(BigInteger message) {
    return message.modPow(v, r);
  }

  public BigInteger decrypt(BigInteger message) {
    return message.modPow(e, r);
  }
}
```

Abbildung 12.4: Java-Implementierung des RSA-Algorithmus

Aufgabe 12.9

Projektarbeit: Der Web Auftritt von `www.meine-db-news.de` soll grundlegend
überarbeitet und erweitert werden. Die neue Version soll Wissenschaftlern die Möglichkeit bieten, Forschungsergebnisse untereinander auszutauschen. Insbesondere soll die
Plattform dabei unterstützen, Forschungsgemeinschaften (z.B. Professoren von Fakultäten und Mitarbeiter privater Entwicklungseinrichtungen) zu bilden mit dem Ziel, neue
Forschungs- und Testergebnisse auszutauschen, ehe diese veröffentlicht, zu Patenten an-
gemeldet oder in Produkte überführt werden.

- Skizzieren Sie die Architektur von `www.meine-db-news.de` und gehen Sie
  auf Sicherheitsanforderungen und mögliche Realisierungen der einzelnen Komponenten ein.

- Welche Funktionen bieten Ihnen Datenbanksysteme (nicht nur SQLite wie es in
  Aufgabe 12.6 verwendet wurde), um den Schutz vertraulicher Daten zu gewährleisten?

Versetzen Sie sich zur Bearbeitung der Aufgabe in die Rolle des Softwarearchitekten.
Vorgabe ist, dass eine Web Applikation konzipiert werden soll, welche den Austausch

von Forschungsergebnissen dient. Im Backend, also als darunter liegende Systemschicht, ist ein Datenbanksystem einzusetzen. Der Schutz der Daten wie Forumseinträgen und gegebenenfalls Dokumenten wie Forschungspapieren hat höchste Priorität. Denn geraten Daten frühzeitig an die Öffentlichkeit oder in die falschen Hände, so ist die Patentierbarkeit von Ergebnissen oder die Einführung neuer Produkte gefährdet. In Bezug auf Sicherheit leiten sich daraus folgende Minimalanforderungen an das Systemkonzept ab:

1. Härtung des Betriebsystems und der Datenbank

2. Authentisierung der Anwender

3. Autorisierung bei Zugriffen auf Informationen und Durchsetzung des Prinzips der minimalen Rechte

4. Sichere Übertragung und Ablage der Daten selbst

5. Auditierbarkeit von Anwenderaktionen

Zu Anforderung 1: unter Härtung von Betriebsystemen und Datenbanken versteht man eine weitestgehende Minimierung der Angriffsfläche. Darunter fällt zum Beispiel:

• Deaktivierung von nicht benötigten Diensten und Applikationen

• Deaktivierung von nicht benötigten Zugriffskanälen/-schnittstellen

• regelmäßiges Aktualisieren (Patchen) der Systeme

• Installation zusätzlicher Sicherheitskomponenten (Firewalls, Virenscanner)

• Umsetzung klarer Zugriffs- und Administrationsrichtlinien

• ...

Zu Anforderung 2: vor einem Zugriff auf vertrauliche Daten muss die Identität des Anwenders ermittelt und überprüft werden. Authentisierung lässt sich auf viele Arten erreichen. Die häufigste bei Web Applikationen angewendete Art der Authentisierung basiert auf Username-Passwort-Mechanismen. Wichtig ist, dass Passwörter und Session-Informationen nicht unverschlüsselt und als Parameter in der URL übertragen werden. Wählt man dieses Authentisierungsverfahren, so ist auf die Umsetzung einer geeigneten Passwortrichtlinie zu achten. Diese regelt Passwortlängen, -komplexität (z.B. Verwenden von Sonderzeichen) und -gültigkeitsdauern. Aufgabe 12.7 hat gezeigt, dass Passwortinformationen in der Datenbank sicher abzulegen sind.

Einen höheren Grad an Sicherheit bietet eine Authentisierung basierend auf einer Public Key Infrastructure (PKI) und der Verwendung von User-Zertifikaten: Anwender müssen für die Anmeldung am System ein gültiges User-Zertifikat einer vertrauenswürdigen Zertifizierungsstelle (Certification Authority) besitzen. Ähnlich wie sich der Web Server dem Client gegenüber authentisiert, weist sich der Anwender dann gegenüber dem Server aus. Zusätzlich kann selbst der Zugriff auf das Zertifikat/den privaten Schlüssel per Passwortabfrage geschützt werden – was dann als Zwei-Faktor-Authentisierung bezeichnet wird. Aufgrund des sehr hohen Verwaltungsaufwandes und der meist fehlenden Anwender-Akzeptanz ist eine PKI-basierte Authentisierung bei Web Anwendungen in der Praxis die Ausnahme. Generell gilt, dass Funktionalität und Sicherheitsanforderungen gezielt auf die Bedürfnisse hin (Sicherheitsanforderungen vs. Usability) abzustimmen sind.

Zu Anforderung 3: bei jedem Zugriff (lesend oder schreibend) ist sicherzustellen, dass der Anwender für die jeweilige Operation auf dem spezifischen Datenfeld auch berechtigt ist. Voraussetzung hierfür ist ein entsprechendes Berechtigungskonzept. In Kapitel 12 [Kemper und Eickler (2011)] wurden einige Autorisierungsmodelle wie Discretionary oder Mandatory Access Control vorgestellt. Für den vorgegebenen Anwendungsfall eignet sich mitunter die Verwendung rollenbasierter Autorisierungsverfahren (siehe auch Aufgabe 12.4). Damit lassen sich gut Benutzergruppen mit gleichartigen Berechtigungen verwalten. Es stellt sich dann noch die Frage, an welcher Stelle die Berechtigungsprüfung durchgeführt wird. Sicher muss dies auf Applikationsseite und nicht auf Clientseite erfolgen, da nur hier Hoheit über die Sicherheitsfunktionalität gewährleistet werden kann. Eine Möglichkeit ist, die Entscheidung so nahe wie möglich bei den Daten selbst zu treffen. Im vorliegenden Beispiel bedeutet dies, dass man die Zugriffskontrolle in die Datenbank selbst verlagert. Dies lässt sich über datenbankeigene Rollen- und Berechtigungskonzepte realisieren. Alternativ kann auch ein eigenes Berechtigungssystem implementiert werden, indem beispielsweise der Zugriff auf Daten ausschließlich über fest definierte Schnittstellen (*Stored Procedures*) erfolgen darf, die eine Berechtigungsprüfung kapseln.

Häufig erfolgt der Zugriff auf die Datenbank seitens Web Applikationen über Datenbank-Accounts, die mit zu vielen Rechten versehen sind. Viele Angriffsszenarien lassen sich vermeiden, indem hier das Prinzip der minimalen Rechte (engl. *Principle of Least Privilege*) strikt eingehalten wird. Wird ein Datenbank-Account verwendet, dessen Zugriff strikt auf die Daten und Operationen zugeschnitten ist, welche für die Web Applikation benötigt werden, so kann im schlimmsten Fall ein Angreifer nur diese Daten sehen und Operationen ausführen – mit anderen Worten: er sieht nicht mehr und kann nicht mehr machen als er ohnehin über die Anwendung schon könnte. Eine sogenannte Rechteeskalation ist dann nicht möglich. Dieses Vorgehen ist beispielsweise von Wimmer et al. (2004) beschrieben.

Zu Anforderung 4: Dies betrifft die Übertragung der Daten wie auch die Ablage der Daten im System bzw. der Datenbank. Eine sichere Übertragung lässt sich durch verschlüsselte Transportprotokolle wie SSL/TLS[3] erreichen. Die Speicherung von Daten im vorliegenden Beispiel betrifft einerseits Metadaten, welche in der Datenbank gehalten werden, und andererseits Dokumente (Forschungspapiere). Letztere können ebenfalls in der Datenbank als BLOBs gespeichert oder auf das Dateisystem ausgelagert werden. Werden Daten stets verschlüsselt auf dem Speichermedium abgelegt, so lässt sich dadurch erreichen, dass bei Diebstahl der Datenbasis bzw. des Speichersystems ein Lesen der vertraulichen Forschungsunterlagen ebenfalls verhindert wird. Beispielsweise unterstützen kommerzielle Datenbanksysteme wie Microsoft SQL Server oder Oracle Database das Konzept von *Transparent Data Encryption*: Datenbanken oder auch nur bestimmte Datenausschnitte werden verschlüsselt abgelegt. Der Zugriff darauf ist nur Datenbankanwendern mit passendem Schlüsselmaterial möglich.[4] Die sichere, verschlüsselte Ablage von Daten (damit ggf. auch der gesamten Datenbank selbst) im Dateisystem kann beispielsweise über das Betriebssystem (beispielsweise mittels Microsoft Encrypting File System, EFS) oder Speziallösung von Speichersystemanbietern erreicht werden.

Zu Anforderung 5: Auditierbarkeit bedeutet, dass zu jeder Zeit bestimmte Benutzeraktionen wie beispielsweise das Abrufen von Forschungsdokumenten rückverfolgbar sein

---

[3]Secure Sockets Layer bzw. Transport Layer Security
[4]Siehe http://msdn.microsoft.com/en-us/library/bb934049.aspx bzw. http://download.oracle.com/docs/cd/E11882_01/network.112/e10746/asotrans.htm

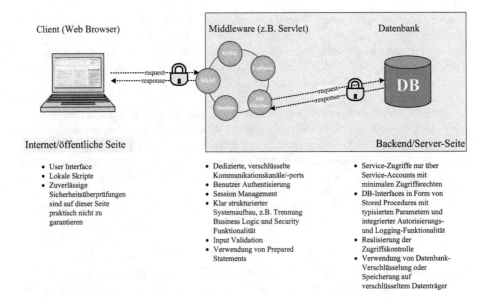

Abbildung 12.5: Implementierung von Sicherheitsfunktionaltiät bei klassischen Web Anwendungen

müssen. Zum einen können eigene Audit-Routinen und -Mechanismen implementiert werden, die Benutzeraktionen protokollieren und in dafür vorgesehenen Audit-Tabellen ablegen (sogenanntes Logging von Aktionen). Auch hier empfiehlt es sich wieder, Zugriffe über Stored Procedures zu regeln, die neben einer Autorisierung auch die Logging-Funktionalität realisieren. Zum anderen bieten Datenbanksysteme aber oftmals auch spezifische Audit-Funktionalität an, wie beispielsweise Oracle Audit Vault oder auch Auditing des Microsoft SQL Servers.

Wie auch schon im Falle von SQL Injections geschildert, gilt generell der Grundsatz, dass Benutzereingaben und Funktionalität, die auf Client-Seite – in diesem Anwendungsfall also im Web Browser – realisiert wird, nicht vertraut werden darf. Sicherheitsfunktionalität ist also auf Backend-Seite zu implementieren – in unserem Beispiel heißt dies durch Services bzw. Servlets und Prozeduren in der Datenbank. Denn nur hier hat man als Entwickler/Betreiber wirklich Einfluss auf die Systemsicherheit, denn schließlich lässt sich Code auf der Client-Seite im Falle von Web Anwendungen leicht manipulieren. Wie in Abbildung 12.5 schematisch dargestellt, dürfen Client-Komponenten nur Daten erhalten, die auf Backend-Seite eine Zugriffskontrolle durchlaufen haben. Ebenso dürfen nur validierte Benutzereingaben ihren Weg zurück finden.

13. Objektorientierte Datenbanken

Aufgabe 13.1

In Abschnitt 13.1 [Kemper und Eickler (2011)] wurde das relationale Schema für die Begrenzungsflächendarstellung von Polyedern eingeführt – die Modellierung ist in Abbildung 13.1 gezeigt. Dort wurde u.a. auch die Problematik der Realisierung von Operationen erörtert. Implementieren Sie die den Polyedern zugeordnete Operation *translate* z.B. in C/C++ oder Java mit eingebetteten SQL-Befehlen für die Datenbankzugriffe. Implementieren Sie ggf. auch die anderen geometrischen Transformationen (*rotate*, *scale*, *volume*, *weight*, etc.). Falls Ihnen grundlegende Kenntnisse aus dem Bereich Computergeometrie fehlen, ziehen Sie bitte das Lehrbuch von Foley und van Dam (1983) zu Rate.

Relationales Datenbankschema

Wir vervollständigen zuerst das in Abbildung 13.1 skizzierte relationale Schema und erstellen Tabellendefinitionen für die Entitytypen *Polyeder*, *Flächen*, *Kanten* und *Punkte*:

```
create table Punkte
 (PunktID           integer not null primary key,
  X                 float not null,
  Y                 float not null,
  Z                 float not null);

create table Polyeder
 (PolyID            varchar(20) not null primary key,
  Gewicht           float,
  Material          varchar(20));

create table Flächen
 (FlächenID         integer not null primary key,
  PolyID            varchar(20) references Polyeder,
  -- Oberfläche ist die Bezeichnung (z.B. Unterseite)
  Oberfläche        varchar(20));

create table Kanten
 (KantenID          integer not null,
  F1                integer references Flächen,
  F2                integer references Flächen,
  P1                integer references Punkte,
  P2                integer references Punkte);
```

Verschieben eines Polyeders

Um einen Polyeder zu verschieben, müssen alle Punkte, die die begrenzenden Kanten festlegen, verschoben werden. Seien *pId* der Bezeichner des zu verschiebenden Polyeders

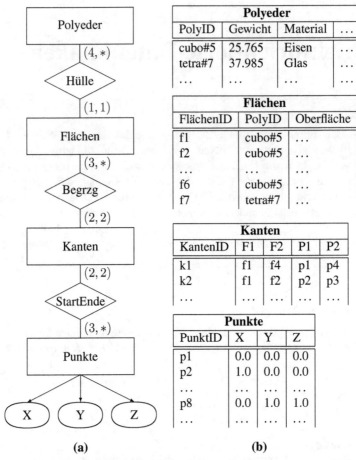

(a)   **(b)**

Abbildung 13.1: Modellierung von Polyedern nach dem Begrenzungsflächenmodell: (a) Entity-Relationship Schema und (b) relationales Schema

und *newX*, *newY* und *newZ* die Translationskoordinaten. Folgendes Update-Statement leistet dann das Gewünschte:

```
update Punkte
set X=X + newX, Y=Y + newY, Z=Z + newZ
where PunktID in
( select k.P1
  from Kanten k, Flächen f
  where f.PolyID = pId
  and (k.F1 = f.FlächenID
    or  k.F2 = f.FlächenID )
  union
  select k.P2
  from Kanten k, Flächen f
  where f.PolyID = pId
  and (k.F1 = f.FlächenID
    or  k.F2 = f.FlächenID ))
```

Java-Implementierung der Operation *translate*

```java
package polyeder;

import java.sql.Connection;
import java.sql.DriverManager;
import java.sql.PreparedStatement;

public class PolyederRelational {

    private static String driver  = "...";
    private static String conURL  = "...";
    private static String user    = "...";
    private static String pwd     = "...";

    public static void translatePolyeder(String polyId, Punkte t) throws
        Exception {
        // Aufbau der Datenbankverbindung
        Class.forName(driver);
        Connection conn = DriverManager.getConnection(conURL, user, pwd);

        // bestimme alle betroffenen Punkte und verschiebe sie um t
        PreparedStatement stmt = conn.prepareStatement("update Punkte "
            + "set x=x + ?, y=y + ?, z=z + ?"
            + "where PunktID in"
            + "( select *"
            + "   from ( "
            + "       select k.P1"
            + "       from Kanten k, Flächen f"
            + "       where f.PolyID = ?"
            + "        and (k.F1 = f.FlächenID"
            + "          or  k.F2 = f.FlächenID )"
            + "       union"
            + "       select k.P2"
            + "       from Kanten k, Flächen f"
            + "       where f.PolyID = ?"
            + "       and (k.F1 = f.FlächenID"
            + "          or  k.F2 = f.FlächenID )"
            + "))");
        stmt.setFloat(1, t.x);    stmt.setFloat(2, t.y);
        stmt.setFloat(3, t.z);
        stmt.setString(4, polyId);    stmt.setString(5, polyId);
        stmt.execute();

        // Beenden der Datenbankverbindung
        stmt.close();
        conn.close();
    }

    public static class Punkte {
        public float X;
        public float Y;
        public float Z;

        public Punkte(float x, float y, float z) {
            this.X = x;        this.Y = y;        this.Z = z;
        }
    }
}
```

Die vorgestellten Code-Beispiele finden Sie auch unter

 `www-db.in.tum.de/DB-Uebungsbuch/ueb/Kapitel13/Aufgabe1.shtml`

Aufgabe 13.2

Wenn Sie Zugriff auf ein objekt-orientiertes Datenbanksystem haben, realisieren Sie die
Begrenzungsflächendarstellung von Polyedern in diesem System. Verwirklichen Sie die
geometrische Transformation *translate*. Implementieren Sie ggf. die weiteren Operationen (*rotate, scale, volume, weight* etc.) sowie so genannte Beobachtungsoperationen,
wie z.B. die Visualisierung (*display*) eines Polyeders auf dem Bildschirm. Wenn Sie
keinen Zugriff auf ein objektorientiertes Datenbanksystem haben, führen Sie die objektorientierte Modellierung in C++, Java oder einer anderen objektorientierten Programmiersprache durch.
Vergleichen Sie die objektorientierte Modellierung mit der in Abschnitt 13.1 [Kem-
per und Eickler (2011)] skizzierten und in Übung 13.1 vervollständigten relationalen
Repräsentation.

Modellierung

Wir verwenden Java als objektorientierte Programmiersprache, um das Begrenzungsflächenmodell zu realisieren. Dazu setzen wir auf der in Abbildung 13.2 dargestellten objektorientierten Modellierung auf. Wir führen ferner ein Interface *Transformable* ein, das die
geometrischen Grund-Transformationen definiert. In unserem Beispiel beschränken wir
uns auf die Methode *translate()*, die ein Objekt im dreidimensionalen Raum verschiebt.
Transformable wird von den Klassen *Punkt, Kante, Fläche* und *Polyeder* implementiert.
Damit kann das Verschieben eines Polyeders auf das Verschieben der zugeordneten Flächen zurückgeführt werden. Diese Delegation kann über Kanten hin zu Punkten weiter-
geführt werden, wie die nachfolgende Beispielimplementierung zeigt.

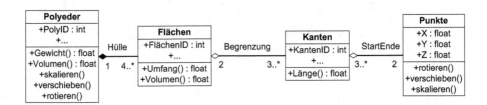

Abbildung 13.2: Die Begrenzungsflächendarstellung von Polyedern

Java-Implementierung

Interface *Transformable*

```java
package polyeder;
public interface Transformable {
  public void translate(Punkt t);
}
```

Klasse *Punkt*

```java
package polyeder;
public class Punkt implements Transformable {
  public float x;
  public float y;
  public float z;

  public Punkt(float x, float y, float z) {
    this.x = x;      this.y = y;      this.z = z;
  }
  public void translate(Punkt t) {
    this.x += t.x;
    this.y += t.y;
    this.z += t.z;
  }
}
```

Klasse *Kante*

```java
package polyeder;
public class Kante implements Transformable {
  public Punkt p1;
  public Punkt p2;

  public Kante(Punkt start, Punkt ende){
    this.p1 = start;
    this.p2 = ende;
  }
  public void translate(Punkt t) {
    p1.translate(t);
    p2.translate(t);
  }
}
```

Klasse *Flaeche*

```java
package polyeder;
import java.util.List;
public class Flaeche implements Transformable {
  public List<Kante> begrenzungsKanten;
  public String oberflaeche;

  public Flaeche(List<Kante> kanten){
    // eine Fläche hat mindestens 3 umgebende Kanten:
    assert(kanten.size() >= 3);
    this.begrenzungsKanten = kanten;
  }
  public void translate(Punkt t) {
    for(Kante k: this.begrenzungsKanten)
      k.translate(t);
  }
}
```

Klasse *Polyeder*

```
package polyeder;
import java.util.List;
public class Polyeder implements Transformable{
  public List<Flaeche> flaechen;
  public float gewicht;
  public String material;

  public Polyeder(List<Flaeche> flaechen){
    // ein Polyeder hat mindestens 4 Flächen
    assert(flaechen.size() >= 4);
    this.flaechen = flaechen;
  }
  public void translate(Punkt t) {
    for(Flaeche f: this.flaechen)
      f.translate(t);
  }
}
```

Die vorgestellten Code-Auszüge sind unter

 www-db.in.tum.de/DB-Uebungsbuch/ueb/Kapitel13/Aufgabe2.shtml

verfügbar.

Vergleich mit der relationalen Modellierung

Vergleicht man die hier vorgestellte objektorientierte Modellierung mit der relationalen Modellierung aus Aufgabe 13.1, so fallen unter anderem folgende Unterschiede auf:

- Es erfolgt keine Segmentierung der Information, sondern vielmehr eine Integration oder „Schachtelung" der Teilinformation: So setzen sich Polyeder beispielsweise aus Flächen zusammen, auf die über entsprechende *get/set*-Methoden, oder wie im Beispiel über Listen-Member, zugegriffen werden kann. Bei einer rein relationalen Modellierung muss diese Information über Joins der Relationen *Polyeder* und *Flächen* über das Attribut *FlächenID* ermittelt werden.

- Während bei der relationalen Modellierung künstliche Schlüsselattribute (*PolyID*, *FlächenID*, *KantenID* und *PunktID*) eingeführt wurden, ist in der objektorientierten Realisierung ein Objekt eindeutig durch seine vom System bereitgestellte Objektidentität bestimmt.

- Die objektorientierte Modellierung zeichnet sich vor allem durch die Integration von Struktur und Verhalten / Funktionalität aus. Dies hat folgende positive Effekte:

  - Geheimnisprinzip (engl. *information hiding*): Ein Anwender muss die genaue Struktur und algorithmische Realisierung nicht kennen, um ein Objekt zu verändern, etwa mittels *translate()* oder *rotate()*.

  - Höhere Wiederverwendbarkeit: Die Funktionalität muss nur einmal implementiert werden – eine redundante Implementierung in unterschiedlichen Programmiersprachen oder Modulen entfällt somit.

  - Oftmals bessere Performance, da keine Reibungsverluste entstehen, indem eine externe Programmierschnittstelle eingesetzt wird, die Information aus dem DBMS ausliest, sie modifiziert und wieder einträgt. Operationen werden direkt auf den Objekten ausgeführt.

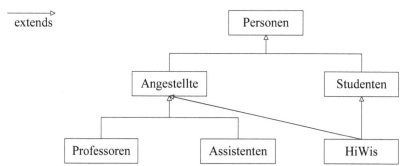

Abbildung 13.3: Modellierung der Mitgliederhierarchie der Universitätsverwaltung mit Mehrfachvererbung

Aufgabe 13.3

Entwerfen Sie eine vollständige Typhierarchie für die Mitglieder einer Universität. Diskutieren Sie, inwieweit die Mehrfachvererbung zu einer besseren oder schlechteren Modellierung führt.

Mitglieder einer Universität sind unter anderem *Studenten*, *Professoren*, *Assistenten* und wissenschaftliche Hilfskräfte (*HiWis*). Professoren und Assistenten werden zu *Angestellte* gruppiert. HiWis sind ebenfalls Angestellte, gleichzeitig aber auch Studenten. Dadurch stellt sich also insbesondere die Frage, wie HiWis in die Modellierung der Mitgliederstruktur einer Universität eingegliedert werden.

Modellierung mit Mehrfachvererbung

Abbildung 13.3 zeigt die Ableitungshierarchie für den Fall, dass Mehrfachvererbung unterstützt wird. HiWis erben gemäß der Modellierung alle Eigenschaften von Studenten und Angestellten. In diesem Fall ist Mehrfachvererbung also durchaus wünschenswert, zumal sich bei diesem kleinen Beispiel auch keine Konflikte ergeben. Anders ist die Situation, wenn Studenten und Angestellte gleiche Attribute oder Funktionen aufweisen, die aber nicht schon in *Personen* aufgenommen werden können. Denkbar wäre hier z.B. ein Attribut *zugehFakultät*, das angibt, an welcher Fakultät sie studieren, bzw. arbeiten, wohingegen Personen so allgemein wie möglich beschrieben werden sollen.

Modellierung ohne Mehrfachvererbung

Wird keine Mehrfachvererbung unterstützt, so kann man sich auf die Verwendung von Interfaces zurückziehen, um zumindest gleiche Schnittstellen, d.h. Methodendefinitionen, zu erzwingen. Gezeigt ist dies in Abbildung 13.4. *AngestellteIF* definiert die Funktionalität, die für alle Angestellte zur Verfügung steht, etwa eine Funktion *Gehalt()* zur Berechnung des Einkommens. Da Interfaces keine Attribute besitzen dürfen, ist ein Nachteil dieser Modellierung, dass sowohl in Angestellte als auch in HiWis gemeinsame Attribute (z.B. *PersNr*) getrennt definiert werden müssen – eine Möglichkeit besteht aber, über Interfaces passende Zugriffsdefinitionen zu erzwingen (z.B. *getPersNr()*). Verwendet man ODL, so sind in diesem Fall HiWis auch nicht Teil der Datenmenge, die alle Angestellten umfasst (siehe Definition von *Angestellte* in Lösung zu Aufgabe 13.4).

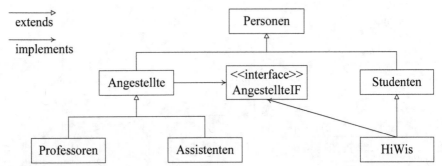

Abbildung 13.4: Modellierung der Mitgliederhierarchie der Universitätsverwaltung ohne Mehrfachvererbung

Aufgabe 13.4

Vervollständigen Sie die objektorientierte Modellierung der Universitätswelt. Realisieren Sie dieses Modell in einem Ihnen verfügbaren objektorientierten Datenbanksystem oder in einer objektorientierten Sprache wie C++ oder Java, falls Ihnen kein objektorientiertes DBMS zur Verfügung stehen sollte. Bauen Sie ggf. auch eine kleine Beispiel-Datenbasis auf.

Eine objektorientierte Modellierung für eine Universität ist in Abbildung 13.5 gezeigt. Dabei ist die Vererbungshierarchie, wie sie in Aufgabe 13.3 besprochen wurde, nicht gezeigt, da Objekttypen wie Angestellte oder Personen nicht an Beziehungen beteiligt sind. Zudem steht die UML-Notation für die Darstellung von Vererbungen in Konflikt mit der Booch-Notation zum Ausdruck von Beziehungen. Um Verwirrung zu vermeiden, wurde die Vererbungshierarchie an dieser Stelle ausgeklammert. Sie fließt aber in die nachfolgend gezeigte Überführung in ODL mit ein:

Definition eines *Angestellten*-Interfaces

```
interface AngestellteIF {
  long Gehalt();
}
```

Allgemeine Oberklasse *Personen*

```
class Personen (extent AllePersonen) {
  attribute string Name;
  attribute date GebDatum;

  short Alter();
}
```

Modellierung von *Angestellte*

```
class Angestellte extends Personen:
  AngestellteIF (extent AlleAngestellten) {
  attribute long PersNr;
}
```

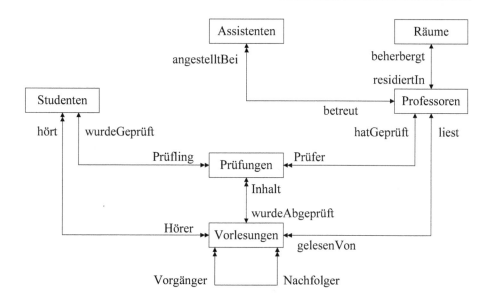

Abbildung 13.5: Modellierung der Universitätswelt in Booch-Notation

Modellierung von *Assistenten*

```
class Assistenten extends
    Angestellte (extent AlleAssistenten) {
    attribute string Fachgebiet;

    relationship Professoren angestelltBei
        inverse Professoren::betreut;
}
```

Modellierung von *Professoren*

```
class Professoren extends Angestellte
    (extent AlleProfessoren) {
    exception hatNochNichtGeprüft { };
    exception schonHöchsteStufe { };

    attribute string Rang;

    relationship Räume residiertIn inverse Räume::beherbergt;
    relationship set<Vorlesungen> liest
        inverse Vorlesungen::gelesenVon;
    relationship set<Prüfungen> hatGeprüft
        inverse Prüfungen::Prüfer;
    relationship set<Assistenten> betreut
        inverse Assistenten::angestelltBei;

    float wieHartAlsPrüfer() raises (hatNochNichtGeprüft);
    void befördert() raises (schonHöchsteStufe);
}
```

Modellierung von *HiWis*

```
class HiWis extends Studenten: AngestellteIF
  (extent AlleHiWis) {
  attribute long PersNr;
  attribute short Arbeitsstunden;
}
```

Modellierung von *Studenten*

```
class Studenten extends Personen
  (extent AlleStudenten) {
  exception hatNochKeinePrüfung { };
  attribute long MatrNr;
  attribute short Semester;

  relationship set<Vorlesungen> hört
    inverse Vorlesungen::Hörer;
  relationship set<Prüfungen> wurdeGeprüft
    inverse Prüfungen::Prüfling;

  float NotenDurchschnitt() raises (hatNochKeinePrüfung);
}
```

Modellierung von *Vorlesungen*

```
class Vorlesungen (extent AlleVorlesungen){
  attribute long VorlNr;
  attribute string Titel;
  attribute short SWS;

  relationship Professoren gelesenVon
    inverse Professoren::liest;
  relationship set<Studenten> Hörer
    inverse Studenten::hört;
  relationship set<Vorlesungen> Nachfolger
    inverse Vorlesungen::Vorgänger;
  relationship set<Vorlesungen> Vorgänger
    inverse Vorlesungen::Nachfolger;
  relationship set<Prüfungen> wurdeAbgeprüft
    inverse Prüfungen::Inhalt;
}
```

Modellierung von *Prüfungen*

```
class Prüfungen (extent AllePrüfungen){
  attribute short Note;

  relationship Vorlesungen Inhalt
    inverse Vorlesungen::wurdeAbgeprüft;
  relationship Studenten Prüfling
    inverse Studenten::wurdeGeprüft;
  relationship Professoren Prüfer
    inverse Professoren::hatGeprüft;
}
```

Modellierung von *Räume*

```
class Räume (extent AlleRäume) {
  attribute short RaumNr;
  attribute string Gebäude;

  relationship Professoren beherbergt
    inverse Professoren::residiertIn;
}
```

Aufgabe 13.5

Implementieren Sie die Objekttypen *Angestellte*, *Assistenten* und *Professoren* in einem
Ihnen zur Verfügung stehenden Objektmodell, evtl. C++ oder Java. Finden Sie die in
Ihrer Universität gültige Gehaltsberechnung für diese Universitätsangehörigen heraus
und implementieren Sie diese. Zeigen Sie an Beispielen, dass das dynamische Binden
„funktioniert".

In unserer Beispielausprägung werden die Gehälter altersabhängig wie folgt berechnet:

- Angestellte: $2000 + (\text{Alter}() - 21) \cdot 100$
- Assistenten: $2500 + (\text{Alter}() - 21) \cdot 125$
- Professoren: $3000 + (\text{Alter}() - 21) \cdot 150$

Wir zeigen die objektorientierte Realisierung anhand von Java-Codeauszügen:

Klasse *Angestellte*

```
import java.util.Calendar;
public class Angestellte {
  String name;
  long persNr;
  Calendar geburtstag;

  public Angestellte() {
    name = "";
    persNr = 0;
    geburtstag = Calendar.getInstance();
  }
  public Angestellte(String name, long persNr, Calendar gebtag) {
    this.name = name;
    this.persNr = persNr;
    this.geburtstag = gebtag;
  }
  public long Gehalt() {
    return 2000 + (Alter() - 21) * 100;
  }
  public int Alter() {
    Calendar heute = Calendar.getInstance();
    int jahre = heute.get(Calendar.YEAR)
      - geburtstag.get(Calendar.YEAR);
    if (heute.get(Calendar.DAY_OF_YEAR) <
      geburtstag.get(Calendar.DAY_OF_YEAR))
      jahre--;
```

```
      return jahre;
    }
}
```

Klasse *Assistenten*

```
import java.util.Calendar;
public class Assistenten extends Angestellte {
  public Assistenten(String name, long persNr, Calendar gebtag) {
    super(name, persNr, gebtag);
  }
  public long Gehalt() {
    return 2500 + (Alter() - 21) * 125;
  }
}
```

Klasse *Professoren*

```
import java.util.Calendar;
public class Professoren extends Angestellte {
  public Professoren(String name, long persNr, Calendar gebtag) {
    super(name, persNr, gebtag);
  }
  public long Gehalt() {
    return 3000 + (Alter() - 21) * 150;
  }
}
```

Siehe auch

 www-db.in.tum.de/DB-Uebungsbuch/ueb/Kapitel13/Aufgabe5.shtml

Beispiel der dynamischen Bindung

Anhand eines kleinen Beispiels lässt sich schnell überprüfen, dass die dynamische Bindung „funktioniert". Dazu erzeugen wir drei vergleichbare Instanzen der vorgestellten Klassen und „casten" diese auf die allgemeinere *Angestellte*-Klasse. Für das folgende Beispiel sei *dreissig* ein Calendar-Objekt für ein Datum, das 30 Jahre in der Vergangenheit zurückliegt. Hegel, Platon und Sokrates sind in unserem Beispiel also alle gleich alt.

```
Calendar dreissig = Calendar.getInstance();
dreissig.add(Calendar.YEAR, -30);
Angestellte Hegel = new Angestellte("Hegel", 4123, dreissig);
Angestellte Platon = new Assistenten("Platon", 3002, dreissig);
Angestellte Sokrates = new Professoren("Sokrates", 2125, dreissig);

System.out.println("Gehalt von Hegel:\t" + Hegel.Gehalt());
System.out.println("Gehalt von Platon:\t" + Platon.Gehalt());
System.out.println("Gehalt von Sokrates:\t" + Sokrates.Gehalt());
```

Führt man dieses kleine Java-Testprogramm aus, so lässt sich anhand folgender Ausgabe die dynamische Bindung überprüfen: Die drei Gelehrten erhalten berufsabhängige Bezüge, die gemäß der Definitionen der *Angestellte*-Subtypen spezifisch berechnet werden.

```
Gehalt von Hegel:      2900
Gehalt von Platon:     3625
Gehalt von Sokrates:   4350
```

Aufgabe 13.6

„Bauen" Sie eine objektorientierte Datenbank für das in Übungsaufgabe 2.6 auf Seite 15 konzeptuell entworfene Zugauskunftssystem. Sie sollten insbesondere Operationen zur Fahrplanermittlung integrieren.

- Führen Sie zunächst den objektorientierten Entwurf nach der hier vorgestellten Booch-Notation aus. Vielleicht haben Sie ja auch Zugriff auf ein objektorientiertes Entwurfswerkzeug, wie z.B. das System „Rose" von der Firma „Rational".

- Setzen Sie Ihren objektorientierten konzeptuellen Entwurf um in ein Objektmodell – entweder auf der Basis eines objektorientierten Datenbanksystems (wenn vorhanden) oder einer objektorientierten Programmiersprache, wie z.B. C++ oder Java.

Abbildung 13.6 zeigt die objektorientierte Modellierung des Zugauskunftssystems unter Verwendung der bekannten Booch-Notation. Eine alternative UML-Modellierung ist in Abbildung 13.7 gezeigt. Nachfolgend ist die Überführung dieser äquivalenten Modellierungen in ODL angeführt:

Modellierung von *Städte*

```
class Städte (extent AlleStädte){
    attribute string Name;
    attribute string Bundesland;
    attribute long PLZ;

    relationship set<Bahnhöfe> hatBhf
        inverse Bahnhöfe::liegtIn;
}
```

Modellierung von *Bahnhöfe*

```
class Bahnhöfe (extent AlleBahnhöfe){
    attribute string Name;
    attribute long AnzahlGleise;

    relationship Städte liegtIn inverse Städte::hatBhf;
    relationship set<Züge> fährtAb inverse Züge::Start;
    relationship set<Züge> hält inverse Züge::Ziel;
    relationship set<Verbindungen> abfahrend
        inverse Verbindungen::AbBhf;
    relationship set<Verbindungen> ankommend
        inverse Verbindungen::AnBhf;
}
```

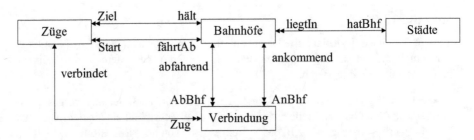

Abbildung 13.6: Booch-Notation für die Beziehungen des Zugauskunftssystems

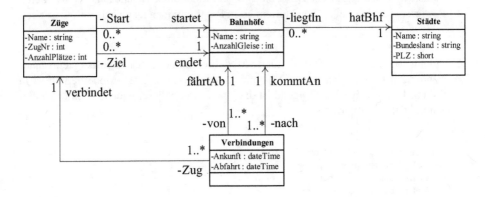

Abbildung 13.7: UML-Objektmodell für die Beziehungen des Zugauskunftssystems

Modellierung von *Züge*

```
class Züge (extent AlleZüge){
    attribute string Name;
    attribute long ZugNr;
    attribute long AnzahlPlätze;

    relationship Bahnhöfe Start inverse Bahnhöfe::fährtAb;
    relationship Bahnhöfe Ziel inverse Bahnhöfe::hält;
    relationship set<Verbindungen> verbindet
        inverse Verbindungen::Zug;
}
```

Modellierung von *Verbindungen*

```
class Verbindungen (extent AlleVerbindungen){
    attribute dateTime Abfahrt;
    attribute dateTime Ankunft;

    relationship Bahnhöfe AbBhf inverse Bahnhöfe::abfahrend;
    relationship Bahnhöfe AnBhf inverse Bahnhöfe::ankommend;
    relationship Züge Zug inverse Züge::verbindet;
}
```

Aufgabe 13.7

Entwerfen Sie mögliche Realisierungen für die Objektidentität. Achten Sie darauf, dass ein einmal vergebener Identifikator nicht wiederverwendet werden darf – auch nicht zu einem späteren Zeitpunkt, zu dem das ursprünglich referenzierte Objekt schon gelöscht ist.

Jedem Objekt muss ein Identifikator (OID) zugewiesen werden, der innerhalb der Datenbank, bzw. bei verteilten Datenbanksystemen auch innerhalb der verteilten Systemlandschaft eindeutig ist. Mittels OIDs können Verweise zwischen den Objekten realisiert werden. Dabei ist eine OID nicht nur während der Lebenszeit des jeweiligen Objekts eindeutig, sondern darf auch nach dem Löschen des Objekts nicht erneut vergeben werden, um ungültige Verweise (*dangling references*) erkennen zu können.

Man unterscheidet *physische OIDs* und *logische OIDs*:

Physische OIDs

Eine physische OID ist so aufgebaut, dass sie den tatsächlichen Speicherort des Objekts wiedergibt. Sie umfasst somit die ID des Speichermediums, die Seitennummer und die Seitenposition, unter der (ein Verweis auf) das Objekt zu finden ist. Der maßgebliche Vorteil physischer OIDs ist, dass auf Objekte direkt zugegriffen werden kann, ohne dass eine Indirektion über eine Adressumrechnung nötig ist. Allerdings weist dieser Ansatz Nachteile bei einer Reorganisation der Datenbank auf, da Daten nicht ohne weiteres auf andere Seiten verschoben werden können. Um dies zu ermöglichen, verwendet man Platzhalter (Verweise), die aber den Vorteil physischer OIDs zunichte machen, da dadurch mehr Seitenzugriffe notwendig sind, um den tatsächlichen Speicherort eines Objekts zu bestimmen. Diese Vorgehensweise wird auch beim Tupel-Identifikator-Konzept (TID, siehe Abschnitt 7.5 [Kemper und Eickler (2011)]) angewendet.

Logische OIDs

Logische OIDs besitzen gegenüber physischen den Vorteil, dass sie Löschoperationen und die Reorganisation der Datenbank besser unterstützen. Dafür muss man aber zusätzlichen Berechnungsaufwand in Kauf nehmen, da zur Bestimmung des Speicherorts eines Objekts die zugehörige OID aufgelöst werden muss. Dazu eignen sich bekannte Indexstrukturen wie Hash-Tabellen und B-Bäume:

- Hashing: Setzt man erweiterbares Hashing ein, so sind zum Auflösen einer OID in der Regel zwei Seitenzugriffe notwendig: Ein Zugriff zur Einlagerung des relevanten Directory-Bereichs und ein Zugriff zum Lesen des Buckets, in dem sich der Eintrag befindet.

  Über die Speicherauslastung entscheidet bekanntermaßen die verwendete Hashfunktion. In diesem Fall, da das System die OIDs selbst festlegt, können gute Hashfunktionen gewählt werden, die für eine gleichmäßige Verteilung sorgen.

- B-Bäume: Eine Suche in einem B-Baum hat logarithmische Komplexität, da der Baum von der Wurzel bis zu den Blättern durchwandert werden muss (siehe Aufgabe 7.8). In der Regel weisen B-Bäume aber eine sehr niedrige Tiefe (3 oder 4) auf,

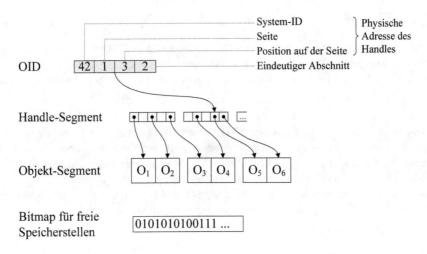

Abbildung 13.8: Direct Mapping-Technik zur Verwaltung logischer OIDs

so dass, wenn man davon ausgehen kann, dass die ersten beiden Level im Haupt-speicher gehalten werden können, nur ein bis zwei Seitenzugriffe notwendig sind.

OIDs werden typischerweise in aufsteigender Reihenfolge vergeben. Wie wir in Aufgabe 7.3 gesehen haben, führt dies zu einer sehr schlechten Speicherplatzaus-lastung. Deshalb ist es sinnvoll, für diesen Anwendungsfall den Einfügealgorithmus dahingehend zu modifizieren, dass bei einem Split nicht wie bisher die Hälfte der Einträge in das neue Blatt übernommen werden, sondern nur der letzte Eintrag.

Eickler, Gerlhof und Kossmann (1995) stellen einen als *direct mapping* bezeichneten al-ternativen Ansatz für logische OIDs vor. Wie der Name schon andeutet, ermöglicht die-ser die unmittelbare Adressumrechnung basierend auf der OID. Dazu wird die Speicher-adresse des Objekt-Handles in die OID kodiert. Unter einem Handle versteht man die Zeigerstruktur, die die tatsächliche Position des Objekts angibt. Abbildung 13.8 zeigt den prinzipiellen Aufbau einer OID: Sie setzt sich aus der ID des Systems, welches die OIDs vergibt, der Seite und der Speicherposition auf der Seite für das Handle, sowie einem eindeutigen Zähler zusammen.

Handles werden in dem so genannten *Handle Segment*, das als erweiterbares Array rea-lisiert werden kann, abgelegt. Über die System-ID und die Seiteninformation kann der Handle für das Objekt bestimmt werden. Das Objekt selbst kann anschließend über das Handle auf der Platte lokalisiert werden.

Der eindeutige Zähler dient dazu, Aktualisierungen der Datenbasis zu unterstützen und ungültige Verweise (*dangling references*) zu erkennen. Wird ein Objekt gelöscht, so wird der Zähler erhöht. Das System kann dann den entsprechenden Eintrag problemlos wieder-verwenden. Zum schnellen Ermitteln freier Speicherstellen wird eine Bitmap verwendet, wie sie in der Abbildung schematisch dargestellt ist.

Literaturhinweis

Die vorgestellten Verfahren und Abbildungen sind [Eickler, Gerlhof und Kossmann (1995)] entnommen. In dieser Veröffentlichung finden sich auch weitergehende Performance-Auswertungen. Weiterführende Informationen zu objektorientierten Datenbanksystemen geben Kemper und Moerkotte (1994).

14. Erweiterbare und objekt-relationale Datenbanken

Aufgabe 14.1

Definieren Sie das objekt-relationale Schema für die Begrenzungsflächendarstellung von Polyedern (siehe Abbildung 13.2).

Die nachfolgend gezeigten Beispiele sind in Oracle-Syntax angegeben. Für jeden Objekttyp werden repräsentativ ausgewählte Methodendefinitionen gezeigt – die vollständige Definition der Funktionalität sei den Lesern überlassen. Als Ausgangslösung können die unter

 www-db.in.tum.de/DB-Uebungsbuch/ueb/Kapitel14/Aufgabe1.shtml

verfügbaren Typdefinitionen verwendet werden.

Zuerst definieren wir den Objekttyp für Punkte: *PunkteTyp* definiert drei Methoden, nämlich *verschieben*, *rotieren* und *skalieren*. Der lesende Zugriff auf die Objektinstanz **self** ist in Oracle stets möglich. Greift man aber auch schreibend darauf zu, so muss dies explizit durch **self in out** *<Objekttyp>* angegeben werden.

```
create or replace type PunkteTyp as object(
  x float,
  y float,
  z float,
  member function verschieben (self in out PunkteTyp,
    delta in PunkteTyp) return number,
  member function rotieren (self in out PunkteTyp,
    winkel in PunkteTyp) return number,
  member function skalieren (self in out PunkteTyp,
    faktor in float) return number
);

create or replace type body PunkteTyp as
  member function verschieben (self in out PunkteTyp,
    delta PunkteTyp) return number is
  begin
    x := x + delta.x;
    y := y + delta.y;
    z := z + delta.z;
    return ODCIConst.Success;
  end verschieben;

  member function rotieren (self in out PunkteTyp,
    winkel PunkteTyp) return number is
  begin
    -- winkel ist 3-dimensional angegeben, da eine
    -- Rotation in drei Ebenen möglich ist
```

```
      return ODCIConst.Success;
   end rotieren;

   member function skalieren (self in out PunkteTyp,
      faktor float) return number is
   begin
      -- Punkte werden in unserem Beispiel nicht skaliert
      return ODCIConst.Success;
   end skalieren;
end;
```

Als Nächstes definieren wir den Objekttyp *KantenTyp*. Eine Kante ist durch einen Start-
und einen Endpunkt beschrieben. Da Punkte diese Rolle von unterschiedlichen Kanten
übernehmen können, sind sie somit nicht existenzabhängig von einer speziellen Kante.
Aus diesem Grund sind die Attribute für Start- und Endpunkt als Referenzen auf *Punkte-
Typ*-Instanzen realisiert.

```
create or replace type KantenTyp as object(
   KantenID number,
   beginn ref PunkteTyp,
   ende ref PunkteTyp,
   member function Laenge return float
);

create or replace type body KantenTyp as
   member function Laenge return float is
      von PunkteTyp;
      nach PunkteTyp;
      dx float;
      dy float;
      dz float;
      begin
         UTL_REF.SELECT_OBJECT(self.beginn,von);
         UTL_REF.SELECT_OBJECT(self.ende,nach);
         dx := nach.x - von.x;
         dy := nach.y - von.y;
         dz := nach.z - von.z;
         return SQRT( dx*dx + dy*dy + dz*dz ) ;
   end Laenge;
end;
```

Flächen werden durch einen umschreibenden Kantenzug repräsentiert. Wie zuvor gilt
auch in diesem Fall, dass Kanten nicht eindeutig einer Fläche zugeordnet sind, d.h. es
besteht keine existentielle Abhängigkeit. Aus diesem Grund erzeugen wir zuerst einen eigenen *KantenRefListenTyp*, der als „Sammelbehälter" für Referenzen auf die Kanten, die
eine Fläche umschreiben, dient.

```
create or replace type KantenRefListenTyp as table of ref
   KantenTyp;

create or replace type FlaechenTyp as object(
   FlaechenID number,
   Kanten KantenRefListenTyp,
   member function Umfang return float,
   member function Volumen return float );
```

```
create or replace type body FlaechenTyp as
  member function Umfang return float is
  umfang float := 0.0;
  i integer := 0;
  kante KantenTyp;
  begin
    for i in 1..self.Kanten.count loop
      UTL_REF.SELECT_OBJECT( Kanten(i), kante);
      umfang := umfang + kante.Laenge;
    end loop;
    return umfang;
  end Umfang;

  member function Volumen return float is
  begin
    -- hier Volumenberechnung einfügen
    return 0.0;
  end Volumen;
end;
```

Damit ist es uns nun möglich, den Objekttyp für Polyeder, *PolyederTyp*, zu definieren. Da Flächen Polyedern exklusiv zugeordnet sind (siehe Abbildung 13.2), enthält *FlaechenListenTyp* keine Referenzen auf Instanzen von Flächen, sondern die Instanzen selbst.

```
create or replace type FlaechenListenTyp as table of
  FlaechenTyp;

create or replace type PolyederTyp as object(
  PolyID number,
  Flaechen FlaechenListenTyp,
  member function Gewicht return float,
  member function Volumen return float,
  member function verschieben (self in out PolyederTyp,
    delta in PunkteTyp) return number,
  member function rotieren (self in out PolyederTyp,
    winkel in PunkteTyp) return number,
  member function skalieren (self in out PolyederTyp,
    faktor in float) return number
);


create or replace type body PolyederTyp as
  member function Gewicht return float is
  begin
    -- Gewichtsberechnung einfügen
    return 0.0;
  end Gewicht;

  member function Volumen return float is
  begin
    -- Volumenberechnung einfügen
    return 0.0;
  end Volumen;

  member function verschieben (self in out PolyederTyp, delta
      in PunkteTyp) return number is
  begin
```

```
      -- über alle Flächen iterieren und diese verschieben
      return ODCIConst.Success;
    end verschieben;

    member function rotieren (self in out PolyederTyp, winkel
        in PunkteTyp) return number is
    begin
      -- über alle Flächen iterieren und diese rotieren;
      return ODCIConst.Success;
    end rotieren;

    member function skalieren (self in out PolyederTyp, faktor
        in float) return number is
    begin
      -- über alle Flächen iterieren und diese skalieren;
      return ODCIConst.Success;
    end skalieren;
  end;
```

Nachdem wir nun alle erforderlichen Objekttypen definiert haben, erstellen wir im abschließenden Schritt das zugehörige objektrelationale Schema. Eine Besonderheit ist hier die Definition der *PolyederTab*-Tabelle. Jeder Polyeder enthält eine Liste von Flächen, was durch die **nested table FlaechenListeTab** realisiert wird. In dieser werden aber Flächen-Objekte und nicht nur Referenzen auf solche gespeichert. Deshalb ist es nötig, eine weitere **nested table** für die Kanten von Flächen-Instanzen zu definieren.

```
create table PunkteTab of PunkteTyp;
create table KantenTab of KantenTyp (KantenID primary key);

create table FlaechenTab of FlaechenTyp
  (FlaechenID primary key)
  nested table Kanten store as KantenListeTab;

create table PolyederTab of PolyederTyp (PolyID primary key)
  nested table Flaechen store as FlaechenListeTab (
    nested table Kanten store as KantenListe2Tab
  );
```

Die Tabelle *FlaechenTab* wird nur für einzelne Flächen benötigt, die nicht Teil eines Polyeders sind. Für die Schemadefinition der Begrenzungsflächendarstellung ist sie streng genommen nicht notwendig.

Aufgabe 14.2

Implementieren Sie die *Table Function Biographien*, die in Abschnitt 14.4 [Kemper und Eickler (2011)] eingeführt wurde.

Die in Abschnitt 14.4 [Kemper und Eickler (2011)] eingeführte *Table Function* bestimmt zu einem Professor eine Liste der im World Wide Web frei verfügbaren Biographien. Wir wollen für diesen Lösungsvorschlag das Ermitteln der Biographien, was ggf. durch Abfrage von Online-Suchmaschinen realisiert werden kann, als zweitrangig betrachten und uns vielmehr auf die aus Sicht eines Datenbankentwicklers interessantere Implementierung einer *Table Function* konzentrieren.

Um die Biographie-*Table Function* in IBM DB2 zu realisieren, implementieren wir in
Java eine Klasse *UDFBiographien*, die von *COM.ibm.db2.app.UDF* abgeleitet ist. Eine
UDF (User Defined Function) realisiert einen Cursor oder Iterator, wie er allgemein in
Abschnitt 8.2 [Kemper und Eickler (2011)] eingeführt wurde. Die von der Oberklasse
bereitgestellte Methode *public int getCallType()* dient dazu, den Aufruftyp zu unterscheiden. Gültige Rückgabewerte sind unter anderem *OPEN* (eine Art Konstruktor), *FETCH*
(entspricht **next** des vorgestellten Iteratormodells) und *CLOSE* (zum Schließen des Cur-
sors/Iterators).

```
import COM.ibm.db2.app.UDF;
import java.io.*;
import java.math.BigDecimal;

public class UDFBiographien extends UDF {
  // Anzahl der gefundenen Biographieeinträge
  int maxRows;

  // Table Function zum Ermitteln der Professoren-Biographien
  public void tableUDF(String inProfName, String outUrl,
     String outSprache, BigDecimal outRanking) throws Exception {

    int intRow = 0;

    // Die Ein-Ausgabe erfolgt über das SCRATCHPAD
    byte[] scratchpad = getScratchpad();

    // Für Eingabe vom SCRATCHPAD
    ByteArrayInputStream byteArrayIn = new ByteArrayInputStream(
        scratchpad);
    DataInputStream dataIn = new DataInputStream(byteArrayIn);

    // Zur Ausgabe auf das SCRATCHPAD
    byte[] byteArrayRow;
    int i;
    ByteArrayOutputStream byteArrayOut = new ByteArrayOutputStream(10);
    DataOutputStream dataOut = new DataOutputStream(byteArrayOut);

    // UDF realisiert das Cursor/Iterator-Konzept:
    switch (getCallType()) {
    case SQLUDF_TF_FIRST:
      // ggf. Initialisierung der UDF
      break;
    case SQLUDF_TF_OPEN:
      // An dieser Stelle erfolgt das Abfragen der Biographien
      intRow = 1;
      // wir erzeugen hier nur Zufallsdaten:
      maxRows = (int)Math.round(Math.random() * 20.0);
      dataOut.writeInt(intRow);
      byteArrayRow = byteArrayOut.toByteArray();
      for (i = 0; i < byteArrayRow.length; i++) {
        scratchpad[i] = byteArrayRow[i];
      }
      setScratchpad(scratchpad);
      break;
    case SQLUDF_TF_FETCH:
      // SCRATCHPAD auslesen
      intRow = dataIn.readInt();
      if (intRow > maxRows) {
```

```
      // end-of-file:
      setSQLstate("02000");
    } else {
      // trage den aktuellen Datensatz ein (set in UDF def.):
      set(2, "www-db.in.tum.de/EISCD/UDFBios/" + inProfName +
          intRow + ".shtml");
      set(3, "Deutsch");
      set(4, new BigDecimal((double)intRow));
      intRow++;
    }
    // Daten in SCRATCHPAD abspeichern
    dataOut.writeInt(intRow);
    byteArrayRow = byteArrayOut.toByteArray();
    for (i = 0; i < byteArrayRow.length; i++) {
      scratchpad[i] = byteArrayRow[i];
    }
    setScratchpad(scratchpad);
    break;
  case SQLUDF_TF_CLOSE:
    break;
  case SQLUDF_TF_FINAL:
    break;
  }
} // tableUDF
}
```

Um die Table Function in DB2 zu registrieren, verwenden wir folgende SQL-Deklaration:

```
create function tableUDFBios ( varchar(20) )
returns table ( url varchar(20), sprache varchar(20),
  ranking decimal )
external name 'UDFBiographien!tableUDF'
language JAVA
parameter style DB2GENERAL
not deterministic
fenced
no SQL
no external action
scratchpad 10
no final call
disallow parallel
cardinality 20 @
```

Wie in Abschnitt 14.4.1 [Kemper und Eickler (2011)] beschrieben, kann man die *Table Function* beispielsweise wie folgt verwenden:

```
select biosTB.url, biosTb.sprache, biosTb.ranking
from table(TableUDFBios('Sokrates')) as biosTb
```

Als Ergebnis erhält man eine Relation, die bis zu zwanzig Tupel enthält und folgenden Aufbau hat:

Biographien		
URL	SPRACHE	RANKING
www-db.in.tum.de/EISCD/UDFBios/Sokrates.shtml	Deutsch	1
www-db.in.tum.de/EISCD/UDFBios/Sokrates.shtml	Deutsch	2
www-db.in.tum.de/EISCD/UDFBios/Sokrates.shtml	Deutsch	3

Mittels folgender SQL-Deklaration wird die *Table Function* wieder gelöscht:

```
drop function tableUDFBios @
```

Die hier vorgestellten Code-Beispiele finden Sie auch unter

 www-db.in.tum.de/DB-Uebungsbuch/ueb/Kapitel14/Aufgabe2.shtml

Aufgabe 14.3

Fügen Sie alle Daten (inklusive der Referenzen) aus Abbildung 4.1 (Seite 58) in das in
Kapitel 14 [Kemper und Eickler (2011)] entwickelte objekt-relationale Schema ein.

Im Folgenden zeigen wir einen repräsentativen Ausschnitt der Einfügeoperationen. Vollständige SQL-Skripten, mit denen Sie die objekt-relationale Datenbasis der Universitätsverwaltung in Oracle realisieren können, finden Sie auf der folgenden Webseite:

 www-db.in.tum.de/DB-Uebungsbuch/ueb/Kapitel14/Aufgabe3.shtml

Wir beginnen mit dem Einfügen der Professoren in die Tabelle *ProfessorenTab*. Die Daten
für Sokrates und Russel werden wie folgt eingetragen:

```
insert into ProfessorenTab
   values (2125, 'Sokrates', 'C4', 226);
insert into ProfessorenTab
   values (2126, 'Russel', 'C4', 232);
```

Als Nächstes erstellen wir das Vorlesungsverzeichnis. In einem ersten Schritt werden dazu
die Vorlesungsdaten mit Verweis auf den Professor, der die Vorlesung hält, eingetragen.
Anschließend werden die Vorgängervorlesungen in die geschachtelte Tabelle *Voraussetzungen* eingefügt. Folgendes Beispiel trägt für Ethik die Vorlesung Grundzüge als Voraussetzung ein.

```
insert into VorlesungenTab
   select 5001, 'Grundzüge', 4, ref(p), VorlesungsListenTyp()
   from ProfessorenTab p
   where Name = 'Kopernikus';

insert into VorlesungenTab
   select 5041, 'Ethik', 4, ref(p), VorlesungsListenTyp()
   from ProfessorenTab p
   where Name = 'Sokrates';

insert into table
   (select v.Voraussetzungen
      from VorlesungenTab v
      where v.VorlNr = 5041 )
   select ref(vorgänger)
   from VorlesungenTab vorgänger
   where vorgänger.VorlNr = 5001;
```

Studenten werden analog zuerst mit einer leeren Vorlesungsliste in die Tabelle *Studen-
tenTab* eingefügt. Anschließend werden die gehörten Vorlesungen eingetragen, wie das
nachfolgende Beispiel für den Studenten Fichte, der die Vorlesung Grundzüge hört, zeigt:

```
insert into StudentenTab values(26120, 'Fichte', 10,
   VorlesungsListenTyp());

insert into table
  (select s.hört
    from StudentenTab s
    where s.MatrNr = 26120)
    select ref(v)
    from VorlesungenTab v
    where v.VorlNr = 5001;
```

Als Nächstes speichern wir die Prüfungsergebnisse in der Datenbank ab. Um einzutragen, dass Carnap am 15. Juli 1998 von Russel über Grundzüge geprüft wurde, verwenden wir folgende SQL-Deklaration:

```
insert into PrüfungenTab (Prüfling, Inhalt, Prüfer, Note,
   Datum)
  values ( (select ref(s)
            from StudentenTab s
            where Name = 'Carnap'),
            (select ref(v)
            from VorlesungenTab v
            where Titel = 'Grundzüge'),
            (select ref(p)
            from ProfessorenTab p
            where Name = 'Russel'),
            1.0,
            DATE '1998-7-15' );
```

Natürlich dürfen auch die Assistenten in unserer Beispielausprägung nicht fehlen. Der Assistent Platon wird beispielsweise folgendermaßen in die Datenbank eingefügt:

```
insert into AssistentenTab
  select 3002, 'Platon', 'Ideenlehre', ref(p)
  from ProfessorenTab p
  where Name = 'Sokrates';
```

Aufgabe 14.4

Wir haben bei der Definition der komplexen Attribut-Typen (Abschnitt 14.8 [Kemper und Eickler (2011)]) der Übersichtlichkeit halber auf die Wiederverwendung der früher in Abschnitt 14.3 [Kemper und Eickler (2011)] definierten Typen (*distinct types*) *NotenTyp* und *US_NotenTyp* verzichtet, die aber sehr sinnvoll für das *NumWert*-Attribut gewesen wären. Revidieren Sie diesen Entwurf – mitsamt Notenumrechnungen.

Die folgenden SQL-Ausdrücke sind in DB2-Syntax angegeben. Zuerst erzeugen wir einfache benutzerdefinierte Datentypen (sog. **distinct types** in DB2) für deutsche und amerikanische Noten:

```
create distinct type D_NotenTyp
  as decimal(3,2)
  with comparisons;

create distinct type US_NotenTyp
```

```
as decimal(3,2)
with comparisons;
```

Um Ergebnisse des amerikanischen Notensystems in das deutsche Notensystem umzu-
rechnen, verwenden wir die Methode *USnachD_SQL*, die wie folgt definiert ist:

```
create function USnachD_SQL(us US_NotenTyp) returns
   D_NotenTyp
return( case when decimal(us) < 1.0 then D_NotenTyp(5.0)
             when decimal(us) < 1.5 then D_NotenTyp(4.0)
             when decimal(us) < 2.5 then D_NotenTyp(3.0)
             when decimal(us) < 3.5 then D_NotenTyp(2.0)
             else D_NotenTyp(1.0) end);
```

Aufbauend darauf können wir nun die Objekttypen für Noten erzeugen. Zuerst erzeugen wir dazu einen allgemeinen Notentyp, von dem ähnlich zu den von Java oder C++
bekannten *abstract classes* keine Instanzen erzeugt werden können. Durch diesen „abstrakten" Objekttyp legen wir das grundlegende Verhalten eines Notentyps fest. Unter
anderem muss dieser eine Methode *getnote* bereitstellen, die in unserem Beispiel das Ergebnis gemäß dem deutschen Notensystem liefert.

```
create type NotenObjTyp as (
   Land varchar(20),
   StringWert varchar(20))
   not final
   not instantiable
   mode DB2SQL
     method getnote ()
     returns float
     language SQL
     deterministic
     reads sql data
     no external action;
```

Nun leiten wir davon einen Objekttyp für deutsche und einen Objekttyp für amerikanische
Noten ab und implementieren jeweils die Methode *getnote*. Dabei greifen wir auf obige
Funktion zur Notenumrechnung zurück:

```
create type US_NotenObjTyp under NotenObjTyp as(
   NumWert US_NotenTyp,
   WithHonors char(1) )
   instantiable
   mode DB2SQL
     overriding method getnote() returns float;
```

```
create type D_NotenObjTyp under NotenObjTyp as(
   NumWert D_NotenTyp,
   Lateinisch varchar(15) )
   instantiable
   mode DB2SQL
     overriding method getnote() returns float;
```

```
create method getnote() for US_NotenObjTyp
   return float(decimal(USnachD_SQL(self..NumWert)));
```

```
create method getnote() for D_NotenObjTyp
   return float(decimal(self..NumWert));
```

Siehe hierzu auch

 www-db.in.tum.de/DB-Uebungsbuch/ueb/Kapitel14/Aufgabe4.shtml

Aufgabe 14.5

Führen Sie eine Leistungsbewertung der objekt-relationalen im Vergleich zur reinen relationalen Modellierung auf dem bei Ihnen installierten Datenbanksystem durch. Dazu
sollten Sie beide Schemata der Universitätsverwaltung realisieren und mit demselben
künstlich generierten Datenbestand „füllen". Dann führen Sie repräsentative Anwendungen (Anfragen und Änderungsoperationen) darauf aus und messen die Leistung.

Leistungsbewertungen kommerzieller oder frei verfügbarer Datenbanksysteme werden in
diesem Übungsbuch nicht vorgestellt. Wir werden jedoch die Schritte aufzeigen, in denen ein sinnvoller Vergleich einer objekt-relationalen mit einer relationalen Modellierung
durchgeführt werden kann.

Zur Durchführung des Vergleichs bietet es sich an, die Beispiel-Universitätsverwaltung
sowohl relational als auch objekt-relational in einem Datenbanksystem zu realisieren.

1. Die entsprechenden Schemadefinitionen wurden in vorhergehenden Übungen bereits für diverse Datenbanksysteme erstellt und sind auch unter folgender URL verfügbar:

    www-db.in.tum.de/DB-Uebungsbuch/unibsp

2. Voraussetzung ist, dass ein repräsentativer Datenbestand erstellt wird. Dieser sollte

   - eine realistisch große Menge an Professoren und Assistenten und mehrere Tau-
     send Studenten umfassen.

   - reale Beziehungen zwischen Entitäten wiedergeben. Beispielsweise hört ein
     Student bis zu sechs Vorlesungen und jede Vorlesung hat bis zu drei Vorgänger-
     vorlesungen (hier sollten zyklische Abhängigkeiten ausgeschlossen werden!).
     Die Zuordnung kann über eine Wahrscheinlichkeitsverteilung (z.B. Gleichver-
     teilung) berechnet werden.

   Zum Füllen der Datenbasis sollte ein parametrisierbares Datengenerator-Tool erstellt werden (z.B. in Java mittels JDBC). Ausschlaggebend ist, dass die relationale
   Datenbasis und die objekt-relationale Datenbasis mit denselben Daten gefüllt werden, um Vergleichbarkeit zu erreichen.

3. Die Anfragen, die Sie an die Datenbank stellen, sollten ein möglichst großes Spek-
   trum abdecken

   - **insert**- und **update**-Statements, vgl. z.B. Aufgabe 4.12.

   - Einfache **select**-Statements, z.B.: „Finde alle Studenten im 4. Semester".

- Aggregatanfragen und geschachtelte Anfragen (z.B. mit **exists** oder **not exists**) – vgl. Aufgaben 4.6 und 4.17.
- Rekursive Anfragen, wie etwa die Bestimmung der transitiven Hülle der Paare von Vorlesungen und Vorgängervorlesungen (siehe hierzu z.B. Abschnitt 4.14 [Kemper und Eickler (2011)] und Aufgabe 4.1).

Untersuchen Sie auch den Einfluss von Indizes, die Sie für Ihren Datenbestand anlegen. Viele Datenbanksysteme stellen Analysewerkzeuge und Administrationsassistenten bereit, die die Wahl und Erstellung von Indizes erleichtern.

15. Deduktive Datenbanken

Aufgabe 15.1

[Ullman (1988)] Zeigen Sie, dass man durch Umformung von Regeln (*Angleichung* genannt) immer erreichen kann, dass die Regelköpfe aller Regeln für ein Prädikat p exakt dieselbe Form

$$p(X_1, \ldots, X_m) :- \ldots$$

haben und nur paarweise verschiedene Variablen $X_1, \ldots, X_m$ enthalten.
Zeigen Sie die Vorgehensweise an folgendem Datalog-Prädikat:

$$
\begin{aligned}
p(\text{``Konstante''}, X, Y) &:- r(X, Y). \\
p(X, Y, X) &:- r(Y, X).
\end{aligned}
$$

Diese beiden Regeln sollen also so umgeformt werden, dass beide Regeln den Kopf

$$p(U, V, W) :- \ldots$$

haben.
Illustrieren Sie, dass das umgeformte Datalog-Programm äquivalent zum ursprünglich gegebenen Programm ist.

Die in der ersten Regel angegebene Konstante kürzen wir mit c ab, also

$$
\begin{aligned}
p(c, X, Y) &:- r(X, Y). \\
p(X, Y, X) &:- r(Y, X).
\end{aligned}
$$

Als Nächstes formulieren wir beide Regeln derart um, dass sie jeweils den Kopf $p(U, V, W)$ haben.

$$
\begin{aligned}
p(U, V, W) &:- r(X, Y), U = c, V = X, W = Y. \\
p(U, V, W) &:- r(Y, X), U = X, V = Y, W = X.
\end{aligned}
$$

Wir bedienen uns also des einfachen Tricks, neue Variablen einzuführen, um Konstanten und gleiche Variablenbezeichner im Kopf zu vermeiden. Indem wir die alten Variablen X und Y durch die neuen, d.h. U, V und W ersetzen, erhalten wir

$$
\begin{aligned}
p(U, V, W) &:- r(V, W), U = c. \\
p(U, V, W) &:- r(V, U), W = U.
\end{aligned}
$$

In der ersten Regel haben wir also X durch V und Y durch W ersetzt. In der zweiten entsprechend X durch U und Y durch V.

Aufgabe 15.2

Zeigen Sie, dass ein durch Angleichung der Regeln, gemäß dem in Aufgabe 15.1 entwickelten Algorithmus, entstandenes Datalog-Programm *sicher* ist, falls das ursprünglich gegebene Datalog-Programm sicher war.

Gegeben sei das sichere Datalog-Programm p, welches wir durch das in Aufgabe 15.1 beispielhaft beschriebene Verfahren in ein Programm p' überführen. Dabei setzen wir voraus, dass, falls eine atomare Formel (Subgoal) $X = Y$ in p enthalten ist, wir die Variable Y nicht durch X substituieren und so keine Variablen eliminieren. Da p sicher ist, sind alle in p vorkommenden Variablen eingeschränkt. Da sich die für die Transformation von p nach p' neu eingeführten Variablen alle auf Variablen in p beziehen, folgt daraus, dass auch die Variablen in p' eingeschränkt sind. Damit ist auch p' sicher.

Aufgabe 15.3

Betrachten wir folgende alternative – aber äquivalente – Definition des Prädikats *aufbauen* (Abschnitt 15.5 [Kemper und Eickler (2011)]):

$$a(V, N) \ :\!- \ vs(V, N).$$
$$a(V, N) \ :\!- \ a(V, M), a(M, N).$$

Hierzu wird folgende Gleichung ermittelt:

$$A(V, N) = Vs(V, N) \cup \Pi_{V,N}(A_1(V, M) \bowtie A_2(M, N))$$

Geben Sie das Programm für die naive Auswertung an.
Betrachten Sie nun folgenden **falschen** Programmversuch für die semi-naive Auswertung:

$A := \{\}; A1 := A; A2 := A; \Delta Vs := \{\};$
$\Delta A := Vs(V, N) \cup \Pi_{V,N}(A1(V, M) \bowtie A2(M, N));$
$A := \Delta A;$
repeat
    $\Delta A' := \Delta A;$
    $\Delta A1' := \Delta A'; \Delta A2' := \Delta A';$
    $\Delta A := \Delta Vs(V, N);$
    $\Delta A := \Delta A \cup \Pi_{V,N}(\Delta A1'(V, M) \bowtie \Delta A2'(M, N));$
    $\Delta A := \Delta A - A;$
    $A := A \cup \Delta A;$
until $\Delta A = \emptyset$

Zeigen Sie, dass dieses Programm selbst für unsere sehr einfache Beispielausprägung von *Vs* ein falsches Ergebnis liefert. Worin liegt der Fehler? Wie sieht das korrekte Programm für die semi-naive Auswertung aus?

Programm zur naiven Auswertung

Die naive Auswertung ist ähnlich zur ursprünglichen naiven Auswertung:

$A := \{\}$;
repeat
  $A' := A$;
  $A := Vs\,(V, N)$; /*erste Regel*/
  $A := A \cup \Pi_{V,N}\,(A'\,(V, M) \bowtie A'\,(M, N))$; /*zweite Regel*/
until $A' = A$
output A;

Semi-naive Auswertung

Der vorgegebene Algorithmus zur semi-naiven Auswertung liefert nicht alle Tupel an Vorlesungspaaren, die aufeinander aufbauen.

Wendet man den Algorithmus auf die in Abbildung 4.1 (Seite 58) dargestellte Beispielausprägung an, so ergeben sich in den jeweiligen Schritten folgende Ergebnistupel:

Schritt	ΔA
Initialisierung	(sieben Tupel aus Vs, d.h. voraussetzen) [5001, 5041], [5001, 5043], [5043, 5052], [5041, 5052], [5001, 5049], [5041, 5216], [5052, 5259]
1. Iteration	(Pfade der Länge 2) [5001, 5216], [5001, 5052], [5041, 5259], [5043, 5259]
2. Iteration	$\emptyset$ hier bricht die Auswertung also zu früh ab, das Tupel [5001, 5259] wird nicht gefunden

Der Fehler liegt in der Zeile $\Delta A := \Delta A \cup \Pi_{V,N}\,(\Delta A1'\,(V, M) \bowtie \Delta A2'\,(M, N))$; des ursprünglichen Programms.

Das korrekte Programm lautet:

$A := \{\}$; $A1 := A$; $A2 := A$; $\Delta Vs := \{\}$;
$\Delta A := Vs(V, N) \cup \Pi_{V,N}(A1(V, M) \bowtie A2(M, N))$;
$A := \Delta A$;
repeat
  $\Delta A' := \Delta A$;
  $\Delta A1' := \Delta A'$; $\Delta A2' := \Delta A'$;
  $\Delta A := \Delta Vs(V, N)$;
  $\Delta A := \Delta A \cup \Pi_{V,N}\,(\Delta A1'\,(V, M) \bowtie A\,(M, N))$
          $\cup \Pi_{V,N}\,(A\,(V, M) \bowtie \Delta A2'\,(M, N))$;
  $\Delta A := \Delta A - A$;
  $A := A \cup \Delta A$;
until $\Delta A = \emptyset$

Es ist also entscheidend, dass immer nur für eine einzige Subgoal-Relation das Delta aus dem vorhergehenden Auswertungsschritt eingesetzt wird. Die abgeleitete Information früherer Schritte geht ansonsten eventuell verloren!

Aufgabe 15.4

Ullman (1988) führt das folgende Datalog-Programm ein:

$$\text{sibling}(X, Y) \quad :- \quad \text{parent}(X, Z), \text{parent}(Y, Z), X \neq Y.$$
$$\text{cousin}(X, Y) \quad :- \quad \text{parent}(X, Xp), \text{parent}(Y, Yp), \text{sibling}(Xp, Yp).$$
$$\text{cousin}(X, Y) \quad :- \quad \text{parent}(X, Xp), \text{parent}(Y, Yp), \text{cousin}(Xp, Yp).$$
$$\text{related}(X, Y) \quad :- \quad \text{sibling}(X, Y).$$
$$\text{related}(X, Y) \quad :- \quad \text{related}(X, Z), \text{parent}(Y, Z).$$
$$\text{related}(X, Y) \quad :- \quad \text{related}(Z, Y), \text{parent}(X, Z).$$

Nur das Prädikat *parent* basiert auf der EDB-Relation *Parent*, in der die Eltern/Kind-Beziehungen gespeichert sind.

- Konstruieren Sie den Abhängigkeitsgraphen für dieses Programm.

- Geben Sie den Relationenalgebra-Ausdruck für die Herleitung des nicht-rekursiv definierten Prädikates *sibling* an. Gehen Sie von der folgenden Ausprägung der Relation *Parent* aus (die erste Komponente ist das Kind, die zweite der Elternteil):

$$\{[c, a], [d, a], [d, b], [e, b], [f, c], [g, c], [h, d],$$
$$[i, d], [i, e], [f, e], [j, f], [j, h], [k, g], [k, i]\}.$$

- Geben Sie den Algorithmus für die naive Auswertung der Prädikate *cousin* und *related* an, und zeigen Sie die schrittweise Auswertung für unsere obige Ausprägung von *Parent*.

- Machen Sie das Gleiche für die semi-naive Auswertung.

Abhängigkeitsgraph

Der Abhängigkeitsgraph stellt die Beziehungen zwischen den Prädikaten eines Datalog-Programms dar. Somit sind die Prädikate die Knoten im Graphen. Eine Kante $a \rightarrow b$ wird in den Graphen genau dann eingefügt, wenn eine Regel der Form $b :- \ldots a \ldots$ existiert.

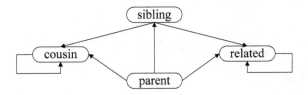

Relationenalgebra-Ausdruck

Relationenalgebra-Ausdruck für das Prädikat *sibling*

$$\sigma_{X \neq Y} \left(P1 \left(X, Z \right) \bowtie P2 \left(Y, Z \right) \right)$$

mit

$$P1 \left(X, Z \right) := \rho_{X \leftarrow \$1} \left(\rho_{Z \leftarrow \$2} \left(\rho_{P1} \left(Parent \right) \right) \right)$$
$$P2 \left(Y, Z \right) := \rho_{Y \leftarrow \$1} \left(\rho_{Z \leftarrow \$2} \left(\rho_{P2} \left(Parent \right) \right) \right)$$

Folgende Abbildung veranschaulicht die Eltern-Kind-Beziehung graphisch:

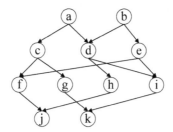

Die Auswertung des Prädikats *sibling* ergibt folgende IDB-Ausprägung:
{[c, d], [d, c], [d, e], [e, d], [f, g], [g, f], [h, i], [i, h], [i, f], [f, i]}

Naive Auswertung der rekursiv definierten Prädikate

Im Folgenden stehe P für die EDB-Relation *Parent* und S, C, R stehen für die IDB-Relationen *Sibling*, *Cousin* und *Related*.

- Naive Auswertung des Prädikats *cousin*

    $C := \{\}$;
    repeat
        $C' := C$;
        $C := \Pi_{X,Y} \left(P \left(X, X_p \right) \bowtie \Pi_{Y, X_p} \left(P \left(Y, Y_p \right) \bowtie S \left(X_p, Y_p \right) \right) \right)$;
        $C := C \cup \Pi_{X,Y} \left(P \left(X, X_p \right) \bowtie \Pi_{Y, X_p} \left(P \left(Y, Y_p \right) \bowtie C' \left(X_p, Y_p \right) \right) \right)$;
    until $C' = C$
    output C;

Die naive Auswertung liefert folgendes Ergebnis:

Schritt	C
Initialisierung	{}
Schritt 1	[f, h], [f, i], [g, h], [g, i], [h, f], [h, g], [h, i], [i, f], [i, g], [i, i], [i, h], [j, k], [k, j]
Schritt 2	[f, h], [f, i], [g, h], [g, i], [h, f], [h, g], [h, i], [i, f], [i, g], [i, i], [i, h], [j, k], [k, j], [j, j], [k, k]
Schritt 3	bringt keine zusätzlichen Elemente! Algorithmus terminiert

- Naive Auswertung des Prädikats *related*

$$R := \{\};$$
repeat
$\quad R' := R;$
$\quad R := S(X, Y);$
$\quad R := R \cup \Pi_{X,Y} (R'(X, Z) \bowtie P(Y, Z));$
$\quad R := R \cup \Pi_{X,Y} (R'(Z, Y) \bowtie P(X, Z));$
until $R' = R$
output R;

Die naive Auswertung liefert folgendes Ergebnis:

Schritt	R
Initialisierung	$\{\}$
Schritt 1	[c, d], [d, c], [d, e], [e, d], [f, g], [g, f], [h, i], [i, h], [i, f], [f, i]
Schritt 2	[c, d], [d, c], [d, e], [e, d], [f, g], [g, f], [h, i], [i, h], [i, f], [f, i], [c, h], [c, i], [d, f], [d, g], [d, i], [e, h], [e, i], [f, k], [g, j], [h, k], [i, j], [f, d], [g, d], [h, c], [h, e], [i, c], [i, e], [i, d], [j, g], [j, i], [k, f], [k, h]
Schritt 3	[c, d], [d, c], [d, e], [e, d], [f, g], [g, f], [h, i], [i, h], [i, f], [f, i], [c, h], [c, i], [d, f], [d, g], [d, i], [e, h], [e, i], [f, k], [g, j], [h, k], [i, j], [c, j], [c, k], [d, j], [d, k], [e, j], [e, k], [f, h], [g, h], [g, i], [h, f], [h, g], [i, g], [i, i], [j, k], [k, j], [f, d], [g, d], [h, c], [h, e], [i, c], [i, e], [i, d], [j, g], [j, i], [j, d], [j, c], [j, e], [k, f], [k, d], [k, h], [k, c], [k, e]
Schritt 4	[c, d], [d, c], [d, e], [e, d], [f, g], [g, f], [h, i], [i, h], [i, f], [f, i], [c, h], [c, i], [d, f], [d, g], [d, i], [e, h], [e, i], [f, k], [g, j], [h, k], [i, j], [c, j], [c, k], [d, j], [d, k], [e, j], [e, k], [f, j], [g, k], [h, j], [i, k], [f, h], [g, h], [g, i], [h, f], [h, g], [i, g], [i, i], [j, k], [j, h], [j, i], [j, f], [j, g], [k, j], [k, h], [k, i], [k, f], [k, g], [f, d], [g, d], [h, c], [h, e], [i, c], [i, e], [i, d], [j, d], [j, c], [j, e], [k, d], [k, c], [k, e]
Schritt 5	[c, d], [d, c], [d, e], [e, d], [f, g], [g, f], [h, i], [i, h], [i, f], [f, i], [c, h], [c, i], [d, f], [d, g], [d, i], [e, h], [e, i], [f, k], [g, j], [h, k], [i, j], [c, j], [c, k], [d, j], [d, k], [e, j], [e, k], [f, j], [g, k], [h, j], [i, k], [j, j], [j, k], [k, j], [k, k], [f, h], [g, h], [g, i], [h, f], [h, g], [i, g], [i, i], [j, h], [j, i], [j, f], [j, g], [k, h], [k, i], [k, f], [k, g], [f, d], [g, d], [h, c], [h, e], [i, c], [i, e], [i, d], [j, d], [j, c], [j, e], [k, d], [k, c], [k, e]

| Schritt 6 | bringt keine zusätzlichen Elemente! |
| | Algorithmus terminiert |

Semi-naive Auswertung der rekursiv definierten Prädikate

Bei der semi-naiven Auswertung soll vermieden werden, dass Tupel erneut berechnet
werden, die schon in früheren Iterationsschritten oder gar dem Basisfall ermittelt wurden.

- Semi-naive Auswertung des Prädikats *cousin*

$$C := \{\}; \Delta P := \{\}; \Delta S := \{\};$$
$$\Delta C := \Pi_{X,Y}\left(P\left(X,X_p\right) \bowtie \Pi_{Y,X_p}\left(P\left(Y,Y_p\right) \bowtie S\left(X_p,Y_p\right)\right)\right);$$
$$\Delta C := \Delta C \cup \Pi_{X,Y}\left(P\left(X,X_p\right) \bowtie \Pi_{Y,X_p}\left(P\left(Y,Y_p\right) \bowtie C\left(X_p,Y_p\right)\right)\right);$$
$$C := \Delta C;$$
repeat
$$\quad \Delta C' := \Delta C;$$
$$\quad \Delta C := \Pi_{X,Y}\left(P\left(X,X_p\right) \bowtie \Pi_{Y,X_p}\left(P\left(Y,Y_p\right) \bowtie \Delta S\left(X_p,Y_p\right)\right)\right)$$
$$\qquad \cup \Pi_{X,Y}\left(P\left(X,X_p\right) \bowtie \Pi_{Y,X_p}\left(\Delta P\left(Y,Y_p\right) \bowtie S\left(X_p,Y_p\right)\right)\right)$$
$$\qquad \cup \Pi_{X,Y}\left(\Delta P\left(X,X_p\right) \bowtie \Pi_{Y,X_p}\left(P\left(Y,Y_p\right) \bowtie S\left(X_p,Y_p\right)\right)\right);$$
$$\quad \textit{/* Diese erste Regel liefert } \emptyset \textit{ */}$$
$$\quad \Delta C := \Delta C \cup \Pi_{X,Y}\left(P\left(X,X_p\right) \bowtie \Pi_{Y,X_p}\left(P\left(Y,Y_p\right) \bowtie \Delta C'\left(X_p,Y_p\right)\right)\right)$$
$$\qquad \cup \Pi_{X,Y}\left(P\left(X,X_p\right) \bowtie \Pi_{Y,X_p}\left(\Delta P\left(Y,Y_p\right) \bowtie C\left(X_p,Y_p\right)\right)\right)$$
$$\qquad \cup \Pi_{X,Y}\left(\Delta P\left(X,X_p\right) \bowtie \Pi_{Y,X_p}\left(P\left(Y,Y_p\right) \bowtie C\left(X_p,Y_p\right)\right)\right);$$
$$\quad \textit{/* Diese zweite Regel liefert wenn überhaupt dann nur im*/}$$
$$\quad \textit{/* ersten Argument der Vereinigung neue Ergebnisse!*/}$$
$$\quad \Delta C := \Delta C - C; \textit{/*entferne Tupel, die schon vorhanden waren*/}$$
$$\quad C := C \cup \Delta C;$$
until $\quad \Delta C = \emptyset$

Das Programm zur semi-naiven Auswertung könnte in diesem Fall noch vereinfacht
werden, indem die Berechnungsschritte, die stets $\emptyset$ als Ergebnis liefern, entfernt
werden. Dies liegt daran, dass sich die Prädikate S und P in den Iterationsschritten
nicht mehr ändern, so dass $\Delta S = \emptyset$ und $\Delta P = \emptyset$ gilt.

- Semi-naive Auswertung des Prädikats *related*

$$R := \{\}; \Delta P := \{\}; \Delta S = \{\};$$
$$\Delta R := S\left(X,Y\right); \textit{/*erste Regel*/}$$
$$\Delta R := \Delta R \cup \Pi_{X,Y}\left(R\left(X,Z\right) \bowtie P\left(Y,Z\right)\right); \textit{/*zweite Regel*/}$$
$$\Delta R := \Delta R \cup \Pi_{X,Y}\left(R\left(Z,Y\right) \bowtie P\left(X,Z\right)\right); \textit{/*dritte Regel*/}$$
$$R := \Delta R;$$
repeat
$$\quad \Delta R' := \Delta R;$$
$$\quad \Delta R := \Delta S\left(X,Y\right); \textit{/*erste Regel*/}$$
$$\quad \Delta R := \Delta R \cup \Pi_{X,Y}\left(\Delta R'\left(X,Z\right) \bowtie P\left(Y,Z\right)\right)$$
$$\qquad \cup \Pi_{X,Y}\left(R\left(X,Z\right) \bowtie \Delta P\left(Y,Z\right)\right); \textit{/*zweite Regel*/}$$
$$\quad \Delta R := \Delta R \cup \Pi_{X,Y}\left(\Delta R'\left(Z,Y\right) \bowtie P\left(X,Z\right)\right)$$
$$\qquad \cup \Pi_{X,Y}\left(R\left(Z,Y\right) \bowtie \Delta P\left(X,Z\right)\right); \textit{/*dritte Regel*/}$$

$\Delta R := \Delta R - R$; /*entferne Tupel, die schon vorhanden waren*/
$R := R \cup \Delta R$;
until $\Delta R = \emptyset$

Auch hier könnten, wie im Falle von *cousin*, die Abschnitte, die stets leere Ergebnisse liefern, wegoptimiert werden.

Aufgabe 15.5

Werten Sie das in Abbildung 15.1 definierte Prädikat *Verwandt* aus. Geben Sie dazu die Algebra-Gleichung an, und zeigen Sie die Ausprägung der IDB-Relation *Verwandt* für unsere Beispielausprägung von *Voraussetzen*.

Folgender Algebra-Ausdruck ist äquivalent zur Definition von *Verwandt*:

$$\rho_{N \leftarrow \$1}(\rho_{M \leftarrow \$2}(\rho_{\text{verwandt}}(\text{aufbauen}))) \cup \rho_{M \leftarrow \$1}(\rho_{N \leftarrow \$2}(\rho_{\text{verwandt}}(\text{aufbauen}))) \cup$$
$$\Pi_{N,M}((\rho_{V \leftarrow \$1}(\rho_{N \leftarrow \$2}(\rho_{\text{verwandt}}(\text{aufbauen}))))\bowtie$$
$$(\rho_{V \leftarrow \$1}(\rho_{M \leftarrow \$2}(\rho_{\text{verwandt}}(\text{aufbauen})))))$$

Wir wenden das Datalog-Programm aus Abbildung 15.1 auf unserer Beispielausprägung (vgl. Abbildung 4.1 auf Seite 58) an:

voraussetzen	
Vorgänger	Nachfolger
5001	5041
5001	5043
5001	5049
5041	5216
5043	5052
5041	5052
5052	5259

Als Ergebnis erhalten wir folgende 48 Ergebnistupel:

[5001, 5041], [5041, 5052], [5049, 5001], [5052, 5049], [5216, 5259],
[5001, 5043], [5041, 5216], [5049, 5041], [5052, 5052], [5259, 5001],
[5001, 5049], [5041, 5259], [5049, 5043], [5052, 5216], [5259, 5041],
[5001, 5052], [5043, 5001], [5049, 5049], [5052, 5259], [5259, 5043],
[5001, 5216], [5043, 5041], [5049, 5052], [5216, 5001], [5259, 5049],
[5001, 5259], [5043, 5043], [5049, 5216], [5216, 5041], [5259, 5052],
[5041, 5001], [5043, 5049], [5049, 5259], [5216, 5043], [5259, 5216],
[5041, 5041], [5043, 5052], [5052, 5001], [5216, 5049], [5259, 5259],
[5041, 5043], [5043, 5216], [5052, 5041], [5216, 5052], [5041, 5049],
[5043, 5259], [5052, 5043], [5216, 5216]

$$\text{geschwisterVorl}(N1, N2) \quad :- \quad \begin{aligned}&\text{voraussetzen}(V, N1),\\ &\text{voraussetzen}(V, N2), N1 < N2.\end{aligned} \tag{1}$$

$$\text{geschwisterThemen}(T1, T2) \quad :- \quad \begin{aligned}&\text{geschwisterVorl}(N1, N2),\\ &\text{vorlesungen}(N1, T1, S1, R1),\\ &\text{vorlesungen}(N2, T2, S2, R2).\end{aligned} \tag{2}$$

$$\text{aufbauen}(V, N) \quad :- \quad \text{voraussetzen}(V, N). \tag{3}$$
$$\text{aufbauen}(V, N) \quad :- \quad \text{aufbauen}(V, M), \text{voraussetzen}(M, N). \tag{4}$$

$$\text{verwandt}(N, M) \quad :- \quad \text{aufbauen}(N, M). \tag{5}$$
$$\text{verwandt}(N, M) \quad :- \quad \text{aufbauen}(M, N). \tag{6}$$
$$\text{verwandt}(N, M) \quad :- \quad \text{aufbauen}(V, N), \text{aufbauen}(V, M). \tag{7}$$

Abbildung 15.1: Datalog-Programm zur Bestimmung von (thematisch) verwandten Vorlesungspaaren

Aufgabe 15.6

In Abschnitt 15.7 [Kemper und Eickler (2011)] wurde eine Datalog-Anfrage durch den Rule/Goal-Baum top-down ausgewertet. Zeigen Sie die bottom-up Auswertung für dieses Beispiel, und diskutieren Sie die Effizienzprobleme.

Die top-down Auswertung wurde für die beispielhafte Abfrage der Vorgängervorlesungen von „Wissenschaftstheorie" mit der Vorlesungsnummer 5052 gezeigt. Die Auswertung stützt sich auf die rekursive Definition des Prädikats *Aufbauen*, abgekürzt a (vs steht für *voraussetzen*):

$$a(V, N) \quad :- \quad vs(V, N).$$
$$a(V, N) \quad :- \quad a(V, M), vs(M, N).$$

Möchte man dieselbe Anfrage bottom-up auswerten, so wird zuerst die gesamte intensionale Datenbasis (IDB) von *Aufbauen* berechnet. Aus dieser werden anschließend die sich qualifizierenden Tupel selektiert. Abbildung 15.2 zeigt die semi-naive Auswertung des Prädikats. Insgesamt werden 12 Tupel berechnet, von denen sich letztlich aber nur drei qualifizieren, nämlich [5043,5052], [5041,5052] und [5001,5052].

Effizienzprobleme, die sich dadurch ergeben, sind zum einen ein höherer Berechnungsaufwand und zum anderen der höhere Speicherplatzbedarf, da die komplette IDB als Zwischenergebnis berechnet werden muss.

Schritt	ΔA
Initialisierung	(sieben Tupel aus Vs) $[5001, 5042], [5001, 5043]$ $[5043, 5052], [5041, 5052]$ $[5001, 5049], [5041, 5216]$ $[5052, 5259]$
1. Iteration	(Pfade der Länge 2) $[5001, 5216], [5001, 5052]$ $[5041, 5259], [5043, 5259]$
2. Iteration	(Pfade der Länge 3) $[5001, 5259]$
3. Iteration	$\emptyset$ (Terminierung)

Abbildung 15.2: Illustration der semi-naiven Auswertung von *Aufbauen*

Aufgabe 15.7

Gegeben sei folgendes Datalog-Programm, wobei v ein EDB-Prädikat und a und b IDB-Prädikate seien:

$$a(X, Y) \ :- \ v(X, Y).$$
$$a(X, Y) \ :- \ b(X, Y).$$
$$b(X, Y) \ :- \ a(X, Z), v(Z, Y).$$

- Zeigen Sie den Abhängigkeitsgraphen.

- Geben Sie das Programm zur naiven Auswertung von A und B – den Relationen, die durch a bzw. b definiert werden – an.

- Geben Sie das Programm zur semi-naiven Auswertung an.

- Was wird durch a bzw. b definiert, wenn v für *voraussetzen* steht?

Abhängigkeitsgraph

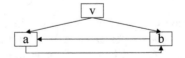

Naive Auswertung

$A := \{\}; B := \{\};$
repeat
$\quad A' := A;$
$\quad B' := B;$

$A := V(X, Y); /\text{*}erste\ Regel\text{*}/$
$A := A(X, Y) \cup B'(X, Y); /\text{*}zweite\ Regel\text{*}/$
$B := \Pi_{X,Y}(A'(X, Z) \bowtie V(Z, Y)); /\text{*}dritte\ Regel\text{*}/$
until $A' = A \wedge B' = B$
output $A, B;$

Semi-naive Auswertung

$A := \{\}; B := \{\}; \Delta V := \{\};$
$\Delta A := V(X, Y); /\text{*}erste\ Regel\text{*}/$
$\Delta A := \Delta A \cup B; /\text{*}zweite\ Regel\text{*}/$
$\Delta B := \Pi_{X,Y}(A(X, Z) \bowtie V(Z, Y)); /\text{*}dritte\ Regel\text{*}/$
$A := \Delta A;$
$B := \Delta B;$
repeat
    $\Delta A' := \Delta A;$
    $\Delta B' := \Delta B;$
    $\Delta A := \Delta V(X, Y); /\text{*}liefert\ \emptyset\ \text{*}/$
    $\Delta A := \Delta A \cup \Delta B'; /\text{*}zweite\ Regel\text{*}/$
    $\Delta B := \Pi_{X,Y}(\Delta A'(X, Z) \bowtie V(Z, Y))$
            $\cup \Pi_{X,Y}(A(X, Z) \bowtie \Delta V(Z, Y)); /\text{*}dritte\ Regel\text{*}/$
    $\Delta A := \Delta A - A; /\text{*}entferne\ Tupel,\ die\ schon\ vorhanden\ waren\text{*}/$
    $\Delta B := \Delta B - B;$
    $A := A \cup \Delta A;$
    $B := B \cup \Delta B;$
until $\Delta A = \emptyset \wedge \Delta B = \emptyset$

Semantik von a und b

Falls die Ausprägung von v der Relation *voraussetzen* entspricht, so wird durch a nichts anderes als die aus Abschnitt 15.5 [Kemper und Eickler (2011)] bekannte IDB *Aufbauen* definiert. A ist also die transitive Hülle der Relation *voraussetzen*. Die Rekursivität des Prädikats ist durch die dritte Regel gegeben, die den Zusammenhang zwischen a und b beschreibt. Die Rekursivität ist auch im Abhängigkeitsgraphen erkennbar. B besteht hingegen aus dem Delta der *Aufbauen*-Ausprägung und *voraussetzen*, d.h. B beinhaltet alle Paare von *nicht direkten* Voraussetzungen.

Schritt	ΔA	ΔB
Initialisierung	(Einträge aus *voraussetzen*) [5001, 5041], [5001, 5043], [5043, 5052], [5041, 5052], [5001, 5049], [5041, 5216], [5052, 5259],	
1. Iteration	/*Pfade der Länge 2*/ [5001, 5216], [5001, 5052], [5041, 5259], [5043, 5259]	[5001, 5216], [5001, 5052], [5041, 5259], [5043, 5259]
2. Iteration	/*Pfade der Länge 3*/ [5001, 5259]	[5001, 5259]

Aufgabe 15.8

Definieren Sie das Prädikat $sg(X, Y)$, das für „*same generation*" steht. Zwei Personen gehören derselben Generation an, wenn sie mindestens je ein Elternteil haben, das derselben Generation angehört.

- Zeigen Sie die naive Auswertung von sg für die Beispielausprägung von *Parent* aus Aufgabe 15.4.

- Zeigen Sie die semi-naive Auswertung auf, d.h. geben Sie das Auswertungsprogramm an, und zeigen Sie die schrittweise erzeugten Auswertungs-Deltas.

Folgende Abbildung zeigt zwei Beispiele, wie Tupel in sg ermittelt werden können. In der linken Darstellung sind X und Y in derselben Generation, wenn Z ein gemeinsamer Elternteil ist. In der rechten Darstellung sind zum Beispiel (X, Y) in derselben Generation.

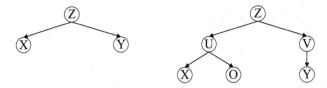

Folgendes Datalog-Programm berechnet die Tupel von Personen, die in derselben Generation sind (vgl. Aufgabe 15.1 bzgl. der Wiederholung von Variablen im Regelkopf!):

$$sg(X, Y) \quad :- \quad parent(Z, X), X = Y. \tag{1}$$
$$sg(X, Y) \quad :- \quad parent(X, Z), X = Y. \tag{2}$$
$$sg(X, Y) \quad :- \quad sg(U, V), parent(X, U), parent(Y, V). \tag{3}$$

Eine Ausprägung von sg enthält zum einen alle Tupel von identischen Paaren, d.h. [a,a], [b,b], ..., da jede Person „mit sich selbst" in derselben Generation ist. Allerdings kann man die Regel dazu nicht einfach mit „$sg(X, X)$." angeben, da die Variable X dann nicht gebunden ist. X, d.h. die jeweilige Person, kann zum einen als Elternteil oder als Kind auftreten. Da die Datenbasis unter Umständen nicht vollständig ist, d.h. zu manchen Personen ggf. keine Eltern-Information mit abgelegt ist, benötigt man die Regeln (1) und (2), um alle Personen X zu „finden".

In den folgenden Programmen kürzen wir die Ausprägung von sg mit S und die EDB von *parent* mit P ab.

Naive Auswertung

$\quad S := \{\};$
repeat
$\quad\quad S' := S;$
$\quad\quad S := \Pi_{X,Y} (P(Z, X) \bowtie_{X=Y} P(Z, Y));$
$\quad\quad S := S(X, Y) \cup \Pi_{X,Y} (P(X, Z) \bowtie_{X=Y} P(Y, Z));$
$\quad\quad S := S(X, Y) \cup \Pi_{X,Y} (P(X, U) \bowtie (S'(U, V) \bowtie P(Y, V)));$

until $S' = S$
output S;

Das Ergebnis enthält also insbesondere Paare, die in beiden Komponenten übereinstimmen, d.h. [a,a], [b,b], ...

Schritt	S
Initialisierung	{}
Schritt 1	[c, c], [a, a], [d, d], [b, b], [e, e], [f, f], [g, g], [h, h], [i, i], [j, j], [k, k]
Schritt 2	[c, c], [a, a], [d, d], [b, b], [e, e], [f, f], [g, g], [h, h], [i, i], [j, j], [k, k], [c, d], [d, c], [d, e], [e, d], [f, g], [g, f], [h, i], [i, h], [i, f], [f, i]
Schritt 3	[c, c], [a, a], [d, d], [b, b], [e, e], [f, f], [g, g], [h, h], [i, i], [j, j], [k, k], [c, d], [d, c], [d, e], [e, d], [f, g], [f, h], [f, i], [g, f], [g, h], [g, i], [h, i], [h, f], [h, g], [i, h], [i, f], [i, g], [j, k], [k, j]
Schritt 4	liefert keine zusätzlichen Elemente! Algorithmus terminiert

Semi-naive Auswertung

$S := \{\}; \Delta S := \{\};$
$\Delta S := \Pi_{X,Y} \left(P\left(Z, X\right) \bowtie_{X=Y} P\left(Z, Y\right) \right);$
$\Delta S := \Delta S\left(X, Y\right) \cup \Pi_{X,Y} \left(P\left(X, Z\right) \bowtie_{X=Y} P\left(Y, Z\right) \right);$
$\Delta S := \Delta S\left(X, Y\right) \cup \Pi_{X,Y} \left(P\left(X, U\right) \bowtie \left(S\left(U, V\right) \bowtie P\left(Y, V\right) \right) \right);$
$S := \Delta S;$
repeat
    $\Delta S' := \Delta S;$
    $\Delta S := \Pi_{X,Y} \left(P\left(Z, X\right) \bowtie_{X=Y} \Delta P\left(Z, Y\right) \right)$ /*erste und*/;
        $\cup \, \Pi_{X,Y} \left(\Delta P\left(Z, X\right) \bowtie_{X=Y} P\left(Z, Y\right) \right)$
        $\cup \, \Pi_{X,Y} \left(P\left(X, Z\right) \bowtie_{X=Y} \Delta P\left(Y, Z\right) \right)$ /*zweite Regel*/
        $\cup \, \Pi_{X,Y} \left(\Delta P\left(X, Z\right) \bowtie_{X=Y} P\left(Y, Z\right) \right);$ /*liefern $\emptyset$*/
    $\Delta S := \Delta S$
        $\cup \, \Pi_{X,Y} \left(\Delta P\left(X, U\right) \bowtie \left(S\left(U, V\right) \bowtie P\left(Y, V\right) \right) \right)$ /*liefert $\emptyset$*/
        $\cup \, \Pi_{X,Y} \left(P\left(X, U\right) \bowtie \left(\Delta S'\left(U, V\right) \bowtie P\left(Y, V\right) \right) \right)$ /*kann $\neq \emptyset$ sein*/
        $\cup \, \Pi_{X,Y} \left(P\left(X, U\right) \bowtie \left(S\left(U, V\right) \bowtie \Delta P\left(Y, V\right) \right) \right);$ /*liefert $\emptyset$*/
    $\Delta S := \Delta S - S;$ /*entferne Tupel, die schon vorhanden waren*/
    $S := S \cup \Delta S;$
until $\Delta S = \emptyset$

Schritt	ΔS
Initialisierung	[c, c], [a, a], [d, d], [b, b], [e, e], [f, f], [g, g], [h, h], [i, i], [j, j], [k, k]
Schritt 1	[c, d], [d, c], [d, e], [e, d], [f, g], [g, f], [h, i], [i, h], [i, f], [f, i]
Schritt 2	[f, h], [g, h], [g, i], [h, f], [h, g], [i, g], [j, k], [k, j]
Schritt 3	bringt keine zusätzlichen Elemente! Algorithmus terminiert

Aufgabe 15.9

Ist folgendes Datalog-Programm stratifiziert?

$$p(X, Y) \quad :- \quad q_1(Y, Z), \neg q_2(Z, X), q_3(X, P).$$
$$q_2(Z, X) \quad :- \quad q_4(Z, Y), q_3(Y, X).$$
$$q_4(Z, Y) \quad :- \quad p(Z, X), q_3(X, Y).$$

Ist das Programm sicher – unter der Annahme, dass p, q_1, q_2, q_3, q_4 IDB- oder EDB-Prädikate sind?

Das angegebene Datalog-Programm ist *nicht stratifiziert*. In der ersten Regel tritt das Subgoal q_2 negiert auf. Während der Auswertung von p liegt q_2 allerdings noch nicht vollständig materialisiert vor, da q_2 transitiv von p abhängt. Dies zeigt sich in folgendem Abhängigkeitsgraphen, in dem ein Zyklus auftritt, der p, q_4 und q_2 umfasst.

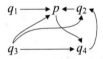

Das Programm ist *sicher*, da der Aufgabenstellung zufolge alle angegebenen Subgoals p, q_1, q_2, q_3, q_4 IDB- oder EDB-Prädikate sind. Da IDB- und EDB-Prädikate endlich sind, gilt damit die Behauptung. Für den Nachweis, dass ein Datalog-Programm sicher ist, dürfen negierte Subgoals nicht betrachtet werden. In q_2 tritt jedoch keine freie Variable auf, die nicht auch in einem nicht-negierten Subgoal auftritt. Im Speziellen heißt dies, dass die Variablen X und Z eingeschränkt sind.

Aufgabe 15.10

Warum definiert das folgende Prädikat *spezialVorl'* nicht die nach Abschnitt 15.8.3 [Kemper und Eickler (2011)] gewünschte IDB?

$$\text{spezialVorl}'(V) \quad :- \quad \text{vorlesungen}(V, T1, S1, R1), \neg\text{voraussetzen}(V, N),$$
$$\text{vorlesungen}(N, T2, S2, R2).$$

Was wird definiert? Zeigen Sie die Herleitung.

Das angegebene alternative Programm ermittelt im Allgemeinen zu viele Vorlesungen. Der entsprechende Algebraausdruck zum Programm ist:

$$\Pi_V(\text{Vorlesungen}(V, T1, S1, R1) \bowtie \overline{\text{voraussetzen}(V, N)}$$
$$\bowtie \text{Vorlesungen}(N, T2, S2, R2))$$

Dabei ist das Komplement von *voraussetzen* gegeben als

$$\overline{\text{voraussetzen}} = (DOM \times DOM) - \text{voraussetzen}$$

wenn *DOM* der Menge aller Attributwerte aller EDB-Relationen sowie aller im Datalog-Programm vorkommenden Konstanten entspricht. Durch die beiden Joins mit *Vorlesungen* wird *DOM* auf die Menge der Vorlesungsnummern beschränkt. Bezeichnet man diese Menge als *VORLNR*, so entspricht die Auswertung von *spezialVorl'* folgendem relationalen Algebraausdruck:

$$\Pi_V((\rho_{V \leftarrow \$1}(\rho_{N \leftarrow \$2}(VORLNR \times VORLNR))) - \text{voraussetzen}(V, N))$$

Und diese Menge entspricht nicht der, die man eigentlich haben möchte, nämlich

$$\rho_{V \leftarrow \$1}(VORLNR) - \Pi_V(\text{voraussetzen}(V, N))$$

Folgender SQL-Ausdruck entspricht der Auswertung von *spezialVorl'*:

```
select distinct V
from ( select v1.VorlNr as V, v2.VorlNr as N
       from Vorlesungen v1, Vorlesungen v2
       except
       select Vorgänger as V, Nachfolger as N
       from voraussetzen) spezialVorl2;
```

Angewendet auf unsere Beispielausprägung ergibt sich als Ergebnis:

$$spezialVorl' = \{4052, 4630, 5001, 5022, 5041, 5043, 5049, 5052, 5216, 5259\}$$

Folgende Anfrage entspricht *spezialVorl*:

```
select VorlNr as V
from Vorlesungen
where VorlNr not in (select Vorgänger from voraussetzen);
```

Wertet man diese Anfrage auf der bekannten Beispielausprägung aus, so erhält man:

$$spezialVorl = \{4052, 4630, 5022, 5049, 5216, 5259\}$$

Die Differenz der Mengen *spezialVorl'* und *spezialVorl* ist:

$$\{5001, 5041, 5043, 5052\}$$

Aufgabe 15.11

Setzen Sie das Datalog-Programm aus Abbildung 15.1 in View-Definitionen in SQL um.
Die Anfragen bauen auf dem bekannten Uni-Schema auf. Verwenden Sie insbesondere
die Möglichkeit, rekursive Views zu definieren.

Verwendet man IBM DB2 als Datenbanksystem, so können für die IDBs *geschwister-Vorl*, *geschwisterThemen*, *aufbauen* und *verwandt* folgende äquivalente Sichten erstellt
werden:

```
create view geschwisterVorl(N1,N2) as (
  select v1.Nachfolger, v2.Nachfolger
  from voraussetzen v1, voraussetzen v2
  where v1.Vorgänger = v2.Vorgänger
    and v1.Nachfolger < v2.Nachfolger);

create view geschwisterThemen (T1, T2) as (
  select v1.Titel, v2.Titel
  from geschwisterVorl gV, Vorlesungen v1, Vorlesungen v2
  where gV.N1 = v1.VorlNr
    and gV.N2 = v2.VorlNr );


create view aufbauen(V, N) as (
  select Vorgänger, Nachfolger
  from voraussetzen
  union all
  select a.V, vv.Nachfolger
  from aufbauen a, voraussetzen vv
  where a.N = vv.Vorgänger);

create view verwandt (N, M) as (
  (select V, N
   from aufbauen)
  union all
  (select N, V
   from aufbauen)
  union all
  (select a1.N, a2.N
   from aufbauen a1, aufbauen a2
   where a1.V = a2.V));
```

Aufgabe 15.12

Gegeben sei die *KindEltern*-Ausprägung für den in Abbildung 6.3 (Seite 144) gezeigten Ausschnitt aus dem Stammbaum der griechischen Götter und Helden:

KindEltern		
Vater	Mutter	Kind
Zeus	Leto	Apollon
Zeus	Leto	Artemis
Kronos	Rheia	Hades
Zeus	Maia	Hermes
Koios	Phoebe	Leto
Atlas	Pleione	Maia
Kronos	Rheia	Poseidon
Kronos	Rheia	Zeus

Formulieren Sie folgende Anfragen in SQL:

a) Bestimmen Sie alle Geschwisterpaare. Wenden Sie dafür die in Aufgabe 15.4 eingeführte Definition für *sibling* an.

b) Ermitteln Sie gemäß der *cousin* Definition die Paare von Cousins und Cousinen. Ihre Lösung sollte unter IBM DB2 und Microsoft SQL Server ausführbar sein.

c) Geben Sie alle Verwandtschaftsbeziehungen gemäß der Definition *related* aus Aufgabe 15.4 an. Ihre Lösung sollte ebenfalls wieder unter IBM DB2 und Microsoft SQL Server ausführbar sein.

d) Bestimmen Sie alle Nachfahren von Kronos. Formulieren Sie die Anfrage einmal so, dass sie unter IBM DB2 und SQL Server ausführbar ist, und ein weiteres Mal im SQL-Dialekt von Oracle.

Für die nachfolgenden Anfragen ist eine Unterscheidung hinsichtlich Vater und Mutter nicht erforderlich – es genügt zu wissen, in welcher Eltern-Kind-Beziehung bestimmte Personen zueinander stehen. Deshalb erstellen wir uns aufbauend auf *KindEltern* die View *Parent* analog zur EDB *Parent* aus Aufgabe 15.4:

```
create view Parent as
  select Kind, Vater as Elternteil
  from KindEltern
  union
  select Kind, Mutter as Elternteil
  from KindEltern;
```

a) Zwei Kinder sind Geschwister, wenn Sie einen gemeinsamen Elternteil haben. In SQL können wir dies wie folgt formulieren, wobei wir zur Duplikatelimination **distinct** verwenden:

```
create view Sibling as
  select distinct ek1.Kind as Name, ek2.Kind as
    BruderSchwester
```

```
    from Parent ek1, Parent ek2
    where ek1.Elternteil = ek2.Elternteil
      and ek1.Kind != ek2.Kind;
```

b) In IBM DB2 und Microsoft SQL-Server können rekursive Anfragen mittels temporärer Views erzeugt werden. Damit lässt sich die rekursive *cousin*-Definition wie folgt übernehmen:

```
with Cousins (Name, Cousin) as
  (select ek1.Kind as Name, ek2.Kind as Cousin
   from Parent ek1, Parent ek2, Sibling g
   where ek1.Elternteil = g.Name
     and ek2.Elternteil = g.BruderSchwester
   union all
   select ekA.Kind as Name, ekB.Kind as Cousin
   from Parent ekA, Parent ekB, Cousins c
   where ekA.Elternteil = c.Name
     and ekB.Elternteil = c.Cousin)
select *
from Cousins;
```

c) *related* ist in Aufgabe 15.4 in drei Stufen definiert. Diese drei Prädikate übernehmen wir in die Definition der temporären View (**with**-Abschnitt) und vereinigen sie mittels **union all**:

```
with Related (Name, Mit) as
  (select Name, BruderSchwester as Mit
   from Sibling
   union all
   select v1.Name, ek1.Kind as Mit
   from Related v1, Parent ek1
   where v1.Mit = ek1.Elternteil
   union all
   select ek2.Kind as Name, v2.Mit as Mit
   from Related v2, Parent ek2
   where v2.Name = ek2.Elternteil)
select distinct *
from Related;
```

d) Folgende Anfrage ermittelt den vollständigen Stammbaum auf der angegebenen Beispielausprägung und selektiert anschließend die Nachfahren von Kronos:

```
with Stammbaum (Ahne, Nachfahre) as
 (select Elternteil as Ahne, Kind as Nachfahre
  from Parent
  union all
  select sb.Ahne, ek.Kind as Nachfahre
  from Parent ek, Stammbaum sb
  where ek.Elternteil = sb.Nachfahre)
select distinct Nachfahre
from Stammbaum
where Ahne = 'Kronos';
```

In Oracle können rekursive Anfragen auf Hierarchien mittels des **connect by**-Befehls erstellt werden. Die **start with**-Klausel schränkt auf die Vorfahren von Kronos ein:

```
select Kind
from Parent ek
connect by ek.Elternteil = prior Kind
start with Elternteil = 'Kronos';
```

16. Verteilte Datenbanken

Aufgabe 16.1

Führen Sie die horizontale Zerlegung der Relation *Professoren* aus Abbildung 16.1 durch. Es sollen solche Gruppen zusammengefasst werden, die in derselben Fakultät arbeiten, denselben Rang haben und ihr Büro auf dem gleichen Stockwerk (erkennbar an der ersten Ziffer des *Raum*-Attributes) haben. Geben Sie alle Zerlegungsprädikate an und ermitteln Sie dann, welche Konjunktionen konstant *false* sind.

Die Zerlegungsprädikate für die horizontale Fragmentierung der Relation *Professoren* beziehen sich auf die Attribute *Rang*, *Fakultät* und *Raum*. Der Rang von Professoren ist entweder C2, C3 oder C4. Es gibt in unserer Beispielausprägung drei Fakultäten (Theologie, Physik und Philosophie) und vier Stockwerke, auf denen sich die Büros der Professoren befinden. Daraus ergeben sich folgende Zerlegungsprädikate:

$$
\begin{aligned}
p_1 &\equiv \text{Fakultät} = \text{'Theologie'}\\
p_2 &\equiv \text{Fakultät} = \text{'Physik'}\\
p_3 &\equiv \text{Fakultät} = \text{'Philosophie'}\\
p_4 &\equiv \text{Rang} = \text{'C2'}\\
p_5 &\equiv \text{Rang} = \text{'C3'}\\
p_6 &\equiv \text{Rang} = \text{'C4'}\\
p_7 &\equiv \text{Raum } div\ 100 = 0\\
p_8 &\equiv \text{Raum } div\ 100 = 1\\
p_9 &\equiv \text{Raum } div\ 100 = 2\\
p_{10} &\equiv \text{Raum } div\ 100 = 3
\end{aligned}
$$

Dabei ist *div* der ganzzahlige Divisionsoperator. Listet man alle möglichen Kombinationen der 10 Zerlegungsprädikate auf, so ergeben sich $2^{10} = 1024$ unterschiedliche Kombinationen, wobei die meisten jedoch Kontradiktionen sind. Ein Selektionsprädikat *sel*, das ein Fragment bezeichnet, ist unter anderem dann eine Kontradiktion, wenn eines der folgenden Eigenschaften darauf zutrifft:

1. *sel* erfordert, dass Professoren mehr als einer oder gar keiner Fakultät zugeordnet sind. Dies trifft auf folgende Konjunktionen zu: $(\neg p_1 \wedge \neg p_2 \wedge \neg p_3 \ldots)$, $(p_1 \wedge p_2 \wedge \neg p_3 \ldots)$, $(p_1 \wedge \neg p_2 \wedge p_3 \ldots)$, $(\neg p_1 \wedge p_2 \wedge p_3 \ldots)$, $(p_1 \wedge p_2 \wedge p_3 \ldots)$.

2. *sel* erfordert, dass Professoren mehr als einen oder gar keinen Rang haben. Dies trifft auf folgende Konjunktionen zu: $(\ldots \neg p_4 \wedge \neg p_5 \wedge \neg p_6 \ldots)$, $(\ldots p_4 \wedge p_5 \wedge \neg p_6 \ldots)$, $(\ldots p_4 \wedge \neg p_5 \wedge p_6 \ldots)$, $(\ldots \neg p_4 \wedge p_5 \wedge p_6 \ldots)$, $(\ldots p_4 \wedge p_5 \wedge p_6 \ldots)$.

3. *sel* erfordert, dass die Büros von Professoren auf mehr als einem oder gar keinem Stockwerk liegen. Dies trifft auf folgende Konjunktionen zu: $(\ldots \neg p_7 \wedge \neg p_8 \wedge \neg p_9 \wedge$

Professoren						
PersNr	Name	Rang	Raum	Fakultät	Gehalt	Steuerklasse
2125	Sokrates	C4	226	Philosophie	85000	1
2126	Russel	C4	232	Philosophie	80000	3
2127	Kopernikus	C3	310	Physik	65000	5
2133	Popper	C3	52	Philosophie	68000	1
2134	Augustinus	C3	309	Theologie	55000	5
2136	Curie	C4	36	Physik	95000	3
2137	Kant	C4	7	Philosophie	98000	1

Abbildung 16.1: Beispielausprägung der um drei Attribute erweiterten Relation *Professoren*

$\neg p_{10}), (\ldots p_7 \wedge p_8 \wedge \neg p_9 \wedge \neg p_{10}), (\ldots p_7 \wedge \neg p_8 \wedge p_9 \wedge \neg p_{10}), (\ldots p_7 \wedge \neg p_8 \wedge \neg p_9 \wedge p_{10}),$
$(\ldots \neg p_7 \wedge p_8 \wedge p_9 \wedge \neg p_{10}), (\ldots \neg p_7 \wedge p_8 \wedge \neg p_9 \wedge p_{10}), (\ldots \neg p_7 \wedge \neg p_8 \wedge p_9 \wedge p_{10}),$
$(\ldots \neg p_7 \wedge p_8 \wedge p_9 \wedge p_{10}), (\ldots p_7 \wedge \neg p_8 \wedge p_9 \wedge p_{10}), (\ldots p_7 \wedge p_8 \wedge \neg p_9 \wedge p_{10}),$
$(\ldots p_7 \wedge p_8 \wedge p_9 \wedge \neg p_{10}), (\ldots p_7 \wedge p_8 \wedge p_9 \wedge p_{10}).$

Damit bleiben nur solche Kombinationen übrig, die genau eine Fakultät, einen Rang und ein Stockwerk klassifizieren. In unserem Fall also $3 \cdot 3 \cdot 4 = 36$ unterschiedliche Prädikate.

Wenn **null**-Werte zulässig wären, müsste man dies bei der Partitionierung noch zusätzlich berücksichtigen, wodurch sich die Anzahl der Partitionen auf $4 \cdot 4 \cdot 5 = 80$ erhöht.

Für die folgende Aufgabe benennen wir die Resultat-Fragmente entsprechend des Aufbaus des Selektionsprädikats. Aus der Konjunktion

$$\neg p_1 \wedge \neg p_2 \wedge p_3 \wedge \neg p_4 \wedge \neg p_5 \wedge p_6 \wedge \neg p_7 \wedge \neg p_8 \wedge p_9 \wedge \neg p_{10}$$

leiten wir das Fragment *PhiloProfsC4Stock2* ab, dem z.B. Sokrates zugeordnet ist.

Aufgabe 16.2

Zu der eben in Aufgabe 16.1 ermittelten horizontalen Zerlegung von Professoren führen Sie nun die abgeleitete horizontale Zerlegung von *Vorlesungen* durch.

Bei der abgeleiteten horizontalen Zerlegung der Relation *Vorlesungen* bilden wir Cluster von Vorlesungen, die über die *gelesenVon=PersNr*-Beziehung den in der vorangegangenen Aufgabe erstellten Fragmenten zugeordnet sind. Wir gehen bei der Benennung der Fragmente analog zur Benennung der *Professoren*-Fragmente vor und erhalten

TheolVorlsC2Stock0   :=   Vorlesungen $\ltimes_{\text{gelesenVon=PersNr}}$ TheolProfsC2Stock0
TheolVorlsC2Stock1   :=   Vorlesungen $\ltimes_{\text{gelesenVon=PersNr}}$ TheolProfsC2Stock1
$\quad\vdots$ $\vdots$
TheolVorlsC3Stock0   :=   Vorlesungen $\ltimes_{\text{gelesenVon=PersNr}}$ TheolProfsC3Stock0
$\quad\vdots$ $\vdots$
TheolVorlsC4Stock3   :=   Vorlesungen $\ltimes_{\text{gelesenVon=PersNr}}$ TheolProfsC4Stock3

$$\text{PhysikVorlsC2Stock0} \quad := \quad \text{Vorlesungen} \bowtie_{\text{gelesenVon=PersNr}} \text{PhysikProfsC2Stock0}$$

$$\vdots \qquad\qquad\qquad\qquad\qquad \vdots$$

$$\text{PhysikVorlsC4Stock3} \quad := \quad \text{Vorlesungen} \bowtie_{\text{gelesenVon=PersNr}} \text{PhysikProfsC4Stock3}$$

$$\text{PhiloVorlsC2Stock0} \quad := \quad \text{Vorlesungen} \bowtie_{\text{gelesenVon=PersNr}} \text{PhiloProfsC2Stock0}$$

$$\vdots \qquad\qquad\qquad\qquad\qquad \vdots$$

$$\text{PhiloVorlsC4Stock3} \quad := \quad \text{Vorlesungen} \bowtie_{\text{gelesenVon=PersNr}} \text{PhiloProfsC4Stock3}$$

Von den erstellten 36 abgeleiteten Fragmenten sind in unserer kleinen Beispielausprägung die meisten leer (siehe Abbildungen 4.1 auf Seite 58 und 16.1). Folgende nicht-leere Fragmente ergeben sich:

TheolVorlsC3Stock3			
VorlNr	Titel	SWS	gelesenVon
5022	Glaube und Wissen	2	2134

PhiloVorlsC3Stock0			
VorlNr	Titel	SWS	gelesenVon
5259	Der Wiener Kreis	2	2133

PhiloVorlsC4Stock0			
VorlNr	Titel	SWS	gelesenVon
5001	Grundzüge	4	2137
4630	Die 3 Kritiken	4	2137

PhiloVorlsC4Stock2			
VorlNr	Titel	SWS	gelesenVon
5041	Ethik	4	2125
5043	Erkenntnistheorie	3	2126
5049	Mäeutik	2	2125
4052	Logik	4	2125
5052	Wissenschaftstheorie	3	2126
5216	Bioethik	2	2126

Aufgabe 16.3

Bei einer abgeleiteten horizontalen Zerlegung kann es vorkommen, dass die erzeugten Fragmente nicht disjunkt sind. Charakterisieren Sie, unter welchen Umständen Disjunktheit gewährleistet ist, und unter welchen Umständen dies nicht der Fall ist. Hinweis: Charakterisieren Sie die Beziehung zwischen der primär zerlegten Relation und der davon abhängig fragmentierten Relation.

Welche Voraussetzungen müssen erfüllt sein, so dass eine abgeleitete Fragmentierung vollständig ist? Erläutern Sie dies an dem in Abschnitt 16.3.2 [Kemper und Eickler (2011)] behandelten Beispiel, in dem die Relation *Vorlesungen* fragmentiert wurde.

Ob Disjunktheit bei einer abgeleiteten Zerlegung gewährleistet ist oder nicht, hängt von den Multiplizitäten (m_1 und m_2 in der Abbildung) der in Beziehung stehenden Relationen ab.

Wir betrachten im Folgenden Abhängigkeiten, die sich ergeben, wenn die Zerlegung von R von der Zerlegung der Relation S abgeleitet wird.

$N{:}1$ In diesem Fall ist die disjunkte Zerlegung von R gewährleistet. Denn zu jedem Tupel $r \in R$ kann es höchstens ein $s \in S$ geben, so dass $\Pi_{Rel}(r \bowtie s) \in Rel$ gilt. Die abgeleitete Zerlegung liefert also disjunkte Fragmente von R.

Dieser Fall der abgeleiteten horizontalen Zerlegung ist am Beispiel der Aufteilung von Vorlesungen bzgl. der Dozenten in Abschnitt 16.3.2 [Kemper und Eickler (2011)] gezeigt, d.h. R entspricht *Vorlesungen* und S entspricht *Professoren*.

 Hinweis

Die allgemeine $N{:}1$-Beziehung erzwingt nicht, dass zu jedem $r \in R$ auch ein $s \in S$ existieren muss, so dass das Tupel $[r, s]$ in Rel enthalten ist. Die Tupel aus R, die nicht in Rel auftreten, können dann einer ausgewählten Partition fest zugeordnet werden.

$1{:}N$ In diesem Fall ist die Zuordnung von Tupeln $r \in R$ zu Tupeln $s \in S$ durch die Beziehung Rel nicht mehr eindeutig. Damit kann auch die Disjunktheit der abgeleiteten horizontalen Zerlegung von R nicht mehr sichergestellt werden.

Als Beispiel betrachte man wieder die Relationen *Vorlesungen* (entspricht S) und *Professoren* (entspricht R). Partitioniert man *Vorlesungen* gemäß dem Attribut SWS, also in Partitionen von zwei-, drei- und vierstündigen Vorlesungen und zerlegt die Relation *Professoren* abhängig davon, so wird die Disjunktheit bereits bei unserer kleinen Beispiel-Universitätsverwaltung verletzt (vgl. Abbildung 4.1, Seite 58): Sokrates hält sowohl vierstündige Vorlesungen (Ethik und Logik), wie auch eine zweistündige Vorlesung (Mäeutik) und wird damit zwei Partitionen zugeordnet.

$N{:}M$ Da dieser Fall eine Verallgemeinerung von $1{:}N$ ist, kann auch hier Disjunktheit nicht gewährleistet werden.

Aufgabe 16.4

Für die Rekonstruierbarkeit der Originalrelation R aus vertikalen Fragmenten $R_1, \ldots, R_n$ reicht es eigentlich, wenn Fragmente paarweise einen Schlüsselkandidaten enthalten. Illustrieren Sie, warum es also nicht notwendig ist, dass der Durchschnitt aller Fragmentschemata einen Schlüsselkandidaten enthält. Es muss also nicht unbedingt gelten

$$R_1 \cap \cdots \cap R_n \supseteq \kappa,$$

wobei κ ein Schlüsselkandidat aus R ist.

Geben Sie ein anschauliches Beispiel hierfür – am besten bezogen auf unsere Beispiel-Relation *Professoren*.

Verfährt man wie in der Aufgabenstellung beschrieben, so kann die Originalrelation R mittels Joins über die paarweise gemeinsamen Schlüsselkandidaten sukzessive rückberechnet werden. Durch einen Induktionsbeweis kann dies auch relativ einfach formal bewiesen werden. Wir wollen hier stattdessen ein anschauliches Beispiel bezogen auf die in Abbildung 16.1 dargestellte Beispielausprägung der *Professoren*-Relation geben.

Die Relation *Professoren* hat zwei Schlüsselkandidaten, *PersNr* und *Raum*, wenn man davon ausgeht, dass Professoren sich ihr Büro nicht teilen müssen. Wir zerlegen die Relation vertikal in drei Partitionen. Partition R_1 dient einem Universitäts-Auskunftssystem, Partition R_2 wird für die Raumverwaltung benötigt und Partition R_3 wird von der Verwaltungsstelle zur Administration der Gehälter verwendet. Die Zerlegung sieht dann beispielsweise wie folgt aus:

$$\mathcal{R}_1 : \{[\underline{\text{Raum}}, \text{Name, Rang}]\}$$
$$\mathcal{R}_2 : \{[\underline{\text{PersNr}}, \text{Raum, Fakultät}]\}$$
$$\mathcal{R}_3 : \{[\underline{\text{PersNr}}, \text{Name, Gehalt, Steuerklasse}]\}$$

Anders ausgedrückt:

$$R_1 = \Pi_{\text{Raum, Name, Rang}}(\text{Professoren})$$
$$R_2 = \Pi_{\text{PersNr, Raum, Fakultät}}(\text{Professoren})$$
$$R_3 = \Pi_{\text{PersNr, Name, Gehalt, Steuerklasse}}(\text{Professoren})$$

Die Originalrelation R, d.h. *Professoren*, kann dann wie folgt wieder erstellt werden:

$$R = (R_1 \bowtie_{\text{Raum}} R_2) \bowtie_{\text{PersNr}} R_3$$

Aufgabe 16.5

Beweisen Sie, dass allgemein Folgendes gilt:

$$(R_1 \cup R_2) \bowtie_p (S_1 \cup S_2) = (R_1 \bowtie_p S_1) \cup (R_2 \bowtie_p S_1) \cup (R_1 \bowtie_p S_2) \cup (R_2 \bowtie_p S_2)$$

Nehmen wir nun an, dass Folgendes gilt:

- $S_1 = (S_1 \cup S_2) \ltimes_p R_1$
- $S_2 = (S_1 \cup S_2) \ltimes_p R_2$

Beweisen Sie unter dieser Annahme, dass jetzt gilt:

$$(R_1 \cup R_2) \bowtie_p (S_1 \cup S_2) = (R_1 \bowtie_p S_1) \cup (R_2 \bowtie_p S_2)$$

Verallgemeinern Sie den Beweis. Seien also $R_1, \ldots, R_n$ und $S_1, \ldots, S_n$ gegeben. Dabei sei S_i als $(S_1 \cup \ldots \cup S_n) \ltimes_p R_i$ festgelegt worden. Beweisen Sie:

$$(R_1 \cup \ldots \cup R_n) \bowtie_p (S_1 \cup \ldots \cup S_n) = \bigcup_{i=1}^{n} R_i \bowtie_p S_i$$

Die Aufgabenstellung spielt auf Möglichkeiten der Anfrageoptimierung bei horizontal fragmentierten Datenbanken an. Eine Relation R sei in Fragmente R_1 und R_2 fragmentiert, d.h. $R = R_1 \cup R_2$. Eine weitere Relation S werde ebenfalls horizontal fragmentiert, wobei sich die Fragmentierung für S von der Zerlegung von R ableitet. Es gilt analog $S = S_1 \cup S_2$.

R_1 und S_1 seien auf einem Rechnerknoten C_1 verfügbar und R_2 und S_2 entsprechend auf einem weiteren Rechner C_2. Wird der Join zwischen der Relation R und der Relation S bezüglich dem Prädikat p gebildet, so stellt sich die Frage, wie dieser Verbund möglichst effizient, also mit möglichst wenig Datentransfer ermittelt werden kann. Die Optimierung besteht darin, dass zur Berechnung von $R \bowtie_p S$ die Fragmente auf C_1 und die Fragmente auf C_2 jeweils unabhängig voneinander in einen Verbund überführt werden (also $R_1 \bowtie_p S_1$ auf C_1 und $R_2 \bowtie_p S_2$ auf C_2) und das Gesamtergebnis sich durch eine Vereinigung, d.h. Zusammenführung auf dem Rechner, auf dem die Anfrage abgesetzt wurde, ermitteln lässt: $R \bowtie_p S = (R_1 \bowtie_p S_1) \cup (R_2 \bowtie_p S_2)$.

Behauptung 1

$$(R_1 \cup R_2) \bowtie_p (S_1 \cup S_2) = (R_1 \bowtie_p S_1) \cup (R_2 \bowtie_p S_1) \cup (R_1 \bowtie_p S_2) \cup (R_2 \bowtie_p S_2)$$

Beweis

$$
\begin{aligned}
(R_1 \cup R_2) & \bowtie_p (S_1 \cup S_2) \\
&= \sigma_p((R_1 \cup R_2) \times (S_1 \cup S_2)) \\
&= \sigma_p((R_1 \times S_1) \cup (R_1 \times S_2) \cup (R_2 \times S_1) \cup (R_2 \times S_2)) \\
&= \sigma_p(R_1 \times S_1) \cup \sigma_p(R_1 \times S_2) \cup \sigma_p(R_2 \times S_1) \cup \sigma_p(R_2 \times S_2) \\
&= (R_1 \bowtie_p S_1) \cup (R_2 \bowtie_p S_1) \cup (R_1 \bowtie_p S_2) \cup (R_2 \bowtie_p S_2) \qquad \square
\end{aligned}
$$

Behauptung 2 $S_1 = (S_1 \cup S_2) \ltimes_p R_1 \Rightarrow (R_1 \bowtie (S_1 \cup S_2)) = (R_1 \bowtie S_1)$.

Beweis Gelte $S_1 = (S_1 \cup S_2) \ltimes_p R_1$. Zu zeigen: $(R_1 \bowtie (S_1 \cup S_2)) = (R_1 \bowtie S_1)$

„$\supseteq$": Sei t aus $S_1 \bowtie R_1$, dann gilt offensichtlich (da $S_1 \subseteq (S_1 \cup S_2)$) auch $t \in (R_1 \bowtie (S_1 \cup S_2))$

„$\subseteq$": Sei $t \in (R_1 \bowtie (S_1 \cup S_2))$

  1. Fall: $t.s \in S_1$, dann gilt, $t \in (R_1 \bowtie S_1)$

  2. Fall: Annahme $t.s \in S_2 - S_1$. Sei S das Schema von S_1 bzw. S_2

$$\Rightarrow t.s \in \Pi_S(R_1 \bowtie (S_1 \cup S_2)) \wedge t.s \in S_2 - S_1$$
$$\Rightarrow t.s \in (S_1 \cup S_2) \ltimes_p R_1 \wedge t.s \in S_2 - S_1$$
$$\overset{\text{Vorbedingung}}{\Rightarrow} t.s \in S_1 \wedge t.s \in S_2 - S_1 \rightarrow \text{Widerspruch}$$

Damit ist die Annahme widerlegt, d.h. Fall 2 kann nicht auftreten.

$\square$

Behauptung 3 Falls $S_1 = (S_1 \cup S_2) \ltimes_p R_1$ und $S_2 = (S_1 \cup S_2) \ltimes_p R_2$ gilt, so folgt

$$(R_1 \cup R_2) \bowtie_p (S_1 \cup S_2) = (R_1 \bowtie_p S_1) \cup (R_2 \bowtie_p S_2)$$

Beweis

$$(R_1 \cup R_2) \bowtie_p (S_1 \cup S_2)$$
$$= (R_1 \cup R_2) \bowtie_p ((S_1 \cup S_2) \cup \emptyset)$$
$$\overset{\text{Beh.1}}{=} (R_1 \bowtie_p (S_1 \cup S_2)) \cup \underbrace{(R_1 \bowtie_p \emptyset)}_{\emptyset} \cup (R_2 \bowtie_p (S_1 \cup S_2)) \cup \underbrace{(R_2 \bowtie_p \emptyset)}_{\emptyset}$$
$$= (R_1 \bowtie_p (S_1 \cup S_2)) \cup (R_2 \bowtie_p (S_1 \cup S_2))$$
$$\overset{\text{Beh.2}}{=} (R_1 \bowtie_p S_1) \cup (R_2 \bowtie_p S_2)$$

$\square$

Behauptung 4 Seien $R_1, \ldots, R_n$ und $S_1, \ldots, S_n$ gegeben mit $S_i = (S_1 \cup \ldots \cup S_n) \ltimes_p R_i$ für $1 \leq i \leq n$. Dann gilt

$$(R_1 \cup \ldots \cup R_n) \bowtie_p (S_1 \cup \ldots \cup S_n) = \bigcup_{i=1}^{n} R_i \bowtie_p S_i$$

Beweis Die Beweisführung erfolgt per Induktion über n. Der Fall $n = 1$ ist trivial und für $n = 2$ wurde die Behauptung zuvor bewiesen. Unter der Annahme, dass die Behauptung für $n - 1$ gültig ist, müssen wir nur noch den Schritt $n - 1 \rightarrow n$ durchführen. Substituiert man

$$S' = S_1 \cup \ldots \cup S_{n-1} \quad \text{und}$$
$$R' = R_1 \cup \ldots \cup R_{n-1}$$

so gilt insbesondere auch

$$S' = (S' \cup S_n) \ltimes_p R' \quad \text{und}$$
$$S_n = (S' \cup S_n) \ltimes_p R_n$$

Damit folgt:

$$\underbrace{(R_1 \cup \ldots \cup R_{n-1} \cup R_n)}_{R'} \bowtie_p \underbrace{(S_1 \cup \ldots \cup S_{n-1} \cup S_n)}_{S'}$$

$$\overset{\text{Beh. 3}}{=} (R' \bowtie_p S') \cup (R_n \bowtie_p S_n)$$

$$\overset{\text{Induktionsvor.}}{=} (\bigcup_{i=1}^{n-1} R_i \bowtie_p S_i) \cup (R_n \bowtie_p S_n) = \bigcup_{i=1}^{n} R_i \bowtie_p S_i$$

$\square$

Aufgabe 16.6

Gehen Sie von folgender kombinierter Fragmentierung der in Abbildung 16.1 dargestellten Relation *Professoren* aus:

1. Zuerst erfolgt eine vertikale Fragmentierung in

$$\text{ProfVerw} \quad := \quad \Pi_{\text{PersNr, Name, Gehalt, Steuerklasse}}(\text{Professoren})$$
$$\text{Profs} \quad := \quad \Pi_{\text{PersNr, Name, Rang, Raum, Fakultät}}(\text{Professoren})$$

2. Das Fragment Profs wird weiter horizontal fragmentiert in

$$\text{TheolProfs} \quad := \quad \sigma_{\text{Fakultät = 'Theologie'}}(\text{Profs})$$
$$\text{PhysikProfs} \quad := \quad \sigma_{\text{Fakultät = 'Physik'}}(\text{Profs})$$
$$\text{PhiloProfs} \quad := \quad \sigma_{\text{Fakultät = 'Philosophie'}}(\text{Profs})$$

Übersetzen Sie aufbauend auf dieser Fragmentierung die folgende SQL-Anfrage in die kanonische Form.

```
select Name, Gehalt, Rang
from Professoren
where Gehalt > 80000;
```

Optimieren Sie diesen kanonischen Auswertungsplan durch Anwendung algebraischer Transformationsregeln (Äquivalenzen).

Aus den einzelnen Fragmenten muss die ursprüngliche Ausprägung der Relation *Professoren* rekonstruiert werden. Die Überführung in die relationale Algebra sieht wie folgt aus:

$$\Pi_{\text{Name, Gehalt, Rang}}(\sigma_{\text{Gehalt}>80000}(\text{ProfVerw} \bowtie_{\text{PersNr = PersNr}}$$
$$\underbrace{(\text{TheolProfs} \cup \text{PhysikProfs} \cup \text{PhiloProfs})}_{\text{Profs}}))$$

Der zugehörige Auswertungsbaum sieht wie folgt aus:

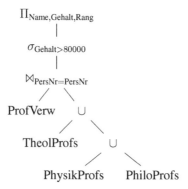

In einem ersten Schritt verschiebt man die Selektion näher an die Datenquellen. Da sie sich nur auf *ProfVerw* bezieht, erhält man

$$\Pi_{\text{Name, Gehalt, Rang}}(\sigma_{\text{Gehalt}>80000}(\text{ProfVerw})\bowtie_{\text{PersNr}=\text{PersNr}}$$
$$(\text{TheolProfs} \cup \text{PhysikProfs} \cup \text{PhiloProfs}))$$

Anschließend versuchen wir, die Zwischenergebnisse so klein wie möglich zu halten, indem wir zusätzliche Projektionen einfügen. Das Attribut *Name* ist in beiden vertikalen Fragmenten enthalten und kann – da *PersNr* der Schlüssel der Relation ist – z.B. bei den Projektionen von *TheolProfs*, *PhysikProfs* und *PhiloProfs* herausprojiziert werden (nicht aber zugleich bei der Projektion von *ProfVerw*).

$$\Pi_{\text{Name, Gehalt, Rang}}(\Pi_{\text{PersNr, Name, Gehalt}}(\sigma_{\text{Gehalt}>80000}(\text{ProfVerw}))\bowtie_{\text{PersNr}=\text{PersNr}}$$
$$(\Pi_{\text{PersNr, Rang}}(\text{TheolProfs}) \cup \Pi_{\text{PersNr, Rang}}(\text{PhysikProfs}) \cup \Pi_{\text{PersNr, Rang}}(\text{PhiloProfs})))$$

Man erhält somit schließlich folgenden Auswertungsbaum:

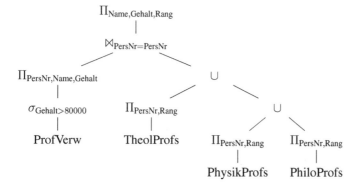

Aufgabe 16.7

Beweisen Sie für die Beispielrelationen $R : \{[A, B, C]\}$ und $S : \{[C, D, E]\}$ folgende
Eigenschaften der Join- / Semi-Join-Operatoren:

$$R \bowtie S \;=\; R \bowtie (\Pi_C(R) \ltimes S)$$
$$R \bowtie S \;=\; (\Pi_C(S) \ltimes R) \bowtie (\Pi_C(R) \ltimes S)$$

Die vorgestellten Äquivalenzen können zur Optimierung der Anfragebearbeitung in verteilten Datenbankszenarien angewendet werden. So besagt die erste Gleichung, dass die
Relation S, welche auf einem anderen Rechner als die Relation R gespeichert ist, vorgefiltert werden kann, ehe sie zur Verbundberechnung an einen anderen Knoten übertragen
wird. Der Filter ist in diesem Fall der Semijoin von S mit R. Dazu muss jedoch nicht
die vollständige Relation R zum Speicherort von S übertragen werden. Es genügt vielmehr, die Werte der Join-Bedingung, d.h. $\Pi_C(R)$ zu übertragen. Nach dem Filtervorgang
werden von S nur noch die Tupel versendet, die auch zum Join-Resultat beitragen.

Die zweite Gleichung führt diesen Gedanken weiter, indem sowohl R als auch S gefiltert
werden.

Behauptung 1 $R \bowtie S = R \bowtie (\Pi_C(R) \ltimes S)$

Beweis

„$\supseteq$": sei $t \in R \bowtie (\Pi_C(R) \ltimes S) = R \bowtie \Pi_S(S \bowtie \Pi_C(R))$

$\Leftrightarrow \quad \exists r \in R, s \in \Pi_S(S \bowtie \Pi_C(R)) :$
$\qquad r.\underbrace{\mathcal{R} \cap \mathcal{S}}_{=C} = s.\underbrace{\mathcal{R} \cap \mathcal{S}}_{=C} \wedge t.\mathcal{R} = r, t.\mathcal{S} = s$

$\qquad$ Als Nächstes betrachten wir $s \in \Pi_S(S \bowtie \Pi_C(R))$ genauer:

$\Leftrightarrow \quad \exists r \in R, s \in \Pi_S(S \bowtie \Pi_C(R)), s' \in S, r' \in \Pi_C(R) :$
$\qquad r.C = s.C, t.\mathcal{R} = r, t.\mathcal{S} = s, s.\mathcal{S} = s'.\mathcal{S}, s.C = s'.C = r'.C$
$\qquad$ also $s' = s \in S$

$\Rightarrow \quad \exists r \in R, s \in S : r.C = s.C, t.\mathcal{R} = r, t.\mathcal{S} = s$

$\Leftrightarrow \quad t \in R \bowtie S$

„$\subseteq$": sei $t \in R \bowtie S$

$\Leftrightarrow \quad \exists r \in R, s \in S : t.\mathcal{R} = r, t.\mathcal{S} = s, r.\mathcal{R} \cap \mathcal{S} = s.\mathcal{R} \cap \mathcal{S}$

$\Leftrightarrow \quad \exists r \in R, s \in S : t.\mathcal{R} = r, t.\mathcal{S} = s, s.C = r.C = \Pi_C(r) \in \Pi_C(R)$

$\Rightarrow \quad \exists r \in R, s \in S : t.\mathcal{R} = r, t.\mathcal{S} = s, s \in \Pi_S(S \bowtie \Pi_C(R))$

$\Leftrightarrow \quad \exists r \in R, s \in S : t.\mathcal{R} = r, t.\mathcal{S} = s, s \in (\Pi_C(R) \ltimes S)$

$\Leftrightarrow \quad \exists t \in R \bowtie (\Pi_C(R) \ltimes S)$

$\square$

Behauptung 2 $R \bowtie S = (\Pi_C(S) \rtimes R) \bowtie (\Pi_C(R) \rtimes S)$

Beweis

„$\supseteq$": sei $t \in (\Pi_C(S) \rtimes R) \bowtie (\Pi_C(R) \rtimes S) = \underbrace{\Pi_{\mathcal{R}}(R \bowtie \Pi_C(S))}_{\tilde{R}} \bowtie \underbrace{\Pi_{\mathcal{S}}(S \bowtie \Pi_C(R))}_{\tilde{S}}$

(Hinweis: Es gilt Schemagleichheit, d.h. $\mathbf{sch}(R) = \mathbf{sch}(\tilde{R}) = \mathcal{R}$ und $\mathbf{sch}(S) = \mathbf{sch}(\tilde{S}) = \mathcal{S}$)

$\Leftrightarrow \quad \exists r \in \tilde{R}, s \in \tilde{S}:$
$\qquad t.\mathcal{R} = r, t.\mathcal{S} = s, r.\underbrace{\mathcal{R} \cap \mathcal{S}}_{=C} = s.\underbrace{\mathcal{R} \cap \mathcal{S}}_{=C}$

$\qquad$ Als Nächstes betrachten wir $r \in \tilde{R}$ und $s \in \tilde{S}$ genauer:

$\Leftrightarrow \quad \exists r \in \tilde{R}, s \in \tilde{S}, r'_1 \in R, s'_1 \in S, r'_2 \in R, s'_2 \in S:$
$\qquad t.\mathcal{R} = r, t.\mathcal{S} = s, r.C = s.C, r.\mathcal{R} = r'_1.\mathcal{R}, r'_1.C = s'_1.C,$
$\qquad s.\mathcal{S} = s'_2.\mathcal{S}, r'_2.C = s'_2.C \text{ (also } r = r'_1 \text{ und } s = s'_2)$

$\Rightarrow \quad \exists r \in R, s \in S : r.\mathcal{R} \cap \mathcal{S} = s.\mathcal{R} \cap \mathcal{S}, t.\mathcal{R} = r, t.\mathcal{S} = s$

$\Leftrightarrow \quad t \in R \bowtie S$

„$\subseteq$": sei $t \in R \bowtie S$

$\Leftrightarrow \quad \exists r \in R, s \in S : t.\mathcal{R} = r, t.\mathcal{S} = s, r.\underbrace{\mathcal{R} \cap \mathcal{S}}_{=C} = s.\underbrace{\mathcal{R} \cap \mathcal{S}}_{=C}$

$\Leftrightarrow \quad \exists r \in R, s \in S : t.\mathcal{R} = r, t.\mathcal{S} = s \wedge$
$\qquad r.C = s.C = \Pi_C(s) \in \Pi_C(S) \wedge$
$\qquad s.C = r.C = \Pi_C(r) \in \Pi_C(R)$

$\Rightarrow \quad \exists r \in R, s \in S : t.\mathcal{R} = r, t.\mathcal{S} = s, r.C = s.C \wedge$
$\qquad r \in \underbrace{\Pi_{\mathcal{R}}(R \bowtie \Pi_C(S))}_{(\Pi_C(S) \rtimes R)} \wedge s \in \underbrace{\Pi_{\mathcal{S}}(S \bowtie \Pi_C(R))}_{(\Pi_C(R) \rtimes S)}$

$\Leftrightarrow \quad t \in (\Pi_C(S) \rtimes R) \bowtie (\Pi_C(R) \rtimes S)$

$\square$

Aufgabe 16.8

Für den Bloomfilter-basierten Join zweier Relationen (siehe Abschnitt 16.19 [Kemper und Eickler (2011)]) sind die so genannten *false drops* ein Problem, da dadurch unnötigerweise Tupel transferiert werden, die dann doch keinen Joinpartner finden. Geben Sie eine Abschätzung, wie viele *false drops* bei uniform verteilten Attributwerten auftreten.

Abbildung 16.2 veranschaulicht die Verwendung eines Bloomfilters, um den Join $R \bowtie_{R.C=S.C} S$ zu berechnen: Zuerst werden die Tupel $r \in R$ mittels der Hashfunktion h auf die Filter-Bitmap V der Länge b abgebildet (im Beispiel ist $b = 6$). V wird anschließend an die Station St_S übertragen. Diejenigen Tupel $s \in S$, für die gilt, dass V an Position $h(s.C)$ gesetzt ist, stellen potentielle Joinpartner dar. In der Regel gilt: $b < |R|$, $b < |S|$ und h ist nicht injektiv. Das heißt, unterschiedliche Tupel $r_1, r_2 \in R$ mit $r_1.C \neq r_2.C$ können dasselbe Bit in V setzen (Gleiches gilt natürlich auch für Tupel aus S). Aufgrund fehlender Injektivität kann nicht ausgeschlossen werden, dass Tupel $s \in S$ zur Joinberechnung an die Station St_R übertragen werden, die letztendlich nicht zum Joinergebnis beitragen. Im Beispiel ist dies für die beiden Tupel $[c_7, d_5, e_5]$ und $[c_8, d_6, e_6]$ der Fall. Solche Tupel werden als *false drops* bezeichnet.

Uniforme Verteilung bezüglich des Attributs C vorausgesetzt, ist die Wahrscheinlichkeit, dass ein bestimmtes $r \in R$ das j-te Bit aus V (abgekürzt $V[j]$) setzt $\frac{1}{b}$. Das Gegenereignis (r setzt $V[j]$ nicht) tritt mit Wahrscheinlichkeit $\left(1 - \frac{1}{b}\right)$ ein. Da alle Tupel in R unabhängig zu betrachten sind, ist die Wahrscheinlichkeit, dass <u>kein</u> $r \in R$ $V[j]$ setzt gleich

$$\left(1 - \tfrac{1}{b}\right)^{|R|}.$$

Die Wahrscheinlichkeit, dass $V[j]$ von irgendeinem $r \in R$ gesetzt ist, ist damit

$$1 - \left(1 - \tfrac{1}{b}\right)^{|R|}.$$

Aus Sicht von S, bzw. aus Sicht eines Tupels $s \in S$, das durch h auf $V[j]$ abgebildet wird, gilt damit: s wird mit der Wahrscheinlichkeit

$$1 - \left(1 - \tfrac{1}{b}\right)^{|R|}$$

zur Joinberechnung übertragen. Die Anzahl der übertragenen Tupel aus S kann folglich mit

$$\left\lceil |S| \cdot \left(1 - \left(1 - \tfrac{1}{b}\right)^{|R|}\right) \right\rceil$$

abgeschätzt werden. Sei sel_{RS} die Selektivität des Joins $R \bowtie_{R.C=S.C} S$. Eine Abschätzung für die Anzahl der *false drops* ist damit

$$\left\lceil |S| \cdot \left(1 - \left(1 - \tfrac{1}{b}\right)^{|R|}\right) \right\rceil - sel_{RS}\left(|R| \cdot |S|\right).$$

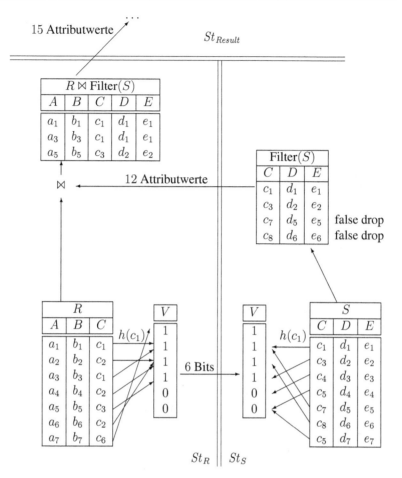

Abbildung 16.2: Auswertung des Joins $R \bowtie S$ mit Bloom/Bitmap-Filterung von S

Aufgabe 16.9

Ein schwerwiegendes Problem des Zweiphasen-Commit-Protokolls (2PC) besteht darin, dass Agenten beim Absturz des Koordinators blockiert sind. Eine gewisse Abhilfe des Problems lässt sich dadurch erreichen, dass die Agenten sich untereinander beraten und eine Entscheidung herbeiführen. Entwickeln Sie ein derartiges Protokoll. Insbesondere sollten folgende Fälle abgedeckt sein:

(a) Einer der Agenten hat noch keine READY-Meldung an den Koordinator abgeschickt.

(b) Einer der Agenten hat ein ABORT empfangen.

(c) Ein Agent hat ein FAILED an den Koordinator gemeldet.

(d) Alle erreichbaren Agenten haben ein READY an den Koordinator gemeldet, aber keiner der erreichbaren Agenten hat eine Entscheidung (COMMIT oder ABORT) vom Koordinator empfangen.

In welchen Fällen können die sich beratenden Agenten eine Entscheidung herbeiführen; in welchen Fällen ist dies nicht möglich (und deshalb eine Blockierung der Agenten nicht zu vermeiden)?

Das Zweiphasen-Commit-Protokoll unterteilt sich bekanntermaßen in eine Phase zur Entscheidungsfindung und eine Durchführungsphase: In der ersten Phase (Schritte 1 und 2 in Abbildung 16.20 [Kemper und Eickler (2011)] bzw. Abbildung 16.4 auf Seite 346) ermittelt der Koordinator den Zustand der verteilten Transaktion. In der zweiten Phase (Schritte 3 und 4) führen die Agenten entsprechend der getroffenen Entscheidung ein **commit** oder ein **abort** durch.

Ein Agent befindet sich ab dem Zeitpunkt, an dem er ein READY an den Koordinator geschickt hat, in der Schwebe, da er die Entscheidung des Koordinators abwarten muss und selbst keine autonome Entscheidung treffen darf. Für den Koordinator gibt es einen solchen Zustand nicht. Er trifft seine Entscheidungen basierend auf den FAILED/READY-Nachrichten der Agenten bzw. anhand einer Timeout-Behandlung, sollte mindestens einer der Agenten nicht antworten.

Betrachten wir den Fall, dass ein Agent A_1 ein READY an den Koordinator K geschickt hat und K jedoch nicht mehr antwortet, wir uns also in Schritt 3 des 2PC-Protokolls befinden. Die einfachste Möglichkeit, die Konsistenz der Transaktion zu gewährleisten, ist A_1 so lange zu blockieren, bis K wieder reagiert. Der Nachteil ist jedoch, dass A_1 dadurch ggf. unnötig blockiert wird. Nehmen wir den einfachen Fall an, dass an der Transaktion nur A_1 und A_2 beteiligt sind, und A_2 von K bereits ein COMMIT (oder ABORT) erhalten hat. Tauscht sich A_1 mit A_2 über den Zustand der Transaktion aus, so kann auch A_1 dieselbe Entscheidung herbeiführen und ein **commit** (bzw. **abort**) ausführen.

Diese Vorüberlegung führt uns zum so genannten *Cooperative Termination Protocol* (siehe z.B. [Bernstein, Hadzilacos und Goodman (1987)]). Voraussetzung dafür ist, dass die Agenten $A_1, \ldots, A_n$ voneinander wissen. In der ursprünglichen Version des 2PC-Protokolls ist dem nicht so. Dies lässt sich aber durch eine leichte Modifikation beheben: Beim Senden der PREPARE-Nachricht schickt K an jeden Agenten die Liste der

Agenten-IDs mit. Zu einem früheren Zeitpunkt ist dies nicht notwendig, da ein Agent, sollte vor dem Eintreffen der PREPARE-Nachricht ein Timeout auftreten, selbständig ein **abort** durchführen kann.

Nehmen wir wiederum an, dass sich A_1 in Schritt 3 des 2PC-Protokolls befindet und ein Timeout eintritt. A_1 sendet dann an alle weiteren Agenten eine DECISION-Anfrage. Die Kommunikation mit A_i kann zu folgenden Entscheidungen führen:

(i) A_i hat bereits ein **commit** (oder **abort**) durchgeführt. In diesem Fall führt A_1 dieselbe Aktion durch.

(ii) A_i hat noch keine FAILED- oder READY-Nachricht an K übermittelt. In diesem Fall können A_1 und A_i auf **abort** entscheiden.

(iii) A_i hat ebenfalls READY an K geschickt und noch keine Nachricht erhalten. In diesem Fall können A_1 und A_i gemeinsam keine Entscheidung herbeiführen.

Tritt (i) oder (ii) ein, kann eine Blockade verhindert werden. Damit sind die Fälle (a) bis (c) der Aufgabenstellung abgedeckt. Anders verhält es sich, falls Fall (d) eintritt, d.h. A_1 von jedem erreichbaren Agenten als Antwort auf die DECISION-Anfrage die Antwort (iii) erhält. A_1 wird dann so lange blockiert, bis einer der bis dahin nicht erreichbaren Knoten wieder erreichbar ist und auf die DECISION-Anfrage von A_1 mit Antwort (i) oder (ii) antwortet. Dies tritt spätestens dann ein, wenn K wieder angelaufen ist, da sich K, wie oben angemerkt, nie in einer Schwebephase befindet.

Das *Cooperative Termination Protocol* reduziert somit Blockadesituationen, kann diese aber nicht per se ausschließen.

Aufgabe 16.10

Wir hatten eine hierarchische Organisationsstruktur (ein Koordinator und mehrere untergeordnete Agenten) beim 2PC-Protokoll beschrieben. Es ist auch möglich, die in Abbildung 16.3 gezeigte lineare Organisationsstruktur vorzunehmen.
Hierbei ist kein ausgezeichneter Koordinator erforderlich. In der ersten Phase reichen die Agenten ihren eigenen Status und den der linken Nachbarn von „links nach rechts" weiter, nachdem sie einen entsprechenden Statusbericht von links bekommen haben. Der letzte in der Reihe – hier Agent A_4 – trifft die Entscheidung und reicht sie nach links weiter.
Entwickeln Sie das Protokoll für diese lineare Anordnung der Agenten. Diskutieren Sie die möglichen Fehlerfälle.

Beim linearen 2PC-Protokoll erfolgt die Commit-Behandlung sequentiell durch die n Agenten, die an der Ausführung einer verteilten Transaktion beteiligt sind. Wie Abbildung 16.3 verdeutlicht, besteht Phase 1 aus einer Vorwärtskommunikation ausgehend von A_1 bis zum letzten Agenten A_n (bzw. A_4 in der Abbildung). Eine Kommunikationssequenz in umgekehrter Reihenfolge von A_n bis A_1 bildet die zweite Phase.

Die Commit-Behandlung beginnt im Erfolgsfall damit, dass A_1 sich zunächst selbst in den PREPARED-Zustand bringt und seine lokale Commit-Entscheidung (READY) an

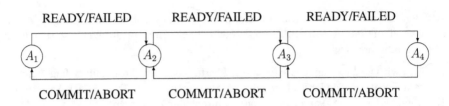

Abbildung 16.3: Lineare Organisationsform beim 2PC-Protokoll

A_2 weitergibt. Ein Agent, dessen lokale Ausführung erfolgreich war, bringt sich nach Eintreffen einer READY-Nachricht ebenfalls in den PREPARED-Zustand und gibt das READY an den nächsten Agenten weiter. Der globale Erfolg der Transaktion steht fest, wenn der letzte Agent A_n das READY von A_{n-1} empfangen, sich selber in den PREPARED-Zustand gebracht und das COMMIT der gesamten Transaktion protokolliert hat. Das Ergebnis wird dann in umgekehrter Reihenfolge an die Agenten mitgeteilt, die dies daraufhin protokollieren und die Sperren freigeben. Nachdem A_1 das Ergebnis erhalten und protokolliert hat, schickt er noch eine ACK-Nachricht an A_n, der daraufhin einen Ende-Satz schreibt. Die Transaktion muss abgebrochen werden, sobald einer der Knoten in Phase 1 auf Abbruch entscheidet und entsprechend eine FAILED-Nachricht weitergibt.

Genaugenommen kommt bei dem linearen Commit-Protokoll dem letzten Agenten die Koordinatorrolle zu, da er das globale Commit-Ergebnis verbindlich protokolliert und weitergibt. Der Ansatz wird daher auch gelegentlich als Transfer der Commit-Koordinierung bzw. „Last Agent"-Optimierung bezeichnet [Gray und Reuter (1993), Samaras et al. (1995)]. Der Hauptvorteil liegt darin, dass die Nachrichtenanzahl gegenüber dem Basisverfahren mit zentralisierter Kommunikationsstruktur nahezu halbiert wurde. Denn durch den Wegfall separater PREPARE-Nachrichten und $n-2$ ACK-Nachrichten aufgrund der zyklischen Vorgehensweise verbleiben lediglich $2n-1$ Nachrichten. Auf der anderen Seite führt die sequentielle Commit-Bearbeitung für größere n zu signifikanten Antwortzeiterhöhungen. Dieser Nachteil besteht jedoch nicht für den häufig auftretenden Fall $n=2$, der mit diesem Protokoll effizient bedient wird.

Aufgabe 16.11

J. Gray – der Erfinder des Transaktionskonzepts – hat die Analogie zwischen dem 2PC-Protokoll und dem Ablauf einer Eheschließung herausgestellt. Bei der Eheschließung spielt der Standesbeamte (bzw. der Priester) die Rolle des Koordinators, und Braut und Bräutigam sind die Agenten. Beschreiben Sie im Detail die Analogie.

	2PC-Protokoll	Eheschließung
1.	K schickt allen Agenten eine PREPARE-Nachricht, um herauszufinden, ob sie in der Lage sind, die Transaktion festzuschreiben.	Der Standesbeamte stellt an die zukünftigen Brautleute die Frage, ob sie in den Bund der Ehe eintreten wollen (WOLLT_IHR). Zudem befragt er die übrigen Anwesenden, ob sie Einwände gegen die Eheschließung haben.

2.	Jeder Agent A_i empfängt die PREPARE-Nachricht und schickt eine von zwei möglichen Nachrichten an K: (a) READY, falls A_i in der Lage ist, die Transaktion T lokal festzuschreiben. (b) FAILED, falls A_i kein **commit** durchführen kann – weil z.B. ein Fehler oder eine Inkonsistenz festgestellt wurde.	Braut und Bräutigam können je eine der folgenden Antworten geben: (a) JA, falls er/sie die Ehe schließen will. (b) NEIN, falls er/sie es sich doch noch anders überlegt hat.
3.	Sobald der Koordinator K von **allen** n Agenten $A_1, \ldots, A_n$ ein READY empfangen hat, kann K eine COMMIT-Nachricht an alle Agenten schicken, in der sie aufgefordert werden, die Änderungen von T lokal festzuschreiben. Falls auch nur einer der Agenten mit FAILED antwortet, oder einer der Agenten sich innerhalb einer bestimmten Zeit nicht meldet (Timeout), entscheidet K, dass die Transaktion T nicht „zu retten" ist und schickt eine ABORT-Nachricht an alle Agenten. Der Empfang dieser Nachricht veranlasst die Agenten, alle Änderungen der Transaktion rückgängig zu machen.	Erhält der Standesbeamte von Braut und Bräutigam ein JA als Antwort und erklären sich auch die übrigen Anwesenden mit der Trauung einverstanden, so fordert er Braut und Bräutigam auf, die Eheringe auszutauschen (RINGE). Falls Braut oder Bräutigam mit NEIN antwortet oder einer der Anwesenden widerspricht, erklärt er, dass die Eheschließung nicht zu Stande kommt (ABBRUCH). Zu langes Zögern (Timeout) wird ebenfalls als NEIN interpretiert.
4.	Nachdem die Agenten gemäß der in Schritt 3. empfangenen Nachricht ihre lokale EOT-Behandlung abgeschlossen haben, schicken sie eine ACK-Nachricht (ACKnowledgement, dt. Bestätigung) an den Koordinator.	Braut und Bräutigam bestätigen (im erfolgreichen Fall) die Heirat durch den Austausch der Ringe (FREUDE). Der erfolglose Fall verläuft meist undeterministisch, in der Regel kann aber jede Reaktion des Nichtmehr-Brautpaares als Acknowledgement gewertet werden (ÄRGER).

Das 2PC-Protokoll und der Vorgang der Eheschließung sind in den Abbildungen 16.4 und 16.5 schematisch dargestellt.

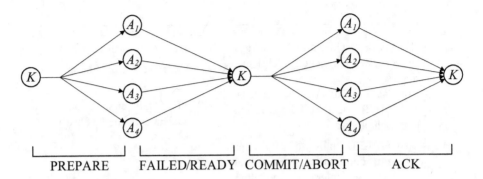

Abbildung 16.4: Nachrichtenaustausch zwischen Koordinator (K) und Agenten (A) beim 2PC-Protokoll

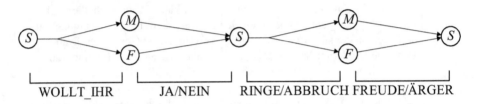

Abbildung 16.5: Nachrichtenaustausch zwischen dem Standesbeamten (S) und dem Brautpaar (Mann und Frau) bei der Eheschließung

Aufgabe 16.12

Beweisen Sie, dass das 2PL-Protokoll auch in verteilten Datenbanken korrekt ist, d.h., dass nur serialisierbare Historien generiert werden.

Der Nachweis, dass das 2PL-Protokoll bei verteilten Datenbankanwendungen nur serialisierbare Historien zulässt, verläuft identisch zur Beweisführung von Aufgabe 11.8. Der Grund dafür ist, dass die Definition des 2PL-Protokolls unabhängig davon vorgenommen wurde, ob die Anfrageauswertung zentralisiert oder verteilt erfolgt. Aus diesem Grund erfüllt auch jede verteilt ausgeführte Historie H, die durch das 2PL-Protokoll zugelassen wird, die Bedingungen 1.1–1.3 aus Aufgabe 11.8 und es lässt sich ableiten, dass der Serialisierbarkeitsgraph $SG(H)$ azyklisch ist. Analog kann auch gezeigt werden, dass das strenge 2PL-Verfahren im verteilten Fall nur Historien aus ST (strikte Historien) zulässt.

Wir wollen hier noch ein Beispiel für die verteilte Anfragebearbeitung zeigen. Gegeben seien zwei Transaktionen T_1 und T_2, die auf den Datenobjekten A und B Konfliktoperationen ausführen. Wir nehmen dazu an, dass das Datum A auf Rechner S_1 liegt und das Datum B auf Rechner S_2 gehalten wird, vgl. auch Abbildung 16.6.

T_1 führe zuerst eine Operation auf A und T_2 eine Operation auf B aus. Damit hält T_1 eine (Schreib- oder Lese-) Sperre auf A und T_2 eine (Schreib- oder Lese-) Sperre auf B. Dies

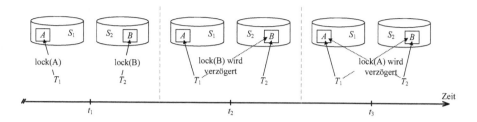

Abbildung 16.6: Das 2PL-Protokoll verhindert nicht-serialisierbare Historien

sei zum Zeitpunkt t_1. Das 2PL-Protokoll verhindert zu diesem Zeitpunkt die Freigabe dieser Sperren, da beide Transaktionen noch weitere Sperren anfordern müssen. Möchte T_1 zum Zeitpunkt $t_2 > t_1$ eine Operation auf B ausführen, die in Konflikt mit der Operation von T_2 auf B steht, so muss T_1 warten, da eine Sperre auf B nicht gewährt werden kann. Möchte T_2 zum Zeitpunkt $t_3 > t_2$ auf A zugreifen, wobei diese Operation wiederum in Konflikt mit der Operation von T_1 auf A steht, so kann auch die dazu notwendige Sperre nicht gewährt werden. Es entsteht somit ein Deadlock, der aufgelöst werden muss. Die Historie, die den Zyklus $T_1 \rightleftarrows T_2$ enthält, wird also durch das 2PL-Protokoll verhindert.

Aufgabe 16.13

Zeigen Sie, dass die in Abbildung 16.7 gezeigte Historie von T_1 und T_2 bei Anwendung des 2PL-Protokolls nicht entstehen kann.

Erweitert man die in der Abbildung dargestellte Abfolge der Operationen um die dazu notwendigen Sperranforderungen, so sieht man sehr deutlich, dass diese Historie so nicht ausgeführt werden kann. Folgende Tabelle zeigt die Sperranforderungen auf Station 1:

Schritt	S_1 T_1	T_2
	BOT **lockS(A)**	
1.	$r(A)$	
		BOT ~~**lockX(A)**~~
2.		$w(A)$

Bevor T_2 $w(A)$ zum Zeitpunkt 2 ausführen kann, muss sie eine Schreibsperre anfordern. Diese kann, da T_1 bereits eine Lesesperre hält, nicht gewährt werden. D.h. die Ausführung von T_2 wird verzögert. Damit ändert sich auch der Ablauf auf Station S_2. T_2 kann die Sperre frühestens nach Schritt 4 erhalten.

Hätte T_2 vor T_1 mit **BOT** begonnen und Sperren angefordert, so müsste entsprechend T_1 warten. Falls T_1 und T_2 zeitlich versetzt zuerst unterschiedliche Sperren anfordern, z.B.

$$S_1$$

Schritt	T_1	T_2
1.	$r(A)$	
2.		$w(A)$

$$S_2$$

Schritt	T_1	T_2
3.		$w(B)$
4.	$r(B)$	

Abbildung 16.7: Lokal serialisierbare Historien

T_1 **lockS**(A) und T_2 **lockX**(B), so würde, wie in Aufgabe 16.12 beschrieben, ein Deadlock entstehen. D.h. die gezeigte Historie wäre in keinem der Fälle ausführbar und wird durch das 2PL-Protokoll verhindert.

Aufgabe 16.14

Ein so genannter Phantom-Deadlock wird bei zentralisierter Deadlock-Erkennung aufgrund von nicht-aktueller – also veralteter – Information, aus der der globale Wartegraph aufgebaut wird, „erkannt". Das Überholen von Nachrichten im Kommunikationsnetz ist ein Grund für veraltete Information. Ein anderer kommt dadurch zustande, dass die lokalen Stationen die Nachrichten bezüglich Vorliegen und Wegfall von Wartebeziehungen bündeln und im „Paket" verschicken.

Zeigen Sie Fälle auf, die zur Entdeckung eines Phantom-Deadlocks führen. Können Phantom-Deadlocks auch beim 2PL-Protokoll vorkommen, wo eine Wartebeziehung $T_1 \rightarrow T_2$ hinzukommt?

Hinweis: Denken Sie an Transaktionsabbrüche.

Phantom-Deadlocks können sowohl bei zentraler Deadlock-Erkennung als auch bei verteilter Deadlock-Erkennung auftreten. Wir geben im Folgenden für jeden Fall ein abstraktes Beispiel an.

Phantom-Deadlocks bei zentraler Deadlock-Erkennung

Abbildung 16.8 zeigt ein Beispiel für einen Phantom-Deadlock bei zentraler Deadlock-Erkennung. Zum Zeitpunkt $t = 6$ fordert T_2 eine Schreibsperre auf A an. Da T_1 eine Lesesperre darauf hält, wird die Abhängigkeit $T_2 \rightarrow T_1$ in den zentral verwalteten Wartegraphen (Abbildung 16.8(a)) eingetragen. Ab $t = 7$ muss T_3 auf die Sperrfreigabe durch T_2 warten. Der resultierende Wartegraph ist in Abbildung 16.8(b) gezeigt. Aufgrund eines Timeouts werde T_2 zum Zeitpunkt $t = 8$ abgebrochen, was von S_2 jedoch nicht zeitgleich an die zentrale Stelle propagiert wird. Fordert T_1 bei $t = 9$ eine Schreibsperre auf C an, so wird fälschlicherweise ein Deadlock erkannt. Angedeutet ist dies in Abbildung 16.8(c). Da T_2 abgebrochen wurde, ist die Abhängigkeit $T_2 \rightarrow T_1$ nicht mehr gegeben und auch die Abhängigkeit $T_3 \rightarrow T_2$ würde anschließend aufgelöst werden (markiert durch $\times$). Eine derartige Situation tritt nur bei „Spontan-Aborts", wie beispielsweise ein vom Benutzer initiierter Abbruch von T_2, auf. Ansonsten sind wartende Transaktionen blockiert!

$$S_1$$

Schritt	T_1	T_2	T_3
0.	**BOT**		
1.	**lockS**(A)		
6.		**lockX**(A) $\sim\sim\sim\sim$	

$$S_2$$

Schritt	T_1	T_2	T_3
2.		BOT	
3.		**lockS**(B)	
7.			**lockX**(B)
8.		**abort**	$\sim\sim\sim\sim$

$$S_3$$

Schritt	T_1	T_2	T_3
4.			BOT
5.			**lockS**(C)
9.	**lockX**(C)		

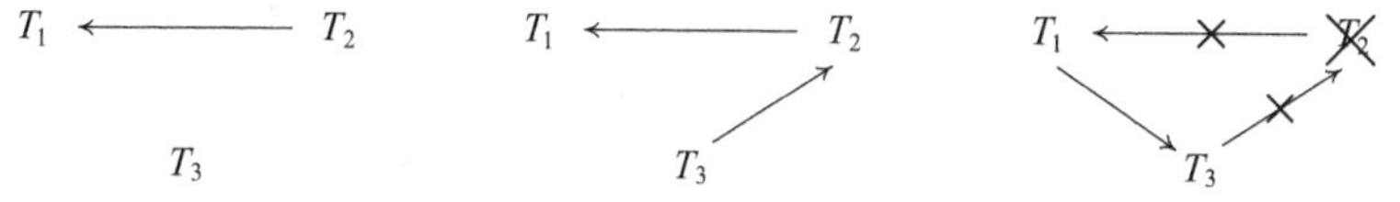

(a) zum Zeitpunkt $t = 6$ (b) zum Zeitpunkt $t = 7$ (c) zum Zeitpunkt $t = 9$

Abbildung 16.8: Beispiel für Phantom-Deadlocks bei zentraler Deadlock-Erkennung

Phantom-Deadlocks bei verteilter Deadlock-Erkennung

Wir betrachten ein Beispiel von drei Transaktionen T_1, T_2 und T_3, die nebenläufig auf drei Stationen S_1, S_2 und S_3 ausgeführt werden. Dabei sei S_1 der Heimatknoten von T_1 (T_2 und T_3 analog). Wir nehmen ferner an, dass auf den Stationen Datensätze A (auf S_1), B (auf S_2) und C (auf S_3) vorhanden sind, auf denen die Transaktionen sukzessive Sperren anfordern, wie folgende Tabelle zeigt:

Schritt	Station S_1	Station S_2	Station S_3
1.		**lockS$_1$(B)**	
2.		**lockS$_3$(B)**	
3.	**lockS$_2$(A)**		
4.			**lockS$_1$(C)**
5.	~~**lockX$_1$(A)**~~		
6.		~~**lockX$_2$(B)**~~	
7.			~~**lockX$_3$(C)**~~

Dabei repräsentiert beispielsweise **lockS$_1$(B)** eine von T_1 angeforderte Lesesperre auf B, die auch gewährt wird. ~~**lockX$_1$(A)**~~ hingegen steht für die Anforderung einer Schreibsperre auf A durch T_1, die jedoch nicht gewährt werden kann, d.h. T_1 wird blockiert.

Zum Zeitpunkt $t = 4$ zeigt sich die in Abbildung 16.9(a) dargestellte Situation. Fordert bei $t = 5$ T_1 eine Schreibsperre auf A an, so kann diese nicht erfüllt werden (Abbildung 16.9(b)). T_1 muss auf die Sperrfreigabe von T_2 warten. S_1 hält zu diesem Zeitpunkt folgenden Wartegraphen:

$$S_1 \quad : \quad \boxed{\textit{External} \to T_1 \to T_2 \to \textit{External}}$$

S_1 teilt die Abhängigkeit $T_1 \to T_2$ an S_2 mit. Zum Zeitpunkt $t = 6$ kann die Anforderung der Schreibsperre auf B durch T_2 nicht gewährt werden. Die Stationen S_1 und S_2 haben folgende Wartegraphen (Abbildung 16.9(c)):

$$S_1 \quad : \quad \boxed{\textit{External} \to T_1 \to T_2 \to \textit{External}}$$
$$S_2 \quad : \quad \boxed{\textit{External} \to T_1 \to T_2 \to T_1 \to \textit{External}}$$
$$\boxed{\textit{External} \to T_2 \to T_3 \to \textit{External}}$$

S_2 sendet die Wartebeziehung $T_2 \to T_3$ an S_3. Analysiert S_2 den lokalen Wartegraphen, so stellt sie fest, dass mit $T_1 \rightleftarrows T_2$ eine Verklemmung vorliegt und setzt die Transaktion T_2 zurück, teilt dies jedoch verzögert an S_1 und S_3 mit.

Fordert T_3 bei $t = 7$ eine Schreibsperre auf C an, so liegt folgender Abhängigkeitsgraph bei S_3 vor (Abbildung 16.9(d)):

$$S_3 \quad : \quad \boxed{\textit{External} \to T_2 \to T_3 \to T_1 \to \textit{External}}$$

S_3 übermittelt diese Information an S_1. Hier tritt nun ein Phantomproblem auf. S_1 geht noch immer davon aus, dass die Abhängigkeit

$$\textit{External} \to T_1 \to T_2 \to \textit{External}$$

gilt. Zusammen mit der Information von S_3 wird folgender Zyklus damit erkannt:

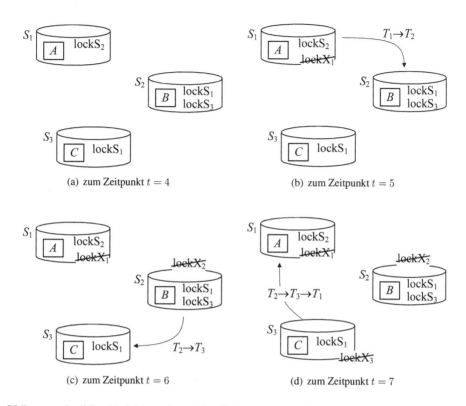

(a) zum Zeitpunkt $t = 4$ (b) zum Zeitpunkt $t = 5$

(c) zum Zeitpunkt $t = 6$ (d) zum Zeitpunkt $t = 7$

Pfeile veranschaulichen Nachrichten, die zwischen Stationen ausgetauscht werden. Durchgestrichene Sperren symbolisieren verweigerte Sperranforderungen.

Abbildung 16.9: Beispiel für Phantom-Deadlocks bei verteilter Deadlock-Erkennung

$$T_2 \rightarrow T_3 \rightarrow T_1$$

S_1 setzt daraufhin die Transaktion T_1 zurück, was, da T_2 bereits abgebrochen wurde, nicht nötig wäre.

Aufgabe 16.15

Bei der dezentralen Deadlock-Erkennung wird Warteinformation von einer Station zur anderen geschickt. In Abschnitt 16.9 [Kemper und Eickler (2011)] wurde diese Vorgehensweise für Zyklen, die sich über 2 Stationen erstrecken, vorgestellt. Zeigen Sie die Vorgehensweise, wenn der Zyklus sich über n Stationen erstreckt ($1 \leq n \leq$ Anzahl aller Stationen). Wie viele Nachrichten müssen maximal ausgetauscht werden, bis der Zyklus aufgedeckt ist?

Abbildung 16.10 stellt den Sachverhalt schematisch dar. n Stationen $S_1, \ldots, S_n$ und n Transaktionen $T_1, \ldots, T_n$ seien an der verteilten Ausführung beteiligt, wobei Station S_i der Heimatknoten von T_i, $1 \leq i \leq n$, sei.

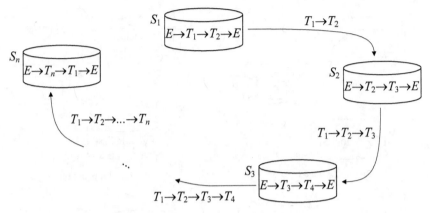

Abbildung 16.10: Dezentrale Deadlock-Erkennung bei n Stationen

Dargestellt ist, dass Transaktion T_1 auf Station S_1 auf eine Sperrfreigabe durch T_2 wartet. S_1 teilt die Wartebeziehung $T_1 \rightarrow T_2$ an S_2 mit. T_2 wartet ihrerseits auf eine Sperrfreigabe durch T_3 auf Station S_2. Der Wartegraph erweitert sich damit zu $T_1 \rightarrow T_2 \rightarrow T_3$ und wird an S_3 übermittelt. Sukzessive erweitert sich damit der Abhängigkeitsgraph und wird an die jeweils nächste Station weiter propagiert. Ein Deadlock tritt schließlich dadurch auf, dass Transaktion T_n auf Knoten S_n auf eine Sperrfreigabe durch T_1 wartet. Damit ergibt sich folgender Zyklus im Abhängigkeitsgraphen, der an Station S_n aufgebaut und analysiert wird:

$$T_1 \rightarrow T_2 \rightarrow ... \rightarrow T_{n-1} \rightarrow T_n$$

Die Deadlock-Behandlung erfolgt damit an Knoten S_n, der die Transaktion T_n zurücksetzt und somit die Verklemmung beseitigt. Im Allgemeinen werden damit zur verteilten Deadlockerkennung bei n beteiligten Stellen mindestens $n-1$ Nachrichten verschickt. $n-1$ ist die minimale Anzahl an Nachrichten, da in obigem Beispiel S_3 z.B. $E \rightarrow T_3 \rightarrow T_4 \rightarrow E$ weiterleiten könnte, ehe die Station von der Wartebeziehung $T_1 \rightarrow T_2 \rightarrow T_3 \rightarrow T_4$ erfährt.

Die maximale Anzahl ergibt sich, wenn die Teilpfade in der Sequenz $T_{n-1} \rightarrow T_n$, $T_{n-2} \rightarrow T_{n-1} \rightarrow T_n$, $T_{n-3} \rightarrow T_{n-2} \rightarrow T_{n-1} \rightarrow T_n$, ... bei S_n ankommen. Wenn dies analog an allen anderen beteiligten Stationen so geschieht, werden $O(n^2)$ Nachrichten verschickt, um den Zyklus der Länge n aufzudecken.

Aufgabe 16.16

Zeigen Sie Probleme auf, die entstehen, wenn in einem VDBMS die lokale Uhr einer Station nachgeht. Dann sind die von dieser Station erzeugten Zeitstempel $\boxed{\text{lokale Zeit} \mid \text{Stations-ID}}$ (sehr viel) kleiner als die zur gleichen Zeit von anderen Stationen erzeugten Zeitstempel.

Bei welchen Algorithmen führt dies zu deutlichen Leistungseinbußen?

Was passiert, wenn die lokale Uhr einer Station vorgeht?

Konzipieren Sie ein Verfahren, nach dem eine lokale Station erkennt, dass ihre Uhr nach- bzw. vorgeht. Kann man dieses Verfahren auch realisieren, ohne dass extra für die Abstimmung der Uhren generierte Nachrichten ausgetauscht werden?

- *Wenn garantiert keine Uhr vorgeht:*
  Stationen können erkennen, dass ihre Uhr nachgeht, wenn sie von einer Transaktion „besucht" werden, deren Zeitstempel größer ist als ihre eigene derzeitige Uhrzeit. In diesem Fall kann die Uhr auf die Zeit dieses Zeitstempels vorgestellt werden.

- Wenn es auch vorgehende Uhren geben kann, so funktioniert dieser Ansatz immer noch, da sich über kurz oder lang die Zeitmessungen aller Stationen annähern. Es ist für die Korrektheit und die Performanz irrelevant, dass diese Uhrzeit nicht mit der realen Zeit übereinstimmt.

- Transaktionen, die an einer Station mit zu kleinem Zeitstempel (d.h. nachgehender Uhr) gestartet werden, sind benachteiligt, da sie beim Zugriff auf Datenobjekte mit höherer Wahrscheinlichkeit vermeintlich „zu spät kommen". Wenn eine Transaktion mit kleinerem Zeitstempel ein Datum lesen will, das schon einen höheren *writeTS*-Wert hat, wird sie abgebrochen.

Aufgabe 16.17

Zeigen Sie, dass bei der *write-all / read-any* Methode zur Synchronisation bei replizierten Daten nur serialisierbare Schedules erzeugt werden – unter der Voraussetzung, dass das strenge 2PL-Protokoll angewendet wird.

Um den Nachweis zu führen, dass nur serialisierbare Schedules auftreten können, gehen wir von der Gegenannahme aus und führen diese zum Widerspruch. Sei also eine Historie H gegeben, deren zugehöriger Serialisierbarkeitsgraph $SG(H)$ einen Zyklus aufweist. H ist also nicht serialisierbar. Zur Erläuterung habe der Zyklus die Länge 2. An diesem Zyklus seien die Transaktionen T_1 und T_2 beteiligt. H hat folgenden schematischen Aufbau:

$$\ldots \to \underbrace{w_1(A_1) \to \ldots \to w_1(A_n)}_{T_1 \text{ schreibt } A} \to \ldots \to o_2(A_i) \to$$

$$\ldots \to \underbrace{w_2(B_1) \to \ldots \to w_2(B_m)}_{T_2 \text{ schreibt } B} \to \ldots \to o_1(B_j) \to \ldots$$

Dabei stehe o für eine beliebige Operation, also Schreib- oder Leseoperation. Für das Datum A existieren Kopien A_1 bis A_n und für das Datum B Kopien B_1 bis B_m.

Da die *write-all / read-any* Methode angewendet wird, fordert T_1 Schreibsperren auf allen Kopien von A an. Diese Schreibsperren müssen, da das strenge 2PL-Protokoll eingesetzt wird, bis zum Ende der Transaktion gehalten werden. Damit kann aber T_2 keine Schreib- oder Lesesperren (abhängig von der genauen Art von $o_2(A_i)$) auf einer Kopie A_i erhalten, bevor nicht T_1 ein **commit** ausgeführt hat. Entsprechendes würde auch für die Anforderung der Sperren auf Kopien von B durch T_1 gelten. Damit wird T_2 verzögert. Es tritt also ein Deadlock auf und obiger Schedule kann nicht zustande kommen.

Im Allgemeinen verhält sich die Situation sogar noch nachteiliger als durch den skizzierten Schedule, der durch das strenge 2PL-Verfahren unterbunden wird, dargestellt. In obiger Historie wurden die Schreibsperren auf den Kopien von A und B jeweils in Folge angefordert. Natürlich wäre auch folgende Verzahnung von T_1 und T_2 denkbar:

$$\ldots \to w_1(A_1) \to \ldots \to o_2(A_i) \to \ldots \to w_1(A_n)$$
$$\ldots \to w_2(B_1) \to \ldots \to o_1(B_j) \to \ldots \to w_2(B_m) \to \ldots$$

Da T_1 nicht alle notwendigen Sperren auf den Kopien von A erhält, wird die Transaktion blockiert. T_1 muss so lange warten, bis entweder

- T_2 die Sperre auf A_i wieder freigibt. Die von T_2 gehaltenen Sperren werden, da das strenge 2PL-Protokoll eingesetzt wird, in der **commit**-Behandlung wieder frei gegeben; oder

- eine Verklemmung eintritt, die behoben werden muss, indem Transaktionen zurückgesetzt werden und dabei gehaltene Sperren freigegeben werden. Generell sind bei Anwendung von *write-all / read-any* mehr Deadlocks zu erwarten.

Damit zeigt sich, dass die Annahme nicht aufrecht erhalten werden kann. Die Kombination von *write-all / read-any* und strengem 2PL erlaubt vielmehr nur serialisierbare Schedules.

Um den allgemeinen Beweis zu führen, geht man von einem Zyklus der Länge n aus und weist – genau wie in Aufgabe 11.8 – nach, dass die strikte Trennung von *Wachstums*- und *Schrumpfungsphase*, die eine zentrale Eigenschaft des 2PL-Protokolls darstellt, verletzt wird.

Aufgabe 16.18

Zeigen Sie, dass die *write-all / read-any* Methode zur Synchronisation replizierter Daten einen Spezialfall der *Quorum-Consensus*-Methode darstellt.

- Wie werden Stimmen zugeordnet um *write-all / read-any* zu simulieren?

- Wie müssen die Quoren Q_w und Q_r vergeben werden?

Die *write-all / read-any* Methode schreibt vor, dass für den schreibenden Zugriff Sperren auf allen replizierten Datensätzen angefordert und erhalten werden müssen und alle Kopien geändert werden müssen. Da damit stets alle Daten auf dem aktuellsten Stand sind, reicht es für den lesenden Zugriff aus, eine Sperre auf einer der Kopien zu erhalten.

Das *Quorum-Consensus*-Verfahren führt Gewichte für die Kopien der Daten ein. So wird der Kopie des Datums A, welches auf der Station S_1 abgelegt ist, das Gewicht $w_1(A)$ zugeordnet. Bei n Kopien berechnet sich das Gesamtgewicht $W(A)$ zu $W(A) = \sum\limits_{i=1}^{n} w_i(A)$. Weiterhin werden ein so genanntes *Lesequorum* $Q_r(A)$ und ein *Schreibquorum* $Q_w(A)$ festgelegt, so dass gilt:

1. $Q_w(A) + Q_w(A) > W(A)$ und
2. $Q_r(A) + Q_w(A) > W(A)$.

Damit müssen nicht alle Kopien zu jedem Zeitpunkt auf dem jeweils aktuellsten Stand sein. Um bei einem lesenden Zugriff zu entscheiden, welche Kopie die aktuellste ist, werden Versionsnummern verwendet.

Möchte man die write-all / read-any Methode mittels des Quorum-Consensus-Verfahrens simulieren, so ordnet man im einfachsten Fall jeder Kopie dasselbe Gewicht zu, d.h. $w_i(A_i) = 1$ für $1 \le i \le n$. Damit ist $W(A) = n$. Ferner setzt man $Q_w(A) = n$ und $Q_r(A) = 1$. Damit sind beide Bedingungen des Quorum-Consensus-Verfahrens erfüllt.

Aufgabe 16.19

Einen weiteren Spezialfall des *Quorum-Consensus*-Verfahrens stellt das *Majority-Consensus*-Protokoll dar. Wie der Name andeutet, müssen Transaktionen sowohl für Lese- als auch für Schreiboperationen die Mehrzahl der Stimmen einsammeln. Zeigen Sie die Konfigurierung des *Quorum-Consensus*-Verfahrens für die Simulation dieses *Majority-Consensus*-Protokolls.

Repräsentiert $w_i(A)$ das Gewicht der Kopie des Datums A auf Station S_i und $W(A) = \sum\limits_{i=1}^{n} w_i(A)$, dann stellt das *Majority-Consensus*-Verfahren folgende zwei Bedingungen:

1. Damit eine Transaktion das Datum A lesen kann, muss sie Lesesperren auf Kopien mit einem Gesamtgewicht größer oder gleich $\lceil (W(A) + 1)/2 \rceil$ erhalten.

2. Damit eine Transaktion das Datum A schreiben kann, muss sie Schreibsperren auf Kopien mit einem Gesamtgewicht größer oder gleich $\lceil (W(A) + 1)/2 \rceil$ erhalten.

Damit gilt also $Q_r(A) = \lceil (W(A) + 1)/2 \rceil$ und $Q_w(A) = \lceil (W(A) + 1)/2 \rceil$, d.h. $Q_r(A) = Q_w(A)$. Folglich werden die Bedingungen des Quorum-Consensus-Verfahrens eingehalten.

An dieser Stelle wollen wir noch kurz auf einen Vergleich des *Majority-Consensus*-Verfahrens mit der *write-all / read-any* Methode zur Synchronisation replizierter Daten eingehen. Dazu setzen wir $w_i(A_i) = 1$ für $1 \le i \le n$. Um eine Lese- oder Schreibsperre auf A zu erhalten, müssen dem Majority-Consensus-Verfahren zufolge (mindestens) $\lceil (n + 1)/2 \rceil$ Lese- bzw. Schreibsperren auf den Kopien angefordert werden. In der Regel wird man mehr als diese untere Schranke an Sperren anfordern, da zum einen manche Stationen verzögert oder gar nicht antworten, falls sie in Überlast oder gar abgestürzt sind. Zum anderen muss man ggf. mit anderen Transaktionen konkurrieren, die ebenfalls Sperren auf A anfordern oder diese bereits halten. Man muss aber mindestens $\lceil (n + 1)/2 \rceil$

Anfragen zur Anforderung von Sperren versenden und erhält im Erfolgsfall $\lceil (n+1)/2 \rceil$ positive Antworten zurück. Dies entspricht $n + 1$ Nachrichten für Lese- und Schreiboperationen beim Majority-Consensus-Verfahren. Verwendet man die write-all/read-any Methode, sind $2n$ Nachrichten zum Ändern und 2 Nachrichten zum Lesen des Datums A notwendig (jeweils Anfrage- und Antwortnachrichten). Falls Schreib- und Leseoperationen also etwa gleich häufig auftreten, so weist keines der Verfahren einen Vorteil gegenüber dem jeweils anderen auf. Werden die meisten Sperren für Leseoperationen angefordert, so ist write-all/read-any zu bevorzugen. Falls Schreiboperationen dominieren, so verhält sich das Majority-Consensus-Verfahren besser.

Die Verfahren unterscheiden sich auch bezüglich der Wahrscheinlichkeit, mit der Deadlocks auftreten. Verwendet man write-all/read-any, so ist es sehr wahrscheinlich, dass zwei schreibende Transaktionen, die etwa zur selben Zeit starten, Sperren auf unterschiedlichen Kopien von A erhalten und somit einen Deadlock verursachen. Dies erfordert eine (aufwändige) Deadlock-Behandlung durch das VDBMS. Setzt man das Majority-Consensus-Verfahren ein, so wird eine der Transaktionen die benötigten Sperren erhalten, während die zweite warten muss oder abgebrochen wird. Eine Möglichkeit, die Wahrscheinlichkeit von Deadlocks bei write-all/read-any zu reduzieren, ist, die Kopien zu sortieren und Sperren stets in Sortierreihenfolge anzufordern.

Aufgabe 16.20

Vervollständigen Sie die FingerTabellen der Peers im Chord-Netzwerk aus Abbildung 16.27 [Kemper und Eickler (2011)].

Eine *FingerTabelle* speichert die Adressen der betreffenden Peers auf dem Zahlenring, die die um $2^0 = 1, 2^1 = 2, 2^2 = 4, \dots, 2^{n-1} = \frac{2^n}{2}$ erhöhten Werte des Werts der eigenen Position verwalten. Ein und derselbe Peer kann bei entsprechend dünner Besiedlung durchaus für mehrere Einträge in der FingerTabelle verantwortlich sein, wie zum Beispiel anhand Peer P11 in Abbildung 16.27 [Kemper und Eickler (2011)] ersichtlich ist. Das vorgegebene Chord-Netzwerk speichert die Zahlen $[0, 64)$, d.h. $n = 6$. Abbildung 16.11 zeigt den Chord-Ring mit den vervollständigten FingerTabellen für P3, P14, P26 und P41.

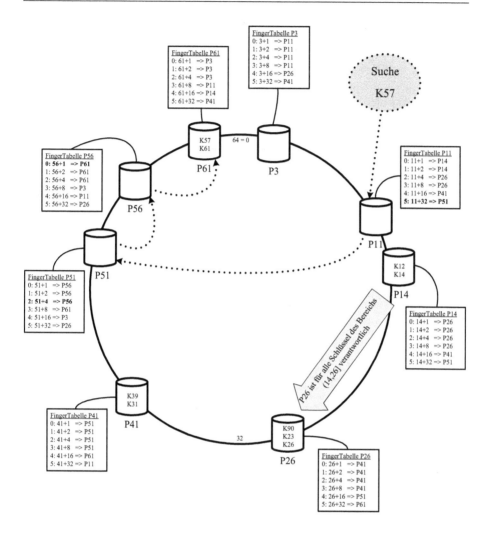

Abbildung 16.11: Chord-Ring mit allen *FingerTabellen*

Aufgabe 16.21

Zeigen Sie, dass die Suche in einem Chord-Overlaynetzwerk durch die Nutzung der FingerTabellen in maximal logarithmisch vielen Schritten zur Größe des Zahlenrings (bzw. der Anzahl der Stationen) durchgeführt werden kann.

Wir erläutern dies anhand der Abbildung 16.12, die ein Chord-Netzwerk der Größe 2^n zeigt. Wir nehmen an, dass die Suche nach dem Datenobjekt q an Peer u initiiert wird. Diese Suche endet in Peer *Ziel*. Allerdings wird zunächst – bis auf den letzten Suchschritt – immer nach dem direkten Vorgänger von Peer *Ziel* bzw. von q, nämlich Peer p gesucht. Ohne Beschränkung der Allgemeinheit gehen wir davon aus, dass wir auf dem Weg von u

zu p nicht „an der Null" vorbeikommen. Es gilt also $p > u$. Es sei den Lesern überlassen, die Argumentation auf den Fall $p < u$ zu verallgemeinern.

Der Peer u wird im ersten Schritt zu Peer $h1$ „hüpfen" (engl. *hop*), da $h1$ für den Wert $u + 2^i$ zuständig ist und $u + 2^i$ der größte Index in der FingerTabelle ist, der gerade noch kleiner als der Suchschlüssel q ist. $h1$ liegt näher an p als an u. Warum? Antwort: Zwischen u und $h1$ liegt ein Abstand von mindestens 2^i. Wenn der Abstand von $h1$ zu p mehr als 2^i wäre, hätte u ja einen Sprung zu $u + 2^{i+1}$ durchgeführt. Also halbiert sich der Abstand bei jedem Hop (also auch bei nachfolgenden Hops von $h1$ zu $h2$, usw). Daraus folgt, dass man spätestens nach $log(2^n) = n$ Hops bei p angekommen ist. Dann folgt noch der letzte Hop zum Peer *Ziel*.

Bei einem dünn besetzten Ring mit einer Anzahl $|P|$ an Peers gilt $|P| << 2^n$. Trotzdem geht das Routing auch hier in $O(|P|)$ Schritten. Nach $log(|P|)$ Hops ist man nämlich wegen der Halbierung der Distanz bei jedem der Hops in einem Abstand von $2^n/|P|$ zum Peer p. Bei einer uniformen Verteilung der $|P|$ Peers auf dem Ring ist aber in diesem Bereich nur 1 Peer angesiedelt, so dass wir schon (so gut wie) am Ziel angekommen sind.

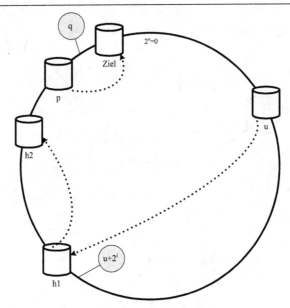

Abbildung 16.12: Logarithmische Suche im Chord-Ring

Aufgabe 16.22

In der Praxis wird die Suche im Durchschnitt nur die Hälfte der in Aufgabe 16.21 abge-schätzten Hops benötigen. Warum?

Das kann man sich intuitiv wie folgt klar machen: Wir beziehen uns wieder auf die Nota-tion in Abbildung 16.12 und repräsentieren den Abstand zwischen u und p als Binärzahl.

Im ersten Schritt nimmt man das höchstwertigste Einser-Bit – es ist das an der Position i. Nach dem ersten Hop zu $h1$ sei der Abstand von $h1$ zu p wieder als Binärzahl dargestellt. Jetzt gilt, dass alle Bits an den Positionen $n \ldots i$ garantiert 0 sind. Das Bit $i - 1$ ist mit gleicher Wahrscheinlichkeit 0 oder 1. Sprünge werden aber nur für Einser-Bits durchgeführt, so dass im Durchschnitt nur die Hälfte der maximal nötigen Hops durchzuführen ist.

Aufgabe 16.23

Skizzieren Sie die Vorgehensweise beim Hinzufügen eines neuen Peers im Chord-Netzwerk. Als Beispiel nehmen Sie die Hinzunahme eines Peers P33 in dem Beispiel-Netzwerk aus Abbildung 16.27 [Kemper und Eickler (2011)].

Der neue Peer kontaktiert irgendeinen Peer, der ihm bekannt ist. Dieser platziert den neuen Peer P33 durch Anwendung der Hashfunktion auf die IP-Nummer auf den Ring. Sodann wird der direkte Vorgänger kontaktiert, um ihm mitzuteilen, dass er einen neuen direkten Nachfolger hat. Von diesem Vorgänger erfährt der neue Peer P33 auch, wer sein direkter Nachfolger ist. Von diesem bekommt er einen Teil der Daten zugewiesen – in unserem Fall das Objekt 31. Außerdem kann P33 die FingerTabelle seines Vorgängers als Initiallösung für die eigene FingerTabelle verwenden. Die nicht gültigen Einträge muss er neu erstellen.

Mittelfristig werden durch einen Hintergrundprozess alle ungültigen FingerTabellen-Einträge anderer Peers fortgeschrieben. Dies kann von Peer P33 initiiert werden. Wie? Antwort: Nach vollständiger Stabilisierung hat das Netzwerk den in Abbildung 16.13 gezeigten Zustand.

Aufgabe 16.24

Ermitteln Sie die durchschnittliche Anzahl von Nachbarn pro Peer und die Anzahl von Routing-Hops für ein n-dimensionales CAN-Netzwerk.

Im Schnitt hat jeder Peer $O(n)$ Nachbarn. Das Routing entspricht der Traversierung der Diagonalen, verursacht also im Schnitt $O(n \cdot |P|^{1/n})$, wobei $|P|$ die Anzahl der Peers angibt. Diese Formel entspricht der Diagonalen durch den n-dimensionalen Raum – im zwei-dimensionalen CAN-Netzwerk folgt dies nach dem Satz von Pythagoras und entspricht der Quadratwurzel aus $2 \cdot |P|$.

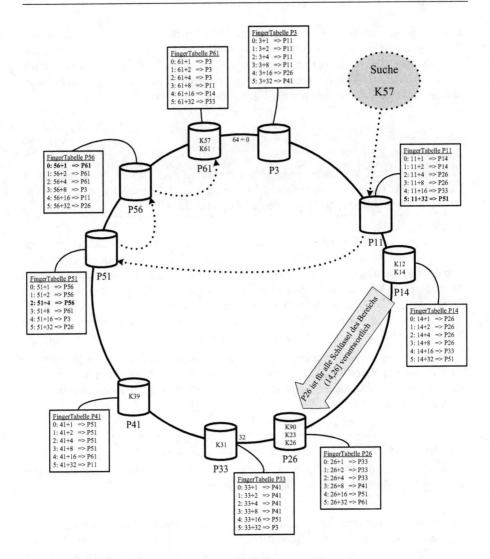

FingerTabelle P3
0: 3+1 => P11
1: 3+2 => P11
2: 3+4 => P11
3: 3+8 => P11
4: 3+16 => P26
5: 3+32 => P41

FingerTabelle P61
0: 61+1 => P3
1: 61+2 => P3
2: 61+4 => P3
3: 61+8 => P11
4: 61+16 => P14
5: 61+32 => P33

Suche
K57

FingerTabelle P56
0: 56+1 => P61
1: 56+2 => P61
2: 56+4 => P61
3: 56+8 => P3
4: 56+16 => P11
5: 56+32 => P26

FingerTabelle P11
0: 11+1 => P14
1: 11+2 => P14
2: 11+4 => P26
3: 11+8 => P26
4: 11+16 => P33
5: 11+32 => P51

K57
K61

64 = 0

P61   P3

P56

P11

FingerTabelle P51
0: 51+1 => P56
1: 51+2 => P56
2: 51+4 => P56
3: 51+8 => P61
4: 51+16 => P3
5: 51+32 => P26

P51

K12
K14

P14

FingerTabelle P14
0: 14+1 => P26
1: 14+2 => P26
2: 14+4 => P26
3: 14+8 => P26
4: 14+16 => P33
5: 14+32 => P51

P26 ist für alle Schlüssel des Bereichs
(14,26) verantwortlich

K39

FingerTabelle P41
0: 41+1 => P51
1: 41+2 => P51
2: 41+4 => P51
3: 41+8 => P51
4: 41+16 => P61
5: 41+32 => P11

P41

K31

32

K90
K23
K26

P26

P33

FingerTabelle P26
0: 26+1 => P33
1: 26+2 => P33
2: 26+4 => P33
3: 26+8 => P41
4: 26+16 => P51
5: 26+32 => P61

FingerTabelle P33
0: 33+1 => P41
1: 33+2 => P41
2: 33+4 => P41
3: 33+8 => P41
4: 33+16 => P51
5: 33+32 => P3

Abbildung 16.13: Aufnahme eines neuen Peers P33 im Chord-Ring

17. Betriebliche Anwendungen: OLTP, Data Warehouse, Data Mining

Aufgabe 17.1

Berechnen Sie, wie groß ein Data Warehouse für ein Handelsunternehmen wie Quelle oder Amazon.com wäre, wenn die Bestelldaten der letzten 3 Jahre enthalten sind.

Die folgenden Überlegungen geben eine ungefähre Abschätzung der Größe eines repräsentativen Handelsunternehmens wieder und stellen keine offiziellen Daten der Unternehmen dar.

Wir wollen diese Abschätzung am Beispiel von Amazon.com durchführen. In den Jahren 2002-2004 erzielte Amazon einen Umsatz von insgesamt rund 16,1 Mrd. $. Wir gehen von den weiteren (hypothetischen) Rahmenbedingungen aus:

1. Der Preis für einen verkauften Artikel beträgt im Durchschnitt 10 $.

2. Ein Kunde kauft pro Jahr im Schnitt fünf Artikel bei Amazon.com ein.

3. Amazon.com bietet 100.000 unterschiedliche Produkte an.

Ausgehend von diesen Rahmenbedingungen können wir die Größe der einzelnen Tabellen (vgl. Abbildung 17.1) abschätzen:

Tabelle *Verkäufe*: Ein Tupel der Faktentabelle referenziert über Fremdschlüsselbeziehungen Tupel in den fünf Dimensionstabellen. Für jede Referenz (Filiale wird nicht als **varchar** gespeichert) werden 4 Byte benötigt. Das Attribut *Anzahl* belegt ebenfalls 4 Byte.

  Verkäufe hat etwa $16, 1 \, \text{Mrd.}/10 = 1, 61 \, \text{Mrd.}$ Einträge. Daraus ergibt sich eine Größe von

  $1, 61 \, \text{Mrd.} \cdot 6 \cdot 4 \, \text{Byte} \approx 36 \, \text{GB}.$

Tabelle *Filialen*: Da Amazon.com ein Online-Händler ist (Filialen sind hier die Repräsentationen in den jeweiligen Ländern, also Amazon.de, Amazon.fr etc.), ist die Ausprägung von *Filialen* verhältnismäßig klein und wird im Folgenden vernachlässigt.

Tabelle *Kunden*: Anders als in Abbildung 17.1 nehmen wir an, ein Kundeneintrag setzt sich zusammen aus einer Kundennummer (4 Byte), einem Namen (30 Byte), einem Geburtsdatum (4 Byte) und einer Adresse (70 Byte). Nach unserer Schätzung gibt es $1, 61 \, \text{Mrd.}/(3 \cdot 5) = 107 \, \text{Mio.}$ Kunden. Damit ist die Größe der Ausprägung ungefähr $107.000.000 \cdot 108 \, \text{Byte} \approx 10, 8 \, \text{GB}.$

Tabelle *Verkäufer*: Produkte können zwar über Amazon nicht nur gekauft, sondern auch verkauft werden, die Anzahl der Verkäufer wird aber (im Vergleich zur Anzahl der Kunden) als vernachlässigbar klein angenommen.

Verkäufe					
VerkDatum	Filiale	Produkt	Anzahl	Kunde	Verkäufer
25-Jul-00	Passau	1347	1	4711	825
...	...	...	...	...	...

Filialen			
Filialenkennung	Land	Bezirk	...
Passau	D	Bayern	...
...	...	...	...

Kunden			
KundenNr	Name	wiealt	...
4711	Kemper	43	...
...	...	...	...

Verkäufer					
VerkäuferNr	Name	Fachgebiet	Manager	wiealt	...
825	Handyman	Elektronik	119	23	...
...	...	...	...	...	...

Zeit								
Datum	Tag	Monat	Jahr	Quartal	KW	Wochentag	Saison	...
...	...	...	...	...	...	...	...	...
25-Jul-00	25	Juli	2000	3	30	Dienstag	Hochsommer	...
...	...	...	...	...	...	...	...	...
18-Dec-01	18	Dezember	2001	4	52	Dienstag	Weihnachten	...
...	...	...	...	...	...	...	...	...

Produkte					
ProduktNr	Produkttyp	Produktgruppe	Produkthauptgruppe	Hersteller	...
1347	Handy	Mobiltelekom	Telekom	Siemens	...
...	...	...	...	...	...

Abbildung 17.1: Relationen des Sternschemas für ein Handelsunternehmen

Tabelle *Zeit*: Die in Abbildung 17.1 dargestellten acht Einträge der Relation *Zeit* werden über Identifikatoren (z.B. „2" statt „Dienstag") realisiert. Jeder Identifikator benötigt 4 Byte. Damit ergibt sich für drei Jahre (wenn jeder Tag einen Eintrag darstellt) eine ungefähre Größe von

$$3 \cdot 365 \cdot 8 \cdot 4 \, \text{Byte} \approx 34 \, \text{kB}.$$

Tabelle *Produkte*: Wie angegeben, gehen wir von ca. 100.000 Produkten aus. Für eine Produktbeschreibung inklusive eines kleinen Fotos nehmen wir an, dass im Durchschnitt 8 kB benötigt werden. Damit ergibt sich eine Größe von

$$100.000 \cdot 8 \, \text{kB} \approx 0,76 \, \text{GB}.$$

Nach unserer Rechnung kommen wir daher auf eine geschätzte Gesamtgröße von

$$36 \, \text{GB} + 10,8 \, \text{GB} + 34 \, \text{kB} + 0,76 \, \text{GB} \approx 47,6 \, \text{GB}.$$

für das Data Warehouse von Amazon.com.

Diese Abschätzung repräsentiert aber sicherlich nur einen verhältnismäßig kleinen Ausschnitt des Datawarehouses eines Handelsunternehmens wie Amazon.com. Weitere Data

Mining-Anwendungen stellen etwa Recommender-Systeme dar, die das Kundenverhalten auswerten und Kaufempfehlungen erstellen, wozu Benutzeraktionen (im Wesentlichen jeder Klick) vom System mitprotokolliert werden.

Aufgabe 17.2

Wie groß wäre der Datenwürfel entlang den Gruppierungsdimensionen (*KundenNr, Produkt, Monat*) für das oben untersuchte Data Warehouse? Ist es noch realistisch, alle diese Teilaggregate zu materialisieren?

Die Einträge im Datenwürfel repräsentieren die Stückzahlen der in einem bestimmten Monat von einem Kunden gekauften Produkte. Ein Eintrag ist vom Datentyp *Integer* und benötigt daher 4 Byte.

Wie in der vorangegangenen Aufgabe 17.1 motiviert, gehen wir von folgenden Eckdaten aus:

Dimension *Kunden*: $107 \cdot 10^6$
Dimension *Produkte*: 10^5
Dimension *Monate*: $12 \cdot 3 = 36$
Bytes pro Eintrag: 4

Damit hat der Datenwürfel folgende Größe:

$$107 \cdot 10^6 \cdot 10^5 \cdot 36 \cdot 4\,\text{Byte} \approx 1541 \cdot 10^{12}\,\text{Byte} \approx 1401\,\text{TB} \approx 1,4\,\text{PB}.$$

Dieser Wert schätzt jedoch nur den Speicherbedarf für die Einträge des Datenwürfels ab. Würde man den Würfel relational abspeichern, müsste man zusätzlich noch den Platzbedarf für die Dimensionsattribute eines jeden Tupels berücksichtigen.

Aufgrund des immensen Speicherbedarfs ist davon auszugehen, dass für diese spezielle Anfrage das Ergebnis nicht materialisiert wird. Zudem sind die meisten Einträge im Datenwürfel leer. Bei einer relationalen Darstellung des Würfels würde man diese Einträge weglassen, so dass die obige Abschätzung nur dann gilt, wenn man jeden Eintrag (also auch leere Felder) abspeichert.

Aufgabe 17.3

Die Bitmap-Indizes sind normalerweise sehr dünn besetzt, d.h., sie enthalten viele Nullen und wenige Einsen. Welche Möglichkeiten der Komprimierung kommen in Betracht, um den Speicherbedarf zu reduzieren?

Voraussetzung ist, dass keine Information verloren geht, d.h. aus den komprimierten Daten müssen die ursprünglichen Bitmap-Indizes wieder gewonnen werden können. Die Kodierung muss also *verlustlos* sein. Nicht einsetzbar sind daher so genannte *verlustbehaftete* Verfahren, die eine Datenreduktion bei gleichzeitiger Inkaufnahme von Datenverlust erwirken. Anwendbar sind dagegen Entropiekodierungen. Die folgenden Verfahren sind für Byte-Datensätze beschrieben. Entsprechend angepasst sind sie auch für Bitmap-Indizes anwendbar.

Lauflängenkodierung: Sie kann verwendet werden, wenn häufig identische Werte auftreten, wie bei Bitmap-Indizes. Statt der Wiederholung der Werte werden hier nur der Wert an sich (also 1 oder 0) und die Anzahl der Wiederholungen angegeben. Ein spezieller Wert M wird zur Markierung der Lauflänge verwendet (so genanntes M-Byte, das auch als *Escape-Character* bezeichnet wird). Normalerweise verwendet man einen Schwellwert k für die minimale Wiederholungszahl, bevor eine Lauflängenkodierung eingesetzt wird. Wenn Byte-weise kodiert und ein Byte für die Lauflänge verwendet wird, so können bei $k = 4$ immer mindestens 4 und höchstens $255 + 4 = 259$ gleiche Bytes zu jeweils 3 Bytes zusammengefasst werden.

Nullunterdrückung: Hierbei handelt es sich um einen Spezialfall der Lauflängenkodierung. Die zugrundeliegende Annahme dabei ist, dass sich ein bestimmtes Zeichen (hier die 0) besonders oft wiederholt. Hierfür gibt es zahlreiche Varianten, die den Speicherbedarf dadurch vermindern, dass für dieses ausgewählte Zeichen weniger Kodieraufwand nötig ist.

Vektorquantisierung: Die ursprünglichen Daten werden in Datenblöcke der Größe n unterteilt. In einer speziellen Tabelle werden Muster der Länge n gehalten. Jedem Muster ist ein Indexvektor zugeordnet. Die ursprünglichen Daten können so durch Sequenzen von Referenzen auf diese Muster dargestellt werden. Das Verfahren ist verlustfrei, es gibt jedoch auch verlustbehaftete Varianten, wenn z.B. bezüglich einer Ähnlichkeitsmetrik ähnliche Muster eingesetzt werden. Diese Varianten können hier jedoch nicht verwendet werden.

Pattern Substitution: Diese ist eine Kombination von Vektorquantisierung und Lauflängenkodierung. Häufig vorkommende Muster werden effizienter kodiert als seltener auftretende.

Statistische Kodierung: Beispiele hierfür sind *Huffman*-Kodierung und *arithmetische* Kodierung. Hier werden Sequenzen, die mit häufiger Wiederholung in den ursprünglichen Daten vorkommen, mit weniger Bits kodiert als solche Bitsequenzen, die eher selten im Vergleich dazu vorkommen.

Aufgabe 17.4

Entwerfen Sie einen Algorithmus, um den Klassifikationsbaum, wie er in Abbildung 17.2 exemplarisch gezeigt ist, automatisch zu ermitteln. Dazu gehe man top-down vor: Man wählt ein Vorhersageattribut und einen Wert dafür, der die Eingabemenge in zwei „sinnvolle" Partitionen zerlegt. Man partitioniere die Eingabemenge demgemäß und gehe rekursiv den Baum hinab bis man Partitionen erhält, deren Elemente das gleiche abhängige Attribut haben.

Klassifikationsbäume können durch ein *top-down*-Verfahren konstruiert werden. Man startet mit der gesamten Datenbasis als initiale Partition für den Wurzelknoten. In jedem Schritt wird dann untersucht, ob die jeweils aktuelle Partition sinnvoll weiter unterteilt werden kann. Dazu bestimmt man ein Vorhersageattribut und einen geeigneten Attributwert, um die Aufteilung in zwei kleinere Teilpartitionen festzulegen. Benötigt wird dazu ein Entscheidungsalgorithmus, der mögliche Aufspaltungen vergleicht und evaluiert, ob, und falls ja welche, Partitionierung sinnvoll ist. Dabei bestimmt sich „sinnvoll" in Hinblick auf die Herleitung von aussagekräftigen Ableitungsregeln.

Schadenshöhe			
wiealt	Geschlecht	Autotyp	Schäden
45	w	Van	gering
18	w	Coupé	gering
22	w	Van	gering
38	w	Coupé	gering
19	m	Coupé	hoch
24	m	Van	hoch
40	m	Coupé	hoch
40	m	Van	gering
⋮	⋮	⋮	⋮

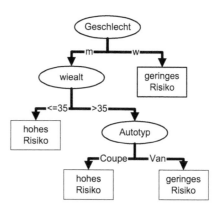

Abbildung 17.2: Klassifikationsschema für Haftpflicht-Risikoabschätzung

Eine Partition, die dem Knoten n im Klassifikationsbaum zugeordnet ist, wird somit in zwei Teilpartitionen unterteilt. n werden zwei Kindknoten zugewiesen[1]. Eine der Partitionen wird dem linken und die andere dem rechten Kind zugewiesen. Die Partitionierung führt man dann rekursiv auf den Kindknoten fort.

Für jeden Partitionierungsschritt sind während der Ausführung also zwei Dinge zu wählen:

1. das Vorhersageattribut, gemäß dem die Aufspaltung erfolgen soll und

2. der Attributwert, der die Partitionen voneinander trennt.

Wir wollen im Folgenden weniger auf Algorithmen zur Entscheidungsfindung eingehen als uns vielmehr auf die dabei zu analysierenden Daten konzentrieren. Eine Herausforderung für die algorithmische Durchführung stellt die Größe der zu betrachtenden Partitionen dar. So muss beispielsweise für den Wurzelknoten die gesamte Datenbasis betrachtet werden, die bei für Data Mining-Anwendungen typischerweise großen Ausprägungen nicht vollständig in den Hauptspeicher geladen werden kann. Da aber jedes Vorhersageattribut getrennt betrachtet wird, kann man das Laden der gesamten Datenbasis (bzw. der Partition) umgehen und sich stattdessen auf aggregierte Ergebnisse beschränken.

In unserem Beispiel zur Risikoanalyse gibt es drei Kandidaten für die zu wählenden Vorhersageattribute, nämlich *wiealt*, *Geschlecht* und *Autotyp*. Für jedes dieser Attribute erstellen wir Klassifikationsaggregate zur Risikoabschätzung:

```
select wiealt, Schäden, count(*)
from Schadenshöhe
group by wiealt, Schäden

select Autotyp, Schäden, count(*)
from Schadenshöhe
group by Autotyp, Schäden
```

---

[1]Es gibt auch Verfahren für nicht-binäre Klassifikationsbäume.

```
select Geschlecht, Schäden, count(*)
from Schadenshöhe
group by Geschlecht, Schäden
```

Ergebnisse derartiger Aggregatberechnungen werden in der Literatur auch als AVC-Mengen (*Attribute Value Class*) bezeichnet. Die AVC-Mengen für die Partition des Wurzelknotens, d.h. die gesamte Datenbasis, sind in unserem Beispiel:

wiealt	Schäden	
	gering	hoch
18	1	0
19	0	1
22	1	0
24	0	1
38	1	0
40	1	1
45	0	1

Autotyp	Schäden	
	gering	hoch
Coupé	2	2
Van	3	1

Geschlecht	Schäden	
	gering	hoch
w	4	0
m	1	3

Die Größe einer AVC-Menge hängt von der Anzahl der unterschiedlichen Werte für ein Vorhersageattribut der Partition ab. In unserem Beispiel haben die AVC-Menge für *wiealt* 7 und die AVC-Mengen für *Autotyp* und *Geschlecht* jeweils 2 Einträge. Die in Abbildung 17.2 gezeigte Ausprägung hat 8 Beispiel-Tupel. Für große Datenbanken ist die Mächtigkeit der AVC-Mengen unabhängig von der Anzahl der Tupel in der Datenbasis – ausgenommen AVC-Mengen für Vorhersageattribute, deren Domänen sehr groß sind, wie beispielsweise Fließkommazahlen.

Wenn wir annehmen, dass die AVC-Mengen für die Datenbasis in den Hauptspeicher passen, können wir den Algorithmus zur Berechnung von Klassifikationsbäumen in Pseudo-Code wie folgt angeben:

1. Erzeuge die AVC-Mengen für die aktuelle Partition.

2. Versuche eine gute Partitionierung zu finden. Falls ein Vorhersageattribut und ein Wert für eine sinnvolle Partitionierung bestimmt wird:

   - Erzeuge zwei Kindknoten n_1 und n_2 im Klassifikationsbaum.
   - Teile die aktuelle Partition auf in P_1 und P_2.
   - Weise P_1 n_1 und P_2 n_2 zu.
   - Führe die Partitionierung rekursiv für die beiden Kindknoten n_1 und n_2 fort.

Literaturhinweis

Die Auswahl von Vorhersageattributen und Werten, anhand derer Partitionierungen durchgeführt werden, wurde hier nur angesprochen. Ramakrishnan und Gehrke (2003) und Breimann et al. (1993) stellen Data Mining-Anwendungen vor und gehen insbesondere auch auf Algorithmen zur Berechnung von Klassifikationsbäumen ein.

Aufgabe 17.5

Beweisen Sie Folgendes: Wenn man für einen *frequent itemset* $F = L \cup R = L^+ \cup R^-$ zwei Assoziationsregeln $L \Rightarrow R$ und $L^+ \Rightarrow R^-$ mit $L \subseteq L^+$ und $R^- \subseteq R$ betrachtet, so gilt immer:

$$confidence(L^+ \Rightarrow R^-) \geq confidence(L \Rightarrow R)$$

Die *confidence* einer Assoziationsregel $L \Rightarrow R$ gibt die Übereinstimmung der Regel bezüglich der Datenbasis an. Sie wird bestimmt aus dem Umfang der Datenmenge, die die Voraussetzung L und die Schlussfolgerung R erfüllt, relativ zur Größe der Menge, die die Voraussetzung L erfüllt.

Behauptung Wenn $L \subseteq L^+$, $R^- \subseteq R$ und $L \cup R = L^+ \cup R^- = F$ gilt

$$confidence\left(L^+ \Rightarrow R^-\right) \geq confidence\left(L \Rightarrow R\right)$$

Beweis Sei $\Delta \subset F$ für die gemäß der Angabe gilt $\Delta = L^+ - L = R - R^-$.
Daraus folgt: $L^+ = L \cup \Delta$ und $R^- = R - \Delta$

$$
\begin{aligned}
confidence\left(L^+ \Rightarrow R^-\right) &= \frac{support\left(L^+ \cup R^-\right)}{support\left(L^+\right)} \\
&= \frac{support\left(\{L \cup \Delta\} \cup \{R - \Delta\}\right)}{support\left(L \cup \Delta\right)} \\
&= \frac{support\left(L \cup R\right)}{support\left(L \cup \Delta\right)} \\
&\geq \frac{support\left(L \cup R\right)}{support\left(L\right)} \\
&= confidence\left(L \Rightarrow R\right)
\end{aligned}
$$

$\square$

Die Ungleichung gilt, da $support\left(L \cup \Delta\right) \leq support\left(L\right)$, da der Support einer Menge L gleich bleibt oder reduziert wird, wenn L vergrößert wird: Es gibt dann weniger oder höchstens gleich viele Einträge in der Datenbasis, die die durch Δ beschriebenen zusätzlichen Bedingungen erfüllen.

Aufgabe 17.6

Zeigen Sie die vierte Phase des à priori-Algorithmus für unser Beispiel in Abbildung 17.3. Damit eine Menge von Produkten ein *frequent itemset* ist, muss sie in mindestens $3/5$ aller Verkäufe enthalten sein, d.h. *minsupp* $= 3/5$.

Abbildung 17.4 zeigt den à priori-Algorithmus in Pseudo-Code. Gemäß dem Beispiel ist *minsupp* $= 3/5$. Im dritten Schritt ergibt sich nur noch für die Menge {Drucker, Papier, Toner} ein *support* von $3/5$, alle andere Mengen müssen also nicht weiter betrachtet, d.h. erweitert werden. Mögliche weitere Artikel sind: PC und Scanner. Scanner scheiden jedoch von vornherein aus, da deren *support* nur bei $2/5$, also unterhalb *minsupp*, liegt. Da

VerkaufsTransaktionen	
TransID	Produkt
111	Drucker
111	Papier
111	PC
111	Toner
222	PC
222	Scanner
333	Drucker
333	Papier
333	Toner
444	Drucker
444	PC
555	Drucker
555	Papier
555	PC
555	Scanner
555	Toner

Zwischenergebnisse	
FI-Kandidat	Anzahl
{Drucker}	4
{Papier}	3
{PC}	4
{Scanner}	2
{Toner}	3
{Drucker, Papier}	3
{Drucker, PC}	3
{Drucker, Scanner}	
{Drucker, Toner}	3
{Papier, PC}	2
{Papier, Scanner}	
{Papier, Toner}	3
{PC, Scanner}	
{PC, Toner}	2
{Scanner, Toner}	
{Drucker, Papier, PC}	
{Drucker, Papier, Toner}	3
{Drucker, PC, Toner}	
{Papier, PC, Toner}	

Abbildung 17.3: Datenbank mit Verkaufstransaktionen (links) und Zwischenergebnisse des à priori-Algorithmus (rechts)

- **für alle** Produkte
    - überprüfe, ob es ein *frequent itemset* ist, also in mindestens *minsupp* Einkaufswägen enthalten ist
- $k := 1$
- **iteriere so lange**
    - **für jeden** *frequent itemset* I_k mit k Produkten
        * generiere alle *itemsets* I_{k+1} mit $k + 1$ Produkten und $I_k \subset I_{k+1}$
    - lies alle Einkäufe einmal (sequentieller Scan auf der Datenbank) und überprüfe, welche der $(k + 1)$-elementigen *itemset*-Kandidaten mindestens *minsupp* mal vorkommen
    - $k := k + 1$

    bis keine neuen *frequent itemsets* gefunden werden

Abbildung 17.4: Der à priori-Algorithmus

der *support* von {Papier, PC} $= 2/5$ und {Papier, PC} $\subset$ {Drucker, Papier, Toner, PC} ist, fällt auch diese Erweiterung unterhalb die geforderte Schranke *minsupp*. Somit terminiert der Algorithmus und liefert *frequent itemsets* der maximalen Größe 3.

Aufgabe 17.7

Implementieren Sie den à priori-Algorithmus in Ihrer Lieblingsprogrammiersprache. Generieren Sie eine künstliche Datenbasis „substantieller" Größe (also größer als der verfügbare Hauptspeicher) und untersuchen Sie das Leistungsverhalten Ihrer Implementierung. Versuchen Sie es zu verbessern, indem Sie geschicktere Datenstrukturen für die Verwaltung der Kandidatenmengen realisieren.

Eine Java-Implementierung des à priori-Algorithmus mit einer Testmethode, die die Ausprägung aus Abbildung 17.3 realisiert, finden Sie auf der folgenden Webseite

 `www-db.in.tum.de/DB-Uebungsbuch/ueb/Kapitel17/index.html`

Aufgabe 17.8

Konzipieren Sie einen Algorithmus zur Clusterbestimmung. Das Ziel besteht darin, die Objekte so zu clustern, dass nur sehr ähnliche Objekte in demselben Cluster liegen. D.h., man sollte eine Distanz d vorgeben können, so dass zwei Objekte desselben Clusters nicht weiter als d voneinander entfernt sind. Die Herausforderung besteht dann darin, die (sehr große) Menge aller Objekte auf möglichst wenige Cluster abzubilden. Es ist hoffnungslos, die minimale Anzahl an Clustern finden zu wollen. Warum? Also muss man eine Heuristik entwickeln.

Eine optimale Lösung zu finden ist für beliebige n, wenn n die Anzahl der Datenobjekte ist, nicht effizient durchführbar. Dies würde nämlich dem Berechnen der Potenzmenge der Menge der Datenobjekte gleich kommen und damit eine exponentielle Laufzeit (in $O(2^n)$) aufweisen. Deshalb wollen wir im Folgenden eine einfache Heuristik zur Berechnung von Clustern vorstellen.

Der Algorithmus fällt in die Klasse der *hierarchisch agglomerativen* Verfahren. Die Bezeichnung kommt daher, dass bottom-up vorgegangen wird und Cluster schrittweise vergrößert werden. Man startet damit, jedes Datenobjekt als unabhängigen Cluster anzusehen und sukzessive die Anzahl der Cluster durch Zusammenfassen zu verringern.

Bei vorgegebenem Abstandsmaß δ ist der Abstand eines Objekts x zu einem Cluster c gegeben als $\Delta(x,c) = \min\{\delta(x,y) \mid y \in c\}$. Die Unähnlichkeit zweier endlicher[2] Mengen c_1 und c_2 geben wir durch die nach dem Mathematiker Felix Hausdorff benannte *Hausdorff*-Metrik an als:

$$D(c_1, c_2) = \max\left\{\max_{x \in c_1} \Delta(x, c_2), \max_{y \in c_2} \Delta(y, c_1)\right\}$$

Hierarchisch agglomerativer Algorithmus zur Clusterbildung

Eingabe: $\{x_1, \ldots, x_n\}$ der Klassifikationsobjekte

---

[2]Die hier betrachteten Cluster haben stets eine endliche Mächtigkeit. Damit kann von der Supremums- zur Maximums-Betrachtung übergegangen werden.

1. Bilde $k = n$ Cluster, bestehend aus den einzelnen Klassifikationsobjekten, d.h.

$$\{c_1, \ldots, c_k\} = \{\{x_1\}, \ldots, \{x_n\}\}$$

2. Wähle das Clusterpaar (c_i, c_j), mit $1 \leq i, j \leq k, i \neq j$, welches die geringste Unähnlichkeit aufweist.

   - Falls $D(c_1, c_2) \leq d$, so verschmelze c_1 und c_2 und reduziere k um 1.
   - Sonst terminiere.

3. Ist $k = 1$?

   - Ja: So terminiere, da alle Objekte einem Cluster angehören.
   - Nein: Fahre mit Schritt 4 fort.

4. Berechne die Unähnlichkeit des neu berechneten Clusters zu den übrigen und gehe zu Schritt 2.

Aufgabe 17.9

Schreiben Sie eine SQL-Anfrage, die basierend auf dem Schema aus Abbildung 17.1 einen dreidimensionalen Quader berechnet, der es unserem Handelsunternehmen erlaubt, entlang der folgenden Dimensionen *drill-down/roll-up*-Anfragen zu stellen: *Produkttyp*, *Bezirk* und *Alter* der Kunden. Das Handelsunternehmen ist dabei nur an Daten aus Deutschland interessiert, die in die Hochsommersaison fallen. Verwenden Sie den **cube**-Operator!

Die SQL-Anfrage zur Berechnung des Datenwürfels sieht wie folgt aus:

```
select p.Produkttyp, f.Bezirk, k.wiealt, sum(v.Anzahl)
from Verkäufe v, Produkte p, Filialen f, Kunden k, Zeit z
where v.Produkt = p.ProduktNr      and v.Kunde = k.KundenNr
 and v.Filiale = f.Filialenkennung and v. VerkDatum = z.Datum
 and z.Saison = 'Hochsommer'       and f.Land = 'D'
group by cube(p.Produkttyp, f.Bezirk, k.wiealt)
```

Abbildung 17.5 zeigt den Aufbau des Datenwürfels schematisch. In einem inneren Datenpunkt des Würfels steht die Summe der Verkäufe je Produkttyp, Bezirk und Alter der Käufergruppe. Die mit dem Summenzeichen Σ dargestellten Datensätze illustrieren die Aggregationen bzgl. der jeweiligen Dimensionen.

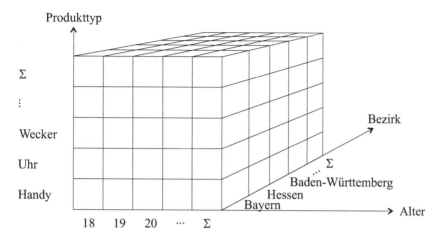

Abbildung 17.5: Würfeldarstellung der Verkaufszahlen nach Alter der Käufer, Produkt-typ und Bezirk

Aufgabe 17.10

Bestimmen Sie für unser Wahlinformationssystem die Wahlbeteiligung bei der Bundes-tagswahl 2005. Die Wahlbeteiligung soll sowohl für ganz Deutschland, wie auch aufge-schlüsselt nach den Bundesländern, nach Wahlkreisen und sogar nach Wahllokalen ab-rufbar sein (bzgl. des zugehörigen relationalen Schemas siehe Lösung zu Aufgabe 5.5).

Wir gehen von einer konsistenten Datenbasis aus, die nur gültige Wahlzettel berücksich-tigt, also insbesondere solche, die eine gültige Erst- und Zweitstimme enthalten. Damit kann zur Berechnung der Wahlbeteiligung je Wahllokal entweder nur die Erst- oder nur die Zweitstimme betrachtet werden:

```
create view Wähler2005 as
select wb.Nr, wb.Wahlberechtigte, sum(e.Stimmen) as Wähler
from Erststimmen e, Wahlbezirke wb
where e.Jahr = 2005 and e.Wahlbezirk = wb.Nr
group by wb.Nr, wb.Wahlberechtigte;
```

Aufbauend auf dieser View kann nun die Wahlbeteiligung in entsprechender Detailtiefe ermittelt werden:

```
select b.Name, wk.Nr, wb.Nr,
  sum(w05.Wähler), sum(w05.Wahlberechtigte),
  cast(sum(w05.Wähler) as float)/
    cast(sum(w05.Wahlberechtigte) as float) as Beteiligung
from Bundesländer b, Wahlkreise wk, Wahlbezirke wb,
  Wähler2005 w05
where b.Name = wk.Bundesland
 and wk.Nr = wb.Wahlkreis and wb.Nr = w05.Nr
group by cube(b.Name, wk.Nr, wb.Nr);
```

Mietspiegel		Kindergarten		WohnLage	
Ort	Miete	Ort	Beitrag	Ort	Lage
Garching	800	Grünwald	-100	Grünwald	München-Süd
Ismaning	900	Unterföhring	0	Unterföhring	München-Nord
Unterföhring	1000	Bogenhausen	100	Ismaning	München-Nord
Nymphenburg	1500	Ismaning	200	Garching	München-Nord
Bogenhausen	1600	Garching	250	Bogenhausen	München-City
Grünwald	1700	Nymphenburg	300	Nymphenburg	München-City

Abbildung 17.6: Münchener Wohnlagen zur Berechnung der monatlichen Kosten für eine Familie: Miete und Kindergarten

Aufgabe 17.11

Die in Abbildung 17.6 (vlg. auch Seite 546 [Kemper und Eickler (2011)]) dargestellten Relationen *Mietspiegel* und *Kindergarten* dienen der Bewertung von Wohngegenden im Großraum München. Für eine junge Familie ist ausschlaggebend, wie hoch die Lebenshaltungskosten gemessen an zu zahlender Miete und zu entrichtender Gebühr für den Kindergarten im jeweiligen Wohnort ausfallen. Illustrieren Sie die Ausführung einer Top-1-Berechnung (zur Bestimmung des günstigsten Wohnortes) für eine junge Familie mit zwei Kindern. Zeigen Sie die phasenweise Berechnung des Ergebnisses jeweils mit dem Threshold- und dem NRA-Algorithmus.

Die Anfrage lässt sich mittels SQL beispielsweise wie folgt formulieren:[3]

```
select m.Ort, m.Miete + 2*k.Beitrag as Kosten
from Mietspiegel m, Kindergarten k
where m.Ort = k.Ort
order by Kosten
fetch first 1 rows only
```

Zur Auswertung dieser Anfrage können der Threshold- und der NRA- (*No Random Access*) Algorithmus verwendet werden. Beide setzen auf einer aufsteigenden Sortierung der beteiligten Relationen *Mietspiegel* und *Kindergarten* auf. Schrittweise werden jeweils die nächsten Tupel in den Eingaberelationen gelesen und ausgewertet. Während der Threshold-Algorithmus voraussetzt, dass auf noch ausstehende Einzelbewertungen (Miete und Beitrag) wahlfrei zugegriffen werden kann, ist dies beim NRA nicht möglich (daher auch der Name *No Random Access*).

Abbildung 17.7 veranschaulicht die Funktionsweise des Threshold-Algorithmus anhand des Beispiels: Die nächsten Tupel der beiden Relationen werden gelesen und im ersten Schritt die Ergebnisse für die Wohngegenden Garching und Grünwald berechnet. Diese werden als Zwischenergebnis gehalten. Zusätzlich wird ein aktualisierter Schwellwert von Miete + 2 · Kindergartenbeitrag für die zuletzt gelesenen Tupel ermittelt. In jedem Schritt wird, wie in der Abbildung gezeigt, dieser Schwellwert angepasst. Die Berechnung

---

[3]Gezeigt ist eine Anfrage, die z.B. unter IBM DB2 ausgeführt werden kann. Für MS SQL Server-basierende Datenbanken können Top-k Anfrage mit **select top 1** formuliert werden. Bei Oracle kann die Pseudo-Spalte **rownum** verwendet werden, also z.B. **select ... where rownum=1**.

terminiert, wenn mindestens $k = 1$ Ergebnistupel oberhalb des Schwellwerts ermittelt wurden. In unserem Beispiel ist [Unterföhring, 1000] das Ergebnis der Anfrage.

Abbildung 17.8 zeigt analog die Berechnung der Anfrage mittels des NRA-Algorithmus. Für jedes bereits gesehene Objekt wird in jedem Schritt die bestmögliche Gesamtbewertung ermittelt. Diese Gesamtbewertung ergibt sich aus der Anwendung der Bewertungsfunktion (Miete + 2 · Kindergartenbeitrag) auf die für dieses Objekt bereits bekannten Einzelbewertungen (Miete und Beitrag) sowie den bestmöglichen noch ausstehenden Bewertungen der Datenquellen, in denen das Objekt bislang noch nicht vorkam. Sind für ein Objekt noch nicht alle Einzelbewertungen bekannt, so kann eine untere Schranke als Schätzung angegeben werden. Eine untere Schranke deshalb, weil die Basisrelationen aufsteigend – also von gut nach schlecht – sortiert sind. Der Pfeil $\nearrow$ zeigt an, dass es sich bei einem momentanen Zwischenergebnis um einen geschätzten Wert handelt, der in nachfolgenden Schritten noch nach oben hin angepasst wird. Ein abgehakter Wert ($\sqrt{}$) symbolisiert ein vollständig bewertetes Tupel. Der Algorithmus terminiert, sobald sich mindestens $k = 1$ abgehakte Werte im oberen Bereich des Zwischenergebnisses befinden.

Phase 1

Mietspiegel	
Ort	Miete
Garching	**800**
Ismaning	900
Unterföhring	1000
Nymphenburg	1500
Bogenhausen	1600
Grünwald	1700

Kindergarten	
Ort	Beitrag
Grünwald	**-100**
Unterföhring	0
Bogenhausen	100
Ismaning	200
Garching	250
Nymphenburg	300

Zwischenergebnis: Phase 1	
Ort	m.Miete $+ 2 \cdot$ k.Beitrag
Threshold	**600**
Garching	1300
Grünwald	1500

Phase 2

Mietspiegel	
Ort	Miete
Garching	800
Ismaning	**900**
Unterföhring	1000
Nymphenburg	1500
Bogenhausen	1600
Grünwald	1700

Kindergarten	
Ort	Beitrag
Grünwald	-100
Unterföhring	**0**
Bogenhausen	100
Ismaning	200
Garching	250
Nymphenburg	300

Zwischenergebnis: Phase 2	
Ort	m.Miete $+ 2 \cdot$ k.Beitrag
Threshold	**900**
Unterföhring	1000
Garching	1300
Ismaning	1300
Grünwald	1500

Phase 3

Mietspiegel	
Ort	Miete
Garching	800
Ismaning	900
Unterföhring	**1000**
Nymphenburg	1500
Bogenhausen	1600
Grünwald	1700

Kindergarten	
Ort	Beitrag
Grünwald	-100
Unterföhring	0
Bogenhausen	**100**
Ismaning	200
Garching	250
Nymphenburg	300

Zwischenergebnis: Phase 3	
Ort	m.Miete $+ 2 \cdot$ k.Beitrag
Unterföhring	1000
Threshold	**1200**
Garching	1300
Ismaning	1300
Grünwald	1500
Bogenhausen	1800

Abbildung 17.7: Top-1-Berechnung mit dem Threshold-Algorithmus

Mietspiegel		Kindergarten		Zwischenergebnis	
Ort	Miete	Ort	Beitrag	Ort	Kosten
Garching	800	Grünwald	-100	Garching	600 ↗
Ismaning	900	Unterföhring	0	Grünwald	600 ↗
Unterföhring	1000	Bogenhausen	100		
Nymphenburg	1500	Ismaning	200		
Bogenhausen	1600	Garching	250		
Grünwald	1700	Nymphenburg	300		

Mietspiegel		Kindergarten		Zwischenergebnis	
Ort	Miete	Ort	Beitrag	Ort	Kosten
Garching	800	Grünwald	-100	Grünwald	700 ↗
Ismaning	900	Unterföhring	0	Garching	800 ↗
Unterföhring	1000	Bogenhausen	100	Unterföhring	900 ↗
Nymphenburg	1500	Ismaning	200	Ismaning	900 ↗
Bogenhausen	1600	Garching	250		
Grünwald	1700	Nymphenburg	300		

Mietspiegel		Kindergarten		Zwischenergebnis	
Ort	Miete	Ort	Beitrag	Ort	Kosten
Garching	800	Grünwald	-100	Grünwald	800 ↗
Ismaning	900	Unterföhring	0	Garching	1000 ↗
Unterföhring	1000	Bogenhausen	100	Unterföhring	**1000** √
Nymphenburg	1500	Ismaning	200	Ismaning	1100 ↗
Bogenhausen	1600	Garching	250	Bogenhausen	1200 ↗
Grünwald	1700	Nymphenburg	300		

Mietspiegel		Kindergarten		Zwischenergebnis	
Ort	Miete	Ort	Beitrag	Ort	Kosten
Garching	800	Grünwald	-100	Unterföhring	**1000** √
Ismaning	900	Unterföhring	0	Garching	1200 ↗
Unterföhring	1000	Bogenhausen	100	Ismaning	**1300** √
Nymphenburg	1500	Ismaning	200	Grünwald	1300 ↗
Bogenhausen	1600	Garching	250	Bogenhausen	1700 ↗
Grünwald	1700	Nymphenburg	300	Nymphenburg	1900 ↗

Abbildung 17.8: Top-1-Berechnung mit dem NRA-Algorithmus

18. Internet-Datenbankanbindungen

Aufgabe 18.1

Bauen Sie die unter `http://www-db.in.tum.de/research/publications/` `books/DBMSeinf/ServletDemo.shtml` verfügbare Web-Schnittstelle nach, die es Benutzern ermöglicht, beliebige SQL-Anfragen auf einer vorgegebenen Datenbank (wie z.B. der Uni-Datenbank aus diesem Buch) zu formulieren.

Die Quelldateien und eine Beschreibung zur Installation und zum Testen des Servlets finden Sie unter

 `www-db.in.tum.de/DB-Uebungsbuch/ueb/Kapitel18/Aufgabe1-4.shtml`

Aufgabe 18.2

Wie sieht das vom Servlet *VrlVrz* generierte HTML-Dokument für Prof. Sokrates bzw. für Prof. Curie aus?

Abbildung 18.1 zeigt die Vorlesungsverzeichnisse für Prof. Sokrates und Prof. Curie, die basierend auf der Servlet-Implementierung aus Aufgabe 18.1 erstellt wurden. Die zugehörigen HTML-Dokumente finden Sie auch auf nachfolgender Webseite zum Download

 `www-db.in.tum.de/DB-Uebungsbuch/ueb/Kapitel18/Aufgabe1-4.shtml`

Aufgabe 18.3

In unseren stark vereinfachten Servlet- und JSP-Beispielen wurde die Professorenliste statisch in die Webseiten eingetragen. Das ist natürlich nicht besonders sinnvoll, wenn man an Neueinstellungen bzw. Kündigungen/Pensionierungen denkt. Modifizieren Sie die Beispiele so, dass auch die Professorenlisten aus der Datenbank ausgelesen werden.

Die auf der DVD beigefügte Beispielimplementierung des Servlets realisiert bereits die dynamische Auflistung der Professoren. Dazu wurde die Klasse *DatabaseConnection* um die Methode *getProfOptions()* erweitert. Diese bestimmt mittels der SQL-Anfrage

```
select Name from Professoren;
```

die Liste der Namen der Professoren und bereitet diese zum Einfügen in ein HTML-**<select>** Tag vor. Nachfolgender Code-Ausschnitt zeigt eine mögliche Implementierung der Methode *getProfOptions()*:

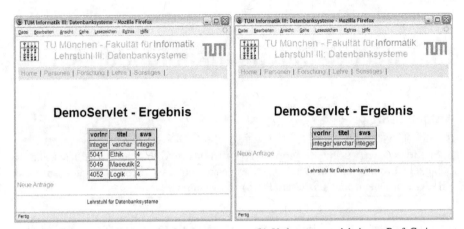

(a) Vorlesungsverzeichnis von Prof. Sokrates   (b) Vorlesungsverzeichnis von Prof. Curie

Abbildung 18.1: Servlet-generierte Vorlesungsverzeichnisse

```
public String getProfOptions() throws SQLException {
  StringBuffer ret = new StringBuffer();
  Statement sql_stmt = conn.createStatement();
  ResultSet rset =
        sql_stmt.executeQuery("select Name from Professoren");

  while (rset.next())
  {
    ret.append(" <OPTION>");
    ret.append(rset.getString("Name"));
    ret.append("</OPTION> ");
  }
  rset.close();
  sql_stmt.close();
  return ret.toString();
}
```

Weitere Details und eine vollständige Implementierung des Servlets finden Sie unter

  www-db.in.tum.de/DB-Uebungsbuch/ueb/Kapitel18/Aufgabe1-4.shtml

Eine aus Software-Engineering-Gesichtspunkten bessere Implementierung realisiert das
so genannte *Model-View-Controller*-Paradigma. Dieses sieht eine klare Trennung zwischen Datenmodell (*Model*), Präsentation (*View*) und Programmsteuerung (*Controller*)
vor. Klassendefinitionen für *Professoren*, *Vorlesungen* etc. bilden dann die Datenmodell-
Schicht. Für die Realisierung der *View* verwendet man beispielsweise *Java Server Pages*,
JSPs, während die Programmsteuerung durch Servlets erledigt wird. Eine entsprechend
verbesserte Implementierung sei den Lesern als weiterführende Übung überlassen.

Aufgabe 18.4

Entwickeln Sie ein Servlet, das die Vorlesungen nicht im HTML-Format, sondern in einem geeigneten XML-Format ausgibt.

Die Servlet-Implementierung, die unter

 `www-db.in.tum.de/DB-Uebungsbuch/ueb/Kapitel18/Aufgabe1-4.shtml`

zur Verfügung steht, stellt es den Benutzern frei, die Vorlesungsliste als XML, als in HTML eingebettetes XML oder als HTML (in tabellarischer Form) darzustellen.

Aufgabe 18.5

Projektarbeit: Entwickeln Sie ein umfassendes Web-Informationssystem für unsere Universität. Achten Sie bei Ihrer Entwicklung insbesondere auch auf Sicherheit und Datenschutz. Z.B. sollte sichergestellt werden, dass Studenten nur ihre eigenen Prüfungsergebnisse abrufen können und dass diese Information abhörsicher (also via HTTPS/SSL) übertragen wird.

Diese Projektarbeit ist nicht auf der DVD enthalten, so dass Dozenten dieses Projekt beispielsweise im Rahmen eines Programmierpraktikums entwickeln lassen können.

Aufgabe 18.6

Erweitern Sie die Java-Bean um einige zusätzliche Methoden, u.a. die Methode *get-DurchschnittsNote*, so dass die Professoren auf ihrer Homepage auch den aktuellsten Wert der Durchschnittsnote ihrer Prüfungen angeben können – sozusagen als Durchschnittsnotenticker. Denken Sie sich weitere nützliche Methoden aus und fügen Sie sie der Java-Klasse hinzu oder realisieren Sie eine weitere Java-Bean dafür.

Die Berechnung der Durchschnittsnote eines Professors (beispielsweise Prof. Sokrates) kann mittels folgender SQL-Abfrage erfolgen:

```
select p.PersNr, avg(p.Note) as DNote
from prüfen p, professoren prof
where prof.Name = 'Sokrates'
  and prof.PersNr = p.PersNr
group by p.PersNr
```

Wir implementieren eine Java-Bean *NotenBean*, die eine Verbindung zur Universitäts-Datenbank aufbaut und an diese obige Anfrage stellt. Dabei muss die Anfrage natürlich generisch formuliert werden, so dass die Durchschnittsnote für jeden, vom Benutzer wählbaren Professor ermittelt werden kann. Der Quelltext der Bean ist auch unter

 `www-db.in.tum.de/DB-Uebungsbuch/ueb/Kapitel18/Aufgabe6.shtml`

verfügbar. Um die Bean auf Ihrem Testsystem einsetzen zu können, müssen Sie zuvor die Anbindung zur Datenbank entsprechend konfigurieren.

Java-Bean *NotenBean*

```java
import java.sql.*;
import javax.naming.InitialContext;
import javax.sql.DataSource;

public class NotenBean {
  Connection conn = null;
  String conn_error = null;

  public NotenBean() {
    try {
      InitialContext initCtx = new InitialContext();
      DataSource source = (DataSource)initCtx.
                    lookup( "java:comp/env/jdbc/db2" );
      conn = source.getConnection();
    } catch (Exception e) {
      conn_error=e.toString();}
  }

  public String generiereDurchschnittsnote(String name) {
    PreparedStatement stmt = null;
    ResultSet rs = null;
    if (conn == null)
      return("Probleme mit der Datenbank: " + conn_error + " </br>");
    StringBuffer result = new StringBuffer();
    try {
      stmt = conn.prepareStatement(
        "select p.PersNr, avg(p.Note) as DNote "+
        "from pruefen p, professoren prof "+
        "where prof.Name = ? "+
        "and prof.PersNr = p.PersNr " +
        "group by p.PersNr");
      stmt.setString(1, name);
      rs = stmt.executeQuery();
      rs.next();
      result.append("Durchschnittsnote von Prof " +
          name + ": " + rs.getString("DNote"));
    }
    catch (SQLException e) {
      result = new StringBuffer("Bei der Abfrage für " + name +
                  " trat ein Fehler auf: " + e.getMessage() + "<br>");
    }
    return result.toString();
  }

  public void finalize() {
    try {
      if (conn != null) conn.close();
    } catch (SQLException ignorieren) {}
  }
}
```

19. XML-Datenmodellierung und Web-Services

Aufgabe 19.1

Erstellen bzw. vervollständigen Sie die XML-Repräsentation für unser Universitätsbeispiel. Gehen Sie dazu wie folgt vor:

- Erstellen bzw. vervollständigen Sie das XML Schema für eine Universität. Führen Sie dazu entsprechende Typen für Studenten und Mitarbeiter ein, und binden Sie diese passend in das aus der Vorlesung bekannte Schema ein. Realisieren Sie dabei auch die Beziehungen zu anderen Typen. Bringen Sie z.B. zum Ausdruck, dass Studenten Vorlesungen hören.

- Vervollständigen Sie das Instanz-XML-Dokument zur Beschreibung der Universität, d.h. fügen Sie die Information zur Philosophischen Fakultät hinzu.

Wir zeigen die wesentlichen Erweiterungen des in Abschnitt 19.1.5 [Kemper und Eickler (2011)] (Abbildung 19.4) eingeführten XML Schemas für ein Universitätsverwaltungssystem. Das vollständige XML Schema und die Beispielausprägung für unsere *Universität der großen Denker* finden Sie auf folgender Webseite:

 www-db.in.tum.de/DB-Uebungsbuch/ueb/Kapitel19/Aufgabe1.shtml

XML Schema für eine Universität

Wir erweitern zunächst den Datentyp *UniInfoTyp* um ein Unterelement *Studenten*:

```
<xsd:complexType name="UniInfoTyp">
  <xsd:sequence>
    <xsd:element name="UniLeitung" maxOccurs="1" minOccurs="1">
      ...
    </xsd:element>
    <!-- enthält eine Liste der Fakultäten ... -->
    ...
    <!-- ... und eine Übersicht der Studenten -->
    <xsd:element name="Studenten" maxOccurs="1" minOccurs="1">
      <xsd:complexType>
        <xsd:sequence>
          <xsd:element name="Student" minOccurs="0"
            maxOccurs="unbounded" type="StudentenTyp" />
        </xsd:sequence>
      </xsd:complexType>
    </xsd:element>
  </xsd:sequence>
  <xsd:attribute name="UnivName" type="xsd:string" />
</xsd:complexType>
```

Ein *Student*-Element ist vom Typ *StudentenTyp*. Diese Typdefinition legt unter anderem fest, dass Studenten Vorlesungen hören und sich über diese auch prüfen lassen können.

Da Prüfungen existenzabhängig Studenten zugeordnet werden können (vgl. Aufgabe 2.3),
sind diese als Unterelemente (*Prüfung*) von *Student* realisiert.

```
<xsd:complexType name="StudentenTyp">
  <xsd:all>
    <xsd:element name="Name" type="xsd:string"
      maxOccurs="1" minOccurs="1" />
    <xsd:element name="Semester" type="xsd:int"
      maxOccurs="1" minOccurs="1" />
    <xsd:element name="hört" minOccurs="0" maxOccurs="1">
      <xsd:complexType>
        <xsd:attribute name="Vorlesungen" type="xsd:IDREFS" />
      </xsd:complexType>
    </xsd:element>
    <xsd:element name="Prüfungen" maxOccurs="1" minOccurs="0">
      <xsd:complexType>
        <xsd:sequence>
          <xsd:element name="Prüfung" minOccurs="1"
            maxOccurs="unbounded" type="PrüfungenTyp" />
        </xsd:sequence>
      </xsd:complexType>
    </xsd:element>
  </xsd:all>
  <xsd:attribute name="MatrNr" type="xsd:ID" />
</xsd:complexType>

<xsd:complexType name="PrüfungenTyp">
  <xsd:attribute name="Prüfer" type="xsd:IDREF" />
  <xsd:attribute name="Vorlesung" type="xsd:IDREF" />
  <xsd:attribute name="Note" type="xsd:decimal" />
</xsd:complexType>
```

Ferner fehlt noch die Modellierung von Assistenten. Ein Assistent ist fest einem / einer
betreuenden Professor / Professorin zugeordnet, so dass wir *Assistenten* als Element von
ProfessorIn (vom Typ *ProfessorenTyp*) modellieren. Ein *Assistent* wiederum ist vom Typ
AssistentenTyp.

```
<xsd:element name="Assistenten" maxOccurs="1" minOccurs="0">
  <xsd:complexType>
    <xsd:sequence>
      <xsd:element name="Assistent" minOccurs="0"
        maxOccurs="unbounded" type="AssistentenTyp" />
    </xsd:sequence>
  </xsd:complexType>
</xsd:element>

...

<xsd:complexType name="AssistentenTyp">
  <xsd:sequence>
    <xsd:element name="Name" type="xsd:string" />
    <xsd:element name="Fachgebiet" type="xsd:string" />
  </xsd:sequence>
  <xsd:attribute name="PersNr" type="xsd:string" />
</xsd:complexType>
```

Datenbasis

Wir zeigen hier einen repräsentativen Ausschnitt der Datenbasis unserer Beispieluniver-
sität. Durch die Erweiterung des Schemas hat sich die Beschreibung von Professoren
vergrößert. Die XML-Beschreibung von Professor Sokrates sieht beispielsweise wie folgt
aus:

```
<ProfessorIn PersNr="P2125">
  <Name>Sokrates</Name>  <Rang>C4</Rang>  <Raum>226</Raum>
  <Vorlesungen>
    <Vorlesung VorlNr="V5041" Voraussetzungen="V5001">
      <Titel>Ethik</Titel>      <SWS>4</SWS>
    </Vorlesung>
    <Vorlesung VorlNr="V5049" Voraussetzungen="V5001">
      <Titel>Mäeutik</Titel>  <SWS>2</SWS>
    </Vorlesung>
    <Vorlesung VorlNr="V4052">
      <Titel>Logik</Titel>      <SWS>4</SWS>
    </Vorlesung>
  </Vorlesungen>
  <Assistenten>
    <Assistent PersNr="P3002">
      <Name>Platon</Name>
      <Fachgebiet>Ideenlehre</Fachgebiet>
    </Assistent>
    <Assistent PersNr="P3003">
      <Name>Aristoteles</Name>
      <Fachgebiet>Syllogistik</Fachgebiet>
    </Assistent>
  </Assistenten>
</ProfessorIn>
```

Nachfolgender Auszug zeigt ein Beispiel für ein *Student*-Element:

```
<Student MatrNr="M25403">
  <Name>Jonas</Name>
  <Semester>12</Semester>
  <hört Vorlesungen="V5022" />
  <Prüfungen>
    <Prüfung Prüfer="P2125" Vorlesung="V5041" Note="2.0" />
  </Prüfungen>
</Student>
```

Aufgabe 19.2

Erstellen Sie das XML Schema für eine Bibliothek, in der unterschiedliche Dokumente wie Bücher, Journale, Tagungsbände, etc. verwaltet werden.

Die Modellierung des XML Schemas für eine Bibliothek ist in Abbildung 19.1 graphisch dargestellt. In der Abbildung sind Elemente mittels „+" und Attribute mittels „-" symbolisiert. Eine *Bibliothek* hat eine *Leitung*, die sich aus einem *Leiter* und einem *Stellvertreter* zusammensetzt. Ferner weist eine Bibliothek einen Literaturbestand (*Dokumente*) auf, wobei ein einzelnes Dokument entweder ein *Buch*, ein *Journal* oder ein *Tagungsband* ist.

Das zugehörige XML Schema steht unter folgender URL zur Verfügung:

 www-db.in.tum.de/DB-Uebungsbuch/ueb/Kapitel19/Aufgabe2.shtml

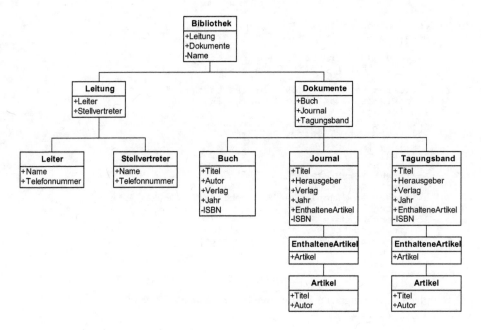

Abbildung 19.1: Hierarchische Modellierung der Bibliotheksverwaltung

```
<!DOCTYPE Stammbaum [
    <!ELEMENT Stammbaum (Person*)>
    <!ELEMENT Person (Name)>
    <!ELEMENT Name (#PCDATA)>
            <!ATTLIST Person id        ID      #REQUIRED
                             Mutter    IDREF   #IMPLIED
                             Vater     IDREF   #IMPLIED
                             Kinder    IDREFS  #IMPLIED> ]>
<Stammbaum>
    <Person id="a" Kinder="k ab">
            <Name>Adam</Name> </Person>
    <Person id="e" Kinder="k ab">
            <Name>Eva</Name> </Person>
    <Person id="k" Mutter="e" Vater="a">
            <Name>Kain</Name> </Person>
    <Person id="ab" Mutter="e" Vater="a">
            <Name>Abel</Name> </Person>
</Stammbaum>
```

Abbildung 19.2: Verwandtschaftsverhältnisse in XML-Format

Aufgabe 19.3

Erstellen Sie das XML Schema für das in Abbildung 19.2 dargestellte Beispiel des
Personen-Stammbaums.

Das nachfolgende XML Schema steht auch unter

🌐 www-db.in.tum.de/DB-Uebungsbuch/ueb/Kapitel19/Aufgabe3.shtml

zur Verfügung.

XML Schema für einen Personenstammbaum

```
<?xml version="1.0" encoding="utf-8" ?>
<xsd:schema xmlns:xsd="http://www.w3.org/2001/XMLSchema">
  <xsd:element name="Stammbaum" type="StammbaumTyp"></xsd:element>
  <xsd:complexType name="StammbaumTyp">
    <xsd:sequence>
      <xsd:element name="Person" minOccurs="0" maxOccurs="unbounded">
        <xsd:complexType>
          <xsd:sequence>
            <xsd:element name="Name" type="xsd:string"
                         maxOccurs="1" minOccurs="1" />
          </xsd:sequence>
          <xsd:attribute name="Mutter" type="xsd:IDREF"
                         use="optional"/>
          <xsd:attribute name="Vater" type="xsd:IDREF"
                         use="optional"/>
          <xsd:attribute name="Kinder" type="xsd:IDREFS"
                         use="optional" />
          <xsd:attribute name="PersId" type="xsd:ID" use="required" />
        </xsd:complexType>
      </xsd:element>
```

```
    </xsd:sequence>
  </xsd:complexType>
</xsd:schema>
```

Aufgabe 19.4

Geben Sie für das XML-Dokument zur Beschreibung der Universität die DTD (anstatt
des in Aufgabe 19.1 entworfenen XML Schemas) an.

Die angegebene DTD steht zum Download auf folgender Webseite bereit:

 www-db.in.tum.de/DB-Uebungsbuch/ueb/Kapitel19/Aufgabe4.shtml

DTD für ein Universitätsverwaltungssystem

```
<?xml version="1.0" encoding="iso-8859-1"?>
<!DOCTYPE Universität [
  <!ELEMENT Universität (UniLeitung, Fakultäten, Studenten)>
  <!ATTLIST Universität UnivName CDATA #REQUIRED>
  <!ELEMENT UniLeitung (Rektor, Kanzler)>
  <!ELEMENT Rektor (#PCDATA)>
  <!ELEMENT Kanzler (#PCDATA)>
  <!ELEMENT Fakultäten (Fakultät*)>
  <!ELEMENT Fakultät (FakName, ProfessorIn*)>
  <!ELEMENT FakName (#PCDATA)>
  <!ELEMENT ProfessorIn (Name, Rang, Raum,
                    Vorlesungen?, Assistenten?)>
  <!ATTLIST ProfessorIn PersNr ID #REQUIRED>
  <!ELEMENT Name (#PCDATA)>
  <!ELEMENT Rang (#PCDATA)>
  <!ELEMENT Raum (#PCDATA)>
  <!ELEMENT Vorlesungen (Vorlesung+)>
  <!ELEMENT Vorlesung (Titel, SWS)>
  <!ATTLIST Vorlesung VorlNr ID #REQUIRED>
  <!ATTLIST Vorlesung Voraussetzungen IDREFS #IMPLIED>
  <!ELEMENT Titel (#PCDATA)>
  <!ELEMENT SWS (#PCDATA)>
  <!ELEMENT Assistenten (Assistent+)>
  <!ELEMENT Assistent (Name, Fachgebiet)>
  <!ELEMENT Fachgebiet (#PCDATA)>
  <!ATTLIST Assistent PersNr CDATA #IMPLIED>
  <!ELEMENT Studenten (Student*)>
  <!ELEMENT Student (Name, Semester, hört?, Prüfungen?)>
  <!ATTLIST Student MatrNr ID #REQUIRED>
  <!ELEMENT Semester (#PCDATA)>
  <!ELEMENT hört EMPTY>
  <!ATTLIST hört Vorlesungen IDREFS #IMPLIED>
  <!ELEMENT Prüfungen (Prüfung+)>
  <!ELEMENT Prüfung EMPTY>
  <!ATTLIST Prüfung Prüfer IDREF #IMPLIED>
  <!ATTLIST Prüfung Vorlesung IDREF #IMPLIED>
  <!ATTLIST Prüfung Note CDATA #IMPLIED>
]>
```

Aufgabe 19.5

Eine XML-DTD ermöglicht es, Beziehungen zwischen XML-Daten mittels ID und IDREF(S) zu modellieren. XML Schema [Fallside und Walmsley (2004)] stellt mit **key** und **keyref** einen weitaus flexibleren Mechanismus bereit, der den Ausdruck von Beziehungen zulässt, ohne dass dafür extra künstliche Schlüssel (IDs) eingeführt werden müssen.

Erstellen Sie für das in Aufgabe 3.3 modellierte Wahlinformationssystem ein XML-Schema. Drücken Sie Beziehungen mittels **key** und **keyref**-Definitionen aus.

Erstellen Sie zudem das XML-Dokument für die in Abbildung 5.2 dargestellte Ausprägung und validieren Sie Ihr Dokument bezüglich des zuvor erstellten Schemas.

Eine mögliche Realisierung des XML Schemas für ein Wahlinformationssystem sowie die Beispielausprägung sind verfügbar unter:

 www-db.in.tum.de/DB-Uebungsbuch/ueb/Kapitel19/Aufgabe5.shtml

Wir wollen hier nur ein Beispiel für die Umsetzung von Schlüsselbeziehungen zeigen. Und zwar wollen wir ausdrücken, dass die Partei, für die ein Direktkandidat antritt, existieren, d.h. im XML-Dokument definiert sein muss. Dazu legen wir fest, dass der Name einer Partei (modelliert als Attribut) als Schlüssel dient:

```
<xs:key name="ParteiKey">
  <xs:selector xpath="./Parteien/Partei" />
  <xs:field xpath="@Name" />
</xs:key>
```

Mittels des **selector xpath** werden *Partei*-Elemente referenziert. **field** gibt an, welcher XML-Knoten (normalerweise sind dies Attribut- oder Elementknoten) Teil des Schlüssels ist. Das Beispielschema auf der DVD zeigt, dass hier durchaus komplexere Schlüssel definiert werden können – ähnlich zu Schlüsseln im relationalen Modell, die sich aus mehreren Attributen zusammensetzen.

Um auszudrücken, dass ein Direktkandidat nur für eine definierte Partei antreten darf, verwenden wir eine **keyref**-Definition. Diese bezieht sich zum einen auf den gerade eben definierten Schlüssel *ParteiKey* und legt zum anderen fest, dass sich die Fremdschlüsselbeziehung auf das Unterelement *Partei* von *Kandidat* bezieht:

```
<xs:keyref name="ParteiKandidat" refer="ParteiKey">
  <xs:selector xpath="./Direktkandidaten/Kandidat" />
  <xs:field xpath="Partei" />
</xs:keyref>
```

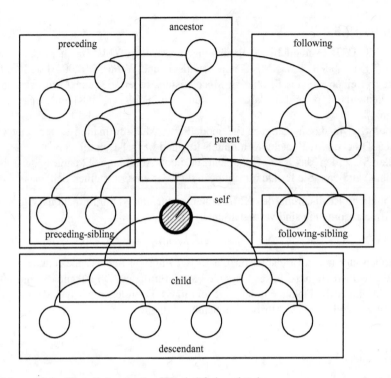

Abbildung 19.3: Visualisierung der XPath-Pfadausdrücke

Aufgabe 19.6

In Abbildung 19.3 sind die Ergebnisse der XPath-Achsen relativ zu dem mit *self* markierten Knoten eingezeichnet. Erstellen Sie für diese Baumstruktur ein entsprechendes XML-Dokument, um die Achsenauswertungen daran nachzuvollziehen. Verwenden Sie einen XPath- oder XQuery-Prozessor dafür. (Es gibt im Internet einige frei verfügbare.)

In Abbildung 19.3 sind Knoten nur schematisch dargestellt. Deshalb nehmen wir eine einfache Benennung der Knoten vor, wie sie in Abbildung 19.9 auf Seite 397 dargestellt ist. Zur Überführung in ein XML-Dokument wird jeder Knoten in der Abbildung als *Knoten*-Element mit einem Attribut *Marke* repräsentiert. Damit erhalten wir folgendes XML-Dokument:

```
<?xml version="1.0" encoding="ISO-8859-1" ?>
<Tree>
  <Knoten Marke="a">
    <Knoten Marke="b">
      <Knoten Marke="c"/>
    </Knoten>
    <Knoten Marke="d">
      <Knoten Marke="e"/>
      <Knoten Marke="f">
        <Knoten Marke="g"/>
        <Knoten Marke="h"/>
```

```
        <Knoten Marke="i">
          <Knoten Marke="j">
            <Knoten Marke="k"/>
            <Knoten Marke="l"/>
          </Knoten>
          <Knoten Marke="m">
            <Knoten Marke="n"/>
            <Knoten Marke="o"/>
          </Knoten>
        </Knoten>
        <Knoten Marke="p"/>
        <Knoten Marke="q"/>
      </Knoten>
    </Knoten>
    <Knoten Marke="r">
      <Knoten Marke="s"/>
      <Knoten Marke="t"/>
    </Knoten>
  </Knoten>
</Tree>
```

Dieses XML-Dokument ist auch unter folgender URL verfügbar:

 www-db.in.tum.de/DB-Uebungsbuch/ueb/Kapitel19/Aufgabe6.shtml

Auf diesem Dokument (im Folgenden als *baum.xml* referenziert) wollen wir nun die Achsenauswertungen durchführen. Frei verfügbare XPath- und/oder XQuery-Tools sind unter anderem[1]

- Xalan: http://xml.apache.org/xalan-j/ (Apache XML Project, Release 2.6.0) – geeignet für XPath-Anfragen

- Galax: http://www.galaxquery.org/ (Release 0.5.0)

- MonetDB/XQuery: http://www.monetdb-xquery.org, bzw. das Projekt Pathfinder: http://www.pathfinder-xquery.org

- SAXON: http://saxon.sourceforge.net/ (Version 8.5.1)

MonetDB/XQuery und Xalan unterstützen alle Achsenspezifikationen, die in der XPath-Spezifikation festgelegt und in Abschnitt 19.2 [Kemper und Eickler (2011)] vorgestellt sind. Im Xalan-Softwarepaket ist die Testklasse *ApplyXPath* enthalten, mit der die Anfragen per Kommandozeile ausgeführt werden können. Ein Aufruf sieht allgemein wie folgt aus:

```
java ApplyXPath ./baum.xml
  "/descendant-or-self::Knoten[attribute::Marke='i']/
  Achsenspezifikation::Knoten/attribute::Marke"
```

Der erste Abschnitt des XPath-Ausdrucks spezifiziert den in der Abbildung mit dickerer Umrandung dargestellten Knoten (mit Marke *i*). Für die *Achsenspezifikation* werden entsprechend die jeweiligen Achsenbezeichner (z.B. *descendant*) eingesetzt. Für unsere Beispielausprägung ergeben sich damit folgende Auswertungsergebnisse für die jeweiligen Achsen:

---

[1] Stand November 2005

Achsenspezifikation	\<output\> … \</output\>
self	i
child	j m
descendant	j k l m n o
descendant-or-self	i j k l m n o
parent	f
ancestor	a d f
ancestor-or-self	a d f i
following-sibling	p q
preceding-sibling	g h
following	p q r s t
preceding	b c e g h

Aufgabe 19.7

Man beachte, dass die in Abbildung 19.11 auf Seite 616 [Kemper und Eickler (2011)] eingeführte hierarchische Nummerierung von Knoten eines XML-Dokuments nicht robust gegen Änderungen des XML-Dokuments ist. Wenn man beispielsweise einen weiteren Autor „zwischen" Kemper und Eickler einfügen würde, wäre die Nummerierung von Eickler abzuändern. In dieser Übungsaufgabe mögen die Leser dieses Nummerierungsschema so abändern, dass man auch nach Einfügeoperationen die bereits existierenden Kennungen beibehalten kann.

Hinweis: Untersuchen Sie die zwei Methoden: (1) Zwischen zwei Geschwisterknoten wird ein Freiraum von, sagen wir, 10 Zahlen gelassen und (2) es werden zunächst nur ungerade Nummern vergeben und gerade Zahlen werden verwendet, um anzudeuten, dass dazwischen ein oder mehrere Geschwisterknoten eingefügt wurden. Diskutieren Sie die Vor- und Nachteile und codieren Sie die für die Anfrageauswertung notwendige *Vater( )*-Funktion.

Abbildung 19.4 zeigt das in Abschnitt 19.3 [Kemper und Eickler (2011)] eingeführte Beispiel-Dokument. Die Knoten wurden hierarchisch nummeriert. Jede Knotenmarkierung (auch *ORDpfad*-Kennung genannt) gibt die Position des Knotens eindeutig wieder, so dass das ursprüngliche XML-Dokument wieder rekonstruiert werden kann. So lässt sich z.B. aus der Nummer 1.3.2 sofort ableiten, dass der zugehörige Vaterknoten die *ORDpfad*-Kennung 1.3 hat. Die Nummerierung gibt sehr gut den Aufbau des XML-Dokuments wieder, weist jedoch Nachteile bei Änderungen auf. Möchte man etwa nachträglich Thomas Dürrenmatt und Friedrich Mann als zwei weitere Autoren des Buchs Datenbanksysteme zwischen Alfons Kemper und André Eickler einfügen, so müssen der Knoten mit der Kennung 1.3.2 und alle seine Kindknoten neu nummeriert werden. Er erhält dann die *ORDpfad*-Kennung 1.3.4. Die Kinder werden entsprechend mit den Kennungen 1.3.4.1 und 1.3.4.2 versehen. Abhängig von der Größe des Teilbaums, den der Knoten mit der Marke 1.3.2 hat, kann eine einfache Einfügeoperation also schnell aufwändig werden. Gewünscht sind folglich Nummerierungsverfahren, die Updates gut unterstützen, also keine oder wenige (bzw. seltene) Umnummerierungen erfordern.

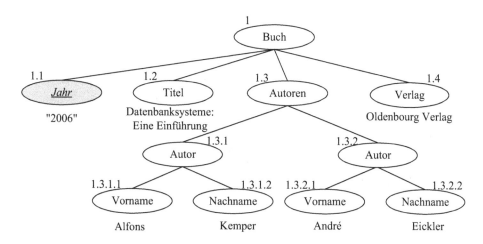

Abbildung 19.4: Hierarchische Nummerierung von Knoten in einem XML-Dokument

Reservieren von Einfügestellen

Eine einfache Möglichkeit, Erweiterungen des XML-Dokuments besser zu unterstützen, ist es, Platz für weitere potentielle Einfügeoperationen zu reservieren. Wie in der Aufgabenstellung angemerkt, kann man zwischen Geschwisterknoten beispielsweise Platz für weitere Knoten vorsehen, indem man die Geschwister nicht zusammenhängend durchnummeriert, sondern etwa in Abständen von jeweils 10. Dies ist in Abbildung 19.5(a) für die Baumdarstellung des bekannten XML-Dokuments gezeigt.

Die Autoren Thomas Dürrenmatt und Friedrich Mann können nun problemlos zwischen Alfons Kemper und André Eickler in das XML-Dokument eingefügt werden, ohne dass eine Umnummerierung bestehender Knoten erforderlich ist. Fügt man die *Autor*-Elementknoten zwischen die Knoten mit den Markierungen 1.21.1 und 1.21.11 ein, so kann man ihnen beispielsweise die Label 1.21.2 (für Thomas Dürrenmatt) und 1.21.3 (für Friedrich Mann) zuweisen. Alternativ kann man auch wieder Platz für weitere Einfügestellen reservieren, wie dies in Abbildung 19.5(b) angedeutet ist.

Diese Vorgehensweise ist prinzipiell flexibler als die ursprüngliche Nummerierung, bei der keine Zwischenräume vorgesehen waren. Allerdings ist diese Flexibilität von der Größe der Freiräume abhängig. Treten relativ viele Updates auf, bzw. ist die Größe des vorgesehenen Puffers zu klein, so sind auch in diesem Fall Umnummerierungen notwendig. Nachfolgende Darstellung zeigt allgemein, dass beim Einfügen eines neuen Knotens in einen Baum die rechten Geschwisterknoten neu nummeriert werden müssen, falls der Zwischenraum für weitere Knotennummerierungen aufgebraucht ist:

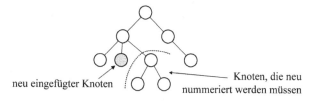

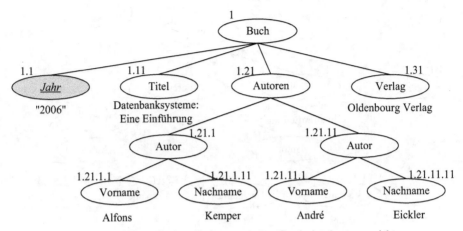

(a) Nummerierung, die einen Freiraum zwischen Geschwisterknoten vorsieht

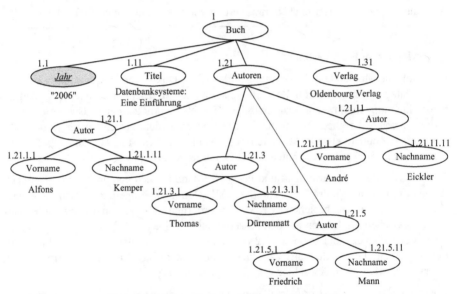

(b) Baum nach dem Einfügen zweier zusätzlicher Autoren

Abbildung 19.5: Hierarchische Nummerierung von Knoten mit Puffer für Einfügestellen

Das Verfahren schließt Umnummerierungen somit nicht generell aus, sondern verringert
nur die Wahrscheinlichkeit dafür. Diese Wahrscheinlichkeit verringert sich, je größer die
Zwischenräume gewählt werden. Der Nachteil großer Zwischenräume ist jedoch, dass die
Knotenmarkierungen entsprechend länger werden und somit mehr Speicherplatz für die
Kodierung benötigt wird.

Nach wie vor unterstützt diese Nummerierung die bekannte Methode zum Bestimmen des
Vaterknotens. Ist $X.y$ die *ORDpfad*-Kennung eines Knotens – wobei y die letzte Komponente der Nummerierung ist –, so ist X die *ORDpfad*-Kennung des Vaterknotens.

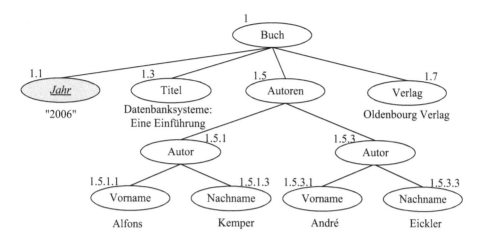

Abbildung 19.6: „Einfüge-freundliche" hierarchische Nummerierung von Knoten

„Einfüge-freundliche" Knotenmarkierungen

Wir wollen nun eine Knotennummerierung vorstellen, die Änderungsoperationen sehr effizient unterstützt. Im Gegensatz zur zuvor betrachteten Methode ist es bei diesem Verfahren nicht erforderlich, vorhandene Knoten nach Einfügevorgängen neu zu nummerieren.

Wie in der Aufgabenstellung angegeben, fordern wir, dass die letzte Komponente einer *ORDpfad*-Kennung stets ungerade ist. Ganzzahlige Nummern verwenden wir, um die Einfügeposition nachträglich eingefügter Knoten zu markieren. Abbildung 19.6 zeigt die Nummerierung der Knoten für das ursprüngliche XML-Dokument.

Wollen wir nun einen weiteren *Autor*-Elementknoten für Thomas Dürrenmatt einfügen, so gehen wir wie folgt vor: Der zusätzliche Knoten soll zwischen die Knoten mit den *ORD-pfad*-Kennungen 1.5.1 und 1.5.3 eingefügt werden. Deshalb weisen wir dem neuen Knoten die *ORDpfad*-Kennung 1.5.2.1 zu. Durch den Präfix 1.5.2 wird ausgedrückt, dass der neue Knoten zwischen den beiden vorhandenen *Autor*-Knoten eingefügt ist. Die Kindknoten (*Vorname* und *Nachname*) werden wie gehabt durchnummeriert. Abbildung 19.7(a) zeigt den Dokumentbaum nach dem beschriebenen Einfügevorgang.

In analoger Weise fügen wir die Daten des zusätzlichen Autors Friedrich Mann in das Dokument ein. Der entsprechende *Autor*-Knoten bekommt die *ORDpfad*-Kennung 1.5.2.3. Abbildung 19.7(b) zeigt den Baum nach dem Einfügevorgang. Die angepasste *InfoTab*-Ausprägung ist in Abbildung 19.8 gezeigt, wobei die zusätzlich eingefügten Einträge grau hinterlegt dargestellt sind.

Der Vaterknoten eines Knotens mit bekannter *ORDpfad*-Kennung x wird wie folgt berechnet:

1. entferne die letzte Komponente von x

2. entferne alle geradzahligen Komponenten am Ende der Kennung.

Beispiele: Für $x = 1.5.3$ ist die Kennung des Vaterknotens 1.5. Für $x = 1.5.2.1$ bestimmt sich die Nummer des Vaterknotens ebenfalls zu 1.5.

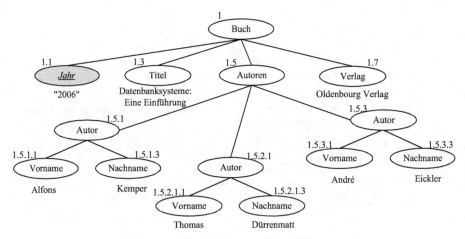

(a) Baum nach dem Einfügen von Thomas Dürrenmatt

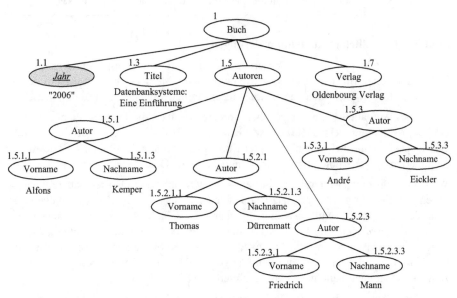

(b) Baum nach dem Einfügen von Friedrich Mann

Abbildung 19.7: Hierarchische Nummerierung von Knoten mit Puffer für Einfügestellen

 Literaturhinweis

Tatarinov et al. (2004) stellen einen Überblick über Techniken zur Nummerierung von XML-Knoten zur Speicherung von XML-Dokumenten in relationalen Datenbanksystemen bereit.

Das zuletzt beschriebene Nummerierungsverfahren wurde von O'Neil et al. (2004) vorgestellt und ist in SQL Server 2005 implementiert. Die Autoren gehen in dem Beitrag auch auf Kodierungsverfahren zur effizienten Speicherung der *ORDpfad*-Kennungen ein.

DocID	ORDpfad	Tag	KnotenTyp	Wert	Pfad	invPfad
4711	1	Buch	Element	–	#Buch	#Buch
4711	1.1	Jahr	Attribut	2006	#Buch#@Jahr	#@Jahr#Buch
4711	1.3	Titel	Element	Datenbank…	#Buch#Titel	#Titel#Buch
4711	1.5	Autoren	Element	–	#Buch#Autoren	#Autoren#Buch
4711	1.5.1	Autor	Element	–	#Buch#Autoren#Autor	#Autor#Autoren#Buch
4711	1.5.1.1	Vorname	Element	Alfons	#Buch#Autoren#Autor#Vorname	#Vorname#Autor#Autoren#Buch
4711	1.5.1.3	Nachname	Element	Kemper	#Buch#Autoren#Autor#Nachname	#Nachname#Autor#Autoren#Buch
4711	1.5.2.1	Autor	Element	–	#Buch#Autoren#Autor	#Autor#Autoren#Buch
4711	1.5.2.1.1	Vorname	Element	Thomas	#Buch#Autoren#Autor#Vorname	#Vorname#Autor#Autoren#Buch
4711	1.5.2.1.3	Nachname	Element	Dürrenmatt	#Buch#Autoren#Autor#Nachname	#Nachname#Autor#Autoren#Buch
4711	1.5.2.3	Autor	Element	–	#Buch#Autoren#Autor	#Autor#Autoren#Buch
4711	1.5.2.3.1	Vorname	Element	Friedrich	#Buch#Autoren#Autor#Vorname	#Vorname#Autor#Autoren#Buch
4711	1.5.2.3.3	Nachname	Element	Mann	#Buch#Autoren#Autor#Nachname	#Nachname#Autor#Autoren#Buch
4711	1.5.3	Autor	Element	–	#Buch#Autoren#Autor	#Autor#Autoren#Buch
4711	1.5.3.1	Vorname	Element	André	#Buch#Autoren#Autor#Vorname	#Vorname#Autor#Autoren#Buch
4711	1.5.3.3	Nachname	Element	Eickler	#Buch#Autoren#Autor#Nachname	#Nachname#Autor#Autoren#Buch
4711	1.7	Verlag	Element	Oldenbourg V…	#Buch#Verlag	#Verlag#Buch

InfoTab

Abbildung 19.8: InfoTab-Ausprägung nach dem Einfügen von Thomas Dürrenmatt und Friedrich Mann

Aufgabe 19.8

Grust (2002) und Grust, van Keulen und Teubner (2003) haben erkannt, dass man die vier wichtigsten Achsen descendant, ancestor, preceding und following sehr schön über die Preorder- und Postorder-Reihenfolge der Elemente charakterisieren kann. Dazu bestimmt man für jedes Element des XML-Dokuments seine Preorder- und seine Postorder-Reihenfolge und trägt dieses Element in ein zweidimensionales Koordinatensystem ein. Dann lassen sich die vier Achsen für jedes Referenzelement in der Form der vier Rechtecke (links oben, links unten, rechts oben und rechts unten) charakterisieren. Zeigen Sie dies am Beispiel des XML-Baums aus Abbildung 19.3.

Dieses Verfahren basiert auf einer geschickten und effektiven Nummerierung der Knoten eines XML-Dokuments. Jedem Knoten werden zweidimensionale Koordinaten bestehend aus Preorder- und Postorder-Nummerierung zugeordnet.

Die Preorder eines Knotens wird aufsteigend in der Reihenfolge der öffnenden Elementtags vergeben, die Postorder aufsteigend in Reihenfolge der schließenden Elementtags. Sei also pre der Zähler zur Bestimmung der Preorder und $post$ der Zähler für die Bestimmung der Postorder. Liest man den öffnenden Elementtag des Knotens a, d.h. $<a>$, so bekommt a die Preorder $++pre$ (d.h. pre wird inkrementiert). Liest man den schließenden Tag $</a>$, erhält der Knoten a die Postorder $++post$.

Wir wollen diese Nummerierung an einem einfachen abstrakten Beispiel – das sich noch nicht auf den in Abbildung 19.3 dargestellten Baum bezieht – zeigen. Folgende Tabelle skizziert ein relativ simples XML-Dokument. Um die Nummerierung zu erzeugen, muss man das XML-Dokument nur einmal sequentiell durchlaufen[2].

Dokument	Operation	pre	$post$
`<a>`	Preorder von a ist 1	1	0
`<b>`	Preorder von b ist 2	2	0
`</b>`	Postorder von b ist 1	2	1
`<c>`	Preorder von c ist 3	3	1
`<d>`	Preorder von d ist 4	4	1
`</d>`	Postorder von d ist 2	4	2
`</c>`	Postorder von c ist 3	4	3
`</a>`	Postorder von a ist 4	4	4

Die folgende Abbildung zeigt die graphische Repräsentation des Baums: Links ist der Elementbaum dargestellt, rechts der Baum mit *(Preorder, Postorder)*-Nummerierung, wobei links oberhalb eines jeden Knotens die Preorder-Nummerierung und rechts unterhalb die Postorder-Nummerierung angegeben ist.

---

[2]Das Ermitteln der Nummerierung entspricht einem Durchlaufen des Graphen gemäß dem Eulerpfad. Dabei muss man sich nicht alle zuvor gelesenen Elemente merken. Sobald ein Element geschlossen wird, kann man es aus dem lokalen Speicher entfernen. Wenn h die Höhe des XML-Dokuments in Baumdarstellung ist, so wird Speicherplatz für maximal h Elemente benötigt. Damit kann diese Nummerierung auch für große (nicht entartete) Dokumente effizient berechnet werden.

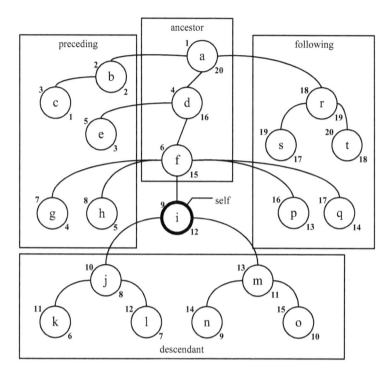

Abbildung 19.9: Benennung der Knoten und Nummerierung in Preorder (jeweils links oben) und Postorder (jeweils rechts unten)

Abbildung 19.9 zeigt den in der Aufgabenstellung angegebenen Graphen. In der Abbildung wurden die Knoten von *a* bis *t* benannt. Die Preorder ist wieder links oberhalb der Knoten angegeben, die Postorder rechts unterhalb.

In Abbildung 19.10 sind die Knoten des XML-Dokuments gemäß der *(Preorder, Postorder)*-Nummerierung in ein zweidimensionales Koordinatensystem eingetragen. Verbindet man die Knoten, so kann man leicht den ursprünglichen Baum (schräg nach links geneigt) wiedererkennen. Unterteilt man, ausgehend von Knoten *i* das Koordinatensystem in 4 Quadranten, so ergibt sich folgende Aufteilung:

- im linken oberen Quadranten befinden sich alle *ancestor*-Elemente,
- im rechten oberen Quadranten alle *following*-Elemente,
- im linken unteren Quadranten alle *preceding*-Elemente und
- im rechten unteren Quadranten alle *descendant*-Elemente.

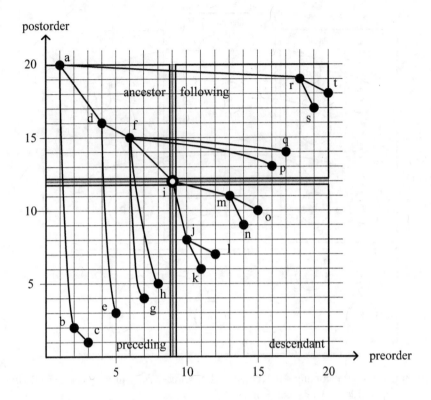

Abbildung 19.10: Eintragen der Knoten in ein zweidimensionales Koordinatensystem gemäß (Preorder, Postorder)

Aufgabe 19.9

Formulieren Sie die Anfragen, die in Kapitel 4 in SQL formuliert wurden, in XQuery. Vervollständigen Sie dazu die XML-Dokumente zur Universität (u.a. zusätzliches XML-Dokument für Studenten mit deren Prüfungen und Vorlesungsbelegungen). Erstellen Sie insbesondere XQuery-Anfragen, um folgende Fragestellungen zu beantworten:

a) Suchen Sie die Professoren, die Vorlesungen halten. (vgl. Aufgabe 4.4)

b) Finden Sie die Studenten, die alle Vorlesungen gehört haben. (vgl. Aufgabe 4.5)

c) Finden Sie die Studenten, die alle vierstündigen Vorlesungen gehört haben.

d) Finden Sie die Studenten mit der größten Semesterzahl unter Verwendung von Aggregatfunktionen. (vgl. Aufgabe 4.7)

e) Berechnen Sie die Gesamtzahl der Semesterwochenstunden, die die einzelnen Professoren erbringen. Dabei sollen auch die Professoren berücksichtigt werden, die keine Vorlesungen halten. (vgl. Aufgabe 4.8)

f) Finden Sie die Namen der Studenten, die in keiner Prüfung eine bessere Note als 3.0 hatten. (vgl. Aufgabe 4.9)

g) Berechnen Sie den Umfang des Prüfungsstoffes jedes Studenten. Es sollen der Name des Studenten und die Summe der Semesterwochenstunden der Prüfungsvorlesungen ausgegeben werden. (vgl. Aufgabe 4.10)

h) Finden Sie Studenten, deren Namen den eines Professors enthalten. (vgl. Aufgabe 4.11)

i) Ermitteln Sie den Bekanntheitsgrad der Professoren unter den Studenten, wobei wir annehmen, dass Studenten die Professoren nur durch Vorlesungen oder Prüfungen kennen lernen. (vgl. Aufgabe 4.13)

Das XML-Schema und die Beispielausprägung für die *Universität der großen Denker* finden Sie zum Download auf folgender Webseite:

 www-db.in.tum.de/DB-Uebungsbuch/unibsp/xml.shtml

Basierend auf dieser Beispielausprägung können die Anfragen in XQuery beispielsweise wie folgt formuliert werden:

a) Um die Professoren zu ermitteln, die Vorlesungen lesen, werden die ProfessorIn-Elemente der Ausprägung sukzessive betrachtet und getestet, ob sie Vorlesungen-Unterelemente aufweisen.

```
1  <ProfessorenMitLehrbelastung>
2  { for $p in doc("Uni.xml")/Universität/Fakultäten/
3    Fakultät/ProfessorIn[Vorlesungen]
4    return
5    <ProfessorIn PersNr="{$p/@PersNr}">
6      {$p/Name/text()}
7    </ProfessorIn> }
```

```
8   </ProfessorenMitLehrbelastung>
```

Führt man diese Anfrage auf der Ausprägung aus, so erhält man folgendes Resultat:

```
<ProfessorenMitLehrbelastung>
  <ProfessorIn PersNr="P2134">Augustinus</ProfessorIn>
  <ProfessorIn PersNr="P2125">Sokrates</ProfessorIn>
  <ProfessorIn PersNr="P2126">Russel</ProfessorIn>
  <ProfessorIn PersNr="P2133">Popper</ProfessorIn>
  <ProfessorIn PersNr="P2137">Kant</ProfessorIn>
</ProfessorenMitLehrbelastung>
```

b) Diese Anfrage kann mittels einer Mengendifferenz relativ einfach formuliert werden. Dazu wird überprüft, ob für Studenten die Differenz von der Menge aller Vorlesungen und der Menge der gehörten Vorlesungen leer ist. Eine Mengendifferenz
   kann in XQuery mittels der Funktion *except* ausgedrückt werden; die Leere-Menge-
   Eigenschaft mittels *empty*:

```
1   <hörenAlleVorlesungen>
2   { for $s in doc("Uni.xml")/Universität/Studenten/Student
3     where empty( doc("Uni.xml")/Universität//Vorlesung
4       except id($s/hört/@Vorlesungen))
5     return
6       <Student MatrNr="{$s/@MatrNr}">
7         {$s/Name/text()}
8       </Student> }
9   </hörenAlleVorlesungen>
```

Ausgeführt auf unserer Ausprägung ergibt sich ein leeres Element, da es keine Studenten gibt, die alle Vorlesungen hören:

```
<hörenAlleVorlesungen/>
```

c) Die Anfrage lässt sich analog zu Teilaufgabe b) formulieren. Hinzu kommt einzig
   ein Knotentest auf vierstündige Vorlesungen, d.h. das Prädikat [./SWS=4]:

```
1   <hörenAlle4SWSVorlesungen>
2   { for $s in doc("Uni.xml")/Universität/Studenten/Student
3     where empty( doc("Uni.xml")/Universität//Vorlesung[./SWS=4]
4       except id($s/hört/@Vorlesungen))
5     return
6       <Student MatrNr="{$s/@MatrNr}">
7         {$s/Name/text()}
8       </Student> }
9   </hörenAlle4SWSVorlesungen>
```

Da es keine Studenten gibt, die alle vierstündigen Vorlesungen hören, ist das Ergebnis der Anfrage wiederum leer:

```
<hörenAlle4SWSVorlesungen/>
```

d) Ähnlich zur Anfrageformulierung in SQL kann in XQuery die Aggregatsfunktion
   max verwendet werden. Die Aggregation wird über die Menge aller Studenten ($m
   im let-Abschnitt) durchgeführt:

```
1   <EwigeStudenten>
2   { for $s in doc("Uni.xml")/Universität/Studenten/Student
3     let $m := doc("Uni.xml")/Universität/Studenten/Student
4     where $s/Semester = max($m/Semester)
5     return
6       <Student MatrNr="{$s/@MatrNr}" Semester="{$s/Semester/text()
          }">
7         {$s/Name/text()}
8       </Student> }
9   </EwigeStudenten>
```

In unserer Universität gibt es einen Studenten der dieses Kriterum erfüllt:

```
<EwigeStudenten>
  <Student MatrNr="M24002" Semester="18">Xenokrates</Student>
</EwigeStudenten>
```

e) Die Berechnung der Gesamtzahl der Semesterwochenstunden entspricht einer Aggregation mittels der **sum** Funktion.

```
1  <ProfessorenLehrbelastung>
2  { for $p in doc("Uni.xml")/Universität/Fakultäten/
3                    Fakultät/ProfessorIn
4    let $v := $p/Vorlesungen/Vorlesung
5    return
6      <ProfessorIn PersNr="{$p/@PersNr}">
7        {$p/Name/text()}
8        <Lehrbelastung>{sum($v/SWS)}</Lehrbelastung>
9      </ProfessorIn> }
10 </ProfessorenLehrbelastung>
```

Da wir keinen Knotentest auf ProfessorIn durchführen, um zu überprüfen, ob es ein Kindelement Vorlesungen gibt, sind auch die Professoren im Ergebnis enthalten, die keine Vorlesungen halten.

```
<ProfessorenLehrbelastung>
  <ProfessorIn PersNr="P2134">Augustinus<Lehrbelastung>2</Lehrbelastung>
  </ProfessorIn>
  <ProfessorIn PersNr="P2136">Curie<Lehrbelastung>0</Lehrbelastung>
  </ProfessorIn>
  <ProfessorIn PersNr="P2127">Kopernikus<Lehrbelastung>0</Lehrbelastung>
  </ProfessorIn>
  <ProfessorIn PersNr="P2125">Sokrates<Lehrbelastung>10</Lehrbelastung>
  </ProfessorIn>
  <ProfessorIn PersNr="P2126">Russel<Lehrbelastung>6</Lehrbelastung>
  </ProfessorIn>
  <ProfessorIn PersNr="P2133">Popper<Lehrbelastung>2</Lehrbelastung>
  </ProfessorIn>
  <ProfessorIn PersNr="P2137">Kant<Lehrbelastung>10</Lehrbelastung>
  </ProfessorIn>
</ProfessorenLehrbelastung>
```

f) Folgende XQuery-Anfrage setzt die Aufgabenstellung wortgetreu um:

```
1  <NichtSoGuteStudenten>
2  { for $s in doc("Uni.xml")//Student
3        [not(descendant::Prüfung[@Note < 3.0])]
4    return
5      <Student MatrNr="{$s/@MatrNr}">
6        {$s/Name/text()}
7      </Student> }
8  </NichtSoGuteStudenten>
```

Allerdings werden dadurch auch die Studenten ausgegeben, die gar keine Prüfungen abgelegt haben.

```
<NichtSoGuteStudenten>
  <Student MatrNr="M24002">Xenokrates</Student>
  <Student MatrNr="M26120">Fichte</Student>
  <Student MatrNr="M26830">Aristoxenos</Student>
  <Student MatrNr="M29120">Theophrastos</Student>
  <Student MatrNr="M29555">Feuerbach</Student>
</NichtSoGuteStudenten>
```

Um dies zu verhindern und ausschließlich diejenigen Studenten zu bestimmen, die Prüfungen abgelegt haben, dabei aber nie eine bessere Note als 3.0 hatten, muss nur ein zusätzliches Prädikat in obigen Knotentest aufgenommen werden:

```
1  <NichtSoGuteStudenten>
2  { for $s in doc("Uni.xml")//Student[descendant::Prüfung
3                     and not(descendant::Prüfung[@Note < 3.0])]
4    return
5      <Student MatrNr="{$s/@MatrNr}">
6        {$s/Name/text()}
7      </Student> }
8  </NichtSoGuteStudenten>
```

Basierend auf unserer Beispielausprägung ist das Ergebnis der Anfrage leer:

```
<NichtSoGuteStudenten/>
```

g) Um den Prüfungsumfang von Studenten zu bestimmen, ermitteln wir für jeden Studenten/jede Studentin die Vorlesungen, über die er oder sie eine Prüfung abgelegt haben. Da wir das Aggregat der Semesterwochenstunden bestimmen müssen, wird die Menge der Vorlesungen $v im let-Abschnitt der Anfrage gebunden:

```
1   <Prüfungsumfang>
2   { for $s in doc("Uni.xml")/Universität/Studenten/Student
3     let $v := doc("Uni.xml")/Universität/Fakultäten/Fakultät/
4         ProfessorIn/Vorlesungen/Vorlesung
5         [$s/Prüfungen/Prüfung/@Vorlesung = ./@VorlNr]
6     return
7       <StudentMitPrüfungsleistung>
8         <Name MatrNr="{$s/@MatrNr}"> {$s/Name/text()} </Name>
9         <PrüfungsSWS> {sum($v/SWS)} </PrüfungsSWS>
10      </StudentMitPrüfungsleistung> }
11  </Prüfungsumfang>
```

Ähnlich zu Teilaufgabe e) geben wir auch die Studenten aus, die gar keine Prüfungen abgelegt haben:

```
<Prüfungsumfang>
  <StudentMitPrüfungsleistung>
    <Name MatrNr="M24002">Xenokrates</Name>
    <PrüfungsSWS>0</PrüfungsSWS>
  </StudentMitPrüfungsleistung>
  <StudentMitPrüfungsleistung>
    <Name MatrNr="M25403">Jonas</Name>
    <PrüfungsSWS>4</PrüfungsSWS>
  </StudentMitPrüfungsleistung>
  <StudentMitPrüfungsleistung>
    <Name MatrNr="M26120">Fichte</Name>
    <PrüfungsSWS>0</PrüfungsSWS>
  </StudentMitPrüfungsleistung>
  <StudentMitPrüfungsleistung>
    <Name MatrNr="M26830">Aristoxenos</Name>
    <PrüfungsSWS>0</PrüfungsSWS>
  </StudentMitPrüfungsleistung>
  <StudentMitPrüfungsleistung>
    <Name MatrNr="M27550">Schopenhauer</Name>
    <PrüfungsSWS>4</PrüfungsSWS>
  </StudentMitPrüfungsleistung>
  <StudentMitPrüfungsleistung>
    <Name MatrNr="M28106">Carnap</Name>
    <PrüfungsSWS>4</PrüfungsSWS>
  </StudentMitPrüfungsleistung>
  <StudentMitPrüfungsleistung>
    <Name MatrNr="M29120">Theophrastos</Name>
    <PrüfungsSWS>0</PrüfungsSWS>
  </StudentMitPrüfungsleistung>
  <StudentMitPrüfungsleistung>
    <Name MatrNr="M29555">Feuerbach</Name>
    <PrüfungsSWS>0</PrüfungsSWS>
  </StudentMitPrüfungsleistung>
</Prüfungsumfang>
```

h) Paare von Studenten und Professoren mit gleichen Namen bestimmen wir, indem
wir alle Studenten mit allen Professoren vergleichen (formuliert im for-Abschnitt,
der zwei geschachtelten Schleifen entspricht). Die Bedingung der Namensgleichheit
überprüfen wir im where-Teil mittels der Funktion **contains(a,b)**, die auf Zeichenketten arbeitet und überprüft, ob **b** ein Substring von **a** ist:

```
1  <GleicherName>
2  { for $s in doc("Uni.xml")/Universität/Studenten/Student,
3      $p in doc("Uni.xml")/Universität/Fakultäten/
4        Fakultät/ProfessorIn
5    where contains(lower-case($s/Name), lower-case($p/Name))
6    return
7      <Student MatrNr="{$s/@MatrNr}">
8        {$s/Name}
9        <enthaltenerProfName>{$p/Name/text()}</enthaltenerProfName>
10     </Student>   }
11 </GleicherName>
```

Führt man die Anfrage auf der Beispielausprägung aus, erhält man ein leeres Element als Ergebnis:

```
<GleicherName/>
```

i) Wir zeigen zuerst eine mögliche Formulierung der Anfrage, die sich aus einer wort-
getreuen Umsetzung der Aufgabenstellung ergibt. Das heißt, wir bestimmen zu jedem Professor / jeder Professorin die Studenten, die Vorlesungen bei ihm/ihr gehört
haben oder Prüfungen bei ihm/ihr abgelegt haben:

```
1  <Bekanntheitsgrad>
2  { for $p in doc("Uni.xml")//ProfessorIn
3    let $bekanntheitsgrad := count(doc("Uni.xml")//Student[
4      (some $prof in id(.//hört/@Vorlesungen)/
5        ancestor::ProfessorIn satisfies $prof is $p)
6      or
7      (some $prüfer in id(.//@Prüfer) satisfies $prüfer is $p)])
8    return
9      <ProfessorIn PersNr="{$p/@PersNr}" Name="{$p/Name/text()}">
10       {$bekanntheitsgrad}
11     </ProfessorIn> }
12 </Bekanntheitsgrad>
```

Damit erhalten wir folgendes Ergebnis:

```
<Bekanntheitsgrad>
  <ProfessorIn PersNr="P2134" Name="Augustinus">2</ProfessorIn>
  <ProfessorIn PersNr="P2136" Name="Curie">0</ProfessorIn>
  <ProfessorIn PersNr="P2127" Name="Kopernikus">0</ProfessorIn>
  <ProfessorIn PersNr="P2125" Name="Sokrates">4</ProfessorIn>
  <ProfessorIn PersNr="P2126" Name="Russel">1</ProfessorIn>
  <ProfessorIn PersNr="P2133" Name="Popper">1</ProfessorIn>
  <ProfessorIn PersNr="P2137" Name="Kant">5</ProfessorIn>
</Bekanntheitsgrad>
```

Diese existentielle Abhängigkeit wird in XQuery beispielsweise durch **some** ausgedrückt. Informell ist die Bedingung

```
1    (some $prüfer in id(.//@Prüfer) satisfies $prüfer is $p)
```

so zu lesen: "Es existiert ein Knoten $prüfer auf den ein Prüfer-Attribut (eines
Prüfung-Elements) verweist, der identisch des aktuell betrachteten ProfessorIn-
Elementknoten $p ist."

Durch die Funktion **id** werden also die IDREF-Verweise von Prüfer-Attributen auf Professoren aufgelöst. Dasselbe gilt für die Verweise von hört auf Vorlesungen. Folgende Abbildung veranschaulicht den Sachverhalt schematisch:

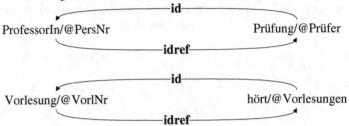

Alternativ kann eine semantisch äquivalente Anfrage formuliert werden, die diese Beziehungen in der entgegengesetzten Richtung verfolgt, d.h. von ProfessorIn nach Prüfung und von Vorlesung nach hört. Dazu bedienen wir uns der **idref** Funktion. Wir bestimmen so die Studenten, die eine Vorlesung von $p hören oder von $p geprüft wurden. Durch **union** fassen wir beide Mengen so zusammen, dass keine Duplikate auftreten:

```
1  <Bekanntheitsgrad> { for $p in doc("Uni.xml")//ProfessorIn
2    let $s := (idref($p/Vorlesungen/Vorlesung/@VorlNr)
3              [parent::hört]/ancestor::Student union
4              idref($p/@PersNr)[parent::Prüfung]/ancestor::Student)
5    return
6      <ProfessorIn PersNr="{$p/@PersNr}" Name="{$p/Name/text()}">
7        {count($s)}
8      </ProfessorIn>}
9  </Bekanntheitsgrad>
```

Aufgabe 19.10

Vervollständigen Sie den *UniVerwaltung*-Web-Service, so dass

- Studenten sich für Vorlesungen einschreiben können,

- ihre (aber auch nur ihre eigenen) Noten abfragen können,

- eine Vorlesungsliste der mit Namen angegebenen Professoren erhalten und

- ihre Studiengebühren per Kreditkarte bezahlen können.

Diskutieren Sie in diesem Zusammenhang insbesondere auch die Sicherheitsproblematik (Authentifizierung, Autorisierung und Datenschutz).

Auf der beigefügten DVD stellen wir eine Erweiterung des *UniVerwaltung*-Web-Services zur Verfügung, die es Studenten ermöglicht, sich für Vorlesungen einzuschreiben und Vorlesungslisten für Professoren zu erstellen. Die Quelldateien finden Sie unter

 www-db.in.tum.de/DB-Uebungsbuch/ueb/Kapitel19/Aufgabe10.shtml

Zugehörige SQL-Anfragen und Typdefinitionen

- *Anmelden für eine Vorlesung*: Unter der Annahme, dass Studentennamen und Titel von Vorlesungen eindeutig sind, benötigen wir für die Anmeldung zu einer Vorlesung zwei Parameter: *VorlTitel* und *StudName*. Wir erweitern den *UniVerwaltung*-Web-Service um eine Methode *setHoertVorlesung*, die eine Verbindung zu unserer Universitätsdatenbank aufbaut und folgenden SQL-Befehl ausführt:

```
insert into hören
  select s.MatrNr, v.VorlNr
  from Vorlesungen v, Studenten s
  where v.Titel = VorlTitel
    and s.Name = StudName
```

- *Erstellen von Vorlesungslisten*: Wir nehmen dazu ebenfalls an, dass Professoren eindeutig durch ihren Namen identifiziert werden. Wenn *ProfName* der Übergabeparameter ist, so führt die Methode *getVorlesungslisteVonProfessor* folgende SQL-Anfrage aus:

```
select v.VorlNr, v.Titel, v.SWS
  from Vorlesungen v, Professoren p
  where v.gelesenVon = p.PersNr
    and p.Name = ProfName
```

Der Rückgabetyp dieser Methode ist allerdings kein primitiver Datentyp, wie im Falle von *getLehrUmfangVonProfessor*, sondern eine Liste von Vorlesungsobjekten. Um dies zu modellieren, definieren wir im WSDL-Dokument des Web-Services folgenden komplexen Datentyp:

```
<types>
  <xsd:schema>
    <xsd:complexType name ="VorlesungslistenTyp">
      <xsd:sequence>
        <xsd:element name ="Vorlesung"
          minOccurs="0" maxOccurs="unbounded">
          <xsd:complexType>
            <xsd:sequence>
              <xsd:element name="Titel" type="xsd:string"
                minOccurs="1" maxOccurs="1"/>
              <xsd:element name="SWS" type="xsd:integer"
                minOccurs="1" maxOccurs="1"/>
            </xsd:sequence>
            <xsd:attribute name="VorlNr" type="xsd:integer"/>
          </xsd:complexType>
        </xsd:element>
      </xsd:sequence>
    </xsd:complexType>
  </xsd:schema>
</types>
```

Sicherheit für Web-Services

Die Aufgabenstellung spricht auch die Problematik der Sicherheit von Web-Service-Anwendungen an.

- *Authentifizierung*: Ehe sich Studenten für Vorlesungen einschreiben oder Noten abfragen dürfen, muss ihre Identität überprüft werden. Für eine internetbasierte Authentifizierung setzt man häufig Zertifikate wie beispielsweise X.509 ein. Ein X.509

Zertifikat bindet die Identität eines Anwenders an seinen öffentlichen Schlüssel
(engl. *public key*). Der Besitz eines gültigen X.509 Zertifikats reicht natürlich noch
nicht aus, um die Identität eines Anwenders zu verifizieren. Deshalb erfordert eine
Authentifizierung, dass der Anwender seinen privaten Schlüssel (engl. *private key*)
anwendet. Zum Beispiel können die Studenten aufgefordert werden, ihre Nachrichten zu signieren, etwa indem sie Teile der Nachrichten oder Zufallswerte (*Nonce*,
Abkürzung für *number used once*) mit ihren privaten Schlüsseln verschlüsseln. Auf
der Anwendungsseite wird die verschlüsselte Information dann mittels des öffentlichen Schlüssels entschlüsselt und ausgewertet.

- *Autorisierung*: Eine Zugriffskontrolle legt fest, welche spezifischen Rechte ein Anwender besitzt. Realisiert man die Online-Abfrage der Prüfungsergebnisse, so muss
  darauf geachtet werden, dass Studenten jeweils nur ihre eigenen Resultate abfragen
  dürfen.

- *Sicherer Nachrichtenaustausch*: Die Interaktion mit einem Web-Service findet über
  öffentlich zugängliche Verbindungen wie dem Internet statt. Für den Austausch si-
  cherheitskritischer Informationen müssen Lauschangriffe und die Veränderung von
  Daten durch Angreifer verhindert werden. Eine gängige Methode ist der Aufbau
  sicherer Verbindungen, beispielsweise mittels SSL.

 Literaturhinweis

Eckert (2004) gibt einen Überblick über Authentifizierungsmechanismen für Web-basierte
Anwendungen. *Web Services Security* [Nadalin et al. (2004)], *Security Assertion Mar-
kup Language* [Cantor et al. (2005)] und *eXtensible Access Control Markup Language*
[Moses et al. (2004)] sind etablierte Standards, die sich mit Sicherheit für Web-Service-
Applikationen befassen.

Aufgabe 19.11

Bestimmen Sie, basierend auf der Beispielausprägung der Universitätsverwaltung, die
Fakultäten, an denen mindestens x Vorlesungen angeboten werden. Formulieren Sie die
Anfrage einmal nur unter Verwendung von XPath und einmal mittels XQuery. Formulieren Sie in XPath auch die Abfrage, die diejenigen Fakultäten bestimmt, an denen *genau*
x Vorlesungen angeboten werden. Für x kann eine beliebige Zahl eingesetzt werden, also
z.B. $x = 5$ zum Bestimmen der Fakultäten mit mindestens (bzw. genau) fünf angebote-
nen Vorlesungen.

Formulierung mittels XPath

Mittels XPath lassen sich beide Anfragen wie folgt formulieren:

```
1  doc("Uni.xml")//Fakultät[(.//Vorlesung)[x]]/FakName
```

```
1  doc("Uni.xml")//Fakultät[(.//Vorlesung)[x]
2              and not((.//Vorlesung)[x+1])]/FakName
```

Formulierung mittels XQuery

Dieselben Anfragen können in XQuery elegant über die Aggregatfunktion **count** mit einem = bzw. ≥ Vergleich formuliert werden:

```
1  <FakultätenMitxVorlesungen>
2  { for $f in doc("./Uni.xml")//Fakultät
3    let $v := $f//Vorlesung
4    where count($v)>=x
5    return
6        $f/FakName }
7  </FakultätenMitxVorlesungen>
```

Ruft man die XQuery-Anfrage mit $x = 5$ auf, so erhält man für unsere Beispielausprägung der Universitätsverwaltung folgendes Ergebnisdokument:

```
<FakultätenMitxVorlesungen>
  <FakName>Philosophie</FakName>
</FakultätenMitxVorlesungen>
```

20. Neue Datenbank-Entwicklungen

Kapitel 20 [Kemper und Eickler (2011)] greift neuere Entwicklungen im Umfeld von Datenbank- und Informationssystemen auf, so unter anderem Anwendungen im Bereich Semantic Web und Information Retrieval, wie auch Hauptspeicher Datenbank-Technologien und Multi-Tenancy-Optimierungen. Übungsaufgaben hierzu werden neu entwickelt und online unter `http://www-db.in.tum.de/DB-Uebungsbuch` zur Verfügung gestellt – ein Blick auf die Seiten des Übungsbuchs lohnt sich also.

21. Leistungsbewertung

Aufgabe 21.1

Projektarbeit: Implementieren Sie die Web-Anwendung (eine Online-Buchhandlung), die durch den TPC-W-Benchmark spezifiziert wird. Die Daten für die Produkt-Datenbank (ITEM, AUTHOR, etc.) können Sie mittels eines Generators, den Sie sich bei der TPC-Organisation (www.tpc.org) besorgen können, generieren. Bei der Realisierung sollten Sie Java Server Pages verwenden, um das Seitenlayout von der Anwendungslogik zu separieren.

Benutzen Sie dazu einen Anwendungsserver (z.B. Tomcat), Java-Servlets und Java Server Pages (oder, alternativ, Active Server Pages).

Diese Projektarbeit ist nicht auf der DVD enthalten, so dass Dozenten dieses Projekt beispielsweise im Rahmen eines Programmierpraktikums entwickeln lassen können.

Aufgabe 21.2

SQL-Übung: Realisieren Sie alle 22 Anfragen des TPC-H/R-Benchmarks. Bei der TPC-Organisation können Sie kostenfrei einen Datengenerator bekommen, mit dem Sie eine künstliche Datenbasis für das TPC-H/R-Schema in verschiedenen Skalierungen generieren können. „Tunen" Sie Ihr Datenbanksystem (Indizes anlegen, Clustering, SQL-Hints angeben, etc.), um die 22 Anfragen zu beschleunigen.

Führen Sie aber auch die Update-Operationen durch, damit Sie die Nachteile der vielen Indizes sehen.

In Aufgabe 4.20 wurden die in Kapitel 21 [Kemper und Eickler (2011)] vorgestellten Anfragen in SQL realisiert. Den Datengenerator zum Erstellen der Datenbasis finden Sie auf den offiziellen Seiten der TPC-Organisation (http://www.tpc.org/tpch/). Damit können Sie die Leistungsfähigkeit Ihres Datenbanksystems testen und bewerten. In diesem Übungsbuch werden jedoch keine Benchmarkergebnisse für kommerzielle oder frei verfügbare Datenbanksysteme veröffentlicht.

A. Informationssystem für eine Fußballweltmeisterschaft

Dieser Anhang dient dazu, wesentliche Inhalte des Lehrbuchs und des Übungsbuchs nochmals anhand eines beispielhaften Anwendungsszenarios zu üben. Als Beispiel soll dazu eine Fußballweltmeisterschaft – etwa die Fußball-WM 2006 in Deutschland – dienen. In den nachfolgenden Aufgaben werden zuerst relationale Datenbankkonzepte behandelt, insbesondere relationale Entwurfstheorie (Aufgaben A.1 bis A.4) und relationale Anfragesprachen, allen voran SQL (Aufgaben A.5 bis A.11). Anschließend wird das Anwendungsbeispiel auf die Domäne XML-basierter Datenbanksysteme übertragen. Es ist somit ein entsprechendes XML-Schema für das Beispiel zu definieren, gegen das die für das relationale Schema in SQL erstellten Anfragen in XQuery zu formulieren sind (Aufgaben A.12 bis A.19).

Aufgabe A.1

Konzipieren Sie ein Informationssystem für die Fußballweltmeisterschaft 2006 in Deutschland.

a) Geben Sie an, welche Informationen von einem derartigen System verwaltet werden müssen. Zeigen Sie insbesondere wichtige Beziehungen auf, die zwischen diesen Daten typischerweise vorliegen.

b) Zeigen Sie mögliche Probleme auf, die dann auftreten können, wenn kein Datenbanksystem zur Verwaltung der anfallenden Daten eingesetzt wird.

c) Geben Sie (informell) einige Anfragen an, die in der Regel an ein solches System gestellt werden.

Die Spezifikation eines Informationssystems für eine Fußballweltmeisterschaft erweist sich in der Regel als sehr komplex. Es bildet die Grundlage für eine breite Palette an möglichen Applikationen und muss ggf. Rücksicht auf viele anwendungsgetriebene Rahmenbedingungen nehmen. Ein Beispiel hierfür kann die Aufnahme von Berichterstattungen und Kommentaren sein sowie Hintergrundinformationen über Spieler, Trainer oder Stadien, welche beispielsweise für Journalisten von Interesse sein können. Diese Daten wollen wir im Nachfolgenden außen vor lassen und uns vielmehr auf die wesentlichen Informationen konzentrieren, d.h. welche Mannschaften treten bei der WM an und welche Spiele absolvieren sie.

Zu verarbeitende Informationen

- Mannschaften/Nationen, die an der WM teilnehmen;
- Mannschaften setzten sich aus Spielern zusammen, haben Trainer und ggf. weiteres Betreuungspersonal;

- Offizielle Austragungsorte, d.h. Fußballstadien. Attribute eines Stadions sind beispielsweise die Anzahl der Zuschauerplätze und die Stadt, in der es steht;

- Schiedsrichter und Schiedsrichterassistenten (Linienrichter);

- Spiele, Tore und Spielergebnisse;

- Verwarnungen wie gelbe und rote Karten, mit denen Verstöße von Spielern geahndet werden.

Vorteile bei Verwendung eines Datenbankmanagementsystems

- In der Regel bieten Datenbankmanagementsysteme (DBMS) eine hohe Ausfallsicherheit und eine umfangreiche Recoveryfunktionalität zur Wiederherstellung von Daten.

- Datenbanksysteme unterstützen den Mehrbenutzerbetrieb und die Nebenläufigkeit von Anfragen.

- Datenbanksysteme setzen auf standardisierten Spezifikationssprachen und -modellen wie zum Beispiel dem relationalen Schema oder XML-Schema auf. Damit werden Informationen auf einheitliche Art dargestellt. Auch der Zugriff auf Informationen erfolgt über vordefinierte Schnittstellen und Anfragesprachen wie SQL oder XPath und XQuery.

- Ein DBMS ermöglicht es, Integritätsbedingungen zu formulieren und diese zu erzwingen. Beispiele hierfür sind:

  – Mindestanzahl von Spielern je Mannschaft;
  – in einem Stadion können nicht mehrere Spiele zur selben Zeit ausgetragen werden;

Wird kein Datenbanksystem eingesetzt, muss diese (Sicherheits-) Funktionalität normalerweise anwendungsspezifisch realisiert – und dazu meist neu implementiert – werden.

Typische Anfragen an das Informationssystem sind zum Beispiel

- Wer sind die Gruppensieger und Gruppenzweiten der Vorrunde?

- Wer sind die Torjäger der Fußballweltmeisterschaft?

- Welche Spieler sind für kommende Spiele gesperrt?

- Und natürlich: Welche Nation hat die WM gewonnen und welche Nationen belegten die Plätze zwei und drei?

Aufgabe A.2

Erstellen Sie ein Entity-Relationship-Modell für die Fußballweltmeisterschaft 2006. Denken Sie sich pro Entitätstyp zwei bis drei sinnvolle Attribute aus und markieren Sie die Schlüssel.

Eine mögliche Modellierung ist in Abbildung A.1 gezeigt. Es sei exemplarisch auf die Modellierung der Entitäten Tore und Verwarnung hingewiesen:

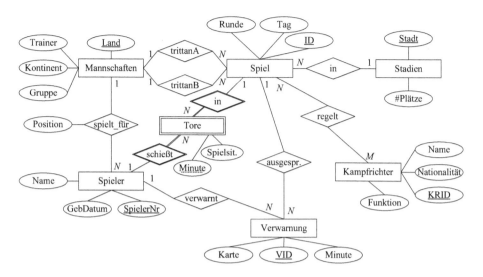

Abbildung A.1: Entity Relationship Modellierung für eine Fußball-WM

Tore: Das Entity Tore wurde existenzabhängig modelliert und zwar sowohl von Spieler als auch von Spiel, denn ein Tor zeichnet sich dadurch aus, dass es von einem bestimmten Spieler in einem bestimmten Spiel geschossen wird.

Möchte man dies ggf. als Beziehung zwischen Spiel und Spieler anstelle eines dedizierten Entitätstyps modellieren, scheitert man daran, auszudrücken, dass ein Spieler auch mehrere Tore in ein und demselben Spiel schießen kann. Tore desselben Spielers unterscheiden sich zwar bezüglich der Zeit, zu der das Tor fällt, die Zeit kann jedoch nicht als Schlüssel für den Beziehungstyp modelliert werden, da dies das ER-Modell nicht unterstützt (Schlüssel werden, abhängig von Kardinalitäten, von den Schlüsseln der beteiligten Entitäten abgeleitet).

Verwarnung: Ähnlich verhält es sich bei der Modellierung von Verwarnungen. Ein Spieler kann in einem Spiel mehrfach verwarnt werden, so dass das Tupel [SpielID, SpielerNr] eine Verwarnung nicht eindeutig identifiziert – wie es für eine Modellierung als Beziehungstyp zwischen Spieler und Spiel notwendig wäre.

In unserer Beispielmodellierung gehen wir davon aus, dass Spieler eine global eindeutige Spielernummer haben (die nicht der Trikotnummer entspricht), ähnlich zu Personalnummern von Professoren und Assistenten in unserem Informationssystem der Universität der großen Denker.

Aufgabe A.3

Übertragen Sie Ihre ER-Modellierung aus Aufgabe A.2 in einem ersten Schritt vollständig in ein relationales Schema. Verfeinern Sie in einem zweiten Schritt das Schema soweit möglich durch Elimination von Relationen.

Initiale Überführung

Die initiale Überführung ergibt für die Entitätstypen nachfolgende Relationen:

$$
\begin{align}
\text{Mannschaften} &: \{[\underline{\text{Land} : \text{string}}, \text{Trainer} : \text{string}, \text{Kontinent} : \text{string}, \tag{1}\\
&\qquad \text{Gruppe} : \text{string}]\}\\
\text{Spieler} &: \{[\underline{\text{SpielerNr} : \text{integer}}, \text{Name} : \text{string}, \text{Geburtsdatum} : \text{date}]\} \tag{2}\\
\text{Stadien} &: \{[\underline{\text{Stadt} : \text{string}}, \#\text{Plätze} : \text{integer}]\} \tag{3}\\
\text{Spiel} &: \{[\underline{\text{ID} : \text{integer}}, \text{Runde} : \text{string}, \text{Tag} : \text{date}]\} \tag{4}\\
\text{Kampfrichter} &: \{[\underline{\text{KRID} : \text{integer}}, \text{Name} : \text{string}, \text{Nationalität} : \text{string}, \tag{5}\\
&\qquad \text{Funktion} : \text{string}]\} \tag{6}\\
\text{Tore} &: \{[\underline{\text{SpielerNr} : \text{integer}}, \underline{\text{Spiel} : \text{integer}}, \underline{\text{Minute} : \text{integer}}, \tag{7}\\
&\qquad \text{Spielsituation} : \text{string}]\}\\
\text{Verwarnung} &: \{[\underline{\text{VID} : \text{integer}}, \text{Karte} : \text{string}, \text{Minute} : \text{integer}]\} \tag{8}
\end{align}
$$

Für die Beziehungstypen werden folgende Relationen erstellt:

$$
\begin{align}
\text{spielt\_für} &: \{[\underline{\text{SpielerNr} : \text{integer}}, \text{Land} : \text{string}, \text{Position} : \text{string}]\} \tag{9}\\
\text{trittanA} &: \{[\underline{\text{Spiel} : \text{integer}}, \text{MannschaftA} : \text{string}]\} \tag{10}\\
\text{trittanB} &: \{[\underline{\text{Spiel} : \text{integer}}, \text{MannschaftB} : \text{string}]\} \tag{11}\\
\text{verwarnt} &: \{[\underline{\text{SpielerNr} : \text{integer}}, \underline{\text{VID} : \text{integer}}]\} \tag{12}\\
\text{ausgesprochen} &: \{[\underline{\text{SpieleID} : \text{integer}}, \underline{\text{VID} : \text{integer}}]\} \tag{13}\\
\text{regelt} &: \{[\underline{\text{Kampfrichter} : \text{integer}}, \underline{\text{Spiel} : \text{integer}}]\} \tag{14}\\
\text{in} &: \{[\underline{\text{Spiel} : \text{integer}}, \text{Stadion} : \text{string}]\} \tag{15}
\end{align}
$$

Verfeinerung

Folgende $1 : N$-Beziehungen können eliminiert werden:

- $(9) \rightarrow (2)$: spielt_für kann in Spieler aufgenommen werden.
- $(10) \rightarrow (4)$ und $(11) \rightarrow (4)$: Die beiden Beziehungen trittanA und trittanB werden als die beiden gegnerischen Mannschaften in die Relation Spiel aufgenommen.
- $(15) \rightarrow (4)$: Der Austragungsort wird ebenfalls in die Relation Spiel übernommen.
- $(12) \rightarrow (8)$ und $(13) \rightarrow (8)$: Die Beziehungen verwarnt und ausgesprochen werden in Verwarnung zusammengeführt.

Damit erhalten wir:

$$
\begin{array}{rl}
\text{Spieler} \;:\; & \{[\underline{\text{SpielerNr}:\text{integer}}, \text{Name}:\text{string}, \text{Geburtsdatum}:\text{date},\qquad (16)\\
& \text{Land}:\text{string}, \text{Position}:\text{string}]\}\\
\text{Spiel} \;:\; & \{[\underline{\text{ID}:\text{integer}}, \text{Runde}:\text{string}, \text{Tag}:\text{date},\qquad (17)\\
& \text{MannschaftA}:\text{string}, \text{MannschaftB}:\text{string}, \text{Stadion}:\text{string}]\}\\
\text{Verwarnung} \;:\; & \{[\underline{\text{VID}:\text{integer}}, \text{Karte}:\text{string}, \text{Minute}:\text{integer}\qquad (18)\\
& \text{SpielID}:\text{integer}, \text{SpielerNr}:\text{integer}]\}
\end{array}
$$

Aufgabe A.4

Bringen Sie folgendes Relationenschema

- SpielerAllerlei: {[SpielerNr, SNationalität, SName, SPosition, Trainer, Kontinent, Runde, Herausforderer, Stadion, Schiedsrichter]}

mittels des Synthesealgorithmus in die dritte Normalform.

SpielerNr, SNationalität, SName und SPosition charakterisieren Fußballspieler, die an der Fußball-WM teilnehmen. Das Land, für das ein Spieler antritt, ist durch SNationalität und Kontinent beschrieben. Spieler werden durch ihren Trainer betreut. Der Herausforderer ist die gegnerische Mannschaft in einem Rundenspiel.

Gehen Sie zur Bearbeitung der Aufgabe schrittweise vor:

1. Bestimmen Sie die geltenden FDs.

2. Bestimmen Sie die Kandidatenschlüssel.

3. Bestimmen Sie die kanonische Überdeckung der FDs.

4. Wenden Sie den Synthesealgorithmus an.

Dokumentieren Sie jeden Schritt Ihres Vorgehens, so dass man die Methodik erkennen kann.

Bestimmen der funktionalen Abhängigkeiten

$$
\begin{array}{ll}
\{\text{SpielerNr}\} \rightarrow \{\text{SNationalität}, \text{SName}, \text{SPosition}, \text{Trainer}, \text{Kontinent}\} & (1)\\
\{\text{SNationalität}, \text{Runde}, \text{Herausforderer}\} \rightarrow & (2)\\
\qquad\qquad\qquad\{\text{Trainer}, \text{Kontinent}, \text{Stadion}, \text{Schiedsrichter}\} & \\
\{\text{SNationalität}\} \rightarrow \{\text{Trainer}, \text{Kontinent}\} & (3)\\
\{\text{Trainer}\} \rightarrow \{\text{SNationalität}, \text{Kontinent}\} & (4)
\end{array}
$$

Bestimmen der Kandidatenschlüssel

Als Schlüsselattribute kommen nur Attribute in Frage, die auf den linken Seiten der FDs auftauchen (da in diesem Beispiel auch alle Attribute des Schemas an einer FD teilnehmen), d.h. {SpielerNr, SNationalität, Runde, Herausforderer, Trainer}.

Wegen FD (1) gilt {SpielerNr} → {SNationalität, Trainer}. Ein möglicher Schlüsselkandidat ist damit {SpielerNr, Runde, Herausforderer}. Da *SpielerNr*, *Runde* und *Herausforderer* nicht auf den rechten Seiten von funktionalen Abhängigkeiten auftreten, finden sich keine weiteren Schlüsselkandidaten für die Relation.

Bestimmen der kanonischen Überdeckung

1. *Führe für jede FD $\alpha \rightarrow \beta \in F$ die Linksreduktion durch.*

   Die funktionalen Abhängigkeiten (1), (3) und (4) sind bereits linksreduziert. FD (2) ist ebenfalls linksreduziert. Denn es gilt: Keines der Attribute *SNationalität*, *Runde* und *Herausforderer* kann eliminiert werden, so dass die rechte Seite von FD (2) noch abgeleitet werden kann.

2. *Führe für jede (verbliebene) FD $\alpha \rightarrow \beta$ die Rechtsreduktion durch.*

   (a) FD (1) kann reduziert werden zu
       {SpielerNr} → {SNationalität, SName, SPosition}
       da *Trainer* und *Kontinent* über FD (3) erfasst werden.

   (b) FD (2) wird reduziert zu
       {SNationalität, Runde, Herausforderer} → {Stadion, Schiedsrichter}
       da *Trainer* und *Kontinent* über FD (3) erfasst werden.

   (c) FD (3) wird reduziert zu
       {SNationalität} → {Trainer}
       da das Attribut *Kontinent* durch FD (4) ableitbar ist.

   (d) FD (4) ist dann bereits rechtsreduziert

3. *Entferne die FDs der Form $\alpha \rightarrow \emptyset$.*

   Es gibt keine FD, die diese Bedingung erfüllt.

4. *Fasse mittels der Vereinigungsregel FDs der Form $\alpha \rightarrow \beta_1, \ldots, \alpha \rightarrow \beta_n$ zusammen.*

   Es können keine FDs vereinigt werden.

Damit ergibt sich folgende kanonische Überdeckung F_c:

$$\{\text{SpielerNr}\} \rightarrow \{\text{SNationalität, SName, SPosition}\} \qquad (5)$$

$$\{\text{SNationalität, Runde, Herausforderer}\} \rightarrow \{\text{Stadion, Schiedsrichter}\} \qquad (6)$$

$$\{\text{SNationalität}\} \rightarrow \{\text{Trainer}\} \qquad (7)$$

$$\{\text{Trainer}\} \rightarrow \{\text{SNationalität, Kontinent}\} \qquad (8)$$

Bestimmen des relationalen Schemas

$$
\begin{aligned}
\text{aus (5)} \;\Rightarrow\; \text{Spieler} \;&:\; \{[\underline{\text{SpielerNr}}, \text{SNationalität}, \text{SName}, \text{SPosition}]\} \\
\text{aus (6)} \;\Rightarrow\; \text{Spiel} \;&:\; \{[\underline{\text{SNationalität}, \text{Runde}, \text{Herausforderer}}, \\
&\qquad \text{Stadion}, \text{Schiedsrichter}]\} \\
\text{aus (7)} \;\Rightarrow\; \text{trainiert} \;&:\; \{[\underline{\text{SNationalität}}, \text{Trainer}]\} \\
\text{aus (8)} \;\Rightarrow\; \text{Mannschaft} \;&:\; \{[\underline{\text{Trainer}}, \text{SNationalität}, \text{Kontinent}]\}
\end{aligned}
$$

Schritt 3 und Schritt 4 des Synthesealgorithmus

- Für den Kandidatenschlüssel {SpielerNr, Runde, Herausforderer} muss noch ein zusätzliches Schema erstellt werden:

$$
\text{spielt} \;:\; \{[\underline{\text{SpielerNr}, \text{Runde}, \text{Herausforderer}}]\}
$$

- Die Relation trainiert tritt in der Relation Mannschaft auf. Beide Schemata können damit zusammengefasst werden. Als Ergebnis erhalten wir folgendes Relationenschema:

$$
\begin{aligned}
\text{Spieler} \;&:\; \{[\underline{\text{SpielerNr}}, \text{SNationalität}, \text{SName}, \text{SPosition}]\} \\
\text{Spiel} \;&:\; \{[\underline{\text{SNationalität}, \text{Runde}, \text{Herausforderer}}, \text{Stadion}, \text{Schiedsrichter}]\} \\
\text{Mannschaft} \;&:\; \{[\underline{\text{Trainer}}, \text{SNationalität}, \text{Kontinent}]\} \\
\text{spielt} \;&:\; \{[\underline{\text{SpielerNr}, \text{Runde}, \text{Herausforderer}}]\}
\end{aligned}
$$

Aufgabe A.5

Bestimmen Sie aufbauend auf dem Informationssystem für die Fußballweltmeisterschaft 2006 aus Aufgabe A.3 die "aggressiven Stürmer". Dies sind Stürmer, die in Spielen, in denen sie ein Tor geschossen haben auch verwarnt wurden. Formulieren Sie Ihre Anfrage

- in relationaler Algebra,

- im relationalen Tupelkalkül,

- im relationalen Domänenkalkül und

- in SQL.

Formulierung in relationaler Algebra

$$
\Pi_{\text{SpielerNr, Name}}(\text{Verwarnung} \bowtie (\text{Tore} \bowtie (\sigma_{\text{Position='Forward'}}\text{Spieler})))
$$

Formulierung im relationalen Tupelkalkül

$$\{p \mid p \in \text{Spieler} \land p.\text{Position} = \text{'Forward'} \land$$
$$\exists\, v \in \text{Verwarnung}(p.\text{SpielerNr} = v.\text{SpielerNr} \land$$
$$\exists\, t \in \text{Tore}(v.\text{SpielID} = t.\text{Spiel} \land t.\text{SpielerNr} = p.\text{SpielerNr}))\}$$

Formulierung im relationalen Domänenkalkül

$$\{[n, snr] \mid \exists\, g, l, p \; ([snr, n, g, l, p] \in \text{Spieler} \land p = \text{'Forward'} \land$$
$$\exists\, v, k, m1, sid \; ([v, k, m1, sid, snr] \in \text{Verwarnung} \land$$
$$\exists\, m2, ssi \; ([snr, sid, m2, ssi] \in \text{Tore})))\}$$

Formulierung in SQL

```
select distinct p.SpielerNr, p.Name
from Spieler p, Verwarnung v, Tore t
where p.SpielerNr = v.SpielerNr
  and p.SpielerNr = t.SpielerNr
  and v.SpielID = t.Spiel
  and p.Position = 'Forward';
```

Eine Beispielausprägung der Fußballweltmeisterschaft 2006 steht unter

🌐 www-db.in.tum.de/DB-Uebungsbuch/ueb/fussball-wm.shtml

zur Verfügung. Auf dieser ausgeführt, liefert obige Anfrage folgendes Ergebnis:

AggresiveStürmer	
Land	Rang
154050	ALOISI John
162680	CRESPO Hernan
170167	GOMEZ Ronald
175683	ADRIANO
176984	DINDANE Aruna
178469	LEE Chun Soo
178837	SAVIOLA Javier
208353	GYAN Asamoah
212306	DROGBA Didier
234927	IAQUINTA Vincenzo

Aufgabe A.6

Ermitteln Sie die Mannschaften mit der besten Verteidigerstärke. Das sind Mannschaften, die über den Zeitraum der WM betrachtet die wenigsten Gegentore bekommen haben. Achten Sie darauf, dass Sie Mannschaften, die weniger Spiele absolviert haben (also früher ausgeschieden sind) als andere, entsprechend berücksichtigen.

Formulieren Sie Ihre Anfrage in SQL. Zur Lösung der Aufgabe bietet sich ein schrittweises Vorgehen an. Definieren Sie sich beispielsweise Views, um mehrfach verwendete Zwischenergebnisse zu bestimmen und einfacher wiederzuverwenden.

Wir gehen so vor, dass wir für jede Mannschaft zuerst die Anzahl der Spiele, an denen sie teilgenommen hat, bestimmen:

```
create view SpieleJeMannschaft as
 select m.Land, count(*) as Anzahl
 from Spiel s, Mannschaften m
 -- Mannschaften können in unserer Modellierung entweder als
 -- MannschaftA oder MannschaftB in Spiele auftreten
 where s.MannschaftA = m.Land
    or s.MannschaftB = m.Land
 group by m.Land;
```

Jetzt bestimmen wir noch für jede Mannschaft die Anzahl der Gegentore, die gegen sie erzielt wurden. Dabei sind Eigentore als Sonderfall zu behandeln!

```
create view GegentoreJeLand as
 select tmp.Land, sum(Anzahl) as Gegentore
 -- Ein Land tritt in Spielen entweder als MannschaftA
 -- oder als MannschaftB auf. Ist es in der Rolle MannschaftA
 -- so hat es ein Gegentor erhalten, wenn ein Spieler von
 -- MannschaftB ein Tor geschossen hat, und umgekehrt.
 from
   (-- zähle alle Gegentore aus Sicht von MannschaftA
    select s.MannschaftA as Land, count(*) as Anzahl
    from Spiel s, Tore t, Spieler p
    where s.ID = t.Spiel
      and s.MannschaftB = p.Land
      and p.SpielerNr = t.SpielerNr
      and t.Spielsituation != 'own goal'
    group by s.MannschaftA
    union all
    -- zähle alle Gegentore aus Sicht von MannschaftB
    select s.MannschaftB as Land, count(*) as Anzahl
    from Spiel s, Tore t, Spieler p
    where s.ID = t.Spiel
      and s.MannschaftA = p.Land
      and p.SpielerNr = t.SpielerNr
      and t.Spielsituation != 'own goal'
    group by s.MannschaftB
    union all
    -- zähle alle Eigentore
    -- Eigentore werden hier auch als Gegentore gewertet
    select p.Land as Land, count(*) as Anzahl
    from Spieler p, Tore t
    where p.SpielerNr = t.SpielerNr
```

```
        and t.Spielsituation = 'own goal'
    group by p.Land) tmp
```

Nun können wir beide Views zusammenführen und die eigentliche Anfrage formulieren. Als Besonderheit müssen wir noch solche Mannschaften berücksichtigen, die gar keine Gegentore erhalten haben.

```
select tmp.*
from (
  select s.Land, g.Gegentore, s.Anzahl as AnzSpiele,
         (convert(decimal, g.Gegentore) /
             convert(decimal, s.Anzahl)) as Rang
  from SpieleJeMannschaft s, GegentoreJeLand g
  where s.Land = g.Land
  union
  -- Mannschaften, die gar kein Gegentor erhalten haben
  select m.Land, 0 as Gegentore, s2.Anzahl as AnzSpiele,
         0 as Rang
  from Mannschaften m, SpieleJeMannschaft s2
  where m.Land = s2.Land
        and m.Land not in (select g2.Land
                           from GegentoreJeLand g2)) tmp
  order by tmp.Rang asc;
```

Die gezeigten SQL-Anfragen lassen sich beispielsweise mit Microsoft SQL Server ausführen. Um sie auf anderen Datenbanksystemen auszuführen, müssen sie ggf. leicht angepasst werden (z.B. Typumwandlungen).

Die Top-4 in unserer Ausprägung sind:

Verteidigerstärke			
Land	Gegentore	AnzSpiele	Rang
Switzerland	0	4	0.0000000000000000000
Italy	2	7	0.2857142857142857142
Brazil	2	5	0.4000000000000000000
England	2	5	0.4000000000000000000

Aufgabe A.7

Verwenden Sie SQL um die "Rowdies" der Fußball-WM 2006 zu bestimmen. Nehmen Sie dazu eine Gewichtung der Verwarnungen vor, die gegen Spieler ausgesprochen wurden (z.B. gelbe Karte zählt einfach, gelb-rote Karte doppelt und rote Karte dreifach). Erstellen Sie dann eine absteigende Rangfolge der Spieler.

Wir gehen wieder schrittweise vor und erstellen zuerst eine View zur Gewichtung der Verwarnungen:

```
create view GewVerwarnung as
  select SpielerNr, (case when Karte='yellow' then 1
                    when Karte='yellow-red' then 2
                    when Karte='red' then 3
                    end) as Gewicht
  from Verwarnung;
```

Nun summieren wir diese Gewichte auf, gruppieren nach den Spielern und erstellen eine sortierte Reihenfolge:

```
select p.SpielerNr, p.Name, sum(g.Gewicht) as Rang
from GewVerwarnung g, Spieler p
where p.SpielerNr=g.SpielerNr
group by p.SpielerNr, Name
order by Rang desc;
```

In unserer Beispielausprägung sind die Top-3:

Rowdies		
SpielerNr	Name	Rang
163331	Zidane Zinedine	6
177657	Costinha	5
208353	Gyan Asamoah	5

Aufgabe A.8

Finden Sie die Verteidiger, die in mindestens einem Spiel ein Tor geschossen haben, in diesem jedoch nicht verwarnt wurden.
Sortieren Sie das Ergebnis nach Nationen.

Eine Umsetzung der Anfrage unter Verwendung von **not exists** sieht beispielsweise wie folgt aus:

```
select distinct s.*
from Spieler s, Tore t
where s.SpielerNr = t.SpielerNr
  and Position = 'Defender'
  and not exists (select *
                  from Verwarnung v
                  where v.SpielerNr = s.SpielerNr
                    and v.SpielID = t.Spiel)
order by s.Land;
```

Als Ergebnis erhalten wir:

StürmerVerteidiger		
SpielerNr	Name	Land
153933	AYALA Roberto	Argentina
154061	MOORE Craig	Australia
196748	LAHM Philipp	Germany
155851	GOLMOHAMMADI Yahya	Iran
159284	BAKHTIARIZADEH Sohrab	Iran
177655	ZAMBROTTA Gianluca	Italy
184451	MATERAZZI Marco	Italy
210192	ZACCARDO Cristian	Italy
230756	GROSSO Fabio	Italy

94915	GAMARRA Carlos	Paraguay
216135	BOSACKI Bartosz	Poland
198446	JUANITO	Spain
158268	JAIDI Radhi	Tunisia
216223	RUSOL Andriy	Ukraine

Aufgabe A.9

Bestimmen Sie die Spielbegegnung(en), in denen die meisten Verwarnungen ausgesprochen wurden. Geben Sie dabei auch die ersten Schiedsrichter aus, die die entsprechenden Verstöße geahndet haben.
Finden Sie mindestens zwei alternative Formulierungen, um die Maximalitätseigenschaft, die mit dieser Anfrage überprüft wird, auszudrücken.

Zuerst ermitteln wir die Anzahl der Verwarnungen je Spiel:

```
create view VerwJeSpiel as
  select SpielID, count(*) as AnzVerw
  from Verwarnung
  group by SpielID;
```

Formulierung mit all

Eine Möglichkeit, die Anfrage zu formulieren, bietet sich mittels **all**: Es qualifizieren sich die Spielbegegnungen, für die gilt, dass die Anzahl der ausgesprochenen Verwarnungen größer oder gleich der Anzahl der Verwarnungen **all**er anderen Spielbegegnungen ist:

```
select sp.MannschaftA, sp.MannschaftB,
   k.Name as Schiedsrichter, v1.AnzVerw
from Spiel sp, VerwJeSpiel v1, Kampfrichter k, leitet l
where sp.ID = v1.SpielID
  and l.SpielID = v1.SpielID
  and l.KRID = k.KRID
  and l.Funktion = 'Referee'
  and v1.AnzVerw >= all(select v2.AnzVerw
                        from VerwJeSpiel v2);
```

Alternative Formulierungen

Alternativ kann man die Anfrage mit **in** oder einer **having**-Klausel formulieren. Weitere Formulierungen, die wir dem Leser zur Übung überlassen, sind beispielsweise mittels **not exists** möglich.

```
select sp.MannschaftA, sp.MannschaftB,
   k.Name as Schiedsrichter, v1.AnzVerw
from Spiel sp, VerwJeSpiel v1, Kampfrichter k, leitet l
where sp.ID = v1.SpielID
  and l.SpielID = v1.SpielID
  and l.KRID = k.KRID
  and l.Funktion = 'Referee'
```

```
  and v1.AnzVerw in (select max(AnzVerw)
                     from VerwJeSpiel);

select sp.MannschaftA, sp.MannschaftB,
  k.Name as Schiedsrichter, v1.AnzVerw
from Spiel sp, VerwJeSpiel v1, Kampfrichter k, leitet l
where sp.ID = v1.SpielID
  and l.SpielID = v1.SpielID
  and l.KRID = k.KRID
  and l.Funktion = 'Referee'
group by sp.MannschaftA, sp.MannschaftB, k.Name, v1.AnzVerw
having v1.AnzVerw = (select max(AnzVerw)
                     from VerwJeSpiel);
```

Für unsere Beispielausprägung ergibt sich folgendes Ergebnis für die Anfrage:

Die meisten Verwarnungen			
MannschaftA	MannschaftB	Schiedsrichter	AnzVerw
Portugal	Netherlands	Ivanov Valentin	16

Aufgabe A.10

Aus Sicht der Kontinente betrachtet hieß die Begegnung 'Deutschland : Argentinien' 'Europa : Südamerika'. Ermitteln Sie die Kontinentpaare, zu denen keine Spielbegegnungen stattfanden. Erstellen Sie auch hier mindestens zwei alternative Formulierungen.

Hierzu ermitteln wir zuerst die Kombinationen, die bei der WM 2006 ausgetragen wurden:

```
create view SpielKombinationen as
  select distinct m1.Kontinent as K1, m2.Kontinent as K2
  from Mannschaften m1, Mannschaften m2, Spiel s
  where m1.Kontinent <= m2.Kontinent and
    ((s.MannschaftA = m1.Land and s.MannschaftB = m2.Land)
    or
    (s.MannschaftA = m2.Land and s.MannschaftB = m1.Land));
```

Die Anfrage kann mittels des Differenz-Operators formuliert werden, d.h. man bestimmt das Kreuzprodukt aller Länderkombinationen und subtrahiert davon die tatsächliche Ausprägung

```
select distinct m1.Kontinent, m2.Kontinent as gegen
from Mannschaften m1, Mannschaften m2
where m1.Kontinent <= m2.Kontinent
except -- in DB2 und MS SQL Server, 'minus' in Oracle
( select *
  from SpielKombinationen);
```

Diese Differenz kann man auch selbst mittels **not exists** formulieren:

```
select distinct m1.Kontinent, m2.Kontinent as gegen
from Mannschaften m1, Mannschaften m2
```

```
where m1.Kontinent <= m2.Kontinent
 and not exists (select *
                 from SpielKombinationen
                 where m1.Kontinent = K1
                   and m2.Kontinent = K2);
```

Die Bedingung m1.Kontinent <= m2.Kontinent verwenden wir, um semantische
Duplikate zu vermeiden. Zum Beispiel "unterschlagen" wir das Tupel 'Oceania : Africa',
sofern 'Africa : Oceania' im Ergebnis bereits enthalten ist:

Nicht ausgetragene Kontinentbegegnungen	
Kontinent	gegen
Africa	Africa
Africa	Oceania
Asia	Asia
North, Central America and the Caribbean	North, Central America and ...
North, Central America and the Caribbean	Oceania
Oceania	Oceania
South America	South America

Aufgabe A.11

Erstellen Sie für die Fußballweltmeisterschaft 2006 die Vorrundentabelle. Gruppieren
Sie dazu nach den Gruppen der Vorrunde und sortieren Sie die Mannschaften absteigend
nach den erzielten Punkten.

In unserer Ausprägung sind die Tore einzeln abgespeichert, d.h. wir haben noch keinen
Zugriff auf die Spielergebnisse. Deshalb erstellen wir in einem ersten Schritt die Sicht
Vorrundenergebnisse, die die Spielergebnisse der Vorrunde auflistet. Für jedes Spiel müssen wir dazu die Tore aufsummieren, die der Herausforderer und der jeweilige Gegner
erzielt haben, wobei wir (wie in Aufgabe A.5) auf Eigentore Rücksicht nehmen müssen:

```
create view Vorrundenergebnisse as
select sp.*,(select count(*)
            from Tore t, Spieler s
            where t.Spiel = sp.ID
              and t.SpielerNr = s.SpielerNr
              and ((s.Land = sp.MannschaftA
                    and t.Spielsituation != 'own goal')
                  or (s.Land = sp.MannschaftB
                    and t.Spielsituation ='own goal'))) as
                      ToreA,
            (select count(*)
             from Tore t, Spieler s
             where t.Spiel = sp.ID
               and t.SpielerNr = s.SpielerNr
               and ((s.Land = sp.MannschaftB
                     and t.Spielsituation != 'own goal')
                   or (s.Land = sp.MannschaftA
                     and t.Spielsituation ='own goal'))) as
                       ToreB
```

```
from Spiel sp
-- mit like 'Group%' filtern wir Vorrundenspiele
where Runde like 'Group%';
```

Aufbauend auf Vorrundenergebnisse ermitteln wir für die Mannschaften die Punkte, die sie in den Vorrundenspielen erzielten, d.h. je 3 Punkte für Siege, 1 Punkt für Remis und 0 Punkte für Niederlagen:

```
create view Vorrundentabelle as
select t.Runde, t.Land, sum(Tore) as Tore,
  sum(Gegentore) as Gegentore, sum(t.Punkte) as Punkte
from
  (-- Ergebnisse aus Sicht von MannschaftA
  select Runde, MannschaftA as Land,
     ToreA as Tore, ToreB as Gegentore,
   (case when ToreA < ToreB then 0
         when ToreA = ToreB then 1
         when ToreA > ToreB then 3
     end) as Punkte
  from Vorrundenergebnisse
  union all
  -- Ergebnisse aus Sicht von MannschaftB
  select Runde, MannschaftB as Land,
     ToreB as Tore, ToreA as Gegentore,
   (case when ToreB < ToreA then 0
         when ToreB = ToreA then 1
         when ToreB > ToreA then 3
     end) as Punkte
  from Vorrundenergebnisse ) t
group by t.Runde, t.Land;
```

Abschließend müssen wir diese Übersicht nur noch richtig sortiert ausgeben:

```
select *
from Vorrundentabelle
order by Runde asc, Punkte desc, (Tore-Gegentore) desc;
```

Top-k Anfragen

Häufig ist man bei den Vorrundenergebnissen nur an den Gruppenersten und Gruppen-zweiten interessiert, da diese die nächste Runde bestreiten dürfen. Man formuliert dies meist mittels sogenannter **Top-k** Anfragen, bei denen man nur an den ersten k Ergebnis-tupeln interessiert ist. In Microsoft SQL Server kann man diese Anfrage z.B. wie folgt beschreiben:

```
select *
from Vorrundentabelle v1
where v1.Land in (select top 2 v2.Land
                  from Vorrundentabelle v2
                  where v1.Runde = v2.Runde
                  order by v2.Runde asc, v2.Punkte desc,
                  (v2.Tore-v2.Gegentore) desc)
order by v1.Runde asc, v1.Punkte desc,
        (v1.Tore-v1.Gegentore) desc;
```

Ausgeführt auf unserer Beispielausprägung für die Fußballweltmeisterschaft 2006 erhal-ten wir

Vorrunde				
Runde	Land	Tore	Gegentore	Punkte
Group A	Germany	8	2	9
Group A	Ecuador	5	3	6
Group B	England	5	2	7
Group B	Sweden	3	2	5
Group C	Netherlands	3	1	7
Group C	Argentina	8	1	7
Group D	Portugal	5	1	9
Group D	Mexico	4	3	4
Group E	Italy	5	1	7
Group E	Ghana	4	3	6
Group F	Brazil	7	1	9
Group F	Australia	5	5	4
Group G	Switzerland	4	0	7
Group G	France	3	1	5
Group H	Spain	8	1	9
Group H	Ukraine	5	4	6

 Hinweis

Die Syntax zur Formulierung von Top-k Anfragen ist datenbankspezifisch. In IBM DB2 lassen sich diese mittels der **fetch**-Klausel ausdrücken:

```
select *
from Tabelle
fetch first k rows only;
```

In Oracle wird jedem Tupel eine eindeutige aufsteigende Nummer zugewiesen (Pseudo-Spalte **ROWNUM**). Diese kann man nutzen, Top-k Anfragen in der folgenden Form zu formulieren:

```
select *
from Tabelle
where ROWNUM < k;
```

Aufgabe A.12

Erstellen Sie ein für die Fußballweltmeisterschaft 2006 geeignetes XML Schema und geben Sie die zugehörige Ausprägung an.

Abbildung A.2 illustriert eine mögliche Schemadefinition für die Informationsverwaltung der Fußballweltmeisterschaft. Das Wurzelelement einer validen Ausprägung des Schemas ist ein *FussballWM*-Element. Dessen Kindelemente sind *Mannschaften, Kampfrichter, Stadien* und *Spiele*. Vergleicht man die Elemente des XML-Schemas mit den Entitäten des ER-Modells aus Abbildung A.1, so fehlen noch *Spieler, Verwarnungen* und *Tore. Spieler* sind als Kindelemente von *Mannschaft*-Instanzen modelliert, da jeder Spieler stets seiner

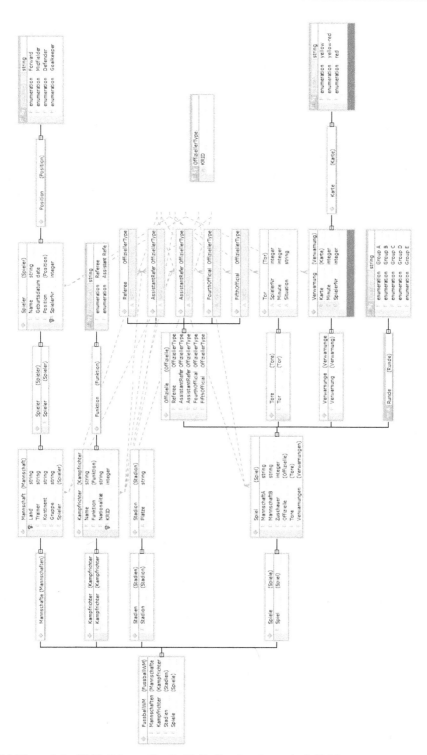

Abbildung A.2: XML Schema für die Fußballweltmeisterschaft 2006

Heimatmannschaft zugeordnet ist. *Tore* und *Verwarnungen* sind jeweils Kindelemente eines *Spiel*-Elements.

Das zuvor vorgestellte Entity-Relationship-Modell weist zahlreiche Beziehungen zwischen den Entitäten auf. Diese sind in der XML-Modellierung entsprechend umzusetzen. Dies lässt sich zum Beispiel durch Verwendung von Attributen vom Typ ID bzw. IDREF/IDREFS erreichen: Mittels einem ID-Attribut wird für ein Element ein eindeutiger Identifikator definiert, auf den durch IDREF (= Verweis auf ein Element) und IDREFS (Verweis auf mehrere Elemente) verwiesen werden kann. In unserer Schemadefinition haben wir stattdessen key- und keyref-Elemente verwendet. Mittels eines key-Elements wird ein Schlüssel definiert. Integritätsbedingungen lassen sich dann durch Verweise auf entsprechende Schlüssel ausdrücken. Nachfolgender Auszug aus dem XML-Schema zeigt ein Beispiel hierfür:

```
<xs:key name="SpielerKey">
  <xs:selector xpath=".//Spieler"/>
  <xs:field xpath="@SpielerNr"/>
</xs:key>

<xs:keyref name="SpielerVerwarnung" refer="SpielerKey">
  <xs:selector xpath=".//Verwarnung"/>
  <xs:field xpath="SpielerNr"/>
</xs:keyref>
```

SpielerKey definiert also einen Schlüssel für *Spieler*-Elementinstanzen, und zwar die *SpielerNr*. Eine Integritätsbedingung ist, dass jede *Verwarnung* genau einem *Spieler* zuzuordnen ist. Bezogen auf die Modellierung bedeutet dies, dass das *SpielerNr*-Element einer Verwarnung sich auf das *SpielerNr*-Attribut eines *Spieler*-Elements bezieht. Realisiert wird dies durch das zugehörige *SpielerVerwarnung* keyref-Element. In der XML-Schemadefinition finden sich noch zahlreiche weitere key/keyref-Definitionen. Die Modellierung selbst finden Sie unter:

 www-db.in.tum.de/DB-Uebungsbuch/ueb/fussball-wm.shtml

Aufgabe A.13

Ermitteln Sie die "aggressiven Stürmer" der Fußball-WM, diesmal unter Verwendung von XQuery. Verwenden Sie hierfür wiederum die in Aufgabe A.5 eingeführte Definition "aggressiver Stürmer".

Um folgende Beispielanfrage zu analysieren, sollte man von "innen nach außen" vorgehen, d.h. zuerst die innere **for**-Spezifikation betrachten: Hier werden zuerst Stürmer und Spiele in der XML-Ausprägung gesucht und diese an die Variablen $stuermer und $spiel gebunden. Die Variablen $t und $v binden *Tor* und *Verwarnung*-Instanzen. Beide beziehen sich auf Kindelemente des aktuellen *Spiel*-Knotens und werden durch die Knotentests mit $stuermer verknüpft. Die äußere **for**-Schleife dient lediglich der Duplikateliminierung.

```
1  <AggressiveStuermer>
2  {for $spieler in distinct-values(
3    for $stuermer in doc("fussball.xml")/FussballWM//Spieler/Spieler
       [./Position="Forward"],
4      $spiel in doc("fussball.xml")//Spiele/Spiel,
5      $t in $spiel/Tore/Tor[./@SpielerNr = $stuermer/@SpielerNr],
```

```
6        $v in $spiel/Verwarnungen/Verwarnung[./SpielerNr = $stuermer/
            @SpielerNr]
7      return
8        $stuermer/Name)
9    return
10   <Spieler>{$spieler}</Spieler>}
11 </AggressiveStuermer>
```

Auf unsere Beispielausprägung angewendet erhalten wir:

```
<AggressiveStuermer>
  <Spieler>CRESPO Hernan</Spieler>
  <Spieler>SAVIOLA Javier</Spieler>
  <Spieler>ALOISI John</Spieler>
  <Spieler>ADRIANO</Spieler>
  <Spieler>GOMEZ Ronald</Spieler>
  <Spieler>DINDANE Aruna</Spieler>
  <Spieler>DROGBA Didier</Spieler>
  <Spieler>GYAN Asamoah</Spieler>
  <Spieler>IAQUINTA Vincenzo</Spieler>
  <Spieler>LEE Chun Soo</Spieler>
</AggressiveStuermer>
```

Aufgabe A.14

Erstellen Sie eine XQuery-Anfrage, um die Mannschaften mit der besten Verteidigung zu bestimmen. Gehen Sie dazu ähnlich zu Aufgabe A.6 vor und erstellen Sie sich geeignete Zwischenergebnisse.

Wie in Aufgabe A.6 gezeigt, bestimmen wir die Verteidigerstärke einer Mannschaft als

$$\frac{\text{Anzahl Gegentore}}{\text{Anzahl absolvierte Spiele}}$$

Beide Informationen sind in dieser Form nicht direkt in der XML-Ausprägung vorhanden und müssen für jede Mannschaft schrittweise ermittelt werden. Im relationalen Modell verwendeten wir hierfür die beiden Sichten SpieleJeMannschaft und GegentoreJeLand (siehe Seite 421). In XQuery können wir prozedural vorgehen und entsprechend zwei geeignete Funktionen

$$\text{Spielzahl} : \text{Mannschaft} \rightarrow \text{integer} \quad \text{und}$$

$$\text{Gegentore} : \text{Mannschaft} \rightarrow \text{integer}$$

erstellen. Die Funktion Spielanzahl() deklarieren wir wie folgt:

```
1  declare function local:Spielanzahl( $m as element(Mannschaft) ) as
      xs:integer
2  {
3    let $games :=
4      for $p in doc("fussball.xml")//Spiele/Spiel
5      where $p/MannschaftA = $m/Land
6        or $p/MannschaftB = $m/Land
7      return $p
8    return count( $games )
9  };
```

Wir deklarieren zudem eine Funktion Gegentore(), wobei wir wiederum drei Fälle unterscheiden müssen: Sei $m die Mannschaft, für die die Gegentore ermittelt werden sollen. Dann gilt

- wir müssen die Gegentore bestimmen, wenn $m als MannschaftA in Spiele auftritt;

- wir müssen die Gegentore bestimmen, wenn $m als MannschaftB in Spiele auftritt;

- und wir müssen die Eigentore von Spielern von $m bestimmen.

In XQuery kann dies wie folgt formuliert werden:

```
10  declare function local:Gegentore( $m as element(Mannschaft) ) as xs
        :integer
11  {
12    let $spieler := $m/Spieler/Spieler
13    (:zähle Gegentore, wenn MannschaftA:)
14    let $toreA :=
15      for $p in doc("fussball.xml")//Spiele/Spiel[./MannschaftA = $m/
            Land]
16      for $t in $p/Tore/Tor
17      for $sp in doc("fussball.xml")//Spieler/Spieler[./@SpielerNr =
            $t/@SpielerNr]
18      where $t/@Situation != "own goal"
19        and empty($spieler intersect $sp)
20      return $t
21    (:zähle Gegentore, wenn MannschaftA:)
22    let $toreB :=
23      for $p in doc("fussball.xml")//Spiele/Spiel[./MannschaftB = $m/
            Land]
24      for $t in $p/Tore/Tor
25      for $sp in doc("fussball.xml")//Spieler/Spieler[./@SpielerNr =
            $t/@SpielerNr]
26      where $t/@Situation != "own goal"
27        and empty($spieler intersect $sp)
28      return $t
29    (:zähle Eigentore der Mannschaft:)
30    let $toreO :=
31        for $t in doc("fussball.xml")//Tore/Tor
32        for $sp in doc("fussball.xml")//Spieler/Spieler[./@SpielerNr
              = $t/@SpielerNr]
33      where $t/@Situation = "own goal"
34        and exists($spieler intersect $sp)
35      return $t
36    return count( $toreA ) + count( $toreB ) + count( $toreO )
37  };
```

Um herauszufinden, welche Tore Gegentore sind, gehen wir wie folgt vor: Zuerst bestimmen wir uns die Menge der Spieler der Mannschaft $m (siehe Zeile 12). Innerhalb der **let**-Deklarationen $toreA, $toreB und $toreO ermitteln wir uns für jedes Tor, das in einer Partie, an der $m beteiligt war, gefallen ist, den Torschützen (vgl. Zeilen 17, 25 und 32). Zuletzt müssen wir für reguläre Tore überprüfen, dass die Torschützen nicht Spieler von $m sind (Zeilen 19 und 27). Damit es sich um ein Gegentor handelt, muss, wie in Zeile 34 überprüft, der jeweilige Torschütze in $spieler enthalten sein.

Mit dieser Vorarbeit lässt sich die Verteidigerstärke mit geringem Aufwand bestimmen:

```
38  <Verteidigerstaerke>
39  {
40    for $pos in
41      for $m in doc("fussball.xml")//Mannschaft
42      return
43        <Staerke>
44          {$m/Land}
45          <Gegentore>{local:Gegentore($m)}</Gegentore>
46          <Spiele>{local:Spielanzahl($m)}</Spiele>
47          <Rang>{local:Gegentore($m) div local:Spielanzahl($m)}</Rang>
48        </Staerke>
49    order by $pos/Rang ascending
```

```
50    return $pos
51  }
52  </Verteidigerstaerke>
```

Ausgeführt auf unserer Beispielausprägung erhalten wir:

```
<Verteidigerstaerke>
  <Staerke Land="Switzerland" Gegentore="0" Spiele="4" Rang="0"/>
  <Staerke Land="Italy" Gegentore="2" Spiele="7" Rang="
      0.285714285714285714285714285714285714285714285714285714285714285714285714857"/>
  <Staerke Land="Brazil" Gegentore="2" Spiele="5" Rang="0.4"/>
  <Staerke Land="England" Gegentore="2" Spiele="5" Rang="0.4"/>
  ...
</Verteidigerstaerke>
```

An dieser Stelle möchten wir noch kurz auf die Semantik von **intersect** hinweisen. Die Schnittmengenbildung erfolgt auf Basis von Knotenidentität. Das heißt, $spieler **intersect** $sp ist dann nicht leer, wenn $sp einen Knoten referenziert, der auch in $spieler enthalten ist. Anders verhält es sich, wenn man für die Schnittmengenbildung z.B. folgende Deklarationen verwendet:

```
let $spieler := $m/Spieler/Spieler/@SpielerNr
...
    for $sp in doc("fussball.xml")//Spieler/Spieler[./@SpielerNr =
        $t/@SpielerNr]/@SpielerNr
```

Dann ergibt der Schnitt $spieler **intersect** $sp stets die leere Menge. Zwar mag $sp eine Zeichenkette (Spielernummer) aufweisen, die auch in $spieler enthalten ist, jedoch handelt es sich nicht um identische (Attribut-)Knoten.

Aufgabe A.15

Bestimmen Sie mittels XQuery die "Rowdies" der Fußballweltmeisterschaft. Gewichten Sie Verwarnungen wiederum wie in Aufgabe A.7 angegeben.

Wir strukturieren die Anfrage, indem wir zuerst die Gewichtungsfunktion definieren:

```
1  declare function local:Gewichtung( $verw as element(Verwarnung) )
        as xs:integer
2  {
3    if ($verw/Karte = "yellow" )            then 1
4    else if ($verw/Karte ="yellow-red")     then 2
5    else if ($verw/Karte = "red")           then 3
6    else 0
7  };
```

Folgende XQuery-Deklaration stellt eine mögliche Lösung der Aufgabe dar. Die innere **for**-Deklaration (Zeilen 11-16) ermittelt für jeden Spieler die Summe der gewichteten Verwarnungen und stellt dies als Zwischenergebnis für die äußere **for**-Deklaration zur Verfügung. Die Summe der Gewichte wird dazu über das Aggregat $sv der Verwarnungen für jeden Spieler $s bestimmt.

```
8  <Rowdies>
9  {
10   for $r in
11     for $s in doc("fussball.xml")//Spieler/Spieler
12     let $sv :=
13         for $v in doc("fussball.xml")//Verwarnung[./SpielerNr = $s/
                @SpielerNr]
```

```
14        return local:Gewichtung($v)
15      return
16        <Spieler SpielerNr="{$s/@SpielerNr}" Name="{$s/Name}"
              VerwGewichtung="{sum($sv)}"/>
17      order by $r/@VerwGewichtung descending
18      return $r
19  }
20  </Rowdies>
```

Folgender Auszug zeigt das XML-Pendant zum Ergebnis aus Aufgabe A.7 (siehe Tabelle *Rowdies* auf Seite 423)

```
<Rowdies>
  <Spieler SpielerNr="163331" Name="ZIDANE Zinedine" VerwGewichtung="6"/>
  <Spieler SpielerNr="208353" Name="GYAN Asamoah" VerwGewichtung="5"/>
  <Spieler SpielerNr="177657" Name="COSTINHA" VerwGewichtung="5"/>
  ...
</Rowdies>
```

Aufgabe A.16

Bestimmen Sie mittels XQuery die Verteidiger, die in mindestens einem Spiel ein Tor geschossen haben, in diesem jedoch nicht verwarnt wurden.
Sortieren Sie das Ergebnis nach Nationen (vgl. Aufgabe A.8).

Wir lösen die Anfrage, indem wir für jeden Verteidiger $s die Spiele $p ermitteln, in denen er ein Tor erzielt hatte (siehe Zeilen 3 und 4). Von dieser Menge ziehen wir wiederum die Spiele ab, in denen der Spieler verwarnt wurde, d.h. für die gilt

$p./Verwarnungen/Verwarnung/SpielerNr = $s/@SpielerNr.

Nur wenn die Mengendifferenz nicht leer ist, ist der Verteidiger im Ergebnis enthalten. Die Sortierung lösen wir, indem wir ausgehend vom Spielerknoten das Land-Geschwister-element bestimmen und absteigend sortieren (siehe Zeile 6).

```
1  <StuermerVerteidiger>
2  {
3    for $s in doc("fussball.xml")//Spieler/Spieler[./Position = "
         Defender"]
4    let $p := doc("fussball.xml")//Spiele/Spiel[./Tore/Tor/@SpielerNr
         = $s/@SpielerNr]
5    where exists( $p except $p[./Verwarnungen/Verwarnung/SpielerNr =
         $s/@SpielerNr])
6    order by $s/parent::Spieler/preceding-sibling::Land ascending
7    return <Spieler SpielerNr="{$s/@SpielerNr}" Name="{$s/Name}"/>
8  }
9  </StuermerVerteidiger>
```

Als Ergebnis erhalten wir (vgl. Tabelle *StürmerVerteidiger* auf Seite 423):

```
<StuermerVerteidiger>
  <Spieler SpielerNr="153933" Name="AYALA Roberto"/>
  <Spieler SpielerNr="154061" Name="MOORE Craig"/>
  <Spieler SpielerNr="196748" Name="LAHM Philipp"/>
  <Spieler SpielerNr="155851" Name="GOLMOHAMMADI Yahya"/>
  <Spieler SpielerNr="159284" Name="BAKHTIARIZADEH Sohrab"/>
  <Spieler SpielerNr="177655" Name="ZAMBROTTA Gianluca"/>
  <Spieler SpielerNr="184451" Name="MATERAZZI Marco"/>
  <Spieler SpielerNr="210192" Name="ZACCARDO Cristian"/>
  <Spieler SpielerNr="230756" Name="GROSSO Fabio"/>
  <Spieler SpielerNr="94915" Name="GAMARRA Carlos"/>
  <Spieler SpielerNr="216135" Name="BOSACKI Bartosz"/>
```

```
<Spieler SpielerNr="198446" Name="JUANITO"/>
<Spieler SpielerNr="158268" Name="JAIDI Radhi"/>
<Spieler SpielerNr="216223" Name="RUSOL Andriy"/>
</StuermerVerteidiger>
```

Aufgabe A.17

Erstellen Sie eine XQuery-Anfrage mit der Sie die Spielbegegnung(en) mit den meisten Verwarnungen bestimmen (vgl. Aufgabe A.8). Ermitteln Sie auch hier zusätzlich die Schiedsrichter der Partie(n).

Folgende XQuery-Anfrage zeigt eine mögliche Lösung der Aufgabe:

```
 1  <SpieleMitDenMeistenVerwarnungen>
 2  {
 3    (: Anzahl der Verwarnungen je Spiel :)
 4    let $nv :=
 5      for $v in doc("fussball.xml")//Verwarnungen
 6      return count($v/Verwarnung)
 7    (: Spiele mit der höchsten Zahl an Verwarnungen :)
 8    for $p in doc("fussball.xml")//Spiele/Spiel[
 9      count(./Verwarnungen/Verwarnung) = max( $nv )]
10    (: Bestimme den Schiedsrichter der Partie :)
11    for $r in doc("fussball.xml")//Kampfrichter[./@KRID =
12      $p//Referee/@KRID]
13    return
14      <Begegnung>
15        {$p/MannschaftA}
16        {$p/MannschaftB}
17        <Schiedsrichter>{$r/Name/text()}</Schiedsrichter>
18        <AnzahlVerwarnungen>
19          {count($p/Verwarnungen/Verwarnung)}
20        </AnzahlVerwarnungen>
21      </Begegnung>
22  }
23  </SpieleMitDenMeistenVerwarnungen>
```

In den Zeilen 4 und 6 ermitteln wir eine Zahlenfolge $nv über die Anzahl von Verwarnungen je Spiel. Diese benötigen wir, um das Maximum der Verwarnungen in einem Spiel zu bestimmen (siehe Zeile 9). Zu den Partien $p, bei denen die meisten Verwarnungen ausgesprochen wurden, suchen wir in den Zeilen 11 und 12 die Schiedsrichter $r. Damit haben wir nun alle Informationen zusammen, um in den Zeilen 14 bis 21 unsere Ausgabe zu formulieren. Als Ergebnis erhalten wir das Spiel Portugal gegen die Niederlande (siehe auch die Lösung zu Aufgabe A.8):

```
<SpieleMitDenMeistenVerwarnungen>
  <Begegnung>
    <MannschaftA>Portugal</MannschaftA>
    <MannschaftB>Netherlands</MannschaftB>
    <Schiedsrichter>IVANOV Valentin</Schiedsrichter>
    <AnzahlVerwarnungen>16</AnzahlVerwarnungen>
  </Begegnung>
</SpieleMitDenMeistenVerwarnungen>
```

Aufgabe A.18

Lösen Sie Aufgabe A.10 mit einer XQuery-Anfrage, d.h. bestimmen Sie alle Paare von Kontinenten, zu denen keine Partie während der Fußballweltmeisterschaft ausgetragen wurde.

Wir deklarieren uns eine Funktion SucheSpiel(), die zu Kontinenten $k1 und $k2 alle Spielbegegnungen bestimmt, bei denen eine der Mannschaften $k1 und die andere $k2 zuzuordnen ist.

```
1  declare function local:SucheSpiel( $k1 as xs:string, $k2 as xs:
       string) as item() *
2  {
3    (: Suche Spielbegegnungen der Form Kontinent $k1 gegen Kontintent
         $k2 bzw. $k2 gegen $k1 :)
4    let $gefunden :=
5    for $s in doc("fussball.xml")//Spiele/Spiel
6    for $kA in doc("fussball.xml")//Mannschaft/Kontinent[./
         preceding-sibling::Land = $s/MannschaftA]
7    for $kB in doc("fussball.xml")//Mannschaft/Kontinent[./
         preceding-sibling::Land = $s/MannschaftB]
8    where ($kA = $k1 and $kB = $k2) or ($kA = $k2 and $kB = $k1)
9    return $s
10   return $gefunden
11  };
```

Im Ergebnis sind die Paare ($k1, $k2) enthalten, für die SucheSpiel ein leeres Ergebnis liefert (siehe Zeile 17). Um doppelte Ausgaben zu vermeiden, fügen wir der Anfrage die zusätzliche Bedingung $k1 <= $k2 hinzu (siehe Zeile 18 und auch Lösungsvorschlag zu Aufgabe A.10).

```
12  <KontinentalBegegnungen>
13  {
14    for $k1 in distinct-values(doc("fussball.xml")//Mannschaft/
         Kontinent)
15    for $k2 in distinct-values(doc("fussball.xml")//Mannschaft/
         Kontinent)
16    (: Das Kreuzprodukt $k1 x $k2 repräsentiert alle möglichen
         Begegnungsklassen. Begegnungen wie Europa:Südamerika und
         Südamerika:Europa sind äquivalent und sollen nur einmal
         ausgegeben werden :)
17    where empty (local:SucheSpiel($k1, $k2))
18      and $k1 <= $k2
19    (: d.h. es fand keine entsprechende Begegnung statt :)
20    order by $k1 ascending, $k2 ascending
21    return <Begegnung Kontinent="{$k1}" gegen="{$k2}"/>
22  }
23  </KontinentalBegegnungen>
```

Das Ergebnis unserer Anfrage ist:

```
<KontinentalBegegnungen>
  <Begegnung Kontinent="Africa" gegen="Africa"/>
  <Begegnung Kontinent="Africa" gegen="Oceania"/>
  <Begegnung Kontinent="Asia" gegen="Asia"/>
  <Begegnung Kontinent="North, Central America and the Caribbean"
    gegen="North, Central America and the Caribbean"/>
  <Begegnung Kontinent="North, Central America and the Caribbean"
    gegen="Oceania"/>
  <Begegnung Kontinent="Oceania" gegen="Oceania"/>
  <Begegnung Kontinent="South America" gegen="South America"/>
</KontinentalBegegnungen>
```

Aufgabe A.19

Erstellen Sie mittels XQuery die Vorrundentabelle für die Fußball-WM 2006 (vgl. Aufgabe A.11).

Zum Erstellen der Vorrundentabelle müssen für die Mannschaften die Spiele der Vorrunde gruppiert und die Ergebnisse summiert werden. Da die Spielergebnisse allerdings noch nicht in unserer Beispielausprägung vorliegen, müssen wir diese erst ermitteln. Sei $spiel ein Vorrundenspiel. Für jede der Mannschaften aus diesem Spiel berechnen wir in den Zeilen 10 und 11 der Funktion VorrundenErgebnisse() die erzielten Tore. Die Funktion VorrundenErgebnisse() basiert wiederum auf der Funktion ErzielteTore(). Diese ermittelt für eine Mannschaft die in einem Spiel erzielten Tore (Sequenz von XML-Elementen), deren Anzahl in den Zeilen 10 und 11 mittels **count** bestimmt wird.

```
1   declare function local:VorrundenErgebnisse( ) as node()*
2   {
3      (: Bestimme die Spielergebnisse der Vorrunde in der Form
          MannschaftA gegen MannschaftB ToreA:ToreB :)
4      let $erg :=
5      for $spiel in doc("fussball.xml")//Spiele/Spiel[contains(./@Runde
          , "Group")]
6      return
7         <Ergebnis >{$spiel/@Runde}
8         {$spiel/MannschaftA}
9         {$spiel/MannschaftB}
10        <ToreA>{count(local:ErzielteTore($spiel, $spiel/MannschaftA))
          }</ToreA>
11        <ToreB>{count(local:ErzielteTore($spiel, $spiel/MannschaftB))
          }</ToreB>
12        </Ergebnis>
13     return $erg
14  };
15
16  declare function local:ErzielteTore( $spiel as element(Spiel),
          $mannschaft as item() ) as item()*
17  {
18     (: Zähle die Tore der Partie $spiel aus Sicht von Mannschaft
          $mannschaft :)
19     let $spielerM := doc("fussball.xml")//Mannschaft[./Land =
          $mannschaft]/Spieler/Spieler
20     (: $spielerM = Spieler der Mannschaft $mannschaft :)
21     let $tore :=
22        for $t in $spiel/Tore/Tor
23        for $sp in doc("fussball.xml")//Spieler/Spieler[./@SpielerNr =
          $t/@SpielerNr]
24        where ($t/@Situation != "own goal"
25           and exists($spielerM intersect $sp))
26        or ($t/@Situation = "own goal"
27           and empty($spielerM intersect $sp))
28        return $t
29     return $tore
30  };
```

Mit den bisher deklarierten Funktionen können wir Spielergebnisse in der Form

MannschaftA : MannschaftB   AnzahlToreA : AnzahlToreB

Für die Vorrundentabelle benötigen wir noch die Punkte, die eine Mannschaft in einem Spiel erzielt hat, d.h. 3 Punkte für Sieg, 1 Punkt für Unentschieden und 0 Punkte für Niederlage. Die Punkte bestimmen wir mit der nachfolgenden Funktion Punkte() (Zeilen 31 bis 39). Die bisherigen Zwischenschritte führen wir in der Funktion PunkteErgebnisse() zusammen. Diese bestimmt eine Sequenz von Spielergebnissen aus Sicht einzelner Mannschaften, d.h. für jede Mannschaft werden für jedes der Vorrundenspiele die Anzahl der Tore, die Anzahl der Gegentore und die erzielten Punkte bestimmt.

```
31  declare function local:Punkte($eigene as xs:integer, $gegner as xs:
       integer) as xs:integer
32  {
33     (: Berechne die erzielten Punkte für eine Mannschaft
34        $eigene = Tore der Mannschaft
35        $gegner = Tore der gegnerischen Mannschaft :)
36     if($eigene > $gegner) then  3
37     else if($eigene = $gegner) then 1
38     else 0
39  };
40
41  declare function local:PunkteErgebnisse( $vorrunde as node()* ) as
       item()*
42  {
43     (: Stelle Spielergebnisse aus Sicht einer Mannschaft in der
           folgenden Form dar:
44        Mannschaft | erzielte Punkte | Tore | gegnerische Tore :)
45     let $punkterg :=
46       for $e in $vorrunde
47       return (
48             <Punkteergebnis>
49               {$e/@Runde}
50               <Mannschaft>{$e/MannschaftA/text()}</Mannschaft>
51               <Punkte>{local:Punkte($e/ToreA, $e/ToreB)}</Punkte>
52               <Tore>{$e/ToreA/text()}</Tore>
53               <Gegentore>{$e/ToreB/text()}</Gegentore>
54             </Punkteergebnis>,
55             (: Betrachte das Spiel aus Sicht von MannschaftB :)
56             <Punkteergebnis>
57               {$e/@Runde}
58               <Mannschaft>{$e/MannschaftB/text()}</Mannschaft>
59               <Punkte>{local:Punkte($e/ToreB, $e/ToreA)}</Punkte>
60               <Tore>{$e/ToreB/text()}</Tore>
61               <Gegentore>{$e/ToreA/text()}</Gegentore>
62             </Punkteergebnis>)
63     return $punkterg
64  };
```

All diese Funktionen dienen dazu, Zwischenergebnisse geeignet aufzubereiten – ähnlich zum Konzept der Sichten in SQL. Zur Aufstellung der Vorrundentabelle berechnen wir zuerst die Spielergebnisse mittels der Funktion VorrundenErgebnisse() (Zeile 68). Die Spielergebnisse werten wir nun mittels der Funktion PunkteErgebnisse() aus. Nach Gruppen geordnet fassen wir nun die Spielergebnisse für einzelne Mannschaften zusammen (Zeile 81) und bestimmen die Anzahl der Tore, die Anzahl der Gegentore und die Anzahl der erzielten Punkte über die zutreffenden Vorrundenspiele hinweg (Zeilen 84 bis 87).

Analog zum Lösungsvorschlag für Aufgabe A.11 sind wir nur an den Gruppenersten und -zweiten interessiert. Dazu halten wir uns das bisherige Ergebnis in der Variable $temp fest und geben von den sortierten Ergebnissen einer Gruppe mittels der Funktion **position()** nur die ersten beiden Ergebnisse aus (Zeile 88). Die Funktion **position()** wird als kontextsensitiv bezeichnet, da sie im Kontext von $temp die Position der Knoten auswertet.

```
65  <Ergebnisse>
66  {
67     (: Vorrundenergebnisse :)
68     let $erg := local:VorrundenErgebnisse( )
```

```
69    (: Vorrundenergebnisse mit Punkten :)
70    let $punkteerg := local:PunkteErgebnisse( $erg )
71    (: Unterteile die Vorrundentabelle nach Gruppen der Vorrunde :)
72    for $gruppe in distinct-values($punkteerg/@Runde)
73    return
74      <Vorrundentabelle Gruppe="{$gruppe}">
75      {
76        (: für Top-k Anfragen: kontext-sensitive Anfrage mit
77          position() :)
78        let $temp :=
79          (: Betrachte alle Mannschaften aus dieser Gruppe :)
80          for $mannschaft in distinct-values($punkteerg[./@Runde =
             $gruppe]/Mannschaft)
81          let $merg := $punkteerg[./Mannschaft = $mannschaft]
82          let $tordiff := sum($merg/Tore) - sum($merg/Gegentore)
83          order by sum($merg/Punkte) descending, $tordiff descending
84          return <Land Mannschaft="{$mannschaft}"
85                       Tore ="{sum($merg/Tore)}"
86                       Gegentore ="{sum($merg/Gegentore)}"
87                       Punkte ="{sum($merg/Punkte)}"/>
88        for $t in $temp[position() <= 2]
89        return $t
90      }
91      </Vorrundentabelle>
92    }
93  </Ergebnisse>
```

Folgenes XML-Dokument erhalten wir als Ergebnis unserer Anfrage (vgl. auch Tabelle auf Vorrunde Seite 428):

```
<Ergebnisse>
  <Vorrundentabelle Gruppe="Group A">
    <Land Mannschaft="Germany" Tore="8" Gegentore="2" Punkte="9"/>
    <Land Mannschaft="Ecuador" Tore="5" Gegentore="3" Punkte="6"/>
  </Vorrundentabelle>
  <Vorrundentabelle Gruppe="Group B">
    <Land Mannschaft="England" Tore="5" Gegentore="2" Punkte="7"/>
    <Land Mannschaft="Sweden" Tore="3" Gegentore="2" Punkte="5"/>
  </Vorrundentabelle>
  <Vorrundentabelle Gruppe="Group C">
    <Land Mannschaft="Argentina" Tore="8" Gegentore="1" Punkte="7"/>
    <Land Mannschaft="Netherlands" Tore="3" Gegentore="1" Punkte="7"/>
  </Vorrundentabelle>
  <Vorrundentabelle Gruppe="Group D">
    <Land Mannschaft="Portugal" Tore="5" Gegentore="1" Punkte="9"/>
    <Land Mannschaft="Mexico" Tore="4" Gegentore="3" Punkte="4"/>
  </Vorrundentabelle>
  <Vorrundentabelle Gruppe="Group E">
    <Land Mannschaft="Italy" Tore="5" Gegentore="1" Punkte="7"/>
    <Land Mannschaft="Ghana" Tore="4" Gegentore="3" Punkte="6"/>
  </Vorrundentabelle>
  <Vorrundentabelle Gruppe="Group F">
    <Land Mannschaft="Brazil" Tore="7" Gegentore="1" Punkte="9"/>
    <Land Mannschaft="Australia" Tore="5" Gegentore="5" Punkte="4"/>
  </Vorrundentabelle>
  <Vorrundentabelle Gruppe="Group G">
    <Land Mannschaft="Switzerland" Tore="4" Gegentore="0" Punkte="7"/>
    <Land Mannschaft="France" Tore="3" Gegentore="1" Punkte="5"/>
  </Vorrundentabelle>
  <Vorrundentabelle Gruppe="Group H">
    <Land Mannschaft="Spain" Tore="8" Gegentore="1" Punkte="9"/>
    <Land Mannschaft="Ukraine" Tore="5" Gegentore="4" Punkte="6"/>
  </Vorrundentabelle>
</Ergebnisse>
```

Aufgabe A.20

Projektarbeit: Erstellen Sie ein Web-Portal für die Fußballweltmeisterschaft 2006. Über das Portal soll es möglich sein, Spielverläufe nachzuvollziehen und detaillierte Ergebnisse und Ereignisse abrufen zu können. Unter anderem stellt das Portal folgende Informationen zur Verfügung:

- Spielergebnisse (Tore, verwarnte Spieler, ...),

- Tabellen der jeweiligen Spielrunden (Vorrunde, Achtelfinale, etc.)

- Torschützenkönig(e).

Selbstverständlich sollen diese Ergebnisse nicht statisch abrufbar sein, sondern jeweils dynamisch basierend auf dem relationalen oder XML-basierten Datenbestand generiert werden.

Abbildungsverzeichnis

Literaturverzeichnis

ANSI (2004). *Role Based Access Control – INCITS 359-2004.* American National Standards Institute, Inc. (ANSI), New York, NY, USA.

Armstrong, W. W. (1974). *Dependency Structures of Data Base Relationships.* In: *Proc. IFIP Congress*, S. 580–583, Amsterdam. North-Holland Publishing Company.

Beckmann, N., H.-P. Kriegel, R. Schneider und B. Seeger (1990). *The R*-Tree: An Efficient and Robust Access Method for Points and Rectangles.* In: *Proc. of the ACM SIGMOD Conf. on Management of Data*, S. 322–331, Atlantic City, NJ, USA.

Bell, D. und L. LaPadula (1976). *Secure Computer Systems: Unified Exposition and Multics Interpretation.* Technischer Bericht ESDTR-75-306, The Mitre Corporation, Bedford MA, USA.

Bernstein, P. A., V. Hadzilacos und N. Goodman (1987). *Concurrency Control and Recovery in Database Systems.* Addison-Wesley, Reading, MA, USA.

Breimann, L., J. H. Friedmann, R. A. Olshen und C. J. Stone (1993). *Classification and Regression Trees.* Chapman & Hall/CRC, Florida, USA.

Cantor, S., J. Kemp, R. Philpott und E. Maler (2005). *Assertions and Protocols for the OASIS Security Assertion Markup Language (SAML).* http://www.oasis-open. org/committees/tc_home.php?wg_abbrev=security.

Celko, J. (1995). *SQL for Smarties: Advanced SQL Programming.* Morgan Kaufmann Publishers, San Mateo, CA, USA.

Chen, P. M., E. K. Lee, G. A. Gibson, R. H. Katz und D. A. Patterson (1994). *RAID: High-Performance, Reliable Secondary Storage.* ACM Computing Surveys, 26(2):145–185.

E. G. Coffman, Jr. and J. Eve (1970). *File structures using hashing functions.* Communications of the ACM, 13(7):427–432.

Eckert, C. (2004). *IT-Sicherheit — Konzepte – Verfahren – Protokolle.* R. Oldenbourg Verlag, München, Deutschland, 3. Auflage

Eickler, A., C. A. Gerlhof und D. Kossmann (1995). *A Performance Evaluation of OID Mapping Techniques.* In: *The VLDB Journal*, S. 18–29.

Fagin, R. (1977). *Multivalued Dependencies and a New Normal Form for Relational Databases.* ACM Trans. Database Syst., 2(3):262–278.

Fagin, R. (1979). *Normal Forms and Relational Database Operators.* In: *Proc. of the ACM SIGMOD Conf. on Management of Data*, S. 153–160, New York, NY, USA. ACM Press.

Fallside, D. C. und P. Walmsley (2004). *XML Schema Part 0: Primer Second Edition.* http://www.w3.org/TR/xmlschema-0/.

Ferraiolo, D. F., R. Sandhu, S. Gavrila, D. R. Kuhn und R. Chandramouli (2001). *Proposed NIST Standard for Role-Based Access Control.* ACM Trans. Inf. Syst. Secur., 4(3):224–274.

Foley, J. D. und A. van Dam (1983). *Fundamentals of Interactive Computer Graphics.* Addison-Wesley, Reading, MA, USA.

Fredkin, E. (1960). *Trie memory.* Communications of the ACM, 3(9):490–499.

Ganski, R. A. und H. K. T. Wong (1987). *Optimization of nested SQL queries revisited.* In: *Proc. of the ACM SIGMOD Conf. on Management of Data,* S. 23–33, San Francisco, CA, USA.

Graefe, G. und R. Cole (1995). *Fast Algorithms for Universal Quantification in Large Databases.* ACM Trans. on Database Systems, 20(2):187–236.

Gray, J. und A. Reuter (1993). *Transaction Processing: Concepts and Techniques.* Morgan Kaufmann Publishers, San Mateo, CA, USA.

Grust, T. (2002). *Accelerating XPath location steps.* In: *Proc. of the ACM SIGMOD Conf. on Management of Data,* S. 109–120.

Grust, T., M. van Keulen und J. Teubner (2003). *Staircase Join: Teach a Relational DBMS to Watch its Axis Steps.* In: *Proc. of the Conf. on Very Large Data Bases (VLDB),* S. 524–535, Berlin, Deutschland.

Helman, P. (1994). *The Science of Database Management.* R. D. Irwin, Inc.

Helmer, S., T. Neumann und G. Moerkotte (2003). *A Robust Scheme for Multilevel Extendible Hashing.* In: Yazici, Adnan und C. Sener, Hrsg.: *Computer and Information Sciences - ISCIS 2003,* Bd. 2869 d. Reihe *Lecture Notes in Computer Science,* S. 220–227. Springer Berlin / Heidelberg.

Kemper, A. und A. Eickler (2011). *Datenbanksysteme. Eine Einführung.* Oldenbourg Verlag, München, Deutschland, 8. Auflage

Kemper, A. und G. Moerkotte (1994). *Object-Oriented Database Management: Applications in Engineering and Computer Science.* Prentice Hall, Englewood Cliffs, NJ, USA.

Kim, W. (1982). *On Optimizing an SQL-like Nested Query.* ACM Trans. on Database Systems, 7(3):443–469.

Knuth, D. (1998a). *The Art of Computer Programming – Sorting and Searching,* Bd. 3. Addison-Wesley, Reading, MA, USA, 2. Auflage

Knuth, D. (1998b). *The Art of Computer Programming/Seminumerical Algorithms,* Bd. 2. Addison-Wesley, Reading, MA, USA, 3. Auflage

Larson, P.-Â. und G. Graefe (1998). *Memory Management during Run Generation in External Sorting*. In: *Proc. of the ACM SIGMOD Conf. on Management of Data*, S. 472–483, Seattle, Washington, United States.

Melton, J. (2003). *Advanced SQL:1999 – Understanding Object-Relational and Other Advanced Features*. Morgan Kaufmann Publishers, San Francisco, CA, USA.

Melton, J. und A. R. Simon (2002). *SQL:1999 – Understanding Relational Language Components*. Morgan Kaufmann Publishers, San Francisco, CA, USA.

Mohan, C., D. Haderle, B. Lindsay, H. Pirahesh und P. Schwarz (1992). *ARIES: A Transaction Recovery Method Supporting Fine-Granularity Locking and Partial Rollbacks Using Write-Ahead Logging*. ACM Trans. on Database Systems, 17(1):94–162.

Morrison, D. R. (1968). *PATRICIA – Practical Algorithm To Retrieve Information Coded in Alphanumeric*. Journal of the ACM, 15(4):514–534.

Moses, T., A. Anderson, A. Nadalin, B. Parducci, D. Engovatov et al. (2004). *eXtensible Access Control Markup Language (XACML) Version 2.0*. http://www.oasis-open.org/committees/tc_home.php?wg_abbrev=xacml.

Nadalin, A., C. Kahler, P. Hallam-Baker, R.Monzillo et al. (2004). *Web Services Security (WS-Security)*. http://www.oasis-open.org/committees/tc_home.php?wg_abbrev=wss.

Oestereich, B. (2006). *Objektorientierte Softwareentwicklung – Analyse und Design mit UML 2.1*. Oldenbourg Verlag, München, Deutschland, 8. Auflage

O'Neil, P., E. O'Neil, S. Pal, I. Cseri, G. Schaller und N. Westbury (2004). *ORDPATHs: Insert-Friendly XML Node Labels*. In: SIGMOD (2004), S. 903–908.

Pernul, G. (1994). *Database Security*. Advances in Computers, 38:1–72.

Ramakrishnan, R. und J. Gehrke (2003). *Database Management Systems*. McGraw-Hill, Inc., New York, San Francisco, Washington, D.C., 3. Auflage

Rivest, R. L., A. Shamir und L. M. Adleman (1978). *A Method for Obtaining Digital Signatures and Public-Key Cryptosystems*. Communications of the ACM, 21(2):120–126.

Samaras, G., K. Britton, A. Citron und C. Mohan (1995). *Two-phase Commit Optimizations in a Commercial Distributed Environment*. Distrib. Parallel Databases, 3(4):325–360.

Sandhu, R. (1996). *Role Hierarchies and Constraints for Lattice-Based Access Controls*. In: *ESORICS '96: Proceedings of the 4th European Symposium on Research in Computer Security*, S. 65–79, London, UK. Springer-Verlag.

Sedgewick, R. (1988). *Algorithms*. Addison-Wesley, Reading, MA, USA, 2. Auflage

Shapiro, L. (1986). *Join Processing in Database Systems with Large Main Memories*. ACM Trans. on Database Systems, 11(9):239–264.

SIGMOD (2004). *Proc. of the ACM SIGMOD Conf. on Management of Data*.

Smith, J. M. und D. C. P. Smith (1977). *Database Abstractions: Aggregation and Generalization.* ACM Trans. on Database Systems, 2(2):105–133.

Steinbrunn, M., G. Moerkotte und A. Kemper (1997). *Heuristic and Randomized Optimization for the Join Ordering Problem.* The VLDB Journal, 6(3):191–208.

Stohner, J. und J. Kalinski (1998). *Anmerkungen zum verfeinerten Join-Algorithmus.* Persönliche Mitteilung, Arbeitspapier, Univ. Bonn.

Tatarinov, I., S. Viglas, K. S. Beyer, J. Shanmugasundaram, E. J. Shekita und C. Zhang (2004). *Storing and Querying Ordered XML Using a Relational Database System.* In: SIGMOD (2004), S. 204–215.

Thomas, R. H. (1979). *A Majority Consensus Approach to Concurrency Control for Multiple Copy Databases.* ACM Trans. on Database Systems, 4(2):180–209.

TPC-D (1998). *TPC Benchmark D (Decision Support) Standard Specification, Revision 2.1.* http://www.tpc.org.

TPC-H (2002). *TPC Benchmark H (Decision Support) Standard Specification, Revision 2.1.0.* http://www.tpc.org.

Ullman, J. (1988). *Principles of Data and Knowledge-Base Systems*, Bd. I. Computer Science Press, Woodland Hills, CA.

Ullman, J. (1989). *Principles of Data and Knowledge Bases*, Bd. II. Computer Science Press, Woodland Hills, CA.

Vance, B. und D. Maier (1996). *Rapid Bushy Join-order Optimization with Cartesian Product.* In: *Proc. of the ACM SIGMOD Conf. on Management of Data*, S. 35–46, Montreal, Canada.

Wimmer, M., D. Eberhardt, P. Ehrnlechner und A. Kemper (2004). *Reliable and Adaptable Security Engineering for Database-Web Services.* In: *Proceedings of the 4th International Conference on Web Engineering (ICWE)*, Bd. 3140 d. Reihe *Lecture Notes in Computer Science (LNCS)*, S. 502–515, Munich, Germany.

www.ingramcontent.com/pod-product-compliance
Lightning Source LLC
La Vergne TN
LVHW080110070326

832902LV00015B/2511

9783486708233